中国古代司法文明史

（第二卷）

本卷主编　张晋藩

本卷作者　（按撰写篇章顺序）

　　　　　王宏治　陈景良　张本顺　魏文超

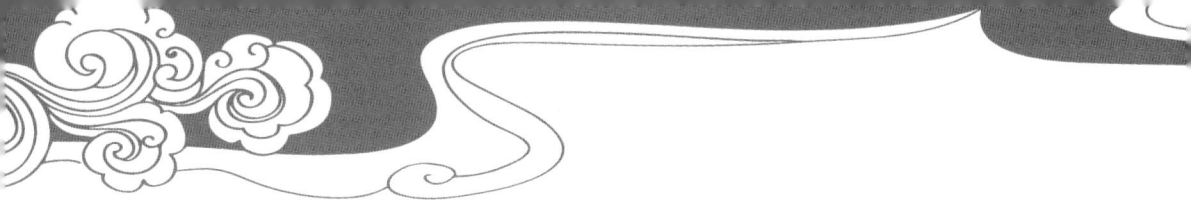

张晋藩 **主编**

中国古代司法文明史

第二卷

人民出版社

目　录

上　篇　魏晋隋唐时期的司法文明

下　篇　宋代的司法文明

上　篇

魏晋隋唐时期的司法文明

第一章　魏晋隋唐司法文明的发展

第一节　司法机构的规范化

一、从廷尉寺到大理寺的演变

秦汉朝廷的最高司法机关主要是廷尉寺，魏晋以后至隋唐发生变化，据《唐六典》卷一八记载：

《尚书》云："帝曰：'皋陶，汝作士，五刑有服。'"孔安国《注》曰："士，理官也。"《周官》为司寇。《韩诗外传》云："晋文公使李离为理。"理，谓察理刑狱也。《史记·天官书》："斗魁四星，贵人之牢，曰大理。"《汉书·百官表》云："廷尉，秦官，掌刑辟，有正、左、右监。景帝更名大理，秩中二千石。武帝复为廷尉。宣帝置左、右廷尉平，哀帝复为大理。王莽改曰'作士'。"后汉复为廷尉。魏初为大理，后复为廷尉。置律博士。晋置丞、主簿、明法、掾。历宋、齐，皆为廷尉。梁为秋卿，班第十一。陈因之。后魏置少卿、司直。北齐及隋为大理寺，隋置评事，皇朝因之。龙朔二年改为详刑寺正卿，咸亨元年复为大理。光宅元年改为司刑寺，神龙

3

元年复故。两汉卿秩中二千石，魏、晋、宋、齐、梁、陈俱第三品。后魏第二品上，太和以后降为第三品。隋正第三品，皇朝降为从三品。①

汉代最高司法审判机关为廷尉寺，东汉末年，曹操为丞相，挟天子以令诸侯，以丞相府属僚执掌朝政，其司法官为大理。大理本是丞相府的属官，当时丞相府设有尚书、侍中、六卿诸官，俨然一个小朝廷。丞相府之大理为实际最高司法官，司马芝曾为大理正：

> 有盗官练置都厕上者，吏疑女工，收以付狱。芝曰："夫刑罪之失，失在苛暴。今赃物先得而后讯其辞，若不胜掠，或至诬服。诬服之情，不可以折狱。且简而易从，大人之化也。不失有罪，庸世之治也。经宥所疑，以隆易从之义，不亦可乎！"太祖从其议。②

大理正的职掌与《唐六典》所说"掌参议刑狱，详正科条之事"正相符合。曹丕称帝于黄初元年（220）仍将廷尉称"大理"，未几又恢复廷尉之名。廷尉分设廷尉正、廷尉监、廷尉平，合称廷尉三官，凡公牍文案，必三官通署，方才生效。廷尉寺不再是单纯的议刑机构，而且成为最高法院性质的司法机构。黄初七年（226），曹丕去世，其子曹叡继位，是为明帝。明帝很重视司法，史称他常说："狱者，天下之性命也。"每断大狱，他常亲自临观听讼。此观后被称为"听讼观"③。太和元年（227）尚书卫觊上奏：

> 九章之律，自古所传，断定刑罪，其意微妙。百里长吏，皆宜知律。刑法者，国家之所贵重；狱吏者，百姓之所悬命，而选用者之所卑下。王政之弊，未必不由此也。请置律博士，转相教授。④

自此始设律博士，以教授法律，并负责管理法律典籍，其目的是提高各级亲民官及司法官的法律水平。魏明帝时，高柔为廷尉，有人举报宜阳典农

---

① 《唐六典》卷一八，《大理寺·大理寺卿》。
② 《三国志》卷一二，《魏书·司马芝传》。
③ 《三国志》卷三，《魏书·明帝纪》。
④ 《三国志》卷二一，《魏书·卫觊传》。

刘龟"于禁内射兔"。当时猎法甚峻，明帝隐匿举报者姓名，将刘龟收狱，高柔要求提交举报者，明帝大怒说："刘龟当死，乃敢猎吾禁地。送龟廷尉，廷尉便当考掠，何复请告者主名，吾岂妄收龟邪？"高柔回答："廷尉，天下之平也，安得以至尊喜怒而毁法乎？"使明帝不得不提交告者姓名，经高柔审讯，"各当其罪"。又有护军营士窦礼外出不归，军中以为其逃亡，按当时法律，"没其妻盈及男女为官奴婢"。盈上诉到廷尉，高柔亲自审理，最后破案，证明窦礼是被人杀害①。说明廷尉寺已由单纯的议刑机构，发展成为具有最高法院性质的司法审判机关。孙权在吴国仍称为大理，然其称帝后，即又改回廷尉之名。晋廷尉仍"有律博士员"②，另有明法掾，张斐曾任此职，进一步完善了廷尉寺的司法机能。

南朝历代，大多称廷尉寺，宋、齐、梁、陈，仍以廷尉为最高司法审判机构，廷尉卿是长官，正、监、平为廷尉三官。南朝萧衍登基之前，曾任相国梁公，建台治事，韦叡"征为大理，高祖即位，迁廷尉"③。廷尉寺置胄子律博士，梁天监元年（502），在其京都所在地建康县仿廷尉之制，亦设正、监、平三官，选士人担任其职，负责京城的司法审判事务。大理寺断狱，须廷尉三官联署其名，以昭慎重。梁裴子野曾兼廷尉正，"时三官通署狱牒，子野尝不在，同僚辄署其名，奏有不允，子野从坐免职"④。陈因其制，陆琼曾以"度支尚书，参掌诏诰，并判廷尉、建康二狱事"⑤。

北朝北魏也将最高司法审判机关称为廷尉寺，廷尉寺也置律博士。常景因"廷尉公孙良举为律博士"，"正始初，诏尚书、门下于金墉中书外省考论律令，敕景参议"⑥。北齐初循北魏之制，仍称廷尉寺，后改为大理寺，"掌正刑狱"，设"正、监、平各一人，律博士四人，明法掾二十四人，槛车督

① 《三国志》卷二四，《魏书·高柔传》。
② 《晋书》卷二四，《职官志》。
③ 《梁书》卷一二，《韦叡传》。
④ 《梁书》卷三〇，《裴子野传》。
⑤ 《陈书》卷三〇，《陆琼传》。
⑥ 《魏书》卷八二，《常景传》。

二人，掾十人，狱丞、掾各二人，司直、明法各十人"①。从此中央最高司法审判机关正式称为大理寺，从而确定了大理寺作为最高司法审判机关的地位。北周依《周礼》六官改革官制，由卢辩成就之，以"秋官府领司寇等众职"②，设司宪中大夫等职掌管司法。如令狐整，"孝闵帝践阼，拜司宪中大夫，处法平允，为当时所称"③。

大理寺在北周时已不置，隋初改制，本议只置六卿，不设大理寺，有散骑常侍卢思道上奏反对，说："省有驾部，寺留太仆；省有刑部，寺除大理。斯是重畜产而贱刑名，诚为未可。"④北齐以廷尉寺为最高审判机关，隋采齐制，改廷尉寺为大理寺，以卿为长官，少卿为次官，仿齐制置正、监、平各一人，又置司直十人，律博士八人，明法二十人，狱掾八人。开皇三年，罢大理寺监、平及律博士，加置大理寺正为四人，"掌参议刑狱，详正科条之事。凡六丞断罪有不当者，则依法正之"。其下设大理丞六人，"掌分判寺事，凡有犯皆据其本状以正刑名"⑤。赵绰于"高祖受禅，授大理丞。处法平允，考绩连最，转大理正"。其后又"迁大理少卿"。"时河东薛胄为大理卿，俱名平恕。然胄断狱以情，而绰守法，俱为称职。"⑥大理寺仍"置博士弟子员，断决大狱，皆先牒明法，定其罪名，然后依断"⑦。同时州县也各设律生，但在开皇五年（585），发生一件县律生枉法之案，引起文帝盛怒。

（开皇）五年，侍官慕容天远，纠都督田元，冒请义仓，事实，而始平县律生辅恩，舞文陷天远，遂更反坐。帝闻之，乃下诏曰："人命之重，悬在律文，刊定科条，俾令易晓。分官命职，恒选循吏，小大之狱，理无疑舛。而因袭往代，别置律官，报判之人，推

① 《隋书》卷二七，《百官志中》。
② 《周书》卷二四，《卢辩传》。
③ 《周书》卷三六，《令狐整传》。
④ 《隋书》卷五七，《卢思道传》。
⑤ 《唐六典》卷一八，《大理寺》。
⑥ 《隋书》卷六二，《赵绰传》。
⑦ 《隋书》卷二五，《刑法志》。

其为首。杀生之柄，常委小人，刑罚所以未清，威福所以妄作。为政之失，莫大于斯。其大理律博士、尚书刑部曹明法、州县律生，并可停废。"自是诸曹决事，皆令具写律文断之。①

司法机构设置法律专门人士负责"断决大狱"，本身是很好的制度。县级律生犯法，本来应该是谁犯法就惩治谁，文帝却将大理寺的律博士、刑部明法和州县律生一并废除，大有因噎废食之意。

隋开皇九年（589），隋军大举南下灭陈，统一中国。自晋东迁，北方统治者一直不得不承认南方为华夏正统，并由衷地仰慕南朝的礼乐文化制度。隋军灭陈之役是以晋王杨广为行军大元帅，统领南下大军，故杨广对南朝制度较熟，即位后，又对隋制进行改革，多取梁陈之制。隋初还有大理丞二人，炀帝参照南朝以廷尉为核心的司法审判体制，将"大理寺丞改为勾检官，增正员为六人，分判狱事。置司直十六人，降为从六品，后加至二十六人。又置评事四十八人，掌颇同司直，正九品"②，大大充实了大理寺机构，使之成为名副其实的审判机关。由此可见，隋代的司法机构，不仅兼取周齐之长，而且集南北之美；不仅是南北朝制度文化发展的结晶，而且为唐宋以至明清的司法制度奠定了基础。

大理寺是国家最高审判机关，这在隋初并不明确，尤其是大理寺与刑部的关系也不清楚。开皇十二年（592），"帝以天下用律多致舛驳，罪同论异"，乃下制："诸州死罪，不得辄决，悉移大理按复，事尽，然后上省奏裁。"③这就意味着全国死刑的终审权归于中央，由大理寺执掌，事毕报尚书省刑部复核裁决，将大理寺与刑部的分工初步明确。开皇十六年（596），又下诏："决死罪者，三奏然后行刑。"④进一步将死刑的判决权集中到皇帝手中。但是这些制度在其晚年都陆续被他自己破坏，炀帝时更是被破坏得荡然无存。

---

① 《隋书》卷二五，《刑法志》。
② 《隋书》卷二八，《百官志下》。
③ 《资治通鉴》卷一七八，《隋文帝开皇十二年》；亦见《隋书》卷二五，《刑法志》。
④ 《资治通鉴》卷一七八，《隋文帝开皇十六年》；亦见《隋书》之《高祖纪下》及《刑法志》。

如炀帝"乃更立严刑，敕天下窃盗以上，罪无轻重，不待闻奏，皆斩"①，使大理寺、刑部以及皇帝自己对死刑的控制权都被取消，司法失控，以致"百姓怨嗟，天下大溃"。

唐代确认大理寺是中央最高审判机关，负责审理中央百官犯罪及京师徒刑以上的案件。对徒刑、流刑罪的判决，大理寺断后，还须报送刑部复核；对死罪的判决要直接奏请皇帝批准；对地方移送来的所判死刑的案件，大理寺拥有重审权。

大理寺设卿（从三品）一人，为长官，大理少卿（从四品上）二人，为卿之副贰。据《唐六典》卷一八，《大理寺》：

> 大理卿之职，掌邦国折狱详刑之事。以五听察其情：一曰气听，二曰色听，三曰视听，四曰声听，五曰词听。以三虑尽其理：一曰明慎以谳疑狱，二曰哀矜以雪冤狱，三曰公平以鞫庶狱。少卿为之贰。凡诸司百官所送犯徒刑以上，九品以上犯除、免、官当，庶人犯流、死以上者，详而质之，以上刑部。仍于中书、门下详复。其杖刑以下则决之。若囚有推决未尽，留系未结者，五日一虑。若淹延久系不被推诘，或其状可知而推证未尽，或讼一人数事，及被讼人有数事，重事实而轻事未决者，咸虑而决之。凡中外官吏有犯，经断奏讫而犹称冤者，则审详其状。凡吏曹补署法官，则与刑部尚书、侍郎议其人之可否，然后注拟。

大理卿、大理少卿以下设大理正（从五品下）二人，与大理少卿一起通判寺事，其"掌参议刑狱，详正科条之事。凡六丞断罪有不当者，则以法正之"②。张文瓘迁大理卿，"至官旬日，决遣疑事四百余条，无不允当，自是人有抵罪者，皆无怨言"③。大理少卿与大理正同为大理寺之通判官，大理正还负责审理内外官及爵五品以上官员犯罪的案件，若对其处死刑，则由大

---

① 《隋书》卷二五，《刑法志》。
② 《唐六典》卷一八，《大理寺》。
③ 《旧唐书》卷八五，《张文瓘传》。

理正监决。神龙元年（705年），王志愔迁大理正，针对当时大理寺官员不依法从事，上奏曰："法令者，人之堤防，堤防不立，则人无所禁。窃见大理官僚，多不奉法，以纵罪为宽恕，以守文为苛刻。臣滥执刑典，实恐为众人所谤。"并作《应正论》，论述依法执政的必要性。①

大理寺的判官是大理丞（从六品上），设六人，是按尚书省之六部而置，分判寺事，"六丞判尚书六曹所统百司及诸州之务。其刑部丞掌押狱。每一丞断事，五丞同押。若有异见，则各言不同之状也。"对徒罪以上犯，"各呼囚与其家属，告以罪名，问其状款，不伏，则听其自理。"②丞是大理寺日常从事司法审判的官员，其作用往往超过大理卿与少卿。如：

> 李日知为司刑丞，尝免一死囚，少卿胡元礼异判杀之，与日知往复，至于再三。元礼怒，遣府吏谓曰："元礼不离刑曹，此囚无活法。"日知报曰："日知不离刑曹，此囚无死法。"竟以两闻，日知果直。③

本案原由丞判免死，少卿"异判"，相互不能达成一致，各自上报奏闻。又如：

> （徐有功）载初元年（690）累迁司刑丞，时酷吏周兴、来俊臣、丘神勣、王弘义等构陷无辜，皆抵极法，公卿震恐，莫敢正言。有功独存平恕。诏下大理者，有功皆议出之，前后济活十百家。常于殿庭论奏曲直，则天厉色诘之，左右莫不悚慄，有功神色不挠，争之弥切。④

杜景俭为司刑丞，"天授中，与徐有功、来俊臣、侯思止专理制狱，时人云：'遇徐、杜者必生，遇来、侯者必死。'"⑤狄仁杰曾为大理丞，"周岁断滞狱一万七千件，无冤诉者"⑥。李朝隐为大理丞，神龙元年（705年），武三

---

① 《旧唐书》卷一〇〇，《王志愔传》。
② 《唐六典》卷一八，《大理寺》。
③ 《大唐新语》卷四，《持法第七》。
④ 《旧唐书》卷八五，《徐有功传》。
⑤ 《旧唐书》，卷九〇，《杜景俭传》。
⑥ 《旧唐书》卷八九，《狄仁杰传》。

思构陷桓彦范、敬晖等，让侍御史郑愔"奏请诛之"。中宗"敕大理结其罪"。李朝隐判"以晖等所犯，不经推穷，未可即正刑名"，而大理卿裴谈"异笔断斩，仍籍没其家"。李朝隐由此"忤旨"，被"出为闻喜令"①。

大理寺主簿（从七品上）是大理寺的勾检官。隋炀帝改大理丞为勾检官，唐置主簿二人，"掌印，省署抄目，勾检稽失。凡官吏之负、犯并雪冤者，则据所由文牒而立簿焉"。官吏犯赃赎铜之事，根据负、殿记录在簿，以供吏部考课之用。其下有录事（从九品上）二人为其属官，"掌受事发辰"②。

按唐代官制有"同职连署"之制的规定：

> 诸同职犯公坐者，长官为一等，通判官为一等，判官为一等，主典为一等，各以所由为首。若通判官以上有失者，止坐异判以上之官。

> 疏议曰：同职者，谓连署之官。"公坐"，谓无私、曲。假如大理寺断事有违，即大卿是长官，少卿及正是通判官，丞是判官，府、史是主典，是为四等。各以所由为首者，若主典检请有失，即主典为首，丞为第二从，少卿、二正为第三从，大卿为第四从，即主簿、录事亦为第四从；若由丞判断有失，以丞为首，少卿、二正为第二从，大卿为第三从，典为第四从，主簿、录事当同第四从。

> 注：若通判官以上异判有失者，止坐异判以上之官。

> 疏议曰：假如一正异丞所判有失，又有一正复同判，即二正同为首罪。若一正先依丞判，一正始作异同，异同者自为首科，同丞者便即无罪。假如丞断合理，一正异断有乖，后正直云"依判"，即同前正之罪；若云"依丞判"者，后正无辜。二卿异同，亦各准此。其通判官以上，异同失理，应连坐者，唯长官及勾检官得罪，以下并不坐。通判官以下有失，或中间一是一非，但长官判从正

---

① 《旧唐书》卷一〇〇，《李朝隐传》。
② 《唐六典》卷一八，《大理寺》。

法，余者悉皆免罪。内外诸司皆准此。①

大理寺之主典，即一般是指流外胥吏，包括府、史、亭长、掌固、问事之类，他们直接参与审理狱案，负责拷决犯人。此外，还有大理司直（从六品上）六人，"掌承制出使推复，若寺有疑狱，则参议之"②；大理评事（从八品下），"贞观二十二年十二月九日，置十员，掌出使推复，后加二员，为十二员"③。大理司直、评事承制出使推鞫地方长吏，根据诉状认为该官员应当停职或拘禁者，当以鱼书请示朝廷，批准后只得依据诉状内容尽情推按，甚至可以对官员依法实行刑讯。"凡大理断狱，皆连署焉。"④大理司直与评事的连署地位当为主典，但有时也可为判官，如武则天时，万国俊为司刑评事（当时改大理寺为司刑寺），因而与来俊臣同造《罗织经》，陷害宗室、大臣，"自司刑评事，俊臣同引为判官"⑤。此后，大理司直与评事的地位日益重要，常与御史及刑部郎中、员外郎组成"三司"，办理"诏狱"。

大理寺设有监狱，置狱丞（从九品下）四人，"掌率狱吏，知囚徒"⑥。狱丞在中国古代的社会地位较低，"历代并以卑微士为之，皇朝置四人，以流外入仕者为之"⑦。到唐后期，这种状况非但没有转变，反而愈演愈烈，到元和五年（810），大理寺奏：

> 当寺狱丞四员，准《六典》，合分直守狱。承前虽俸料寡薄，当寺自有诸色钱物优赏，免至虚贫。十年以来，曹司贫迫，无肯任者，遂令狱务至重，检校绝官。今伏请省两员，置两员，取所省料钱，并以优给见置者。庶令吏曹可注，职事得人。⑧

---

① 《唐律疏议》卷五，《名例律·同职犯公坐条》。
② 《通典》卷二五，《职官七·大理卿》。
③ 《唐会要》卷六六，《大理寺》。
④ 《唐六典》卷一八，《大理寺》。
⑤ 《旧唐书》卷一八六上，《酷吏上·万国俊传》。
⑥ 《新唐书》卷四八，《百官志三·大理寺》。
⑦ 《唐六典》卷一八，《大理寺》。
⑧ 《唐会要》卷六六，《大理寺》。

狱丞因收入太薄，地位太低，几乎找不到人担任此职，不得不以裁员并薪的手段招人。这在唐代是十分罕见的现象。

唐人极其重视大理寺官员的人选。贞观元年（627），太宗曾对封德彝说："大理之职，人命所悬，此官极须妙选"①。因此常亲自挑选、任命大理寺卿与少卿，还规定："凡吏曹补注法官，则与刑部尚书、侍郎议其人之可否，然后注拟。"② 即吏部选任法官，须经刑部同意。在这种慎重选任执法人员的思想指导下，唐代大理寺确实出现了一批古代社会堪称良吏的法官。如戴胄是唐太宗亲自选任的大理少卿，"前后犯颜执法"多次，"所论刑狱，皆事无冤滥，随方指摘，言如泉涌"③。高宗时，张文瓘于咸亨三年（672）迁大理卿，"至官旬日，决遣疑事四百余条，无不允当，自是人有抵罪者，皆无怨言。文瓘尝有疾，系囚相与斋祷，愿其视事。当时咸称其执法平恕，以比戴胄"。其后，官拜侍中，"大理诸囚闻文瓘改官，一时恸哭，其感人心如此"④。武则天时，任用酷吏，然徐有功为大理寺丞，刚正执法，不惧触怒武后，坚持依法断狱，杜佑评价他说："徐有功乃于斯时，而能定以枉直，执法守正，活人命者万计，将死复舍，忤龙鳞者再三。以此而言，度越前辈。"⑤ 玄宗开元二十一年（733），"大理卿袁仁敬暴卒，系囚闻之，皆恸哭悲歌，曰：'天不恤冤人兮，何夺我慈亲兮？有理无由申兮，痛哉安诉陈兮！'"⑥

二、从尚书诸曹到六部的演化——刑部的形成

秦汉尚书，不过是少府中的一个主管公文书的职务，最早由宦官担任。而尚书省的刑部，据《唐六典》卷六，《刑部尚书》载：

① 《唐会要》卷六六，《大理寺》。
② 《唐六典》卷一八，《大理寺》。
③ 《旧唐书》卷七〇，《戴胄传》。
④ 《旧唐书》卷八五，《张文瓘传》。
⑤ 《通典》卷一六九，《刑典七·守正》。
⑥ 《唐会要》卷六六，《大理寺》。

（刑部尚书）周之秋官卿也。汉成帝始置三公曹，主断狱事。后汉以三公曹掌天下岁尽集课事，又以二千石曹主中都官、水火、盗贼、辞讼、罪法事。晋初，依汉置三公尚书，掌刑狱。太康中，省三公尚书，以吏部尚书兼领刑狱。宋始置都官尚书，掌京师非违得失事，兼掌刑狱。齐、梁、陈、后魏、北齐，皆置都官尚书。后周依《周官》置大司寇卿一人。隋初曰都官尚书，开皇三年改为刑部。皇朝因之。①

汉代尚书已分曹理事，汉成帝置三公曹，"主断狱"。"后汉光武以三公曹主岁尽考课诸州郡事，改常侍曹为吏部曹，主选举祠祀事，民曹主缮修功作盐池园苑事，客曹主护驾羌胡朝贺事，二千石曹主辞讼事，中都官曹主水火盗贼事，合为六曹。并令仆二人，谓之八座。"②可以看出，三公曹、二千石曹、中都官曹所主之事与司法有关。曹魏尚书曹增至25郎，晋初，依汉置三公尚书，掌刑狱，后增至35曹，仍以二千石曹、中都官曹和三公曹主司法。惠帝时，刘颂为三公尚书，曾上疏提出："律法断罪，皆当以法律令正文，若无正义，依附名例断之。其正文、名例所不及，皆勿论。"③明显地具有罪刑法定主义倾向，其后这一原则被《唐律》吸收进去。魏晋对尚书机构进行调整，将其脱离少府，成为独立的政务机构。"太康中，省三公尚书，以吏部尚书兼领刑狱。"

南朝基本上沿用晋制，宋始置都官尚书，掌京师非违得失事，兼掌刑狱。宋孝武帝大明元年（457），谢庄曾为都官尚书，"奏改定刑狱"，提出：

自今入重之囚，县考正毕，以事言郡，并送囚身，委二千石亲临核辩，必收声吞胁，然后就戮。若二千石不能决，乃度廷尉。神州统外，移之刺史，刺史有疑，亦归台狱。必令死者不怨，生者

---

① 《唐六典》卷六，《刑部尚书》条注。
② 《晋书》卷二四，《职官志》。
③ 《晋书》卷三〇，《刑法志》。

无恨。①

从而确定了南朝的司法审级：县——郡——廷尉三级；或边远地方：县——郡——州——御史台四级审判制度。

齐、梁、陈、后魏、北齐皆置都官尚书。北朝在孝文帝改革后，尚书省设 34 曹，以都官尚书统领都官、二千石、比部、水部、左士、右士六曹。北齐三公曹由殿中统辖，"掌五时读时令，诸曹囚帐，断罪，赦日建金鸡等事"；"都官统都官、二千石、比部、水部、膳部五曹"②，其水部、膳部所掌与司法无关。可以看出，其体制仍很混乱。北周则一味因循《周礼》之制，"置大司寇卿一人。"③ 其属官"又有刑部中大夫掌五刑之法"④，搞得名不副实，非驴非马。

隋自开皇元年（581）改革官制，废除《周礼》体制，但仍循其天、地、春、夏、秋、冬的六官规制，将尚书省依六官之法，分为吏部、礼部、兵部、都官、度支、工部六曹。开皇三年，又改度支为民部，改都官为刑部，从此六曹改称六部，其中刑部是最重要的司法行政机关。

刑部在开皇初称都官曹，以"都官尚书统都官侍郎二人，刑部、比部侍郎各一人，司门侍郎二人"⑤，此时都官曹为主司。开皇三年，改都官尚书为刑部尚书，刑部成为主司，从此刑部成为尚书省六部之一，并为历代王朝所沿用。

刑部以刑部尚书为长官，侍郎为次长，其所辖刑部、都官、比部、司门四司，先以侍郎为长官，炀帝时除"侍"字，刑部郎称作宪部郎，其余皆以都官郎、比部郎、司门郎称。诸司副职于开皇六年始置，称为员外郎，炀帝又改为承务郎，分掌曹务，"以司其曹之籍帐"，若郎官阙，"则厘其曹事"⑥。

① 《宋书》卷八五，《谢庄传》。
② 《隋书》卷二七，《百官志中》。
③ 《唐六典》卷六，《刑部郎中员外郎条》。
④ 《通典》卷二三，《职官五·刑部尚书条》。
⑤ 《隋书》卷二八，《百官志下》。
⑥ 《隋书》卷二八，《百官志下》。

"刑部郎曹掌刑法"，都官曹初"犹掌非违得失事"，开皇三年，"改都官尚书曹曰刑部，其都官郎曹遂改掌簿录配没官私奴婢，并良贱诉竞、俘囚之事"①。比部曹"掌诏书律令勾检等事"，司门曹掌"门籍、关桥及道路过所、阑遗物事"②。

刑部在司法中的主要作用是主管司法行政方面的事，掌管法律、法令及制定各级司法机关在诉讼审判中的各种行为规范。

隋以刑部、大理寺共掌司法，这是中国司法制度史上首次出现司法行政与司法审判分立的现象，具有重大意义。但对此意义当时人并不是都能认识清楚的，文帝时就有人要将大理寺与刑部"省并"，因遭到卢思道的反对而罢休。直到唐代杜佑在修《通典》时仍认为：

> 后周依《周礼》置六官，而年代短促，人情相习久已，不能革其视听。故隋氏复废六官，多依北齐之制，官职重设，庶务烦滞，加六尚书似周之六卿，又更别立寺监，则户部与太府分地官司徒职事，礼部与太常分春官宗伯职事，刑部与大理分秋官司寇职事，工部与将作分冬官司空职事，自余百司之任，多类于斯。欲求理要，实在简省。③

杜佑的批评主要是从精简机构的角度出发，似有偏颇之嫌。

唐代刑部作为尚书省六部之一，是中央司法行政机关，除掌管司法政令外，并复核大理寺流刑以下及州县徒刑以上的犯罪案件。在复审中，如发现疑案、错案，凡徒刑、流刑以下的案件，驳回原审州县重审或复判，死刑则转送大理寺重审。

刑部设尚书一人(正三品)，为长官；侍郎一人(正四品下)为副贰。"刑部尚书、侍郎之职，掌天下刑法及徒隶、勾复、关禁之政令。"④刑部尚书与

---

① 《唐六典》卷六，《尚书刑部》。
② 《通典》卷二三，《职官五·尚书刑部》。
③ 《通典》卷二五，《职官七·总论诸卿》。
④ 《唐六典》卷六，《尚书刑部》。

侍郎是总领本部职务的长官，一般不直接审理狱案，非有重大诏狱，奉旨不行。中唐以后，刑部尚书多为虚衔，刑部侍郎实际主持刑部事务。

刑部下分四司，刑部司为头司，都官、比部、司门三司为子司。各司皆以郎中（从五品上）为其长官，员外郎（从六品上）为次长，刑部"郎中、员外郎掌贰尚书、侍郎，举其典宪而辨其轻重"。① 这是刑部最重要的直接掌管司法的部门，其掌律令格式，定罪量刑；按复大理寺流刑以下及诸州、县徒刑以上的犯罪案件及其应奏之事；若狱囚中有属应议、请者，皆申报刑部，由刑部召集诸司七品以上官员于尚书都省集议；死刑的复决权也由刑部执行，特别是在外诸州死刑的执行，必须报刑部，经三复奏后，方可执行；对在狱囚徒的录囚、申复也由刑部负责。在复审中，如发现疑案、错案，凡徒刑、流刑以下的案件，驳回原审州、县重审或复审；死刑则转送大理寺重审，有时也可由刑部亲自复审。如《大唐新语》载：

> 明崇俨为正谏大夫，以奇术承恩。夜遇刺客，敕三司推鞫，其妄承引连坐者众。高宗怒，促法司行刑。刑部郎中赵仁恭奏曰："此辈必死之囚，愿假数日之命。"高宗曰："卿以为枉也？"仁恭曰："臣识虑浅短，非的以为枉，恐万一非实，则怨气生焉。"缓之旬月，果获贼。高宗善之，迁刑部侍郎。②

赵仁恭本以刑部郎中复核死刑，认为有疑，向高宗申请重审，果获真凶。可见刑部的复核不是虚设。

"都官郎中、员外郎掌配、没隶簿，录俘囚，以给衣粮、药疗，以理诉竞、雪免。"③ 都官司主要掌管已被判徒刑、流刑的罪犯的执行管理，以及因家人犯罪被罚没为官奴婢的名籍管理。因奴婢而发生争执引起的诉讼，也由都官司审理。如《贞观政要》记载：

> 贞观七年，蜀王妃父杨誉在省竞婢，都官郎中薛仁方留身勘

---

① 《唐六典》卷六，《刑部郎中员外郎条》。
② （唐）刘肃撰：《大唐新语》卷四，《持法第七》。
③ 《唐六典》卷六，《都官郎中员外郎条》。

问，未及予夺。其子为千牛，于殿廷陈诉云："五品以上非反逆不合留身，以是国亲，故生节目，不肯决断，淹留岁月。"太宗闻之，怒曰："知是我亲戚，故作如此艰难。"即令杖仁方一百，解所任官。魏征进曰："城狐社鼠皆微物，为其有所凭恃，故除之犹不易。况世家贵戚，旧号难理，汉、晋以来，不能禁御，武德之中，以多骄纵，陛下登极，方始萧条。仁方既是职司，能为国家守法，岂可枉加刑罚，以成外戚之私乎！此源一开，万端争起，后必悔之，交无所及。自古能禁断此事，惟陛下一人。备预不虞，为国常道。岂可以水未横流，便欲自毁堤防？臣切思度，未见其可。"太宗曰："诚如公言，向者不思。然仁方辄禁不言，颇是专擅，虽不合重罪，宜少加惩肃。"乃令杖二十而赦之。①

由此可见，"竞婢"的案件，即使涉及皇亲国戚，也仍由都官郎中审理。

比部司"掌勾诸司百寮俸料、赃赎、调敛、徒役、课程、逋悬数物，以周知内外之经费而总勾之"②。比部是全国财务的总审计、总监督机关，是勾检机关。因此，涉及财务经济的案件，比部也参与审理。如唐德宗贞元十一年（795），裴延龄诬陷陆贽、李充等案：

（奚陟）迁刑部侍郎。裴延龄恶京兆尹李充有能政，专意陷害之，诬奏充结陆贽，数厚赂遗金帛。充既贬官，又奏充比者妄破用京兆府钱谷至多。请令比部勾复，以比部郎中崔元翰陷充，怨恶贽也。诏许之。元翰曲附延龄，勃治府史。府史到者，虽无过犯，皆笞决以立威，时论喧然。陟乃躬自阅视府案，具得其实……③

从此案可看到，涉及"钱谷"的案件是由比部审理，而奚陟是以刑部侍郎的身份可对其审判进行监督。

---

① （唐）吴兢撰：《贞观政要》卷二，《论纳谏第五》。
② 《唐六典》卷六，《比部郎中员外郎条》。
③ 《旧唐书》卷一四九，《奚陟传》。

司门司"掌天下诸门及关出入往来之籍赋，而审其政"①。司门司最重要的职责是掌管天下出入关的"过所"，相当于今日之护照，司门司从事的是出入境及出入国内关津的管理工作。涉及这方面的诉讼，自然也归其管辖。

总之，刑部四司根据其职责的不同，分别管辖不同内容的诉讼，其中最主要的自然是刑部司。

三、御史台司法功能的演进

（一）魏晋南北朝时期的御史台

汉代御史大夫与丞相、太尉并列三公，但秦朝及汉初御史台原本却是少府寺下的一个机构。据《唐六典》载：

> （御史大夫）《汉书》云：御史大夫，秦官，位上卿，银印青绶，掌副丞相。成帝绥和元年更名大司空，哀帝建平二年复为御史大夫，元寿二年复为大司空。历后汉，遂为三公之官。献帝建安十三年又省。历晋、宋、齐、梁、陈、后魏、北齐、后周，并不置大夫，而以中丞为台主。隋讳中，依秦、汉置御史大夫，从三品。大业八年降为正四品。皇朝又为从三品。龙朔二年改为大司宪。咸亨元年复故。御史台汉名御史府。后汉曰宪台，以尚书为中台，时谒者为外台，谓之"三台"。魏、晋、宋、齐曰兰台，梁、陈、后魏、北齐、隋皆曰御史台。皇朝因之。②

东汉后，御史台从少府独立出来，又称作"兰台"，成为体制独立的中央监察机关，特置御史中丞一人总之。汉代御史大夫为三公之一，或称大司空。三国魏晋历梁、陈、北魏、北齐，皆置御史台，或称为"南台"。晋、宋、齐、梁、陈、后魏、北齐、后周，并不置大夫，而以御史中丞为台主。

---

① 《唐六典》卷六，《司门郎中员外郎条》。
② 《唐六典》卷一三，《御史台》御史大夫条注。

"及魏，又置治书执法，掌奏劾，而治书侍御史掌律令，二官俱置。及晋惟置治书侍御史，员四人。泰始四年（268），又置黄沙治书侍御史一人，秩与中丞同，掌诏狱及廷尉不当者皆治之。"① 魏于兰台遣二御史居殿中，伺察非法。及晋加至四人，称作"殿中侍御史"。南朝梁御史台以中丞为长官，"属官治书侍御史二人，掌举劾官品第六以下，分统侍御史。侍御史九人，居曹，掌知其事，纠察不法。殿中侍御史四人，掌殿中禁卫内。又有符节令史员。"② 北魏御史台长官称中尉，元子思曾上奏引《御史令》："中尉督司百寮，治书侍御史纠察禁内"；"中尉出行，车辐前驱，除道一里，王公百辟避路。"③ 说明御史台官员的权力增强，其地位也大大提高。北齐的御史台"掌察纠弹劾"，以中丞为长官。下设"治书侍御史二人，侍御史八人，殿中侍御史、检校御史各十二人"等④。北周改称"司宪"，属秋官府。

御史台在北周归入秋官大司寇，设司宪中大夫、司宪上士、司宪中士、司宪旅下士、掌朝下大夫、小掌朝上士、掌察上士、掌察中士、掌察下士等职，皆与监察有一定的关系，有的还涉及司法。如《唐六典·御史中丞注》："后周秋官置司宪中大大二人，掌丞司寇之法，以左右刑罚，盖比御史中丞之职也。"隋朝时恢复北齐的御史台制，因隋讳"中"字，遂以御史大夫为台主，设御史大夫一人，治书侍御史二人，侍御史八人，殿内侍御史、监察御史各十二人。其御史大夫为台长，治书侍御史为次官，实际上御史大夫不主台事，治书侍御史掌实权，"台中簿领，悉以主之"⑤。治书侍御史还有巡察州县之责，柳彧为治书侍御史，"持节巡省河北道五十二州，奏免长吏赃污不称职者二百余人，州县肃然，莫不震惧"。"仁寿初，复持节巡省太原道十九州。及还，赐绢百五十匹。"⑥

① 《晋书》卷二四，《职官志》。
② 《隋书》卷二六，《百官志上》。
③ 《魏书》卷一四，《元子思传》。
④ 《隋书》卷二七，《百官志中》。
⑤ 《通典》卷二四，《职官六·御史台》。
⑥ 《隋书》卷六二，《柳彧传》。

　　隋炀帝执政后，对文帝的监察制度进行改造，增设谒者台、司隶台，以分削御史台的职权。首先罢废开皇时"御史直宿宫中"之制，其实质是将御史由宫官变为外官，与之相应的是省殿内侍御史而增置监察御史，侍御史也"唯掌侍从纠察"①，削弱了御史台对宫内的权力。相反，为加强对外的监察，增设谒者台与司隶台。

　　谒者台"掌受诏劳问，出使慰抚，持节察授，及受冤枉而申奏之"。谒者台置大夫一人为台长，司朝谒者二人为副贰，又有通事谒者二十人，议郎二十四人，通直三十六人，将事谒者三十人，谒者七十人，"皆掌出使"。其后，各属官名称、人数多有变化，或废、或加，但"皆主出使，量事大小，据品以发之"②。

　　隋大业二年（606），炀帝遣使并省州县，次年改州为郡，并在此基础上置司隶台，"掌诸巡察"，设司隶大夫一人为台长，别驾二人"分察畿内，一人案东都，一人案京师"；刺史十四人，"巡察畿外"③郡县；诸郡从事四十人，辅刺史巡察。刺史每年二月乘车出巡郡县，十月还朝上奏，报告所察情况。房彦谦授司隶刺史，"慨然有澄清天下之志"④，可见其权势之盛，时人称其职责为"激浊扬清"。李德饶为司隶从事，"每巡四方，理雪冤枉，褒扬孝悌，虽位秩未通，其德行为当时所重"⑤。

　　整个隋代，御史台、谒者台等监察机关在司法中的地位都是不明确的，从法定程序上讲，"御史台不受词讼，有通词状者，立于台门，候御史。御史竟往门外收采，如可弹者，略其姓名，皆云风闻访知。"⑥可见御史台仅是监察、弹劾机构，不是专门的司法机关。当然，若有诏狱，御史台也就成为特殊的"专案"部门，甚至可以干扰司法。如裴蕴在炀帝时为御史大夫，"蕴

---

① 《隋书》卷二八，《百官志·炀帝之制》。
② 《隋书》卷二八，《百官志·炀帝之制》。
③ 《隋书》卷二八，《百官志·炀帝之制》。
④ 《隋书》卷六六，《房彦谦传》。
⑤ 《隋书》卷七二，《孝义·李德饶传》。
⑥ 《通典》，卷二四，《职官六·御史台》。

善候伺人主微意，若欲罪者，则曲法顺情，锻成其罪；所欲宥者，则附从轻典，因而释之。是后大小之狱皆以付蕴，宪部、大理莫敢与夺，必秉承进止，然后决断"。"蕴又欲重己权势，令虞世基奏罢司隶、刺史已下官属，增置御史百余人。于是引致奸黠，共为朋党，郡县有不附者，阴中之。于时军国多务，凡是兴师动众，京都留守，及与诸蕃互市，皆令御史监之。宾客附隶，遍于郡国，侵扰百姓，帝弗知之也"①。御史台的权力过大，反而下扰百姓，上惑君主，这也正是隋末法制败坏的重要原因之一。

（二）唐初期的御史台功能

唐前期的司法制度是南北朝及隋代司法制度的集大成者，御史台也是由秦汉经魏晋南北朝而定型。据《唐六典》：

> 御史台，汉名御史府，后汉曰宪台，时以尚书为中台，谒者为外台，谓之三台。魏、晋、宋、齐曰兰台，梁、陈、后魏、北齐、隋皆曰御史台，皇朝因之。②

魏晋南北朝的御史是监察官员，没有司法职责。唐初的御史台也仅仅是监察机关，不是司法机关。但从南北朝开始发生变化，御史受命参与"诏狱"，并出现所谓"风闻奏事"。唐初高祖、太宗时期，基本上承袭这一传统，《通典·职官六·御史台》称："故御史为风霜之任，弹纠不法，百僚震恐，官之雄峻，莫之比焉。旧制：但风闻弹事，提纲而已。"其注曰：

> 旧例：御史台不受诉讼，有通词状者，立于台门候御史。御史竟往门外收采，如可弹者，略其姓名，皆云"风闻访知"。永徽中崔义玄为大夫，始定受事御史，人知一日，劾状题告人姓名，或诉讼之事。③

这里需要说明的是，唐初的"风闻访知"与后世的"风闻弹事"有所不同，

---

① 《隋书》卷六七，《裴蕴传》。

② 《唐六典》卷一三，《御史台》注。

③ 《通典》卷二四，《职官六·御史台》。

甚至可说是有本质的区别。御史台受理词状，不是为了进行司法审理，而是作为御史个人搜集弹劾的材料来源。所谓"风闻"，一是为了不透露告事人的姓名，可能具有保护当事人的意思；二是为鼓励御史大胆言事，勇于对有关官员违法犯罪的事情进行揭发。正如《唐会要》所说：

> 故事：御史台无受词讼之例，有词状在门，御史采有可弹者，即略其姓名，皆云"风闻访知"。其后，御史疾恶公方者少，递相推倚，通状人颇雍滞。至开元十四年，始定受事御史，人知一日劾状，遂题告事人名，乖自古风闻之义。至今不改。

> 苏氏驳曰：御史台正朝廷纲纪，举百司紊失，有弹邪佞之文，无受词讼之例。今则重于此而忘于彼矣。①

这段文字反映了唐代前后期御史台职能的变化。欧阳修在论及此事时说："（开元）十四年，乃定授事御史一人，知其日劾状，题告事人姓名。其后，宰相以御史权重，建议弹奏先白中丞、大夫，复通状中书、门下，然后得奏。自是御史之任轻矣。"②所谓"御史之任轻矣"，是说御史独立弹劾百官的职能降低，而开始受理词讼了，并接受皇帝的委派，推鞫狱案。"题告事者姓名"，就意味着御史所受之状是用于起诉的，而不是用于弹劾的，因为唐律禁止匿名告状。这也就标志着御史台由单纯的监察机构逐渐向司法机关转化。《通典》在记述开元年间，崔隐甫奏罢御史台狱，"其后罕有风闻弹举之事，多受词讼推复，理尽然后弹之。将有弹奏，则先牒监门禁止，勿许出入"③。御史是先将案件审理清楚，报告御史大夫、中丞，还要通告中书、门下，然后再弹劾，上奏状时，已通知监门卫将被弹劾之人拘禁。这种"弹劾"有些像今天检察机关提起公诉的意思。从侍御史的职掌看，唐前期"侍御史之职有四，谓推、弹、公廨、杂事"④；但到开元年间，"侍御史掌纠举

---

① 《唐会要》卷六〇，《御史台上·御史台》。
② 《新唐书》卷四八，《百官志三·御史台·侍御史》。
③ 《通典》卷二四，《职官六·御史台》。
④ 《通典》卷二四，《职官六·侍御史》。

百僚，推鞫狱讼。其职有六：一曰奏弹，二曰三司，三曰西推，四曰东推，五曰赃赎，六曰理匦。"①其推鞫的职掌由一而变化为三，分为三司推、东推和西推，推鞫狱案之事成为御史台最重要的功能。这一变化可以说是整个唐代御史台职能发生转变的标志。

（三）御史独立行使弹劾权的变化

"大唐自贞观初以法理天下，尤重宪官，故御史复为雄要。"②御史是极为清要之官，其权力极大，选任也极慎重。按《唐会要》："故事：其百僚有奸诈隐伏，得专推劾。若中书、门下五品以上，尚书省四品以上，诸司三品以上，则书而进之，并送中书门下。"③御史弹劾百官，不须报送御史台长官批准，可独立行使弹劾权。

> 长安四年（704）三月，监察御史萧至忠弹凤阁侍郎同凤阁鸾台三品苏味道赃污，贬官。御史大夫李承嘉尝召诸御史责之曰："近日弹事，不咨大夫，礼乎？"众不敢对。至忠进曰："故事：台中尤长官。御史，人君耳目，比肩事主，得各弹事，不相关白。若先白大夫，而许弹则可。如不许弹，则如之何？大夫不知曰谁也？"承嘉默然，而惮其刚直。④

萧至忠说的"故事"，应当就是贞观时的制度。《大唐新语》记述此事，萧至忠说："御史，人君耳目，俱握雄权，岂有奏事先咨大夫，台无此例。"⑤明确说出御史台没有此先例。御史是皇帝的耳目之官，充当皇帝的爪牙，"得专推劾"百官，若弹劾高官也仅是用书面通知中书门下，即使是弹劾宰相也不必与御史大夫打招呼。当时御史没有诉讼的任务，只是

---

① 《唐六典》卷一三，《御史台》。
② 《通典》卷二四，《职官六·侍御史》。
③ 《唐会要》卷六〇，《御史台上·御史台》。
④ 《唐会要》卷六一，《御史台中·弹劾》；又参见《新唐书》卷一二三，《萧至忠传》。
⑤ （唐）刘肃撰：《大唐新语》卷四，《持法第七》。

负责弹劾之事，并享有不经御史台长官独立行使弹劾权的使命。所有御史与大夫、中丞是"比肩事主"，平等行使弹劾权。按《唐令》御史之间，"隔品致敬，比者因循，侍御史已下皆与大夫抗礼。开元十八年敕，重申明，犹未之改。"[①] 用令和皇帝的敕，肯定了御史之间没有统辖，地位平等的关系。所谓"旧制：大臣有被御史对仗劾弹者，即俯偻趋出，立于朝堂待罪"[②]。

但《唐六典·御史台》又载："凡中外百僚之事应弹劾者，御史言于大夫，大事方幅奏弹，小事著名而已。"其注曰："旧，弹奏，皇帝视事日御史奏之。自景龙三年（709）以来，皆先进状听进止，许则奏之，不许则止。"[③] 景龙三年，也就是说距离萧至忠弹劾苏味道事仅仅五年后，御史弹劾百官就必须经过大夫允许才可进状，其导火线据《隋唐嘉话》卷下载：

> 崔司知（宏按：知似当作直）琬，中宗朝为侍御史，弹宗楚客反，盛气作色。帝优之不令问，因诏每弹人，必先进内状，许乃可。自后以为故事。

崔琬弹劾宠臣宗楚客，而中宗庇护之，因而规定若弹人必先进状，批准后方可弹奏。这一规定在开元年间已成为定制。据《唐语林》卷六载：

> 开元末，宰相以御史权重，遂制：弹奏者先咨大夫、中丞，皆通许。又先通状白中书门下，然后得奏。从此，御史不得特奏，威权大减。

肃宗即位后，为纠正李林甫专权时留下的弊政，力图恢复御史独立行使弹劾权的"旧制"。至德元年（756）九月，肃宗颁诏："御史弹事，自今以后，不须取大夫同置。"乾元二年（759）四月又敕："御史台所欲弹事，不须先进状，仍服豸冠。所被弹劾，有称雠嫌者，皆冀迁延，以求苟免。但所举当

---

① 《唐六典》卷一三，《御史台·侍御史》。
② 《旧唐书》卷九二，《宗楚客传》。
③ 《唐六典》卷一三，《御史台·御史大夫之职》；又参见《唐会要》卷六一，《御史台中·弹劾》。

罪，则雠亦无嫌。如宪官不举所职，降资出台。倘涉阿容，乃重贬责。"《唐会要》还提到："旧制：凡事非大夫、中丞所劾，而合弹奏者，则具其事为状，大夫、中丞押奏。大事则豸冠、朱衣、熏裳，白纱中单以弹之；小事常服而已。"① 这里所说的"旧制"，当是开元初之制。肃宗时为广开言路，取消"进状"和"关白"之制，但实际上并没有起作用。

德宗初即位时，又有御史奏请恢复"御史得专弹劾，不复关白于中丞、大夫"的制度，说明此前仍须"关白"。据《唐会要》载：

> 建中元年（780）三月，监察御史张著冠豸冠，弹京兆尹兼御史大夫严郢于紫宸殿，以郢奉诏浚陵阳渠，匿诏不时行，故使奔蹙，以归怨于上。上即位初，侍御史朱敖请复旧制，置朱衣豸冠于内廊，有犯者，御史服以弹。又令御史得专弹劾，不复关白于中丞、大夫。至是著首行之。乃削郢御史中丞，著特赐鱼袋。自是日悬衣冠于宣政之左廊。然著希杨炎之意弹郢，人颇不直之。②

这次弹劾御史中丞严郢，显然是场朋党之争的闹剧。但从此史料从可看出，御史行使弹劾权之前，还须先将弹劾状向御史大夫、中丞"关白"，大夫、中丞在进状上"押奏"，才能正式实施弹劾。但这种通过"进状""关白""押奏"，最后才进入"弹奏"的程序，是从中宗到德宗朝经过多次的反复，逐渐形成制度。《册府元龟》在述此事后，还有一句很重要的话："无何，御史张滂以朋党私衅弹中丞元全柔，众议不直，乃诏御史不得专举。"③ 看来，朱敖"复旧制"的建议又被取消了。因此，御史独立行使弹劾的权力受到严重削弱。这也同时意味着皇权的加强，御史须按皇帝的意志，让弹劾谁就弹劾谁，不让弹劾的就不能弹劾，否则就不要在御史台混了。

---

① 《唐会要》卷六一，《御史台中·弹劾》。
② 《唐会要》卷六一，《御史台中·弹劾》；参见《新唐书》卷一四五，《严郢传》及《杨炎传》，严郢当时官为京兆尹兼御史中丞。
③ 《册府元龟》卷五二二，《宪官部·私曲》。

（四）御史台三院制的形成

秦汉魏晋南北朝到唐初，没有听说御史台有"三院"之说。唐玄宗开元年间修《唐六典》，也没有将三院的体制编入。甚至历任德宗、顺宗、宪宗三朝的宰相杜佑在编撰《通典》时，也不曾提到御史台三院。1985年，汪潜先生从《唐六典》中选出四卷，"刑部""御史台""大理寺"和"各级地方政府"，加以注释，单独出书，名为《唐代司法制度——唐六典选注》①。该书第二编《唐六典》卷十三御史台，编注者按：

> 本卷是唐代中央监察机关（兼理司法）御史台的人员编制、职掌、规章的行政法典。西汉时中央监察机关称御史府，汉武帝时改称御史台，历代相沿。明洪武十五年（1382）改为都察院。清代沿袭明制。

> 隋、唐于御史台中分设台院、殿院、察院，统辖三国、西晋以来因事设置、职权不清的诸御史。台院是御史台的基本组成部分，设侍御史六人，执掌纠弹中央百官，参加重大案件的审判，职权重要，地位最高。殿院设殿中侍御史九人，主要执掌殿廷纠察朝仪。察院设监察御史十五人，执掌监察地方官吏，品位虽低，任务最重。原文无台院、殿院、察院等字，编注时据《新唐书·百官三》分列。

汪潜先生在此说隋唐时期御史台就已分设三院，但从目前见到的史料却看不出隋代御史台已分三院。据《隋书·百官志下》："御史台，大夫一人，治书侍御史二人，侍御史八人，殿内侍御史、监察御史，各十二人，录事二人。"没有说各御史分院办事。炀帝即位后，大业三年（607），"增置谒者、司隶二台，并御史为三台。"谒者台的职掌是"掌受诏劳问，出使慰抚，持节察授，及受冤枉而申奏之"；司隶台则"掌诸巡察"，其建制与职掌都与唐代御史台三院有很大的区别。

---

① 汪潜编注：《唐代司法制度——唐六典选注》，法律出版社1985年版。

　　唐初御史台也未见有"三院"之说，高宗是分御史台为左右肃政台，中宗改为左右御史台，玄宗废右台。但左右台与三院也没有直接的关系。《新唐书·百官三·御史台》："其属有三院：一曰台院，侍御史隶焉；二曰殿院，殿中侍御史隶焉；三曰察院，监察御史隶焉。"这是正史明确点明三院制的说法。但欧阳修撰《新唐书》是在宋代，时间较晚，他也没有提及史料来源。

　　最早提到御史台三院的史料，本人目前见到的是《唐会要》：贞元十三年（796）十月，御史台奏：

　　　　伏准贞元二年班序敕：诸使下三院御史，有本官是常参官兼者，即入本官班；如内供奉里行，即入御史班。缘使下御史稍多，近例并不在内供奉班内。臣等参详："伏请自今已后，请使下御史内供奉者，入门日，并依宣政殿前班位，次员外之后，在正台监察御史之上，便为常式，庶协通规。"敕旨："依奏。"①

　　由此可知，最起码在德宗朝初期，御史台已经有了三院，但在班序问题上还不规范。这个问题到宪宗时仍未解决。元和十二年（817）三月，御史中丞崔植奏："当台新除三院御史，以受旨职事先后立。"②而《册府元龟》载此事，说此奏崔植是元和十五年所上③，无论如何，宪宗前三院制已形成。但到文宗太和四年（830），三月，御史台奏：

　　　　三院御史尽入到朝堂，从前无止泊处。今请置祗候屋宇，门下直省院西，京兆府尹院东有官地，请准长庆元年八月，于中书南给官地起造。请度支给钱一千贯文，台司自勾当，从便起造。可之。④

　　也就是说，三十多年来，御史台之三院尚未有独立的办公地点，也许这次上面又批了地，又给了钱，总算给解决了。

---

① 《唐会要》卷六二，《御史台·杂录》。
② 《唐会要》卷六〇，《御史台》。
③ 参见《册府元龟》卷五一六，《宪官部·振举一》。
④ 《册府元龟》卷五一六，《宪官部·振举一》；又参见《唐会要》卷六二，《御史台杂录》略同。

全面系统地介绍御史台三院制的当属唐赵璘所撰《因话录》：

> 御史台三院，一曰台院。其僚曰侍御史，众呼为"端公"。见宰相及台长，则曰"某姓侍御"。知杂事，谓之"杂端"。见台长，则曰"知杂侍御"。虽他官高秩兼之，其侍御号不改。见宰相，则曰"知杂某姓某官"。台院非知杂者，乃俗号"散端"。二曰殿院。其僚曰殿中侍御史，众呼为"侍御"。见宰相及台长"杂端"，则曰"某姓殿中"。最新入，知右巡，已次知左巡，号"两巡使"，所主繁剧。及迁向上，则又入推，益为劳屑，惟其中间，则入清闲。故台中谚曰："免巡未推，只得自知。"言其畅适也。厅有壁画小山水甚工，云是吴道玄真迹。三曰察院。其僚曰监察御史，众呼亦曰"侍御"。见宰相及台长"杂端"，则曰"某姓监察"。若三院同见台长，则通曰"三院侍御"，而主簿纪其所行之事。每公堂食会，杂事不至，则无所检辖，惟相揖而已。杂事至，则尽用宪府之礼，杂端在南揖，主簿在北揖，两院则分坐，虽举匕箸，皆绝谈笑。食毕，则主簿持黄卷揖曰："请举事。"于是台院白杂端曰："举事。"则举曰："某姓侍御有某过，请准条。"主簿书之。若举时差错，则最小殿中举院长，最小侍御史举殿院长。若杂端失笑，则三院皆笑，谓之"烘堂"，悉免罚矣。凡见黄卷罚直遇赦悉免，台长到诸院，凡官吏所罚，亦悉免。御史历三院虽至美，而月满殿中推鞫之劳，惮于转两院。以向下侍御史，便领推也，多不愿为，以此台中以殿中转两院为戏谑之辞。每出入行步，侍御史在柱里，殿察两院在柱外，有时殿中入里，则共哂之曰："著去也。"三院御史主簿有事白端公，就其厅。若有中路白事，谓之"篸端"。篸端有罚。殿中已免巡，遇正知巡者假故，则向上人又权知，谓之"蘸巡"。台官有亲受除拜喜庆之事，则谒院长、杂端、台长，谓之"取贺"。凡此皆因胥徒走卒之言，遂成故事。院长每上堂了各报，诸御史皆立于南廊，便服鞾鞋以俟院长。立定，院长方出。相揖而序行，至

殿院门，揖殿中。又序行，至食堂门，揖侍御史，凡入门至食，凡数揖。大抵揖者，古之肃拜也。台中无不揖，其酒，无起谢之礼，但云揖酒而已，酒最合敬，以恐烦却损。往往自台拜他官执事，亦误作台揖，人皆笑之。每赴朝，序行至待漏院偃息，则有卧揖。上门有马揖。凡院长在厅院内，御史欲往他院，必先白。决罚又必先白。察院有都厅，院长在本厅，诸人皆会话于都厅，亦曰察院南院，会昌初，监察御史郑路所茸。礼察厅，谓之"松厅"，南有古松也。刑察厅谓之"魇厅"，寝于此多魇。兵察常主院中茶，茶必市蜀之佳者，贮于陶器，以防暑湿。御史躬亲缄启，故谓之"茶瓶厅"。吏察主院中入朝人次第名籍，谓之"朝簿厅"。吏察之上，则馆驿使。馆驿使之上，则监察使。监察使，同僚之冠也，谓之"院长"。台中敬长，三院皆有长。察院风彩尤峻。凡三院御史初拜，未朝谢，先谒院长。院长辞疾不见，则不得谢及上矣。①

赵璘为德宗朝宰相赵宗儒的侄孙，文宗开成进士，宣宗时曾为左补阙、祠部郎、州刺史等职。他有关御史台三院的记载，可以说是当时人记当时事，是第一手资料。由此记载可知，最起码到文宗、宣宗时，三院的办公地点问题总算是解决了。察院厅壁上有吴道玄的真迹。吴道玄即玄宗时已出名的画家吴道子，肃宗时尚在，终年不详。但不大可能活到文宗时（827），看来赵璘对是否真是吴道子的真迹也持怀疑态度，故用词谨慎，说"云是吴道玄真迹"。察院都厅，即南厅，文中说是"会昌初，监察御史郑路所茸"。会昌元年为841年，看来察院在此时又进行了扩建。

御史台三院的出现，是由于御史队伍的极大扩充。唐初武德年间，侍御史定员四人，殿中侍御史四人，监察御史八人；太宗贞观年间，侍御史即增为六人，殿中侍御史也增至六人，后又增至九人；监察御史贞观时增至十人，并员外置监察御史里行；武则天时各御史又增置内供奉、里行无定

---

① （唐）赵璘撰：《因话录》卷五，《徵部》；（宋）王谠：《唐语林》卷八略同。

员；玄宗时监察御史增至十五人。人多事多，为其服务的人员势必相应增加。《唐六典》记载，侍御史下有令史十五人，书令史二十五人，亭长六人，掌固十二人；殿中侍御史下有令史八人，书令史十人；监察御史下仅有令史三十四人。而欧阳修在《新唐书·百官志三》中则明确记载："台院有令史七十八人，书令史二十五人，亭长六人，掌固十二人。殿院有令史八人，书令史十八人。察院有计史三十四人，令史十人，掌固十二人。"这些还不包括内供奉、里行的人数。由于人员大大增加，分院办公成为必然之事。

四、三法司的形成

御史台由受理词讼，到参与审判，最后专推制狱，成为专门的司法机关，与刑部、大理寺合称"三法司"。

太宗时始以御史参与审理"诏狱"，高宗朝及武则天时，制狱（武则天讳诏，改称制狱）更是频繁，一般有特殊案件，武则天往往直接交由她信任的御史推按，御史审案渐成惯例，但仍须有特诏，方可介入。武则天改御史台为肃政台，又分为左右两台。"左以察朝廷，右以澄郡县。时议以右多名流，左多寒刻。其迁登南省者，右殆倍焉，以其不陵朝贵故也。二台迭相纠正，而左加敬惮。"① 玄宗恢复御史台制，但汲取了以御史巡察州县的做法。

从司法方面讲，御史台主要从事的是制狱，武则天时表现极为突出，后成为制度，如代宗"永泰初，（赵）涓为监察御史。时禁中失火，烧屋室数十间，火发处与东宫稍近，代宗深疑之，涓为巡使，俾令即讯。涓周历墙闉，按据迹状，乃上直中官遗火所致也，推鞫明审，颇尽事情。既奏，代宗称赏焉"②。这是监察御史受命直接办理狱案。又德宗贞元八年（792）御史台奏："伏以台司推事，多是制狱，其中或有准敕，便须处分，要之

---

① 《通典》卷二四，《职官六·御史台》。

② 《旧唐书》卷一三七，《赵涓传》。

法理。"① 说明御史台奉敕所办"多是制狱"。宪宗时，薛存诚为御史中丞：

> 僧鉴虚者，自贞元中交结权幸，招怀赂遗，倚中人为城社，吏不敢绳。会于頔、杜黄裳家私事发，连逮鉴虚下狱。存诚案鞫得奸赃数十万，狱成，当大辟。中外权要，更于上前保救，上宣令释放，存诚不奉诏。明日，又令中使诣台宣旨曰："朕要此僧面诘之，非赦之也。"存诚附中使奏曰："鉴虚罪款已具，陛下若召而赦之，请先杀臣，然后可取。不然，臣期不奉诏。"上嘉其有守，从之，鉴虚竟笞死。洪州监军高重昌诬奏信州刺史李位谋大逆，追赴京师。上令仗内鞫问。存诚一日三表，请付位于御史台。及推案无状，位竟得雪。②

僧鉴虚案，由于涉及朝廷高官，御史台自行审理，判其死刑。宪宗要求赦免，薛存诚拒绝奉诏，终于处决鉴虚。第二案是宦官监军诬陷信州刺史谋大逆，宪宗命内廷审理，薛存诚坚持要求由御史台审理，最终因"推案无状"，即没有证据，使李位得以昭雪。由此可见，御史台此时已经成为专门的司法办案机关。

御史台在日常司法活动中，主要是以"三司受事"的方式参与司法审判活动。这里所说的"三司"是指由御史台、中书省、门下省所组成的三司，其中门下省和中书省分别由给事中、中书舍人承担，御史台则由侍御史参加，"凡三司理事，则与给事中、中书舍人更直于朝堂受表"③。由侍御史、给事中、中书舍人组成的三司是一个常设机构，从法律上讲，自武德、贞观时就已由律、令、式确定了它在司法制度中的固定位置，它既是介于尚书省与皇帝之间的一个司法审判层次，又是法律监督程序中极其重要的一个环节。三司每日轮流在朝堂值班受表，一司正受，二司副押。大历、建中时还一度有过专门的"使院""幕屋"。三司平日仅受理上诉表状，故称"三司

① 《唐会要》卷六〇，《御史台》。
② 《旧唐书》卷一五三，《薛存诚传》。
③ 《唐六典》卷一三，《御史台·侍御史》。

受事"。其审核刑部、大理寺及地方州府办理的狱讼，监督其判决，以保证司法审判合乎法定的程序和制度，其不合制度者则驳回原审单位重新审理，一般不直接审讯人犯，处断狱案。若逢特殊大案、要案，因涉及官员的品秩、职位极高且要，由宰相或其他官员提议，皇帝亲自下特诏，方可参与审理。如贞观十七年（公元643），有人告太子李承乾谋反，太宗"敕长孙无忌、房玄龄、萧瑀、李勣与大理、中书、门下参鞫之"①。又如高宗调露二年（680）发生的章怀太子案：

> 时正议大夫明崇俨以符劾之术为则天所任使，密称"英王状类太宗"。又宫人潜议云"贤是后姊韩国夫人所生"，贤亦自疑惧。则天又尝为贤撰《少阳政范》及《孝子传》以赐之，仍数作书以责让贤，贤逾不自安。调露二年，崇俨为盗所杀，则天疑贤所为。俄使人发其阴谋事，诏令中书侍郎薛元超、黄门侍郎裴炎、御史大夫高智周与法官推鞫之，于东宫马坊搜得皂甲数百领，乃废贤为庶人，幽于别所。②

此案是由中书、门下与御史台、法官共同推鞫。又德宗建中三年（782年），有涉及御史大夫严郢与殿中侍御史郑詹的要案，"请遣三司使按"。胡三省说："此谓遣两省官及御史台官为三司使，使案（郑）詹等狱。"③

唐高宗时，武则天逐渐掌握朝廷大权，史称："自永徽以后，武氏已得志，而刑滥矣。当时大狱，以尚书刑部、御史台、大理寺杂按，谓之'三司'，而法吏以惨酷为能，至不释枷而笞棰以死者，皆不禁。"④从目前看到的、最早的以"三司推案"的案例是高宗龙朔三年（663），推右相李义府案，"下义府狱，遣司刑太常伯刘祥道与御史、详刑共鞫之，仍命司空李勣

---

① 《资治通鉴》卷一九七，《唐太宗贞观十七年》。胡三省注曰："唐制：凡国之大狱，三司详决。三司，谓给事中、中书舍人与御史参鞫也。今令三省与大理参鞫，重其事。"
② 《旧唐书》卷八六，《高宗中宗诸子·章怀太子贤传》。
③ 《资治通鉴》卷二二七，《唐德宗建中三年》。
④ 《新唐书》，卷五六，《刑法志》。

监焉"①。对涉及宰相的大案，以刑部、大理寺与御史台三法司共同审理，以示其重要性。值得注意的是此时并未用"三司"字样。②《大唐新语》记载：

> 则天朝，奴婢多通外人，辄罗告其主，以求官赏。润州刺史窦孝谌妻庞氏，为其奴所告夜醮，敕御史薛季昶推之。季昶言其咒诅，草状以闻，先于玉阶涕泣不自胜，曰："庞氏事状，臣子所不忍言。"则天纳之，迁季昶给事中。庞弃市，将就刑，庞男希瑊诉冤于侍御史徐有功，有功览状曰："正当枉状。"停决以闻。三司对按，季昶益周密其状。秋官及司刑两曹既宣覆而自惧。有功不获申，遂处绞死。则天召见，迎谓之曰："卿比按，失出何多也？"有功曰："失出，臣下之小过；好生，圣人之大德。愿陛下弘大德，天下幸甚！"则天默然久之，曰："去矣！"敕减死，放于岭南。③

此案由御史直接办理，徐有功作为侍御史受理了被告家属的申诉，中止执行死刑，奏闻后，组成"三司"重审。文中提到的"秋官""司刑"两曹，即为武则天时的刑部、大理寺。此后，由御史台、刑部和大理寺组成三司，专推制狱，渐成制度，玄宗时还将其编入《唐六典》："若三司所按而非其长官，则与刑部郎中、员外郎，大理司直、评事往讯之。"④人称这种由三法司组成的三司同按制狱为"三司推事"。据《通典》记载："其事有大者，则诏下尚书刑部、御史台、大理寺同案之，亦谓此为三司推事。"根据案情所涉及的官员品秩及案件的重要性，将三司推事分为三个级别：由刑部尚书或侍郎，大理卿或少卿，御史大夫或中丞组成的三司是最高级别，故又称为"大三司使"；由刑部郎中、大理司直、侍御史组成的三司则次一级；最低为刑部员外郎、大理评事与监察御史组成的三司，后二者皆只称为"三司使"。由

---

① 《资治通鉴》卷二〇一，《唐高宗龙朔三年》。胡三省注曰："司刑太常伯，即刑部尚书；详刑，大理也。唐自永徽以后，大狱以尚书刑部、御史台、大理寺杂按，谓之'三司'。"
② 据《新唐书》卷二二三上，《奸臣上·李义府传》记载此事用"三司杂讯"，是为宋人追记之。
③ （唐）刘肃撰：《大唐新语》卷四《持法第七》。
④ 《唐六典》卷一三，《御史台·侍御史》。

三法司组成的三司使是临时性的差遣，史称："有大狱，即命中丞、刑部侍郎、大理卿鞫之，谓之'大三司使'；又以刑部员外郎、御史、大理寺官为之，以决疑狱，谓之'三司使'，皆事毕日罢。"① 平日并无由刑部、大理寺、御史台组成的"三司使"这一机构，而"三司"的出使也是比较慎重的。如德宗时的令狐运案：

> （令狐）运为东都留守将，逐贼出郊，其日有劫转运绢于道者，杜亚以运豪家子，意其为之，乃令判官穆员及从事张弘靖同鞫其事。员与弘靖皆以运职在牙门，必不为盗，抗请不按。亚不听，而怒斥逐员等，令亲事将武金鞫之。金笞棰运从者十余人，一人笞死，九人不胜考掠自诬，竟无赃状。亚具以闻，请流运于岭表。德宗令侍御史李元素、刑部员外崔从质、大理司直卢士瞻三司覆按运狱，既竟，明运迹非行盗，以曾捕掠人于家，配流归州。武金肆虐作威，教人通款，配流建州。后岁余，齐抗捕得劫转运绢贼郭鹄、朱瞿昙等七人及赃绢，诏令杜亚与留台同劾之，皆首伏。然终不原运，运死于归州，众冤之。②

此案还可参见李元素传：

> 李元素，字大朴，蒲山公密之孙。任侍御史，时杜亚为东都留守，恶大将令狐运，会盗发洛城之北，运适与其部下畋于北郊，亚意其为盗，遂执讯之，逮系者四十余人。监察御史杨宁按其事，亚以为不直，密表陈之，宁遂得罪。亚将逞其宿怒，且以得贼为功，上表指明运为盗之状，上信而不疑。宰臣以狱大宜审，奏请覆之，命元素就决，亚迎路以狱成告。元素验之五日，尽释其囚以还。亚大惊，且怒，亲追送，马上责之，元素不答。亚遂上疏，又诬元素。元素还奏，言未毕，上怒曰："出俟命。"元素曰："臣未尽词。"

---

① 《唐会要》卷七八，《诸使杂录上》。
② 《旧唐书》卷一二四，《令狐彰附子运传》。

上又曰："且去。"元素复奏曰："一出不得复见陛下，乞容尽词。"上意稍缓，元素尽言运冤状明白，上乃寤曰："非卿，孰能辨之！"后数月，竟得其真贼，元素由是为时器重，迁给事中。时美官缺，必指元素。迁尚书右丞。①

由此可见，凡三司使参与的案件，都是皇帝本人亲自抓的专案。

但平日并无由刑部、大理寺、御史台组成的"三司使"这一机构，而"三司"的出使也是比较慎重的。又如德宗时的卢南史案：

先是，侍御史卢南史坐事贬信州员外司马，至郡，准例得厅吏一人，每月请纸笔钱，前后五年，计钱一千贯。南史以官闲冗，放吏归，纳其纸笔钱六十余千。刺史姚骥劾奏南史，以为赃，又劾南史买铅烧黄丹。德宗遣监察御史郑楚相、刑部员外郎裴澥、大理评事陈正仪充三司使，同往按鞫。将行，并召于延英，谓之曰："卿等必须详审，无令漏罪衔冤。"三人将退，裴澥独留，奏曰："臣按姚骥奏状，称南史取厅吏笔钱计赃六十余贯，虽于公法有违，量事且非巨蠹。"上曰："此事亦未为甚，未知烧铅何如？"澥曰："烧铅为丹，格令不禁。准天宝十三载敕，铅、铜、锡不许私家买卖货易，盖防私铸钱，本亦不言烧铅为丹。南史违敕买铅，不得无罪。伏以陛下自登宝位，及天宝、大历以来，未曾降三司使至江南；今忽录此小事，令三司使往，非唯损耗州县，亦恐远处闻之，各怀忧惧。臣闻开元中张九龄为五岭按察使，有录事参军告龄非法，朝廷止令大理评事往按。大历中，鄂岳观察使吴仲孺与转运使判官刘长卿纷竞，仲孺奏长卿犯赃二十万贯，时止差监察御史苗伾就推。今姚骥所奏事状无多，臣堪任此行，即请独往，恐不须三司并行为使。"德宗忻然曰："卿言是矣。"乃复召楚相、正仪与澥俱坐，谓之曰："朕懵于理道，处事未精，适见裴澥所奏，深协事宜，亦不

① 《旧唐书》卷一三二，《李元素传》。

用三人总去，但行首一人行可也，卿等使宣付宰臣改敕。"①

说明派三司使外出鞫案是远近轰动的大事，因而并不轻易遣派。故此三司是非常设的复核机构，其直接体现的是君主意志。

唐玄宗时修《唐六典》，明确了各御史的职责："侍御史掌纠举百僚，推鞫狱讼。其职有六：一曰奏弹，二曰三司，三曰西推，四曰东推，五曰赃赎，六曰理匦。"殿中侍御史，"掌殿廷供奉之仪式"，本没有监仓库和推鞫狱讼的职能。但《新唐书·百官志三》在讲侍御史职能时说："以殿中侍御史第一人同知东推，莅太仓出纳；第二人同知西推，莅左藏出纳。号四推御史。只日，台院受事；双日，殿院受事。"在讲殿中侍御史职能时也有类似的话。《唐会要》说："监仓库本是察院职务，近移入院。第一人监仓，第二人监库。"②《唐六典》也是在说监察御史职能时说其："及知太府、司农出纳"。所谓太府，即掌管左藏库；司农，即管太仓。《新唐书》说："开元十九年，以监察御史二人莅太仓、左藏库。"说明在唐玄宗时期，监仓库的职事仍由监察御史充任。殿中侍御史管事增多，难免顾此失彼，太和元年（827），御史大夫李固言奏：

> 监太仓殿中侍御史一人，监左藏库殿中侍御史一人。台中旧例，取殿中侍御史从上第一人充监太仓使，第二人充监左藏库使，又各领制狱。伏缘推事，皆有程限，所监遂不精，往往空行文牒，不到仓库，动经累月，莫审盈虚。遂使钱谷之司，狡吏得计。至于出入，多有隐欺。臣今商量，监仓御史，若当出纳之时，所推制狱稍大者，许五日一入仓，如非大狱，许三日入仓。如不是出纳之时，则许一月两入仓检校。其左藏库公事，寻常繁闹，监库御史所推制狱，大者亦许五日一入库。如无大狱，常许一旬内计会，取三日入库勾当。庶使当司公事，稍振纲条。钱谷所由，亦知警惧。敕

---

① 《旧唐书》卷一三七，《赵涓传》；又《唐会要》卷五九，《尚书省诸司下·刑部员外郎条》略同。

② 《唐会要》卷六〇，《御史台上·殿中侍御史》。

旨：依奏。①

由此可见，殿中侍御史推鞫制狱的事务还是相当繁忙的。关于御史推鞫制狱的案例，史料比较丰富，各类著作较多，在此不赘述。②

御史台与刑部、大理寺共同审理狱案，渐成制度，御史台的司法功能日益强化，由单纯进行司法监督的机构，渐次干预司法审判，最后成为三大司法机关之一。这对后来中国司法制度的发展影响深远。

第二节　皇帝与门下省、中书省及尚书都省在司法中的作用

一、皇帝在司法中的地位和作用

东汉末年，天下大乱，皇权受到侵削。曹魏建立后，皇帝开始加强巩固自己的权力，其中最重要的步骤就是通过控制最高司法权以强化皇权统治。魏明帝太和三年（229），"冬十月，改平望观曰听讼观。帝常言：'狱者，天下之性命也。'每断大狱，常幸观临听之。"③晋沿用此制，晋武帝也是经常亲临听讼观，"录廷尉洛阳狱囚，亲平决焉"④。宋孝武帝即皇帝位后，"车驾临延贤堂听讼"，或"车驾于华林园听讼"⑤。齐武帝永明二年（484）四月颁诏："扬、南徐、南兖、徐、兖五州统内诸狱，并、豫、江三州府州见囚，江州浔阳、新蔡两郡系狱，并部送还台，须候克日断枉直。缘江远郡及诸州，委刺史详察讯。"永明六年，"诏二百里内狱同集京

---

① 《唐会要》卷六〇，《御史台上·殿中侍御史》。

② 可参见胡宝华：《唐代监察制度研究》，商务印书馆 2005 年版。

③ 《三国志》卷三，《魏书·明帝纪三》。

④ 《晋书》卷三，《武帝纪》。

⑤ 《宋书》卷三，《武帝纪下》。

师，克日听览，自此以外，委州郡讯察。三署徒隶，详所原释。"① 皇帝开始直接干预地方州郡的司法。梁武帝则多以派遣巡使巡行州郡，"其有深冤巨害，抑郁无归，听诣使者，依源自列。庶以矜隐之念，昭被四方，遐听远闻，事均亲览。"其后，又"陈肺石于都街，增官司于诏狱，殷勤亲览，小大以情"；"凡犴狱之所，可遣法官近侍，递录囚徒，如有枉滞，以时奏闻"②。北魏皇帝更是将司法大权基本收归中央，"论刑者，部主具状，公车鞠辞，而三都决之。当死者，部案奏闻。以死不可复生，惧监官不能平，狱成皆呈，帝亲临问，无异辞怨言乃决之。"③ 自此，死刑的复决权已由皇帝本人掌握。

　　杨坚登基之后，以北齐官制为基础，汲取北周制度的长处，建立了一套旨在加强中央集权的司法体制，更加突出了皇帝在司法领域中至高无上的地位。皇帝不仅拥有最高的司法权，而且拥有最高的立法权。国家的一切法令都要通过皇帝发布。开皇元年（581）文帝下诏令"尚书左仆射、渤海公高颎，上柱国、沛公郑译，上柱国、清河郡公杨素，大理前少卿、平源县公常明，刑部侍郎、保城县公韩浚，比部侍郎李鄂，兼考功侍郎柳雄亮等，更定新律"，定成奏上，以皇帝的名义颁示天下。仅仅两年后，即"以为律尚严密，故人多陷罪，又敕苏威、牛弘等，更定新律"④。至其晚年，更是频繁变更成律，甚至允许地方官员对于属员犯错，"听于律外斟酌决杖"，其后又"命盗一钱以上皆弃市"。炀帝即位后，"又敕修律令"，修成《大业律》，"诏施行之"⑤。但也为时不久，"乃更立严刑"。⑥ 总之，皇帝既能一言以立法，又能以言废法，甚至以身毁法。同时，皇帝拥有最高的司法审判权。隋文帝"每季亲录囚徒，常以秋分之前省阅诸州申奏罪状"。开皇十六年（596），颁

① 《南齐书》卷三，《武帝纪》。
② 《梁书》卷二，《武帝纪中》。
③ 《魏书》卷一一一，《刑罚志》。
④ 《隋书》卷二五，《刑法志》。
⑤ 《隋书》卷二五，《刑法志》。
⑥ 《隋书》卷二五，《刑法志》。

诏规定"决死罪者，三奏而后行刑"①，从而将死刑的执行权集中到皇帝手中。此外，皇帝还拥有赦免权，可通过大赦、曲赦、降囚徒等形式，减轻或免除罪犯的刑罚。

唐代司法制度是在隋朝制度的基础上继承和发展的。皇帝在立法和司法方面具有至高无上、独一无二的地位，拥有绝对的权力，重大立法活动及对重大案件的处理也起着决定性作用。

首先，在立法上，多由皇帝本人创意、主持并以皇帝的名义颁布法律、法令。617年，李渊在太原起兵后，攻入京城长安的当天即发布"约法十二条"。第二年，李渊即皇帝位，称帝仅九天，就命令裴寂、刘文静等，"与当朝通识之士"修订律令，制"五十三条新格"，并在此基础上以北齐律为蓝本，制定新刑律，于武德七年（624）下诏颁行，是为《武德律》。李世民即位后，于贞观元年（627）命长孙无忌、房玄龄与学士、法官等就《武德律》进行议论、厘改，历时十一年，至贞观十一年，"颁新律令于天下"②。高宗即位之初，不仅"颁新定律、令、格、式于天下"③，而且还以"律学未有定疏"为由，"使中书门下监定"，对唐律进行注释、疏解，于永徽四年（653）"颁于天下"④，后世称为《唐律疏议》。其后武则天、中宗、玄宗等诸帝，都很重视立法。凡颁布法令，皆须以皇帝的名义。皇帝是最高的立法者。

其次，在司法审判方面，皇帝拥有最高审判权、复决权和赦免权。如唐高祖武德四年（621）以平定窦建德而"大赦天下"；六年"曲赦京城系囚"；八年"亲录囚徒，多所原宥"⑤。唐太宗更是重视法制建设，登基后多次大赦、曲赦，并常亲自录问囚徒。贞观二年（628）三月，"大理少卿胡演进每月囚帐；上命自今大辟皆令中书、门下四品已上及尚书议之，庶免冤滥。既而引

---

① 《隋书》卷二，《高祖纪下》。
② 《旧唐书》卷三，《太宗纪下》。
③ 《旧唐书》卷四，《高宗纪上》。
④ 《旧唐书》卷五〇，《刑法志》。
⑤ 《旧唐书》卷一，《高祖纪》。

囚至岐州刺史郑善果，上谓胡演曰：'善果虽复有罪，官品不卑，岂可使与诸囚为伍。自今三品已上犯罪，不须引过，听于朝堂俟进止。'"① 贞观六年（632）太宗"亲录囚徒，归死罪者二百九十人于家，令明年秋末就刑。其后应期毕至，诏悉原之"②。在此之前，因怒杀大理丞张蕴古、交州都督卢祖尚，后又追悔，乃下制："凡决死刑，虽令即杀，仍三复奏。"后又规定："自今以后，宜二日中五复奏，下诸州三复奏。"③ 复奏制度既体现了唐代统治者慎用死刑的指导思想，同时也将死刑的最终判决权集中到皇帝手中。高宗执政期间也多次亲自录囚，录囚制度成为皇帝控制司法的法定程序。

最后，对于重大案件，皇帝可以直接以"诏狱"的形式，组织专案机构，亲自审理。这是皇帝操纵司法的重要方式。有关这方面的论述将在后文详述。总之，皇帝由于其极为特殊的地位，使之成为国家的最高立法者和最高审判官。

二、门下省在司法中的作用

秦汉时期的门下机构是少府的属官之一，是替皇帝传达政令的宫官。东汉宦官专权，门下机构大为扩张，但灵帝死后，宦官尽被诛杀。曹魏重设官署，门下寺改称门下省，从少府分出，并由士人掌管。门下省之职掌本与司法无直接关系，如北齐的门下省"掌献纳谏正，及司进御之职"④，是皇帝身边的服御机构。隋朝开始对门下省的职责进行整合，将为皇帝个人服务的尚食、尚药、车服等事务归入殿内省，保留其统领城门、掌管符玺的职能，并将给事中的封驳权、谏议大夫的谏诤权交由门下省行使。这样，门下省就由为皇帝个人服务的侍从机构转化为重要的执政机关。

---

① 《资治通鉴》卷一九二，《唐太宗贞观二年》。
② 《旧唐书》卷三，《太宗纪下》。
③ 《旧唐书》卷五〇，《刑法志》。
④ 《隋书》卷二七，《百官志中》。

　　唐初正式建立的三省制，即由中书省主出诏令，门下省主封驳，尚书省主奉行，三省长官，即门下侍中、中书令、尚书省左右仆射皆为当然的宰相，"所谓佐天子而总大政者也"①。三省长官对死刑以上的重大案件"集议"，是仅次于皇帝的最高审级。贞观三年（629），太宗诏曰："自今天下大辟罪，皆令中书、门下四品以上及尚书议之。"所谓"中书、门下四品以上"是指除中书令、门下侍中外的两省副贰，中书侍郎、门下侍郎与谏官左右散骑常侍。他们与尚书省之仆射、左右丞及六部尚书、侍郎共同对死刑案件进行复议，这就是所谓的"九卿议刑"制度。贞观五年，太宗又手诏敕曰："比来有司断狱，多据律文，虽情在可矜而不敢违法，守文定罪，或恐有冤。自今门下省复有据法合死，而情在可矜者，宜录状奏闻。"②更加明确了门下省的复议地位。武则天时，李峤为给事中，"时酷吏来俊臣构陷狄仁杰、李嗣真、裴宣礼等三家，奏请诛之。则天使峤与大理少卿张德裕、侍御史刘宪覆其狱。"给事中与大理少卿、侍御史共同复核制狱，是为"杂治"。张德裕等明知其中有冤情，却不敢持异议。李峤曰："岂有知其枉滥而不为申哉！孔子曰：'见义不为，无勇也。'"于是与张德裕等列其枉状，由是忤武后旨，③但他坚守了给事中的职责。

　　门下省具体执行职务的是给事中，其为门下省最重要的职官之一，品秩虽为正五品上，但权任极重。白居易曾描述给事中的职掌说："给事中之职，凡制敕有不便于时者，得封奏之；刑狱有未合于理者，得驳正之；天下冤滞无告者，得与御史纠理之；有司铨补不当者，得与侍中裁退之。"④这里所讲到的给事中在司法方面的职权有两种，一是"刑狱有未合于理者，得驳正之"，是以封驳权干预司法。例如：贞观十六年（642），刑部曾奏请修改《唐律》之《盗贼律》，对反逆者的兄弟缘坐，并处死刑，请"八座详议"。当

① 《唐六典》卷八，《门下省》。
② 《贞观政要》卷八，《论刑法第三十一》。
③ 《旧唐书》卷九四，《李峤传》。
④ 《白居易集》卷四八，《中书制诰一·郑覃可给事中制》。

时右仆射高士廉、吏部尚书侯君集、兵部尚书李勣等都赞同此奏，"议请从重"。而给事中崔仁师认为，古者"父子兄弟，罪不相及"，驳之曰："诛其父子，足累其心，此而不顾，何爱兄弟？"唐太宗"竟从仁师驳议"①。第二种职权是"天下冤滞无告者，得与御史纠理之"。给事中对于刑部、大理寺及御史台经办的重大案狱，有进行法律审核的权力，认为定罪不准（刑名不当），量刑不确（轻重或失），则有权援引适当的法律条文或案例，驳回重审。宪宗时，薛存诚为给事中，"咸阳县尉袁儋与军镇相竞，军人无理，遂肆侵诬，儋反受罚"。薛存诚将诏敕留中不发，得到宪宗赞赏②。这就是《唐六典》所说的："凡国之大狱，三司详决，若刑名不当，轻重或失，则援法例退而裁之。"这里提到的"三司"，又称为"三司受事"，是指给事中、中书舍人与御史所组成的、专门受理冤滞案件的特别机构。《唐六典》进一步说："凡天下冤滞未申及官吏刻害者，必听其讼，与御史及中书舍人同计其事宜而理之。"其注曰："每日令御史一人共给事中、中书舍人受词讼。若告官人事害政者及抑屈者，奏闻；自外依常法。"③由此可见，给事中还负有监督官吏的职责，行使司法监督权。

三、中书省在司法中的作用

汉代的中书谒者令是少府的属官，用士人。汉武帝时改用宦官担任，司马迁受腐刑后，为中书令。汉成帝时恢复用士人的旧制。魏文帝又设中书监，与中书令并掌机密，其位清权重。"魏晋以来，中书监令掌赞诏命，记会时事，典作文书。以其地在枢近，多承宠任，是以人固其位，谓之凤凰池焉"④。隋为避讳，将中书省改为内史省，置内史令二人，"与侍中知政事，

---

① 《旧唐书》卷七四，《崔仁师传》。
② 《旧唐书》卷一五三，《薛存诚传》；又参见《新唐书》卷一六二，《薛存诚传》。
③ 《唐六典》卷八，《门下省·给事中》。
④ 《通典》卷二一，《职官三·中书令》。

遂为宰相之职"①。

中书省是出纳帝命的机构，其长官为中书令，与门下侍中皆为"真宰相"，"盖以佐天子而执大政者也"②。中书侍郎为其副贰，"通判省事"。睿宗景云元年（710），张说为中书侍郎。当时因谯王李重福案，东都留守"捕系枝党数百人，考讯结构之状，经时不决"。睿宗令张说前往东都按其狱。张说"一宿捕获重福谋主张灵均、郑愔等，尽得其状，自余枉被系禁者，一切释放"。睿宗慰劳他说："知卿按此狱，不枉良善，又不漏罪人。非卿忠正，岂能如此？"③实际上中书侍郎多带"同平章事"之衔，履行宰相职责，这样，中书省的具体工作则多由中书舍人担任。中书舍人的职权为"专掌诏诰，侍从署敕，宣旨劳问，授纳诉讼，敷奏文表，分判省事"④，但对重大案件也可参与意见。史载：

> 张玄素为侍御史，弹乐蟠令叱奴骘盗官粮。太宗大怒，特令处斩。中书舍人张文瓘执"据律不当死"。太宗曰："仓粮事重，不斩恐犯者众。"魏征进曰："陛下设法，与天下共之。今若改张，人将法外畏罪。且复有重于此者，何以加之。"骘遂免死。⑤

御史弹劾县令"盗官粮"，太宗"特令处斩"。但中书舍人张文瓘认为"据律不当死"，最终该县令被免死。中书舍人在司法方面的作用主要仍是与给事中、御史组成"三司"，受理天下冤滞案件。"凡察天下冤滞，与给事中及御史三司鞫其事。"⑥贞观十七年（643），太子李承乾谋反事发，"敕长孙无忌、房玄龄、萧瑀、李世勣与大理、中书、门下参鞫之"。胡三省注曰："唐制：凡国之大狱，三司详决。三司，谓给事中、中书舍人与御史参鞫也。今令三省与大理参鞫，重其事。"⑦可见，中书省与门下省常参与重大案件的审

---

① 《唐六典》卷九，《中书省·中书令》。
② 《唐六典》卷九，《中书省·中书令》。
③ 《旧唐书》卷九七，《张说传》。
④ 《通典》卷二一，《职官三·中书省》。
⑤ （唐）刘肃撰：《大唐新语》卷四，《持法第七》。
⑥ 《唐六典》卷九，《中书省·中书舍人》。
⑦ 《资治通鉴》卷一九七，《唐太宗贞观十七年》。

理。开元二十五年（737）又规定："凡决死刑，皆于中书、门下详复。"① 将死刑的复决权由刑部归于中书、门下两省。

中唐以后，中书省对司法的介入权渐轻，宪宗元和十三年（818），曾下敕重申大理寺、刑部详断过的狱案，还须报中书省裁量，其敕曰："旧制：刑宪皆大理寺、刑部详断，然后至中书裁量。近多不至两司、中书，使自处置。今后先付法司，具轻重闻奏，下中书令、舍人等参酌，然后据事例裁断。"② 穆宗"长庆初，上以刑法为重，每有司断大狱，又令中书舍人一员，参酌而出之，百司呼为参酌院"③。文宗太和四年(830)，再次颁敕曰："今后大理寺结断，行文不当，刑部详复。于事不精，即委中书舍人，举书其轻重出入所失之事，然后出。"④ 皇帝重视中书省在司法中的作用，这是皇帝控制司法的重要手段之一，故反复强调中书省及中书舍人在司法中的作用是不容忽视的。

四、尚书都省在司法中的作用

曹魏时尚书从少府分出，成为独立的政务机构，以尚书令、左右仆射及六尚书合称"八座"，相当于尚书省的直属办公机构。后因尚书令位尊权重，以仆射、丞与六尚书凑成八座。北齐"仆射职为执法，置二则为左、右仆射，皆与令同。左纠弹，而右不纠弹。录、令、仆射，总理六尚书事，谓之都省"⑤。隋"尚书省，事无不总。置令、左右仆射各一人，总吏部、礼部、兵部、都官、度支、工部等六曹事，是为八座"⑥。

到唐代尚书省的省直机关、总办公厅正式确定为尚书都省，又称都司、

---

① 《唐六典》卷六，《刑部郎中员外郎条》。
② 《唐会要》卷五五，《中书舍人》。
③ 《唐国史补》卷下。
④ 《唐会要》卷五五，《中书舍人》。
⑤ 《隋书》卷二七，《百官志中》。
⑥ 《隋书》卷二八，《百官志下》。

都台都堂，既为宰相所在的办事机构，又是行政首脑机关。尚书省长官本为尚书令，因李世民为秦王时曾居此职，后按常例不以此官授人。这样，原为次官的左右仆射自然成为实际上的长官。唐初"尚书左右仆射自武德至长安四年以前，并是正宰相"①，中宗后，左右仆射非带"同中书门下平章事"者，不兼相职。左右仆射在尚书省"总领六官，纪纲百揆"②，是尚书省的长官，"师长百僚，虽在别司，皆为统属"③。从唐初看，尚书省的工作相当大的部分是狱讼。"天下疑狱谳大理寺不能决，尚书省众议之，录可为法者送秘书省。"④即尚书省谳议大理寺疑狱的结果须由秘书省入档保存，作为今后参照的判例。贞观三年（629），杜如晦为右仆射，房玄龄为左仆射，唐太宗对他们说："公为仆射，当须大开耳目，求访贤哲，此乃宰相之弘益。比闻听受词讼，日不暇给，安能为朕求贤哉！"⑤为此，太宗专门颁敕："尚书细务，属左右丞，惟大事应奏者，乃关左右仆射。"⑥贞观四年，为锻炼太子的执政能力，又颁诏："自今讼者，有经尚书省判不服，听于东宫上启，委太子裁决。若仍不伏，然后闻奏。"⑦看来这是为仆射减负的具体措施，但也仅是临时措施。到高宗上元二年(675)，仆射们仍在忙于词讼。据《唐会要·左右仆射》：

> 　　上元二年，刘仁轨为左仆射，戴至德为右仆射，每遇伸诉冤滞者，仁轨辄美言许之；至德即先据理难诘，若有理者，密为奏之，终不露己之断决。由是时誉归于仁轨，常于仁轨更日受词讼。有老妪陈词，至德已收牒省视，老妪前曰："本谓是解事仆射，所以来诉；公乃是不解事仆射，却付牒来也。"至德笑而还之，议者尤称

---

① 《唐会要》卷五七，《左右仆射》。
② 《唐六典》卷一，《尚书都省》。
③ 《唐会要》卷五七，《左右仆射》。
④ 《新唐书》卷五六，《刑法志》。
⑤ （唐）刘肃撰：《大唐新语》卷一，《匡赞第一》。
⑥ 《唐会要》卷五七，《左右仆射》。
⑦ 《资治通鉴》卷一九三，《唐太宗贞观四年》。

长者。或有问至德不露己断之事者，至德曰："夫庆赏刑罚，人主之柄，凡为人臣，岂得与人主争柄哉！"

中唐以后，尚书仆射的地位日低，"不言同中书门下三品，不敢参议政事"①，其在司法中的作用自然也就小了。

具体负责尚书都省的官员是尚书左丞（正四品上）和尚书右丞（正四品下），他们是具体管辖尚书都省日常事务的负责人，其权任甚重。贞观十年（636）治书侍御史刘洎上书曰："臣闻尚书万机，实为政本，伏寻此选，授受诚难，是以八座比于文昌，二丞方于管辖。……且宜精简尚书左右丞及左右郎中，如并得人，自然纲维克举。"②尚书左右丞是"纲纪之官"，省内诸司及御史纠举不当者，左右丞得弹奏之。尚书都省分为左右两司，左丞辖左司，掌吏、户、礼三司；右丞辖右司，掌兵、刑、工三司。都省左右司不直接干预各部、曹的具体业务，主要职责是对六部诸司的公文案卷进行审复、勾检，实际上是六部的行政监督机构，时称"元阁内府，区揆实繁；都省勾曹，管辖綦重"③。六部及九寺的文案皆须经左右司勾检后，方能下达有关部门施行，可见其地位之重要。因此，尚书都省从事司法监督的官员也正是左右丞。对地方州县审判不服者，可上诉至尚书都省由左右丞为申详之。仍不服者，可上诉至中央三司，"如未经尚书省，不得辄入于三司越诉"④。尚书省左右仆射与左右丞都拥有一定的司法权及司法监督权。一般事务由左右丞处置，"细碎务皆付左右丞，惟冤滞大事合闻奏者，关于仆射"⑤。据狄仁杰奏称："故左右丞，徒以下不勾；左右相，流以上乃判。"⑥由此可见，尚书都省主要管辖徒刑以上的案件，左右丞勾徒刑，左右相判流刑和死刑。

---

① 《唐会要》卷五七，《左右仆射》。
② 《唐会要》卷五八，《左右丞》。
③ 《唐会要》卷五八，《左右丞》。
④ 《唐会要》卷五七，《尚书省》。
⑤ 《贞观政要》卷三，《论择官第七》。
⑥ 《资治通鉴》卷二〇四，《唐则天后天授二年》。

第三节　地方司法制度

一、魏晋南北朝的地方司法机构

曹魏政权建立后，仍循汉制，以司隶校尉代表中央监察地方行政及司法。地方行政为州、郡、县三级制。州以刺史为长官，东汉末年，天下大乱，为平定内乱，刺史、州牧大多领兵，所谓"外修军事，内治民事"①，故又称"都督中外诸军事"。"魏晋为刺史任重者为使持节都督，轻者为持节"。南朝基本与魏晋同。"自后魏、北齐则司州曰牧，而北齐制州为上中下三等，每等又有上中下之差。"②因魏晋以后，刺史多带将军名号，其属僚分为两部分，一是州刺史府官，专职理民事，基本沿用汉制，属官以别驾、治中掌事；一是将军府官，专理军戎，属官以长史、司马执掌，其下分曹理事。如"北齐诸州有功曹、仓曹、中兵、外兵、甲曹、法曹．十曹、左户等参军事"③。郡之长官称太守，或称"守"，京师所在地则称"尹"。太守之下置主簿、主记室等属官，其下分曹理事，各朝设置机构不同，如北齐郡太守"属官有丞、中正、光迎功曹、光迎主簿、功曹、主簿、五官、省事、录事，及西曹、户曹、金曹、租曹、兵曹、集曹等掾佐"④。

县之长官大者为县令，小者为县长，其僚属各代有差异。"晋县有主簿、功曹、廷掾、法曹、金仓贼曹掾、兵曹贼捕掾等员。"⑤县令一般都亲自审理狱案，如曹摅"调补临淄令，县有寡妇，养姑甚谨。姑以其年少，劝令改

---

① 《三国志》卷一五，《魏书·贾逵传》。
② 《通典》卷三一，《职官一四·州牧刺史》。
③ 《唐六典》卷三〇，《州郡官制》。
④ 《隋书》卷二七，《百官志中》。
⑤ 《通典》卷三三，《职官十五·总论县佐》。

适，妇守节不移。姑愍之，密自杀。亲党告妇杀姑，官为考鞫，寡妇不胜苦楚，乃自诬。狱当决，适值摅到。摅知其有冤，更加辨究，具得情实。"①南朝梁"县为国曰相，大县为令，小县为长，皆置丞、尉"②。陈承梁制。北齐县分九等，县令之下，"属官有丞，中正、光迎功曹、光迎主簿、功曹、主簿、录事，及西曹、户曹、金曹、租曹、兵曹等掾，市长等员"③。

南朝刘宋孝武帝大明元年（457），谢庄为都官尚书，奏定刑狱曰：

旧官长竟囚毕，郡遣督邮案验，乃就施行。督邮贱役，非能异于官长，虽有案验之名，而无研穷之实，愚谓此制宜革。自今入重之囚，县考正毕，以事言郡，并送囚身，委二千石亲临覆辨。必收声吞噎，然后就戮。若二千石不能决，乃度廷尉；神州统外，移之刺史，有疑亦归台狱。必令死者不怨，生者无恨。④

由此可见，刘宋的地方司法，由县为第一审级，审定后郡派督邮复核。后改为，县审定后送囚犯到郡，郡长官二千石亲自复核无疑，则可行刑。若二千石不能定案，则移送廷尉；边远区域，即移送州刺史复审，有疑则归御史台复核。

南齐傅琰为山阴县令，山阴县"狱讼烦积"，曾有几件奇案，被傅琰巧妙处理：

卖针卖糖老姥争团丝，来诣琰，琰不辨核，缚团丝于柱鞭之，密视有铁屑，乃罚卖糖者。二野父争鸡，琰各问何以食鸡，一人云"粟"，一人云"豆"，乃破鸡得粟，罪言豆者。县内称神明，无敢复为偷盗。⑤

县令亲自处理这类轻微的刑事案件（也可以说是民事纠纷）。又有吴兴

---

① 《晋书》卷九〇，《良吏·曹摅传》。
② 《隋书》卷二六，《百官志上》。
③ 《隋书》卷二七，《百官志中》。
④ 《太平御览》卷六四〇，《刑法部六·决狱》。
⑤ 《南齐书》卷五三，《良政·傅琰传》。

太守谢蕅，因处置其下辖县抢劫案不力，被免官：

> 长城县民卢道优家遭劫，诬同县殷孝悌等四人为劫，蕅收付县狱考正。孝悌母骆诣登闻诉称孝悌为道优所诽谤，横劾为劫，一百七十三人连名保征，在所不为申理。蕅闻孝悌母诉，乃启建康狱覆，道优理穷款首，依法斩刑。有司奏免蕅官。①

由此也可以看出其审判的程序是由长城县考正，再由吴兴郡定案。家属不服，其母诣阙敲登闻鼓上诉，交建康狱复核平冤。诬陷者判斩刑，官员谢蕅承担失察之责，免官。

南梁裴子野为诸暨县令时，"在县不行鞭杖，民有争者，示之以理，百姓称乐，合境无讼"②。说的是他以调解的方式解决百姓争讼。傅岐为始新县令，曾发生这样一件斗殴致死人命案：

> 县民有因斗相殴而死者，死家诉郡，郡录其仇人，考掠备至，终不引咎。郡乃移狱于县，岐即命脱械，以和言问之，便即首服。法当偿死，会冬节至，岐乃放其还家，使过节一日复狱。曹掾固争曰："古者乃有此，于今不可行。"岐曰："其若负信，县令当坐，主者勿忧。"竟如期而反。太守深相叹异，遽以状闻。岐后去县，民无老小，皆出境拜送，啼号之声，闻于数十里。③

被害人家属直接诉讼到郡，郡以刑讯审理不下来，又移回本县。傅岐对案犯和言相劝，晓之以理，终使其认罪服法"偿死"。傅岐在过冬至节时，还放其回家，节后返狱，得到当地百姓的拥戴。

北周于仲文，字次武，为安固太守。始州刺史屈突尚是宇文护的党羽，其先因犯罪下狱，可无人敢审理此案。于仲文到任后，立即审理，很快结案。蜀中百姓赞曰："明断无双有于公，不避强御有次武。"④

---

① 《南齐书》卷四三，《谢蕅传》。
② 《梁书》卷三〇，《裴子野传》。
③ 《梁书》卷四二，《傅岐传》。
④ 《隋书》卷六〇，《于仲文传》。

二、隋代的地方司法机构

隋初地方行政机构分为三级，即以州统郡，以郡统县。开皇三年(583)，根据"存要去闲，并小为大"的原则，"罢天下诸郡，以州统县"①。炀帝继位后，进一步并省州，改州为郡。大业五年（609），全国有郡 190 个，有县 1255 个。

州的长官为刺史，郡则称太守，县或称令，或称长。隋初地方官制沿用周、齐旧制，设有两套职官。一套由中央吏部直接委任，如州之刺史、别驾、赞务、录事参军事等；另一套则是由刺史、太守、县令自辟的僚佐，如州都、郡正、县正、祭酒从事、部郡从事等。开皇三年罢郡后，改别驾、赞务为长史、司马，州县命官皆由中央吏部任命委派，州县无辟署之权。原自辟者不再理事，成为乡官。开皇十五年（595），正式罢废乡官制。隋代"诸州有功曹、户曹、兵曹等参军事，法曹、士曹行参军"②。

刺史、县令三年一迁，既是地方行政长官，又是当地最高司法官员。隋文帝十分重视地方刑狱，同时也重视对地方官员的考察与任命，故开皇年间多有堪为史家称道的清官、循吏。如薛胄为兖州刺史，"及到官，系囚数百，胄剖断旬日便了，囹圄空虚"③。令狐熙为汴州刺史，"其有滞狱，并决遣之，令行禁止，称为良政"④。柳俭为蓬州刺史，"狱讼者庭遣，不为文书，约束佐史，从容而已，狱无系囚"⑤。辛公义为牟州刺史，"下车，先至狱中，因露坐牢侧，亲自验问。十余日间，决断咸尽，方还大厅。受领新讼，皆不立文案，遣当直佐僚一人，侧坐讯问。事若不尽，应须禁者，公义即宿厅事，终不还阁。人或谏之曰：'此事有程，使君何自苦也！'答曰：'刺史无德可以

---

① 《通典》卷三三，《职官十五·州郡下》。
② 《唐六典》卷三〇，《州郡官制》。
③ 《隋书》卷五六，《薛胄传》。
④ 《隋书》卷五六，《令狐熙传》。
⑤ 《隋书》卷七三，《循吏·柳俭传》。

导民，尚令百姓系于囹圄，岂有禁人在狱而心自安乎？'罪人闻之，咸自款服。后有诤讼者，其乡闾父老遽相晓曰：'此盖小事，何忍勤劳使君？'讼者皆两让而止。"① 刺史、太守不仅主持日常行政司法事务，遇有疑难案件，刺史、太守当亲自审理。县令作为最基层的行政长官，更是将审理案件作为最基本的工作。如郎茂为卫国县令，"时有系囚二百人，茂亲自审究数日，释免者百余人。历年词讼，不诣州省"。以致其上司魏州刺史元晖认为"卫国民不敢申诉"是由于畏惧郎茂。郎茂回答说："民犹水也，法令为堤防。堤防不固，必致奔突，苟无决溢，使君何患哉？"有个平民张元预家庭不和，县丞、县尉申请依法治之，郎茂说："元预兄弟，本相憎疾，又坐得罪，弥益其忿，非化民之意也。"于是派遣县里的耆老，前往劝谕，使之感悟，"诣县顿首请罪"。郎茂借机"晓之以义，遂相亲睦，称为友悌"。② 刘行本为大兴县令，"权贵惮其方直，无敢至门者。由是请托路绝，法令清简，吏民怀之"③。刘旷，"开皇初，为平乡令，单骑至官。人有诤讼者，辄丁咛晓以义理，不加绳劾，各自引咎而去"；"在职七年，风教大洽，狱中无系囚，争讼绝息，囹圄尽皆生草，庭可张罗"④。类似之人、之事，在隋文帝统治的短短二十几年间，不可胜举，魏德深原为贵乡县长，"为政清静，不严而治"，后转为馆陶县长。"贵乡父老冒涉艰险，诣阙请留德深，有诏许之。馆陶父老复诣郡相讼，以贵乡文书为诈"。有使者至，"两县诣使讼之，乃断从贵乡"。两县百姓为争一县长，官司打到皇帝处，真是千古罕见。"时有栎阳令渤海高世衡、萧令彭城刘高、城皋令弘农刘炽，俱有恩惠。大业之末，长史多脏污，衡、高及炽清节逾厉，风教大洽，狱无系囚，为吏人所称。"⑤ 这在中国古代社会中是相当少见的。

---

① 《隋书》卷七三，《循吏·辛公义传》。
② 《隋书》卷六六，《郎茂传》。
③ 《隋书》卷六二，《刘行本传》。
④ 《隋书》卷七三，《循吏·刘旷传》。
⑤ 《隋书》卷七三，《循吏·魏德深传》。

隋朝县以下的民间基层组织是乡、里。隋文帝根据苏威的建议，颁制："五百家为乡，置乡正一人；百家为里，置里长一人。"其目的是"使治民，简词讼"①，由乡正、里长受理民间词讼。定制之时即遭到李德林的反对，认为："本废乡官判事，为其闾里亲戚，剖断不平，今令乡正专治五百家，恐为害更甚。"但文帝不听此议，仍下制实行，结果并不理想。开皇十年(590)，诸道巡省使还奏："五百家乡正，专理词讼，不便于民，党与爱憎，公行货贿。"② 文帝于开皇十五年（595），"罢州县乡官"③。但这种"百户为里，五里为乡"的制度继续为唐代所沿用。

三、唐代的地方司法机构

唐代的地方司法也由行政机关兼理，但其直接管理司法诉讼的属吏、僚佐则较前代有所增加，尤其是府州一级，设置了专门的机构，分曹审判刑事案件和民事案件。

唐前期地方行政分为州（府）、县两级，据《新唐书·地理志》载开元二十八年（740）户部帐，当时有州府 328 个，有县 1573 个。县是最低一级地方行政机构，也是最低一级的诉讼机关。"凡诸词讼，皆从下始。"④ 县分七等，分别是：赤、畿、望、紧、上、中、中下。赤县指的是京都所治县，如长安、万年、河南、洛阳等县；畿县指京都之旁邑；望指地望高者；紧指具有军事意义的紧要之地；其余皆以户口之多寡而定。如开元十八年（730）定："以六千户已上为上县，三千户已上为中县，不满三千户为中下县。其赤、畿、望、紧等县，不限户数，并为上县。"⑤ 县等不同，其长官县令的品秩也

---

① 《资治通鉴》卷一七七，《隋文帝开皇九年》。
② 《隋书》卷四二，《李德林传》。
③ 《隋书》卷二八，《百官志·文帝之制》。
④ 《唐律疏议》卷二四，《斗讼律·越诉条》。
⑤ 《唐会要》卷七〇，《量户口定州县等第例》。

不同，如赤县令为正五品上，畿县令为正六品上，上县令为从六品上，中县令为正七品上，中下县令为从七品上，下县令为从七品下；其属官、僚佐亦有差。县令为一县之长官，"皆掌导扬风化，抚字黎氓，敦四人之业，崇五土之祠，养鳏寡，恤孤穷，审察冤屈，躬亲狱讼，务知百姓之疾苦"①。其下县丞为副贰，是通判官；县尉是判官，"分判众曹"之事；县之佐、史为主典，有司户佐、史和司法佐、史，其分曹办理民事和刑事案件，佐、史都是流外官，属胥吏。另有县主簿、录事，为县一级的勾检官，"主簿掌付事，省署抄目，纠正非违，监印，给纸笔杂用之事；录事掌受事发辰，检勾稽失"②。

县以下的基层组织有乡里，百户为里，里有里正；五里为乡，乡以乡正为长。两京及州县之郭内分为坊，坊有坊正；郊外为村，村有村正，"以司督察"。村、坊之下，"四家为邻，五邻为保。保有长，以相禁约"③。这些基层民间组织都负有调解和仲裁一般民事纠纷的职责，事大及刑事案件，则应交由县里处理。里正、村正、坊正还负有维护地方社会治安的责任。《唐律》规定："诸监临主司知所部有犯法，不举劾者，减罪人罪三等。"其疏议曰："'监临'，谓统摄之官；'主司'，谓掌领之事及里正、村正、坊正以上。知所部之人，有违犯法、令、格、式之事，不举劾者，'减罪人罪三等'，假有人犯徒一年，不举劾者，得杖八十之类。"④可见唐代统治者非常重视基层组织的作用。

县以县令为长官，"掌导扬风化，抚字黎氓，敦四人之业，崇五土之祠，养鳏寡，恤孤穷，审察冤屈，躬亲狱讼，务知百姓之疾苦。县丞为之贰。主簿掌付事勾稽，省署钞目，纠正非违，监印，给纸笔杂用之事。录事掌受事发辰，检勾稽失。县尉亲理庶务，分判众曹，割断追征，收率课调"⑤。每县

---

① 《唐六典》卷三〇，《三府都督州县官吏·诸县官吏》。

② 《唐六典》卷三〇，《三府都督州县官吏·诸县官吏》。

③ 《旧唐书》卷四三，《职官二·户部郎中员外郎条》。

④ 《唐律疏议》卷二四，《斗讼律·监临知犯法不举劾条》。

⑤ 《唐六典》卷三〇，《三府都督州县官吏·诸县官吏》。

还设有司法佐、司户佐等属官，分管刑事与民事案件。一般的案件都由县尉处理。如：

> 张鷟为阳县尉日，有称架人吕元伪作仓督冯忱书，盗粜仓粮粟。忱不认书，元乃坚执，不能定。鷟取吕元告牒，括两头，唯留一字，问："是汝书，即注是，以字押；不是，即注非，亦以字押。"元乃注曰"非"，去括即是元牒。且决五下。括诈冯忱书上一字以问之，注曰"是"，去括乃诈书也。元连项赤，叩头伏罪。又有一客驴缰断，并鞍失三日，访不获，经县告。鷟推勘急，夜放驴出而藏其鞍，可直五千已来。鷟曰："此可知也。"令将却笼头放之，驴向旧饲处，鷟令搜其家，其鞍于草积下得之，人伏其计。①

对于重大案件，则由县令亲自审理。武则天时，"周杭州临安尉薛震好食人肉。有债主及奴诣临安，于客舍遂饮之醉，杀而脔之，以水银和煎，并骨销尽。后又欲食其妻，妇觉而遁之。县令诘，录事奏，奉敕杖一百而死。"②此案性质恶劣，案犯又是本县的县尉，故由县令亲自审理，录事奏报朝廷，奉敕杖杀食人的县尉。又如：

> 张松寿为长安令，时昆明池侧有劫杀，奉敕十日内须获贼，如违，所由科罪。寿至行劫处寻踪迹，见一老婆树下卖食，至以从骑驮来入县，供以酒食。经三日，还以马送旧坐处，令一腹心人看，有人共婆语，即捉来。须臾一人来问明府若为推逐，即披布衫笼头送县，一问具承，并赃并获。③

此案为京师之地发生的抢劫杀人案，又有皇帝下敕限期破案，故长安县令亲自参与破案。

县以上设府或州，要冲地方则为都督府，边远少数民族聚居区设都护府。府尹、州刺史、都督、都护都是州一级的地方行政兼司法长官。府在

---

① （唐）张鷟撰：《朝野佥载》卷五。

② （唐）张鷟撰：《朝野佥载》卷二。

③ （唐）张鷟撰：《朝野佥载》卷五。

唐前期仅有京兆府、河南府和太原府三府，府以牧为名义上的长官，从二品，但牧多以亲王遥领，并不至府理事。府尹（从三品）与少尹（从四品下）本为上佐，实际上府尹成为长官，府之政务"以尹主之"，尹"掌宣德化，岁巡属县，观风俗，录囚，恤鳏寡"；少尹"掌贰府州之事，岁终则更次入计"①。州分上、中、下三等，开元十八年敕："以四万户以上为上州，二万五千户为中州，不满二万户为下州。"②上州刺史从三品，中州刺史正四品上，下州刺史正四品下。都督府分大都督府、中都督府、下都督府三等，大都督府都督从二品，中都督府都督正三品，下都督府都督从三品。都护府分大都护府和上都护府二等，大都护府都护从二品，上都护府都护正三品。州府长官每年巡视属县一次，录囚徒，察狱讼，对疑狱、冤狱则申报尚书省，或直接奏报皇帝本人，对下属具有广泛的监督和检察的职能。州、府以别驾、长史、司马为上佐，是州一级的通判官，品秩依州等分别为四至六品官不等。

州、府分曹理事，府以司录参军事和录事为勾司，主管勾检；又有功曹、仓曹、户曹、兵曹、法曹、士曹，各以参军事主之。州则以录事参军事和录事主持勾检事务，并设司功参军事、司仓参军事、司户参军事、司兵参军事、司法参军事和司士参军事，分曹理事，处理各自主管的事务。诸曹参军事是为诸州的判官，其中户曹参军事、司户参军事主管民事审判事宜，"掌户籍、计帐、道路、逆旅、田畴、六畜、过所、蠲符之事，而剖断人之诉竞。凡男女婚姻之合，必辨其族姓以举其违。凡井田利害之宜，必止其争讼以从其顺。凡官人不得于部内请射田地及造碾硙与人争利"。法曹、司法参军事主管刑事审判，"掌律令格式，鞫狱定刑，督捕盗贼，纠逖奸非之事，以究其情伪而制其文法。赦从重而罚从轻，使人知所避而迁善远罪"。③由此可见，唐代州县审判，民事案件与刑事案件是分别处置的。如据《旧唐

① 《新唐书》卷四九下，《百官志四下·外官》。
② 《唐会要》卷七〇，《量户口定州县等第例》。
③ 《唐六典》卷三〇，《三府都督都护府州县官吏》。

书·李元纮传》载：

> （李元纮）累迁雍州司户，时太平公主与僧寺争碾硙，公主方
> 承恩用事，百司皆希其旨意，元纮遂断还僧寺。窦怀贞为雍州长
> 史，大惧太平势，促令元纮改断，元纮大署判后曰："南山或可改
> 移，此判终无摇动。"竟执正不挠，怀贞不能夺之。①

司户参军事判的案子，雍州长史（后之京兆尹）不能改夺。同时也
可看出，虽涉及公主与民人争夺财产的案件，也由当地的司户参军事
判决。

唐一度设司田参军事以分司户之权，使户婚与田土之事分曹办理。据
《新唐书·百官志》：

> 田曹、司田参军，掌园宅、口分、永业及荫田。景龙三年，初
> 置司田参军，唐隆元年省，上元二年复置。②

景龙三年(709) 八月庚寅敕："诸州置司田参军一员。"③ 仅一年即罢废，
但在唐人的笔记中对这次设置司田参军仍留下记载：

> 陆大同为雍州司田。时安乐公主、韦温等侵百姓田业，大同尽
> 断还之。长吏惧势，谋出大同。会将有事南郊，时已十月，长吏
> 乃举牒令大同巡县劝田畴，冀他判司摇动其按也。大同判云："南
> 郊有事，北陆已寒；丁不在田，人皆入室。此时劝课，切恐烦劳。"
> 长吏益不悦，乃奏大同为河东令。④

司田参军设置的时间很短，但从中仍可看出在唐代地方州县，虽然行政
和司法不分，但在审判方面，民事诉讼与刑事诉讼却是有别的。以后从肃宗
到德宗朝又设有司田参军。如肃宗上元二年（761）颁布"去上元年号赦文"：

> 诸州等各置司田参军一人，令主农事。每县各置田正二人，于

---

① 《旧唐书》卷九八，《李元纮传》。
② 《新唐书》卷四九下，《百官志下》。
③ 《旧唐书》卷七，《中宗纪》。
④ （唐）刘肃撰：《大唐新语》卷二，《刚正第四》。

当县拣明闲田者种充，务令劝课。①

代宗、德宗朝一直保留司田参军一职，如据《唐会要》记载，贞元五年（789）、十四年仍"依前置"有司田参军②。直到德宗贞元十七年（801）诏："省天下州府别驾、司马、田曹参军；京兆、河南、太原三府外，诸府判司双曹者省一。"③省去田曹参军，恰恰说明此前是置有田曹的。

唐后期，原来的监察道，逐渐发展成为州之上的一级行政单位，节度使、观察使也成为道的长官，其下副使、司马、判官，分判诸事，又有推官、巡官、孔目官等分别负责推鞫狱讼，督捕盗贼，从而形成三级诉讼制度。穆宗时，李方玄（字景业）为江西观察支使裴谊的观察判官，"有杀人狱，法曹官断成，当死者十二人，景业讯覆，数日内活十二人冤，尚书以上下奏考。"④法曹指的是州主管刑狱的法曹参军，观察判官讯覆其所断的成案，发现有误可以纠正之。从法定制度上讲，仍是州、县两级诉讼制，但唐末藩镇的割据，宦官的专权和军司、使司的分权，造成唐后期法出多门，司法失控、执法混乱的局面。这种局面最终导致了唐王朝的覆灭，使五代成为中国法制史上最混乱和最黑暗的时期之一。

---

① 《唐大诏令集》卷四，《改元中·去上元年号赦》。

② 《唐会要》卷六九，《州府及县加减官》。

③ 《旧唐书》卷一三，《德宗下·贞元十七年》。

④ （唐）杜牧：《樊川文集》卷八，《唐故处州刺史李君墓志铭并序》；参见《新唐书》卷一六二，《李逊附子方玄传》。

第二章 魏晋隋唐时期的诉讼制度

第一节 诉讼审判制度的文明化发展

一、魏晋南北朝诉讼审判的经学化

在立法方面，要求合乎儒家的经典及由此而衍生的义理，并不是汉武帝时才出现的，正如东汉梁统所说："窃谓高帝以后，至乎孝宣，其所施行，多合经传，宜比方今事，聿遵前典。"[①] 曹魏制《新律》，将《周礼》之"八辟"编入正文，称为"八议"，其刑制也是"更依古义为五刑"[②]。所谓"古义"，就是指儒家传统的经义，也就是所谓的"原典"精神。

西晋制定《泰始律》，引礼入律，所谓"峻礼教之防，准五服以制罪也"，服制入律遂成为中华法系的最突出的特征。永嘉之乱后，晋室东迁，"朝廷草创，议断不循法律，人立异议，高下无状。"主簿熊远上奏建议："凡为驳议者，若违律令节度，当合经传及前比故事，不得任情以破成法。愚谓宜令

---

① 《后汉书》卷三四，《梁统传》。
② 《晋书》卷三〇，《刑法志》。

录事更立条制，诸立议者皆当引律令经传，不得直以情言，无所依准，以亏旧典也。"① 此建议使南北朝经义断狱之风重启，"经传"在议狱中起着决定性的作用。北魏太武帝太平真君六年（445），"诏诸有疑狱皆付中书，以经义量决"。②《魏书·刑罚志》称："六年春，以有司断法不平，诏诸疑狱皆付中书，依古经义论决者。"同书《高允传》载：

> 初，真君中以狱讼留滞，始令中书以经义断诸疑事。（高）允据律评刑，三十余载，内外称平。③

也就是说，北魏以经义断狱延续了相当长的时间。孝文帝首创"存留养亲"制度，这也是"以孝治天下"的"亲亲"原则在刑律中的体现。陈寅恪先生评说：

> 元魏刑律实综汇中原士族仅传之汉学及永嘉乱后河西流寓儒者所保持或发展之汉魏晋文化，并加以江左所承西晋以来之律学，此诚可谓集当日之大成者……且汉律之学自亦有精湛之意旨，为江东所坠失者，而河西区域所保存汉以来之学术，别自发展，与北魏初期中原所遗留者亦稍不同。故北魏前后定律能综合比较，取精用宏，所以成此伟业者，实有其广收博取之功，并非偶然所致也。
>
> 于是元魏之律遂汇集中原、河西、江左三大文化因子于一炉而冶之，取精用宏，宜其经由北齐，至于隋唐，成为二千年来东亚刑律之准则也。④

《北齐律》将"重罪十条"特别列出加以严惩，是为隋唐以后"十恶"之滥觞。隋唐立法，采取融经义于刑律之中的指导思想，经的义理已寓于法条之中。《周礼》中的八议、五刑、五听、三刺、三宥、三赦之法，全部融入《唐律》。汉以来儒家化了的原典精神至此已与刑律全面结合。⑤

---

① 《晋书》卷三〇，《刑法志》。

② 《魏书》卷四下，《世祖纪下》。

③ 《魏书》卷四八，《高允传》。

④ 陈寅恪：《隋唐制度史渊源略论稿·刑律》，中华书局 1963 年版，第 107 页。

⑤ 参见王宏治：《经学：中华法系的理论基础——试论〈唐律疏议〉与经学的关系》，载《中华法系国际学术研讨会文集》，中国政法大学出版社 2007 年版。

在诉讼、审判方面，曹魏基于汉律编目的混乱，尤其是没有独立的关于诉讼、审判的法规，故在制定《新律》时，对汉律及科条进行了整理和编辑。据《晋书·刑法志》引魏《新律》序略说："《囚律》有告劾、传覆，《厩律》有告反、逮受，科有登闻道辞，故分为《告劾律》。《囚律》有系囚、鞫狱、断狱之法，《兴律》有上狱之事，科有考事报谳，宜别为篇，故分为《系讯》《断狱》律。"至此，有关诉讼、审判的法律开始独立成篇。《晋律》沿用《魏律》篇目，其《告劾》《系讯》《断狱》三篇仍存，南朝各代立法与《北魏律》也都保留了这三篇。而《北齐律》化繁为简，将《告劾》《系讯》与《斗律》合为《斗讼》，将《断狱律》与《捕亡律》合为《捕断律》。隋制《开皇律》，沿用《斗讼律》，而将《捕断律》又分为《捕亡律》与《断狱律》，为《唐律》奠定基础。

魏晋南北朝正是中古法律儒家化的时期，表现在诉讼制度上，法律禁止子孙控告父母、祖父母，违者要被处死。若父母、祖父母控告子孙不孝，或违犯教令，要求官府杀之，官府应当允许。

南北朝都对"诬告反坐"做了规定，如魏文帝曾下诏说："敢以诽谤相告者，以所告者罪罪之。"① 晋律规定，80岁以上的老人，犯一般的罪可以"勿论"，但若"诬告谋反者，反坐"②。《北魏律》也对"诬告"规定："诸告事不实，以其罪罪之。"③ 此外，法律对老百姓的自诉权也做了一些限制性规定，如十岁以下儿童不得告状，奴婢不得告主人等。对在狱囚徒的告诉权也加以限制，"囚徒诬告人反，罪及亲属，异于善人，所以累之，使省刑息诬也"④。

汉代出现的"经义决狱"，即用儒家的经义对法律进行解读，奠定了汉代律学的基本特征，并开魏晋律学的先河，为中华法系的形成奠定了理论基础。因此，在某种意义上应该说，中华法系的理论基础就是经学。

---

① 《三国志》卷二四，《魏书·高柔传》。
② 《晋书》卷三〇，《刑法志》。
③ 《魏书》卷六〇，《韩麒麟附孙子熙传》。
④ 《晋书》卷三〇，《刑法志》。

所谓"经义决狱"，并不仅限于《春秋》一经，《春秋》三传、三《礼》《尚书》《诗经》和《周易》，以及"五经"之外的《孝经》《尔雅》等经史之书，皆可以作为审判案件的理论依据，以补法律条文之不足，有时甚至其效力还高于法条。

曹魏制《新律》，将《周礼》之"八辟"编入正文，其刑制也是"更依古义为五刑"①。所谓"古义"，就是指儒家传统的经义。司马懿遣人告曹爽"阴谋反逆"，交由"公卿朝臣廷议，以为《春秋》之义，'君亲无将，将而必诛'。"因此定罪"谋图神器"，"大逆不道"，而被夷三族。② 王凌与外甥令狐愚谋讨司马氏，事败自尽，受牵连者"悉夷三族"。当时的朝议也是以《春秋》定论：

> 朝议咸以为《春秋》之义，齐崔杼、郑归生皆加追戮，陈尸斫棺，载在方策。（王）凌、（令狐）愚罪宜如旧典。乃发凌、愚冢，剖棺，暴尸于所近市三日，烧其印绶、朝服、亲土埋之。③

朝臣以《春秋》中齐国崔杼、郑国归生的事例为依据，对已经亡故的"弑君"者，也要加以"追戮"，因这是记载在"方策"上的"旧典"。曹丕为五官将时，召卢毓为门下贼曹，"时天下草创，多逋逃，故重士亡法，罪及妻子。亡士妻白等，始适夫家数日，未与夫相见，大理奏弃市。"卢毓驳之曰：

> 夫女子之情，以接见而恩生，成妇而义重。故《诗》云："未见君子，我心伤悲；亦既见止，我心则夷。"又《礼》："未庙见之妇而死，归葬女氏之党，以未成妇也。"今白等生有未见之悲，死有非妇之痛，而吏议欲肆之大辟，则若同牢合卺之后，罪何所加？且《记》曰"附从轻"，言附人之罪，以轻者为比也。又《书》云"与其杀不辜，宁失不经"，恐过重也。苟以白等皆受礼聘，已入门庭，刑之为可，杀之为重。

---

① 《晋书》卷三〇，《刑法志》。
② 《三国志》卷九，《魏书·曹爽传》。
③ 《三国志》卷二八，《魏书·王凌传》。

卢毓这一段驳奏，引用了四部经书，曹操肯定了他的执奏，称其"引经典有意，使孤叹息"，并由此迁其为"丞相法曹议令史，转西曹议令史"①。

北魏后期，羊侃谋叛失败，其兄羊深"时为徐州行台，府州咸欲禁深"，而时任徐州刺史的杨昱说："昔叔向不以鲋也见废，《春秋》贵之，奈何以侃罪深也。宜听朝旨。"② 即以《春秋》之义，否决了众人的意见。廷尉少卿袁翻认为犯罪之人若"竞诉"，则"枉直难明"，"遂奏曾染风闻者，不问曲直，推为狱成，悉不断理"。宣武帝下诏"令门下、尚书、廷尉议之"。辛雄议曰：

> 《春秋》之义，不幸而失，宁僭不滥。僭则失罪人，滥乃害善人……古人虽患忠察狱不精，未闻知冤而不理。③

宣武帝采纳了辛雄的意见。窦瑗在出帝时曾任廷尉卿，后外放刺史。既还京师，上表曰：

> 臣在平州之日，蒙班《麟趾新制》，即依朝命宣示，所部士庶忻仰有若三章。臣闻法象巍巍，乃大舜之事；政道郁郁，亦隆周之轨。故元道股肱，可否相济。声教之闻，于此为证。伏惟陛下应图临宇，握纪承天，克构洪基，会昌宝历，式张琴瑟，且调宫羽，去甚删泰，革弊迁浇，俾高祖之德不坠于地。画一既歌，万国欢跃。
>
> 臣伏读至三公曹第六十六条，母杀其父，子不得告，告者死。再三返覆之，未得其门。何者？案律，子孙告父母、祖父母者死。又汉宣云"子匿父母，孙匿大父母，皆勿论"。盖谓父母、祖父母，小者攘羊，甚者杀害之类，恩须相隐，律抑不言。法理如是，足见其直。未必指母杀父止子不言也。若父杀母，乃是夫杀妻，母卑于父，此子不告是也。而母杀父，不听子告，臣诚下愚，辄以为惑。昔楚康王欲杀令尹子南，其子弃疾为王御士而上告焉。对曰："泄命重刑，臣不为也。"王遂杀子南，其徒曰："行乎？""吾与杀吾父，

---

① 《三国志》卷二二，《魏书·卢毓传》。

② 《魏书》卷五八，《杨昱传》。

③ 《魏书》卷七七，《辛雄传》。

行将焉入！”曰：“臣乎？”曰：“杀父事仇，吾不忍。”乃缢而死。注云：
“弃疾自谓不告父为与杀，谓王为仇，皆非礼，《春秋》讥焉。”斯
盖门外之治，以义断恩，知君杀父而子不告，是也。母之于父，同
在门内，恩无可掩，义无断割。知母将杀理应告父；如其已杀，宜
听告官。今母杀父而子不告，便是知母而不知父。识比野人，义近
禽兽。且母之于父，作合移天，既杀己之天，复杀子之天，二天顿
毁，岂容顿默！此母之罪，义在不赦，下手之日，母恩即离，仍以
母道不告，鄙臣所以致惑。

今圣化淳洽，穆如韶夏，食椹怀音，枭獍犹变，况承风禀教，
识善知恶之民哉。脱下愚不移，事在言外，如或有之，可临时议
罪，何用豫制斯条，用为训诫。诚恐千载之下，谈者喧哗，以明明
大朝，有尊母卑父之论。以臣管见，实所不取。如在淳风厚俗必欲
行之。且君、父一也。父者子之天，被杀事重，宜附“父谋反大逆
子得告”之条。父一而已，至情可见。窃惟圣主有作，明贤赞成，
光国宁民，厥用为大，非下走顽蔽所能上测。但受恩深重，辄献瞽
言，倘蒙收察，乞付评议。

诏付尚书，三公郎封君义立判云：“身体发肤，受之父母，生
我劳悴，续莫大焉。子于父母，同气异息，终天靡报，在情一也。
今忽欲论其尊卑，辨其优劣，推心未忍，访古无据。母杀其父，子
复告母，母由告死，便是子杀。天下未有无母之国，不知此子将欲
何之！案《春秋》，庄公元年，不称即位，文姜出故。服虔注云：
‘文姜通兄齐襄，与杀公而不反。父杀母出，隐痛深讳。期而中练，
思慕少杀，念至于母。故《经》书：三月夫人逊于齐。’既有念母
深讳之文，明无仇疾告列之理。且圣人设法，所以防淫禁暴，极言
善恶，使知而避之。若临事议刑，则陷罪多矣。恶之甚者，杀父害
君，著之律令，百王罔革。此制何嫌，独求削去。既于法无违，于
事非害，宣布有年，谓不宜改。”瑗复难云。

寻局判云："子于父母，同气异息，终天靡报，在情一也。今欲论其尊卑，辨其优劣，推心未忍，访古无据。"瑗以为《易》曰："天尊地卑，乾坤定矣。"又曰："乾天也，故称父；坤地也，故称母。"又曰："乾为天，为父；坤为地，为母。"《礼丧服经》曰："为父斩衰三年，为母齐衰期。"尊卑优劣，显在典章，何言访古无据？

局判云："母杀其父，子复告母，母由告死，便是子杀。天下未有无母之国，不知此子将欲何之！"瑗案典律，未闻母杀其父而子有隐母之义。既不告母，便是与杀父，天下岂有无父之国，此子独得有所之乎！

局判又云："案《春秋》，庄公元年，不称即位，文姜出故。服虔注云：'文姜通于兄齐襄，与杀公而不反。父杀母出，隐痛深讳，期而中练，思慕少杀，念至于母。故《经》书：三月夫人逊乎齐。'既有念母深讳之文，明无仇疾告列之理。"瑗寻注义。隐痛深讳者，以父为齐所杀，而母与之。隐痛父死，深讳母出，故不称即位，非为讳母与杀也。是以下文以义绝，其罪不为与杀明矣。《公羊传》曰："君杀，子不言即位，隐之也。"期而中练，父忧少衰，始念于母，略书"夫人逊乎齐"。是内讳出奔，犹为罪文。传曰："不称姜氏，绝不为亲，礼也。"注云："夫人有与杀桓之罪，绝不为亲，得尊父子义。善庄公思大义，绝有罪，故曰礼也。"以大义绝有罪，得礼之衷，明有仇疾告列之理。但《春秋》桓、庄之际，齐为大国，通于文姜，鲁公谪之。文姜以告齐襄，使公子彭生杀之。鲁既弱小而惧于齐。是时天子衰微，又无贤霸，故不敢仇之，又不敢告列，惟得告于齐曰："无所归咎，恶于诸侯，请以公子彭生除之。"齐人杀公子彭生。案郎此断，虽有援引，即以情推理，尚未遣惑。

事遂停寝。[①]

北齐琅邪王高俨，于武平二年（571）矫诏举兵杀和士开，失败后，齐

---

① 《魏书》卷八八，《窦瑗传》。

幼主欲尽杀琅邪王属下的"文武职吏"。赵彦深以《春秋》责帅,说服幼主,"于是罪之各有差"①。北周推崇《周礼》,以经义决狱。孝闵帝元年(557),"楚国公赵贵谋反,伏诛",帝下诏曰:"法者天下之法,朕既为天下守法,安敢以私情废止?《书》曰:'善善及后世,恶恶止其身。'其贵、通、兴、龙仁罪止一家,僧衍止一房,余皆不问。惟尔文武,咸知时事。"②北周武帝于天和七年(572)诛杀大宰冢晋国公宇文护,发诏书曰:"君亲无将,将而必诛。"③以《春秋》的义理,诛杀疑似谋反的重臣。

隋初文帝,仍重儒学,接受经义断狱。如柳彧为治书侍御史时,曾引《春秋》与《礼》弹劾应州刺史居丧嫁娶案:

> 有应州刺史唐君明,居母丧,娶雍州长史库(宏按:当作"厍",音shè。)狄士文之从父妹。彧劾之曰:"臣闻天地之位既分,夫妇之礼斯著,君亲之义生焉,尊卑之教攸设。是以孝惟行本,礼实身基,自国刑家,率由斯道。窃以爱敬之情,因心至切,丧纪之重,人伦所先。君明钻燧虽改,在文无变,忽劬劳之痛,成宴尔之亲,冒此苴缞,命彼褕翟。不义不昵,《春秋》载其将亡,无礼无仪,诗人欲其遄死。士文赞务神州,名位通显,整齐风教,四方是则,弃二姓之重匹,违六礼之轨仪。请禁锢终身,以惩风俗。"二人竟坐得罪。隋承丧乱之后,风俗颓坏,彧多所矫正,上甚嘉之。④

但文帝暮年,"精华稍竭,不悦儒术,专尚刑名,执政之徒,咸非笃好"。而炀帝即位,"外事四夷,戎马不息,师徒怠散,盗贼群起。礼义不足以防君子,刑罚不足以威小人。"致使"后进之士不复闻《诗》《书》之言,皆怀攘夺之心,相与陷于不义"⑤。

---

① 《北齐书》卷一二,《武成十二王·琅邪王俨传》。
② 《周书》卷三,《孝闵帝纪》。
③ 《周书》卷一一,《晋荡公护传》。
④ 《隋书》卷六二,《柳彧传》。
⑤ 《隋书》卷七五,《儒林传序》。

二、罪刑法定思想的入律

中国自西周讫，就已经出现罪刑法定思想的萌芽。《尚书·吕刑》中提出："刑罚世轻世重，惟齐非齐，有伦有要。"即一方面要根据国家的实际情况，灵活适用刑罚；强求一致并不是真正的一致；另一方面，要根据以往的判例和法定的条文来判狱案。判案必须"明启刑书胥占"，仔细斟酌法条。

曹魏《新律》制定后，当时有禁止狩猎的规定：

> 时猎法甚峻。宜阳典农刘龟窃于禁内射兔，其功曹张京诣校事言之。帝匿京名，收龟付狱。（高）柔表请告者名，帝大怒曰："刘龟当死，乃敢猎吾禁地。送龟廷尉，廷尉便当考掠，何复请告者主名，吾岂妄收龟邪？"柔曰："廷尉，天下之平也，安得以至尊喜怒而毁法乎？"重复为奏，辞指深切。帝意寤，乃下京名。即还讯，各当其罪。[1]

高柔身为廷尉，对皇帝亲自交办的案子也坚持依法处治。又有王肃针对明帝"刑杀仓卒"，上疏规谏，他举张释之的例子说：

> 且人命至重，难生易杀，气绝而不续者也，是以圣贤重之。孟轲称杀一无辜以取天下，仁者不为也。汉时有犯跸惊乘舆马者，廷尉张释之奏使罚金，文帝怪其轻，而释之曰："方其时，上使诛之则已。今下廷尉。廷尉，天下之平也，一倾之，天下用法皆为轻重，民安所措其手足？"臣以为大失其义，非忠臣所宜陈也。廷尉者，天子之吏也，犹不可以失平，而天子之身，反可以惑谬乎？斯重於为己，而轻于为君，不忠之甚也。周公曰："天子无戏言；言则史书之，工诵之，士称之。"言犹不戏，而况行之乎？故释之之言不可不察，周公之戒不可不法也。[2]

---

① 《三国志》卷二四，《魏书·高柔传》。
② 《三国志》卷一三，《魏书·王朗附子肃传》。

王肃对汉代张释之依法断犯跸者罚金并无异议，但对他说"上使诛之则已"大不以为然，认为臣下须守法，天子更须守法。张释之的话是"重臣轻君"，不忠之甚。从根本上说，就是天子不能失信于天下，而法律精神是最大的"信"。

司马昭为晋王时，"患前代律令本注烦杂，陈群、刘劭虽经改革，而科网本密，又叔孙、郭、马、杜诸儒章句，但取郑氏，又为偏党，未可承用"。于是令贾充等人在修订《晋律》的同时编修令，律令分行。将不入律者，"悉以为令，施行制度，以此设教，违令有罪则入律"①，"律以定罪名，令以存事制"，使刑事法律与行政规章分离，从而中国古代的法律出现了两大体系并行的局面。在这种背景之下，三公尚书刘颂说出：

> 律法断罪，皆当以法律令正文，若无正文，依附名例断之，其正文名例所不及，皆勿论。法吏以上，所执不同，得为异议。如律之文，守法之官，唯当奉用律令。至于法律之内，所见不同，乃得为异议也。今限法曹郎令史，意有不同为驳，唯得论释法律，以正所断，不得援求诸外，论随时之宜，以明法官守局之分。②

应该说，罪刑法定的原则，由此正式进入古代的司法领域，"守法之官，唯当奉用律令"。若有不妥意见，也只能在法律范围内讨论，"不得援求诸外"。

北魏孝明帝孝昌以后（525），由于"天下淆乱，法令不恒，或宽或猛"，有人建议加重刑罚："诸强盗杀人者，首从皆斩，妻子同籍，配为乐户；其不杀人，及赃不满五匹，魁首斩，从者死，妻子亦为乐户；小盗赃满十匹以上，魁首死，妻子配驿，从者流。"但侍中孙腾反对，坚持"请诸犯盗之人，悉准律令，以明恒宪。庶使刑杀折衷，不得弃本从末"③。得到皇帝肯定。

北齐定律，本具罪刑法定倾向，但"后平秦王高归彦谋反，须有约罪，

---

① 《晋书》卷三〇，《刑法志》。
② 《晋书》卷三〇，《刑法志》。
③ 《魏书》卷一一一，《刑罚志》。

律无正条。于是遂有《别条权格》，与律并行。大理明法，上下比附：欲出则附依轻议，欲入则附从重法，奸吏因之，舞文出没"①。律外有格，以格破律。

隋文帝制订《开皇律》时，"多采后齐之制，而颇有损益"。其最大的"损"者是将北齐律定罪条文由 949 条一下子删减为 500 条。其所减条文，据说是因增加了"应出罪则举重以明轻，应入罪则举轻以明重"这一原则，就删除了数百条定罪律法。史称："自是刑网简要，疏而不失"。但不久其弊出现，下吏舞文弄法，文帝乃下诏曰："人命之重，悬在律文，刊定科条，俾令易晓。分官明职，恒选循吏，小大之狱，理无疑舛。"由此要求"诸曹决事，皆令具写律文断之"②。唐代修律，基本沿袭《开皇律》的传统，既保留了"应出罪则举重以明轻。应入罪则举轻以明重"的原则，同时将"断罪皆须具引律、令、格、式正文"写入《断狱律》③。但此条文后来受到左拾遗赵冬曦的批评，神龙元年（705）正月。赵冬曦上书。

　　臣闻夫今之律者，昔乃有千余条。近者隋之奸臣，将弄其法。故著律曰：犯罪而律无正条者，应出罪则举重以明轻，应入罪则举轻以明重。立夫一条，而废其数百条。自是迄今，竟无刊革。遂使死生罔由乎法律，轻重必由乎爱憎。受罚者不知其然，举事者不知其犯，臣恐贾谊见之，必为之恸哭矣。夫立法者，贵乎下人尽知，则天下不敢犯耳。何必饰其文义，简其科条哉！夫科条省，则下人难知；文义深，则法吏得便；下人难知，则暗陷机阱矣。安得无犯法之人哉？法吏得便，则比附而用之矣，安得无弄法之臣哉！臣请律、令、格、式，复更刊定其科条，言罪直书其事，无假饰其文。以、准、加、减，比附量情，及举轻以明重，不应得为而为之类，皆勿用之。使愚夫愚妇，闻之必悟，则相率而远之矣，亦安肯知而

① 《隋书》卷二五，《刑法志》。
② 《隋书》卷二五，《刑法志》。
③ 《唐律疏议》卷三〇，《断狱律·断狱不具引律令格式条》。

故犯哉！苟有犯，虽贵必坐，则宇宙之内，肃肃然咸服矣。故曰：

法明则人信，法一则主尊。《书》曰："刑期于无刑。"诚哉是言。①

赵冬曦的上书得到舆论支持，"当时称是"。这是由于武则天统治时期任用酷吏，任意罗织罪名，迫害政敌，株连无辜，使法治遭到破坏，官民的权益都不能得到保障，赵冬曦的上书，反映了时人对此的反思，对恢复法治的愿望，体现了罪刑法定的要求。

永徽年间，萧钧为谏议大夫，太常乐工宋四通等为宫人通传信物案，高宗特命处死，并要求将此案例编入刑律。萧钧上疏言："四通等犯在未附律前，不合至死"。即法律无明文规定的罪名，不应该追究刑责，法不应当追溯既往。高宗听从意见，"特免四通等死，远处配流"，并将此事吸收入唐律中。据《唐会要》载此事发生于永徽五年，即在《永徽律》、包括《律疏》颁布后，现传世本《唐律疏议·卫禁律》"阑入非御在所"条有"即虽非阑入，辄私共宫人言语，若亲为通传书信及衣物者，绞"的规定。说明《永徽律》正式颁布后，仍有所修改。②

其实《唐律》本身就是一部具有罪刑法定主义倾向的刑法典。它规定对于犯罪行为必须依据律条量刑定罪。但社会现象错综复杂，犯罪行为形形色色，不可能对每一种危害社会的行为都事先在法律上予以具体规定。为了弥补这种刑事立法上可能出现的遗漏，《唐律》以专条规定了对律文没有直接规定的犯罪，即运用比附类推的方法，参照本律中最类似的条文规定，应加应减，拟定罪名，作为论罪科刑的标准。《唐律疏议·名例律》规定：

诸断罪而无正条，其应出罪者，则举重以明轻；其应入罪者，则举轻以明重。

适用类推的首要条件是：断案而无律文明确规定者，若有明文，妄用类推，则司法官吏将以故出入人罪论。类推的具体方法有两种：一是"出罪"，

---

① 《唐会要》卷三九，《议刑轻重》；又参见《新唐书》卷二〇〇，《赵冬曦传》。
② 《旧唐书》卷六三，《萧瑀附子钧传》；又参见《唐会要》卷五五，《谏议大夫》；《唐律疏议》卷七，《卫禁律》。

即免罪，其原则是"举重以明轻"，用列举比该案行为更为严重的行为不构成犯罪的方式，来证实本行为也同样不为犯罪。如《贼盗律》规定："诸夜无故入人家者，笞四十；主人登时杀者，勿论。"若该主人将无故入室者打伤，则自然当为"勿论"之列。二是"入罪"，即加罪，其判刑的原则是"举轻以明重"，列举出比该案行为更轻的行为已为有罪，以证实比此更重的行为也已构成犯罪。如《贼盗律》规定："谋杀期亲尊长者斩"，即预谋杀期亲尊长，虽未实行，亦当论斩，若已伤、已杀，则罪行更重，自然当以斩罪论处。赵冬曦上书中提到的"不应得为而为之"条，是《杂律》的规定：

> 诸不应得为而为之者，笞四十；谓律、令无条，理不可为者。事理重者，杖八十。

> 疏议曰：杂犯轻者，触类旁多，金科玉律，包罗难尽。其有在律、在令无有正条，若不轻重相明，舞文可以比附。临时处断，量情为罪，庶补遗阙，故立此条。情轻者，笞四十；事理重者，杖八十。

薛允升在评价此条时说：

> 《辑注》：律于重大罪犯，莫不详备，而细小事理，不能穷尽人情，各立一法，恐因律无正条，而会臆断。轻则纵奸，重则伤和，致有大过不及，故补此一律。或笞、或杖，随事酌定，不得妄为轻重，此律意也。

> 凡律令无文而理不可为者，皆包举在内矣。即如威逼人致死、男子和同鸡奸，有犯即可诏不应为科断，可知后来增添之例，皆不应也。若事事俱有专条，则此律岂非赘疣乎？ ①

这是对轻微的刑事犯罪，或依照今天应该属于"治安处分"的行为，制定法不可能包罗万象，锱铢无遗，在此赋予基层法官一定的"自由裁量权"，但最高也仅限于"杖八十"。明清的法律学家，大多对此条持肯定态度。

---

① 薛允升：《唐明律合编》卷二七，《杂律·不应为条》。

三、唐代儒学义理引导诉讼审判文明化

唐代立法，亦重经学，据《贞观政要·政体》：

> 贞观二年，太宗过问王珪曰："近代君臣理国，多劣于前古，何也？"对曰："古之帝王为政，皆志尚清静，以百姓心为心。近代则唯损百姓以适其欲，所以任用大臣，复非经术之士。汉家宰相，无不精通一经，朝廷若有疑事，皆引经史决定。由是人识礼教，理致太平。近代重武轻儒，或参以法律，儒行既亏，淳风大坏。"太宗深然其言。

可以说，从太宗始，唐代立法，多用儒臣通经之士。

隋唐立法，采取融经义于刑律之中的指导思想，即"引经注律"。经的义理已寓于法条之中，如《唐律疏议》在开篇即对《名例律》本身进行释义，几乎全部运用经典。先引《易》曰："天垂象，圣人则之。"其后引："古者大刑用甲兵，其次用斧钺；中刑用刀锯，其次用钻笮，薄刑用鞭扑。"其语出自《国语·鲁语上》。再者，"昔白龙、白云，则伏羲、轩辕之代；西火、西水，则炎帝、共工之年。鹢鸠筮宾于少暐，金政策名于颛顼。咸有天秩，典司刑宪。"其文源于《左传》"昭公十七年"。再次，"尧舜时，理官则谓之为'士'，而皋陶为之；其法略存，而往往概见，则《风俗通》所云：'《皋陶谟》：虞造律'是也。"所引为《尚书·皋陶谟》。再往后，其释"律"的含义。"律者，训铨，训法也。《易》曰：'理财正辞，禁人为非曰义。'故铨量轻重，依义制律。《尚书大传》曰：'丕天之大律。'注云：'奉天之大法。'法亦律也，故谓之为律。"引《易经》与《尚书大传》以释律义。在对"疏"字的释义中，先追溯历史，"昔者，圣人制作谓之为经，传师所说则谓之为传，此则丘明、子夏于《春秋》《礼经》作传是也。近代以来，兼经注而明之则谓之为义疏。疏之为字。本以疏阔、疏远立名。又《广雅》云：'疏，识也。'案疏训识，则书疏记识之道存焉。《史记》云：'前主所是著为律，后主所是疏为令。'《汉书》云：'削牍为疏。'故云疏也。"将"义疏"二字，既作历史考察，又作

训诂释义，完全符合经学之师法。最后，是对"刑"的历史阐释，可以说就是一部唐朝以前的法制简史，因文长，同时大家也熟悉，故不全录，其引经有《尚书大传》曰："夏刑三千条。"引《周礼》"司刑掌五刑"。最后提到那句耳熟能详的"德礼为政教之本，刑罚为政教之用，犹昏晓阳秋相须而成者也"。以说明制作《唐律疏议》的本意。这段文字所引书除五经之外，历史典籍极多，如《国语》《史记》《汉书》等，汉代的经学与史学是不分家的，合称"经史之学"。如西汉刘向、刘歆首创的中国古代第一部系统目录——《七略》，其后东汉班固撰《汉书·艺文志》，所用的"六略"图书分类法，都没有"史略"，史书没有单独分类，如《国语》《战国策》，甚至就连《史记》也以《太史公百三十篇》之名，列于"六艺略"之"春秋家"目下，可见史学仅是经学的附庸，还没有独立成学。① 反过来说，经学也是以史学为基本文献，经书就是史书，即所谓"六经皆史"也。②

　　《唐律疏议》以大量的儒家经典来释义法律条文，将经学义理作为法学原理，经学义理即为法源，使法律与经义融为一体，以经义说明唐律的正当性、合理性，进而证实其合法性。经义释律在此达到最高峰，从而形成中华法系的特色，奠定了中华法系的理论基础，并对后世产生重大影响。如宋代赵彦卫在评论《宋刑统》时就说："《刑统》皆汉唐旧文，法家之五经也。"③ 将《宋刑统》比作"法家之五经"，这是非常确切的。元代柳赟在为《唐律疏议》作序时说："法家之律，犹儒家之经。五经载道以行万世，十二律垂法以正人心。道不可废，法岂能独废哉！"④《四库全书总目·唐律疏议提要》也说："论者谓唐律一准乎礼，以为出入得古今之平，故宋世多采用之。元时断狱，亦每引为据。"⑤ 这些评说都是将《唐律》与儒家的经典并论，故今天我们在

---

① 此可参见拙著：《试论中国古代史学与法学同源》，《政法论坛》2003 年第 2 期。
② 参见章学诚：《文史通义》卷一，《内篇一·易教上》。
③ （宋）赵彦卫：《云麓漫抄》卷四。
④ （元）柳赟：《唐律疏议序》，见《唐律疏议》附录，中华书局 1983 年版。
⑤ 《四库全书总目》卷八二，《史部·政书类二·唐律疏议提要》。

探讨中华法系的理论基础时不能忽略经学的关键作用。乾隆在钦定二十四史时说："盖正史体尊，义与经配，非悬诸令典莫敢私增。"① 官方肯定的史书必须是"义与经配"者，而法学类书，一直是作为史部的分支存目。研究中国古代文化，不能离开史学，如学中文专业者常说"文史不分家"。研究中国法律史则离不开经学，经史之学是法律史学的基础，也是中华法系的理论基础。② 仅以《名例律》为例说明之。

五刑是唐代最基本的刑制，《唐律疏议》在释"五刑"之义时，多取经义。如"笞刑"条引《书》云"扑作教刑"，即其义也。本句出自《尚书·舜典》。又引《孝经·援神契》云："圣人制五刑，以法五行。"以说明现行的五刑制度是效法自然界的五行而制成的，将"天人合一"的理念与刑罚制度相结合。又引《礼》云："刑者，侀也，成也。一成而不可变，故君子尽心焉。"此语出自《礼记·王制》。再引《孝经·钩命决》云："刑者，侀也，质罪示终。"对一个最简单的"笞刑"共引用经典三部四句以释其义。并说："然杀人者死，伤人者刑，百王之所同，其所由来尚矣。"

"杖刑"条引《说文》云"杖者，持也。"引《孔子家语》云："舜之事父，小杖则受，大杖则走。"又引《国语》云："薄刑用鞭扑。"又引《书》云："鞭作官刑。"并说鞭刑"犹今之杖刑者也"。"又蚩尤作五虐之刑，亦用鞭扑。源其滥觞，所从来远矣"。用古经义说明笞、杖之刑的古老。

"徒刑"条引《周礼》云"其奴男子入于罪隶"，又"任之以事，置之圜土而收教之。上罪三年而舍，中罪二年而舍，下罪一年而舍"。并说明"此并徒刑也。盖始于周"。说明徒刑始于西周。其语前句为《秋官·司厉》："其奴，男子入于罪隶，女子入于舂稿。"后语见《秋官·司圜》："凡害人者弗使冠饰，任之以事而收教之，能改者，上罪三年而舍，中罪二年而舍，下罪一年而舍。其不能改而出圜土者，杀。虽出，三年不齿。"

① 《四库全书总目》卷四五，《史部总叙》。

② 参见拙著：《经学：中华法系的理论基础——试论〈唐律疏议〉与经学的关系》，《中华法系国际学术研讨会文集》，中国政法大学出版社 2007 年版。

"流刑"条引《书》云："流宥五刑。"又曰："五流有宅，五宅三居。"并说："大罪投之四裔，或流之于海外，次九州之外，次中国之外。盖始于唐虞。"是说流刑产生于虞舜时代。上述《尚书》所引文皆出自《舜典》："象以典刑，流宥五刑，鞭作官刑，扑作教刑，金作赎刑。""汝作士，五刑有服，五服三就，五流有宅，五宅三居，惟明克允。"

"死刑"条引郑注《礼》云："死者，澌也。消尽为澌。"这是《礼记·檀弓上》语"君子曰终，小人曰死"的郑玄注。又引《春秋元命包》云："黄帝斩蚩尤于涿鹿之野。"又引《礼》云："公族有罪，磬之于甸人。"这又是《礼记·文王世子》语："公族其有死罪，则磬于甸人。"据郑玄注曰："甸人，掌郊野之官。悬缢杀之曰磬。"由经义而得出"故知斩自轩辕，绞兴周代"的结论。将中国死刑产生的时间界定在黄帝时代。

对如此简单的刑制，唐代的解律人不厌其烦地引经据典，将其当代的刑罚制度与儒家经典紧密结合，使人理解其刑制的合理性。

"十恶"是《唐律》中最重要的罪名。北齐以"重罪十条"入律，隋改称"十恶"，炀帝修《大业律》，除十恶之条，实际上仅除"十恶"之目，律文分则中仅除其二，仍存有八。唐代立法，取文帝开皇之制，《唐六典》称："乃立十恶，以惩叛逆，禁淫乱，沮不孝，威不道。"说的是立十恶的目的，其注云：

> 初，北齐立"重罪十条"为十恶：一反逆，二大逆，三叛，四降，五恶逆，六不道，七不敬，八不孝，九不义，十内乱，犯此者不在八议论赎之限。隋氏颇有损益，皇朝因之。[1]

《唐律疏议》关于"十恶"之疏议曰：

> 五刑之中，十恶尤切，亏损名教，毁裂冠冕，特标篇首，以为明诫。其数甚恶者，事类有十，故称"十恶"。然汉制《九章》，虽并湮没，其"不道"、"不敬"之目见存，原夫厥初，盖起诸汉。案

---

[1] 《唐六典》卷六，《刑部郎中员外郎条》。

梁陈已往，略有其条。周齐虽具十条之名，而无"十恶"之目。开皇创制，始备此科，酌于旧章，数存于十。大业有造，复更刊除，十条之内，唯存其八。自武德以来，仍遵开皇，无所损益。①

这里首先对"十恶"产生的历史作了简单的回顾。

在具体的内容中，对"一曰谋反"的罪名释义，其疏议曰：

> 案《公羊传》云："君亲无将，将而必诛。"谓将有逆心，而害于君父者，则必诛之。《左传》云："天反时为灾，人反德为乱。"然王者居宸极之至尊，奉上天之宝命，同二仪之覆载，作兆庶之父母。为子为臣，惟忠惟孝。乃敢包藏凶慝，将起逆心，规反天常，悖逆人理，故曰"谋反"。

用《春秋》二传，释义"谋反"。"君亲无将，将而必诛"出自《公羊传》"昭公元年"：《春秋》称"陈公子招"，不言其为陈侯之弟，《公羊传》对此解释说：

> 何以不称弟？贬。曷为贬？为杀世子偃师贬，曰陈侯之弟招杀世子偃师。大夫相杀称人，此其称名氏以杀何？言将自是弑君也。今将尔，词曷为与亲弑者同？君亲无将，将而必诛焉。然则不于其弑焉贬？以亲者弑，然后其罪恶甚，《春秋》不待贬绝而罪恶见者，不贬绝以见罪恶也。贬绝然后罪恶见者，贬绝以见罪恶也。今招之罪已重矣，曷为复贬乎此？著招之有罪也。何著乎招之有罪？言楚之托乎讨招以灭陈也。②

《左传》之语见"宣公十五年"，原话为："天反时为灾，地反物为妖，民反德为乱，乱则妖灾生。"解律者将其简化为"天反时为灾，人反德为乱"。此外对注文之"谓谋危社稷"也引《周礼》云"左祖右社"以释其义。

对"二曰谋大逆"的注文，"谋毁宫阙"其疏议曰：

> 宫者，天有紫微宫，人君则之，所居之处故曰"宫"。其阙

---

① 《唐律疏议》卷一，《名例律·十恶条》。
② 《公羊传》"昭公元年"。

者，《尔雅·释宫》云："观谓之阙。"郭璞云："宫门双阙也。"《周礼·秋官》"正月之吉日，悬刑象之法于象魏，使人观之"，故谓之"观"。

将"宫"比附为天庭之紫微宫，以示君权神授；将"阙"释为周代的"观"，以体现其传统的权威性，为其严打这类犯罪提供理论依据。

对"三曰谋叛"其疏议曰：

> 有人谋背本朝，将投蕃国，或欲翻城从伪，或欲以地外奔，即如莒牟夷以牟娄来奔，公山弗扰以费叛之类。

这里列举了《春秋》中的两件事例，一例见《春秋》"昭公五年"："夏，莒牟夷以牟娄及防兹来奔"；一例见《左传》"定公十二年"，公山弗扰在此作"公山不狃"，其文曰："季氏将堕费，公山不狃、叔孙辄帅费人以袭鲁……败诸故蔑，二子奔齐。"① 用春秋时代的案例，说明"叛"的含义。

对"四曰恶逆"罪的疏文，虽未见其直接引用经文，但其疏议曰：

> 父母之恩，昊天罔极。嗣续妣祖，承奉不轻。枭獍其心，爱敬同尽，五服至亲，自相屠戮，穷恶尽逆，绝弃人理，故曰"恶逆"。

这里的"父母之恩，昊天罔极"，是源于《诗经·小雅·蓼莪》："父兮生我，母兮鞠我。拊我畜我，长我育我。顾我复我，出入腹我。欲报之德，昊天罔极。"其以《诗》喻父母的养育之恩，以示对恶逆罪严惩的必要性。

对于"五曰不道"，其疏议曰："安忍残贼，背违正道，故曰'不道'。"没有对其作经义方面的解释。但"不道"是一个古老的罪名，秦始皇就曾以"不道"的罪名惩治嫪毐和吕不韦②，汉代此罪名使用比较普遍，并收入律文之中，如淳引汉律曰："律，杀不辜一家三人为不道。"③ 晋张斐律表释曰：

---

① 二例分别参见《春秋左传集解》卷二十一，第 1256 页；卷二十八，第 1686 页，上海人民出版社 1977 年版。

② 参见《史记》卷六，《秦始皇本纪》。

③ 参见《汉书》卷八四，《翟方进传》之如淳注。

"逆节绝理，谓之不道。"① 是为违反名节，绝灭伦理的严重犯罪行为。其注曰："谓杀一家非死罪三人，肢解人，造畜蛊毒、厌魅。"看来"不道"罪来源于汉律。

在"六曰大不敬"中，首先引《礼记·礼运》云："礼者君之柄，所以别嫌明微，考制度，别仁义。"其次，在对"御宝"的释义引《说文》云："玺者，印也。"再引《左传》云："襄公自楚还，及方城，季武子取卞，使公冶问玺书，追而予之。"② 再次，对"御膳"的释义引《周礼》："食医掌王之八珍。"

在"七曰不孝"中，称"善事父母曰孝。既有违犯，是名'不孝'"。对其注文"供养有阙"的释义引《礼》云："孝子之养亲也，乐其心，不违其志。以其饮食而忠养之。"对"闻祖父母、父母丧，匿不举哀"的释义引《礼》："闻亲丧，以哭答使者，尽哀而问故。"以《礼》释律。

在"八曰不睦"中引《礼》云："讲信修睦。"又引《孝经》云："民用和睦。"在其注文"殴告夫"的释义中引《礼》云："夫者，妇之天。"又云："妻者，齐也。"用《礼》来说明夫妻关系。

在对"九曰不义"的释义中，其疏议曰："礼之所尊，尊其义也。此条元非血属，本止以义相从，背义乖仁，故曰'不义'。"直接用礼的含义来解释设置不义罪的实质在于打击危害没有血缘关系的尊长的犯罪行为，以维护礼所倡导的等级制度。

在"十曰内乱"中，对该罪名的释义，其疏议曰：

> 《左传》云："女有家，男有室，无相渎。易此则乱。"若有禽兽其行，朋淫于家，紊乱礼经，故曰"内乱"。③

《左传》之语出自"桓公十八年"，杜预注曰："女安夫之家，夫安妻之室，违此则为渎。"说明"内乱"是"紊乱礼经"的严重犯罪行为，将其列入"十恶"，旨在维护家庭内部的伦理关系。

---

① 《晋书》卷三〇，《刑法志》。
② 此事参见《春秋左传集解》卷十九，第1114页，上海人民出版社1977年版。
③ 《唐律疏议》卷一，《名例律·十恶》。

总之，对"十恶"尽量用经义来释义。从"十恶"的内容看，十恶之罪可分为三类：一是直接威胁、损害皇帝人身、权力、尊严的行为，如谋反、谋大逆、谋叛和大不敬，这是"十恶"的核心内容；二是严重威胁封建统治秩序的恶性犯罪，如不道、不义；三是严重破坏封建名教道德、伦常关系的行为，如恶逆、不孝、不睦、不义和内乱，其分量占十恶之半，反映了唐律"礼刑结合"为立法的指导思想，其礼是以儒家的经典为依据的礼制。十恶之中，尤重前四种，即谋反、谋大逆、谋叛与恶逆。

"八议"是经义入律的突出体现。曹魏制订《新律》，首开将儒家经典之内容入于律文之先河，其将《周礼》中的"八辟"，改为"八议"，作为法条，编入正文。《唐六典》将立八议的目的定为："以广亲亲，以明贤贤，以笃宾旧，以劝功勤。"其注云：

> 《周礼》以八辟丽邦法，附刑法，即八议也。自魏、晋、宋、齐、梁、陈、后魏、北齐、后周及隋皆载于律。①

《唐律》沿袭这一规定，并在其"疏议"中说：

> 《周礼》云："八辟丽邦法。"今之"八议"，周之"八辟"也。《礼》云："刑不上大夫。"犯法则在八议，轻重不在刑书也。其应议之人，或分液天潢，或宿侍旒扆，或多才多艺，或立事立功，简在帝心，勋书王府。若犯死罪，议定奏裁，皆须取决宸衷，曹司不敢与夺。此谓重亲贤，敦故旧，尊宾客，尚功能也。以此八议之人犯死罪，皆先奏请，议其所犯，故曰"八议"。

说明"八议"的规定是源于《周礼》②，"刑不上大夫"，出于《礼记·曲礼上》："礼不下庶人，刑不上大夫。"西汉朝廷断狱，已常用"议""请"之制，东汉更为普遍，至曹魏始将"八议"入律。唐代除"八议"外，还制定了"请""减""赎"等一整套优待皇亲国戚、贵族、官吏的制度。

---

① 《唐六典》卷六，《刑部郎中员外郎条》。

② 参见《周礼·秋官·小司寇》。

"八议"的内容为：议亲、议故、议贤、议能、议功、议贵、议勤、议宾。在"议宾"的疏议曰：

> 《书》云："虞宾在位，群后德让。"《诗》曰："有客有客，亦白其马。"《礼》云："天子存二代之后，犹尊贤也。"昔武王克商，封夏后氏之后于杞，封殷氏之后于宋，若今周后介公、隋后酅公，并为国宾者。

对一个宾字，用了《书》《诗》《礼》三部经以释其义，以说明对此八种人的特殊礼遇是合乎经义的。永徽二年（651），唐临为御史大夫，华州刺史萧龄之前任广州都督时的犯赃事发，高宗交付"群官集议"。集议的结果是死刑，高宗"令于朝堂处置"。唐临奏曰："律有八议，并依《周礼》旧文，矜其异于群臣，所以特制议法。礼：王族刑于隐者，所以议亲；刑不上大夫，所以议贵。知重其亲贵，议欲缓刑，非为嫉其贤能，谋致深法。今既许议，而加重刑，是与尧、舜相反，不可为万代法。"①这可以说是对八议寓意的详解。德宗为太子时，曾以张涉为授业经师。后张涉因"受前湖南都团练使辛京杲赃事发"，德宗颁诏曰："尊师之道，礼有所加；议故之法，恩有所掩。张涉贿赂交通，颇骇时听，常所亲重，良深叹惜。宜放归田里。"②德宗也是根据礼与法的关系，以"议故"来处理其恩师的罪刑。

除此五刑、十恶、八议之外，《名例律》中有大量法条的释义，是用《礼》来解读。

《名例律二》"妇人有官品邑号"条，其疏议曰：依《礼》："凡妇人，从其夫之爵位。"注云："生礼死事，以夫为尊卑。"其注用的是《礼记·杂记上》郑玄注："妇人无专制，生礼死事，以夫为尊卑。"

《名例律三》"犯徒应役家无兼丁"条，其疏议曰：妻同兼丁，妇女虽复非丁，据《礼》："与夫同体"，故年二十一以上同兼丁之限。其妇人犯徒，

---

① 《旧唐书》卷八五，《唐临传》；又参见《唐会要》卷三九，《议刑轻重》。
② 《旧唐书》卷一二七，《张涉传》。

户内无男夫年二十一以上，亦同无兼丁例。

《名例律四》"老小及疾有犯"条，对"诸年七十以上、十五以下及废疾，犯流罪以下收赎"款，其疏议曰："依《周礼》：'年七十以上及未龀者，并不为奴。'今律：年七十以上、七十九以下，十五以下、十一以上及废疾，为矜老小及疾，故流罪以下收赎。"

对"八十以上、十岁以下及笃疾，犯反、逆、杀人应死者，上请"款，其疏议曰："《周礼》'三赦'之法，一曰幼弱，二曰老耄，三曰憨愚。今十岁合于'幼弱'，八十是为'老耄'，笃疾'蠢愚'之类，并合'三赦'之法。"①

对"盗及伤人者亦收赎"款之问"殴己父母不伤若为科断"的答复为："其殴父母，虽小及疾可矜，敢殴者乃为'恶逆'。或愚痴而犯，或情恶故为，于律虽得勿论，准礼仍为不孝。老小重疾，上请听裁。"宋代王元亮作《唐律释文》对"准礼仍为不孝"句解释说："准《礼》，凡为人子者，冬温夏清，昏定晨省，出必告，反必面，所游必有常，所习必有业；居父母疾与丧，笑不至哂，怒不至詈，饮药必先尝之。今律虽矜其幼小而赦，反有殴詈父母者，为不孝也。"即未成年之子孙，打骂父母，于律虽可不予追究，但《礼》仍认定其为"不孝"，须上请皇帝决定是否处治或赦免。礼的效力并不低于律。

又对"九十以上，七岁以下，虽有死罪，不加刑"款，其疏议曰："《礼》云：'九十曰耄，七岁曰悼，悼与耄虽有死罪，不加刑。'② 爱幼养老之义也。"将《唐律》关于免除或部分免除刑事责任能力的规定与《周礼》相关规定直接比对，以说明唐律的规定是完全合乎礼制的。

以上皆为《名例律》即《唐律》总则中有关以经义释律的规定，其分则中这样的释义仍不少，就不一一列举了。

---

① 参见《周礼·秋官·司刺》。
② 参见《礼记·曲礼上》。

第二节 魏晋隋唐律学的发展

一、魏晋律学家

1. 曹魏时期的律学家

刘劭：字孔才，广平邯郸人。"黄初中，为尚书郎、散骑常侍。受诏集五经群书，以类相从，作《皇览》。"是为中国最早的类书，可惜未能流传至今。魏明帝时，与庾嶷、荀诜等修订法律，作《新律》十八篇、《都官考课》七十二条，著《律略论》。①《隋书·经籍志二》称："刘劭《律略论》五卷，亡。"② 程树德引《太平御览》："刘劭《律略论》曰：删旧科，采汉律为魏律，悬之象魏。"③ 正始中"执经讲学"，说明刘劭是当时有名望的经学大家。

陈群：字长文，颍川许昌人。祖父陈寔、父陈纪，叔父陈湛，都是东汉末年著名的大儒，世称"三君"。东汉末，陈寔曾囚党锢之祸，隐居荆山。曹操执政，议恢复肉刑，陈纪支持，理由是："汉除肉刑而增加笞，本兴仁恻而死者更众，所谓名轻而实重也。名轻则易犯，实重则伤民。《书》曰：'惟敬五刑，以成三德。'《易》著劓、刖、灭趾之法，所以辅政助教，惩恶息杀也。"④ 是以儒家经典支持恢复肉刑。陈群虽继承其父的观点，但由他主持制定的曹魏《新律》却不曾把肉刑吸收进去，主要还是因为王朗等人的反对意见占了上风。

卫觊：字伯儒，河东安邑人。自幼"以才学称"，曹操迁汉都许昌，典章制度多散乱流失，卫觊"以古义多所正定"。明帝时曾上奏，"请置律博士，

---

① 《三国志》卷二一，《魏志·刘劭传》。
② 《隋书》卷三三，《经籍志二》；参见《旧唐书》卷四六，《经籍志上》；《新唐书》卷五八，《艺文志二》。
③ 程树德：《九朝律考·魏律考》，中华书局1963年版，第221页。
④ 《三国志》卷二二，《魏疏·陈群传》。

转相教授"①。

高柔：字文惠，陈留圉人。以从事基层司法出身，曹操曾委派他任刺奸内史，因其"处法平允，狱无留滞"，而辟入丞相府。曹魏建国后，历任丞相理曹掾、法曹掾后迁为廷尉。从其治狱的经历看，注重引用儒家经义考察决断，提倡"尊道重学"。公孙晃因其弟公孙渊谋逆连坐，高柔上疏曰："《书》称'用罪伐厥死，用德彰厥善'此王制之名典也。"并说明公孙晃在公孙渊未反前"数陈其变"，"虽为凶族，原心可恕"②。所用方式是典型的"经义决狱"的路数。

钟繇：字元常，颍川长社人。魏国初建，为大理；及文帝践祚，改为廷尉。曹操曾下令，让群臣讨论"死刑可宫割者"。钟繇赞同，以为"古之肉刑，更历圣人，宜复施行，以代死刑"。文帝时陈群、钟繇再次提议应该恢复肉刑，遭到司徒王朗等反对，又"帝以吴、蜀未平，且寝"③。但是后人对高柔、钟繇的评价还是很高的，如南齐孔稚珪曾说："元常、文惠，绩映魏阁。"④

王朗：字景兴，东海郯人。以精通儒家经典而拜郎中。魏国初建，迁"大理，务在宽恕，罪疑从轻，钟繇明察当法，俱以治狱见称"。文帝即王位后，迁御史大夫，上疏劝"育民省刑"，曰："《易》称赦法，《书》著祥刑，一人有庆，兆民赖之，慎狱法之谓也。"⑤文帝议复肉刑，王朗带头反对，使之未能通过。

2. 晋代律学家

贾充：字公闾，平阳襄陵人。幼时曾"典定科令"，"有刀笔才"。司马昭为晋王时"迁廷尉，充雅长法理，有平反之称"。著名的《晋律》就是在他的主持下修订的。史称：

---

① 《三国志》卷二一，《魏书·卫觊传》；又参见《晋书》卷三〇，《刑法志》。
② 《三国志》卷二四，《魏书·高柔传》。
③ 《三国志》卷一三，《魏书·钟繇传》。
④ 《南齐书》卷四八，《孔稚珪传》。
⑤ 《三国志》卷一三，《魏书·王朗传》。

　　充所定新律既班于天下，百姓便之。诏曰："汉氏以来，法令严峻。故自元成之世，及建安、嘉平之间，咸欲辩章旧典，删革刑书。述作体大，历年无成。先帝愍元元之命陷于密网，亲发德音，厘正名实。车骑将军贾充，奖明圣意，咨询善道。太傅郑冲，又与司空荀颐、中书监荀勖、中军将军羊祜、中护军王业，及廷尉杜友、守河南尹杜预、散骑侍郎裴楷、颍川太守周雄、齐相郭颀、骑都尉成公绥荀辉、尚书郎柳轨等，典正其事。朕每鉴其用心，常慨然嘉之。今法律既成，始班天下，刑宽禁简，足以克当先旨。昔萧何以定律受封，叔孙通以制仪为奉常，赐金五百斤，弟子皆为郎。夫立功立事，古之所重。自太傅、车骑以下，皆加禄赏。其详依故典。"①

　　贾充在主持修《晋律》的同时，又将不适合入律的法条，即不涉及刑事犯罪的法条，如军事、田农、酤酒等项，"悉以为令"，所谓令是"施行制度，以此设教，违令有罪则入律"；又"其常事品式章程，各还其府，为故事"②。从此确立了"律以正罪名，令以存事制"③的律令分行的法律体制，并以"故事"与之并行。贾充还与杜预等人合著《刑法律本》二十一卷④。

　　郑冲：字文和，荥阳开封人。出身寒微，然"清恬寡欲，耽玩经史，遂博究儒术及百家之言"。司马昭辅政，"命贾充、羊祜等分定礼仪、律令，皆先咨于冲，然后施行"⑤。贾充主持定律令之初，与羊祜共同向太傅郑冲咨询。郑冲曰："皋陶严明之旨，非仆暗懦所采。"羊祜曰："上欲令小加弘润。"

---

① 《晋书》卷四〇，《贾充传》。
② 《晋书》卷三〇，《刑法志》。
③ 《太平御览》卷六三八，《刑法部·律令下》。
④ 参见《旧唐书》卷四六，《经籍志上》作"贾充等撰"；宏按：据《隋书》卷三三，《经籍志二》：《律本》二十一卷为杜预撰；而《新唐书》卷五八，《艺文志二》作"贾充、杜预《刑法律本》二十一卷"。
⑤ 《晋书》卷三三，《郑冲传》。

郑冲"乃粗下意"①。

杜预：字元凯，京兆杜陵人。杜预"博学多通，明于兴废之道"。杜预与车骑将军贾充等撰定律令，既成，杜预为之注解，乃奏之曰：

> 法者，盖绳墨之断例，非穷理尽性之书也。故文约而例直，听省而禁简。例直易见，禁简难犯。易见则人知所避，难犯则几于刑厝。刑之本在于简直，故必审名分。审名分者，必忍小理。古之刑书，铭之钟鼎，铸之金石，所以远塞异端，使无淫巧也。今所注皆网罗法意，格之以名分。使用之者执名例以审趣舍，伸绳墨之直，去析薪之理也。②

杜预是晋代著名的经学大师，尤好《左传》，自称有"左传癖"，亲自撰写《春秋左氏经传集解》《春秋释例》等，至今仍是研究《春秋左传》的必读之著。其注律并不同于汉儒偏重于以经义解律，而是"网罗法意，格之以名分"，即搜求法律的精神实质，明确其概念，以便于执法者依照名例律的原则去判断取舍，定罪量刑。

张斐：晋廷尉之明法掾，因官位较低，正史无传。张斐是从司法官员的角度对律文进行注释，其目的是"明发众篇之多义，补其条章之不足"，用注释的方式，阐明和揭示刑律中各篇章之间的关系及其丰富的含义，弥补条目的疏漏，并使刑律中的名词概念明确化、严密化。张斐的著作没有留存下来，见于记载的有《汉晋律序注》一卷、《杂律解》二十一卷等③。张斐的著作虽没能留存下来，但《晋书·刑法志》收录了他为注释《晋律》给皇帝所上的表，对当时的立法原则、律文的适用等都作了必要的说明，特别是对数十个法律专用名词逐个进行了精确的解释，对中国注释法学的发展具有深远意义。

杜预、张斐解律，是从司法审判的原则出发，特别着重于法律名词术语的解释，他们不仅吸取了以往律学的成果，而且还有所发展创新，为古代法

---

① （南朝宋）刘义庆撰：《世说新语》卷上之下，《政事三》。

② 《晋书》卷三四，《杜预传》。

③ 《隋书》卷三三，《经籍志二》；《新唐书》卷五八，《艺文志二》作"张斐《律解》二十卷"。

律词汇的规范化奠定了基础，为中国法学的科学化作出了开创性的贡献。尤其是他们的注解，经朝廷认可，颁行天下，成为在全国范围内普遍遵行的法律解释，其注文与律文通行，具有同等的法律效力，故后世又称《晋律》为"张杜律"。晋代的律学，标志着当时法学发展的最新水平，并为唐代注释法学的典范——《唐律疏议》提供了模本。

刘颂：字子雅，广陵人。晋武帝时，为廷尉，惠帝时又官拜尚书三公郎，"典科律，申冤讼"，后迁议郎，守廷尉。"时人以颂比张释之，在职六年，号为详平"①。曾多次上疏主张恢复肉刑，未得朝廷认可。惠帝时，刘颂为三公尚书，针对"法渐二门，令申不一"的时弊，提出"律法断罪，皆得以律令正文，若无正文，依附名例断之。其正文名例所不及，皆勿论"②的主张，得到朝廷首肯，并被后人评价其具有罪刑法定主义倾向。

3.魏晋时期关于恢复肉刑的论战

自西汉文帝改革刑制，废除肉刑后，由于新的、合理的刑罚体制并未能一下子建立起来，现存刑罚制度在实行中仍存在不少问题，故自东汉以来关于是否恢复肉刑的争论一直就未曾中断，在魏晋时期更是先后掀起几次大论战。

东汉末年献帝建安年间，曹操辅政，有崔寔、郑玄、陈纪等名儒，以"刑罚不足以惩恶"为由，提出恢复肉刑。由于孔融反对，未能实行。曹操任魏国公时，让群臣"平议死刑可宫割者"，钟繇认为："古之肉刑，更历圣人，宜复施行，以代死刑"。但反对者众，"遂寝"③。其中王修"以为时未可行"④。曹操虽有此意，但不愿以藩国的身份改换汉朝旧制，担此恶名。文帝时又颁诏谓："大理欲复肉刑，此诚圣王之法，公卿当善共议。"但因有军事行动，遂在此搁置。明帝时钟繇上疏曰：

---

① 《晋书》卷四六，《刘颂传》。
② 《晋书》卷三〇，《刑法志》。
③ 《三国志》卷一三，《魏书·钟繇传》。
④ 《三国志》卷一一，《魏书·王修传》。

大魏受命，继踪虞、夏。孝文革法，不合古道。先帝圣德，固天所纵，坟典之业，一以贯之。是以继世，仍发明诏，思复古刑，为一代法。连有军事，遂未施行。陛下远追二祖遗意，惜斩趾可以禁恶，恨入死之无辜，使明习律令，与群臣共议。出本当右趾而入大辟者，复行此刑。①《书》云："皇帝清问下民，鳏寡有辞于苗。"此言尧当除蚩尤、有苗之刑，先审问于下民之有辞者也。若今蔽狱之时，讯问三槐、九棘、群吏、万民，使如孝景之令，其当弃市，欲斩右趾者许之。其黥、劓、左趾、宫刑者，自如孝文，易以髡、笞。能有奸者，率年二十至四五十，虽斩其足，犹任生育。今天下人少于孝文之世，下计所全，岁三千人。张苍除肉刑，所杀岁以万计。臣欲复肉刑，岁生三千人。子贡问能济民可谓仁乎？子曰："何事于仁，必也圣乎，尧、舜其犹病诸！"又曰："仁远乎哉？我欲仁，斯仁至矣。"若诚行之，斯民永济。

书奏，诏曰："太傅学优才高，留心政事，又于刑理深远。此大事，公卿群僚善共平议。"司徒王朗议，以为"繇欲轻减大辟之条，以增益刖刑之数，此即起偃为竖，化尸为人矣。然臣之愚，犹有未合微异之意。夫五刑之属，著在科律，自有减死一等之法，不死即为减。施行已久，不待远假斧凿于彼肉刑，然后有罪次也。前世仁者，不忍肉刑之惨酷，是以废而不用。不用已来，历年数百。今复行之，恐所减之文未彰于万民之目，而肉刑之问已宣于寇雠之耳，非所以来远人也。今可按繇所欲轻之死罪，使减死之髡、刖。嫌其轻者，可倍其居作之岁数。内有以生易死不訾之恩，外无以刖易钛骇耳之声"。议者百余人，与朗同者多。帝以吴、蜀未平，且寝。

从最后的结果看，明帝在制定《魏律》时，最终没有将肉刑纳入刑制。王朗等人的意见占了上风。

---

① 《三国志》卷一三，《魏书·钟繇传》。

魏末正始年间（240—249年），夏侯玄与李胜等人之间又展开了关于是否恢复肉刑的论战，夏侯玄著《本无肉刑论》，“辞旨通远，咸传于世”①。这场论战前后往复，共达16次之多，也是相当激烈的。

西晋刘颂为廷尉，曾多次上表要求恢复肉刑，认为“今死刑重，故非命者众；生刑轻，故罪不禁奸。所以然者，肉刑不用之所致也”。并表示：

圣王之制肉刑，远有深理，其事可得而言，非徒惩其畏剥割之痛而不为也，乃去其为恶之具，使夫奸人无用复肆其志，止奸绝本，理之尽也。亡者刖足，无所用复亡。盗者截手，无所用复盗。淫者割其势，理亦如之。除恶塞源，莫善于此，非徒然也。此等已刑之后，便各归家，父母妻子，共相养恤，不流离于涂路。有今之困，创愈可役，上准古制，随宜业作，虽已刑残，不为虚弃，而所患都塞，又生育繁阜之道自若也。

今宜取死刑之限轻，及三犯逃亡淫盗，悉以肉刑代之。其三岁刑以下，已自杖罚遣，又宜制其罚数，使有常限，不得减此。其有宜重者，又任之官长。应四五岁刑者，皆髡笞，笞至一百，稍行，使各有差，悉不复居作。然后刑不复生刑，徒不复生徒，而残体为戳，终身作诫。人见其痛，畏而不犯，必数倍于今。且为恶者随发被刑，去其为恶之具，此为诸已刑者皆良士也，岂与全其为奸之手足，而蹴居必死之穷地同哉！而犹曰肉刑不可用，臣窃以为不识务之甚也。②

东晋时，又有王导、卫展、贺循、纪瞻、庾亮，甚至就连道家宗师、崇尚神仙丹术的葛洪也未能免俗，卷入到这场辩论中，认为受肉刑之人，“终生残毁，百姓见之，莫不寒心，已足使未犯者肃栗，以彰示将来”③。尚书周顗、郎曹彦、中书郎桓彝等反对恢复肉刑，争执不下。元帝本欲听从恢复肉

① 《三国志》卷九，《魏书·夏侯尚附子玄传》注引《魏氏春秋》；其《本无肉刑论》全文可参见《通典》卷一六八，《刑六·肉刑议》，文长不录。

② 《晋书》卷三〇，《刑法志》。

③ 葛洪：《抱朴子·外篇·用刑》。

刑的意见，但最后，大将军王敦说："百姓习俗日久，忽复肉刑，必骇远近。且逆寇未殄，不宜有惨酷之声，以闻天下。"① 使之停止。主张用重刑威慑的作用来预防犯罪，这是恢复肉刑论者的基本观点。但儒家思想主张实行仁政、德治、教化，认为肉刑太残忍，并不利于引导、教育罪犯改恶从善。由于当时儒家思想的普及，文明意识深入到司法领域中去，尽管肉刑复活论者振振有词，但肉刑始终未能重新合法地进入到刑制领域。

二、南北朝律学家

1. 南朝律学家

孔稚珪：字德彰，会稽山阴人。南齐武帝永明七年（489）为廷尉，奉诏主持修订法律。至九年，上表：

> 臣闻匠万物者以绳墨为正，驭大国者以法理为本。是以古之圣王，临朝思理，远防邪萌，深杜奸渐，莫不资法理以成化，明刑赏以树功者也。伏惟陛下蹑历登皇，乘图践帝，天地更筑，日月再张，五礼裂而复缝，六乐颓而爰绪。乃发德音，下明诏，降恤刑之文，申慎罚之典，敕臣与公卿八座共删注律。谨奉圣旨，咨审司徒臣子良，禀受成规，创立条绪。使兼监臣宋躬、兼平臣王植等抄撰同异，定其去取。详议八座，裁正大司马臣嶷。其中洪疑大议，众论相背者，圣照玄览，断自天笔。始就成立《律文》二十卷，《录叙》一卷，凡二十一卷。今以奏闻，请付外施用，宣下四海。

> 臣又闻老子、仲尼曰："古之听狱者，求所以生之；今之听狱者，求所以杀之。""与其杀不辜，宁失有罪。"是则断狱之职，自古所难矣。今律文虽定，必须用之；用失其平，不异无律。律书精细，文约例广，疑似相倾，故误相乱，一乖其纲，枉滥横起。法

---

① 《晋书》卷三〇，《刑法志》。

吏无解，既多谬僻，监司不习，无以相断，则法书徒明于帙里，冤魂犹结于狱中。今府州郡县千有余狱，如令一狱岁枉一人，则一年之中，枉死千余矣。冤毒之死，上干和气，圣明所急，不可不防。致此之由，又非但律吏之咎，列邑之宰亦乱其经。或以军勋余力，或以劳吏暮齿，犷情浊气，忍并生灵，昏心狠态，吞剥氓物，虐理残其命，曲文被其罪，冤积之兴，复缘斯发。狱吏虽良，不能为用。使于公哭于边城，孝妇冤于遐外。陛下虽欲宥之，其已血溅九泉矣。

寻古之名流，多有法学。故释之、定国，声光汉台；元常、文惠，绩映魏阁。今之士子，莫肯为业，纵有习者，世议所轻。良由空勤永岁，不逢一朝之赏，积学当年，终为同伍所蚩。将恐此书永坠下走之手矣。今若弘其爵赏，开其劝慕，课业宦流，班习胄子；拔其精究，使处内局，简其才良，以居外仕；方岳咸选其能，邑长并擢其术：则皋繇之谟，指掌可致；杜郑之业，郁焉何远！然后奸邪无所逃其刑，恶吏不能藏其诈，如身手之相驱，若弦栝之相接矣。

臣以疏短，谬司大理。陛下发自圣衷，忧矜刑网，御廷奉训，远照民瘼。臣谨仰述天官，伏奏云陛。所奏缪允者，宜写律上，国学置律学助教，依《五经》例，国子生有欲读者，策试上过高第，即便擢用，使处法职，以劝士流。[①]

王植：正史无传。南齐武帝永明七年（489），曾命尚书删定郎王植等根据《晋律》及张斐、杜预的律注，撰定齐之《永明律》二十卷，由于张斐、杜预注律的标准不一，王植对张、杜二家之注进行整理后，"取张注七百三十一条，杜注七百九十一条。或二家两释，于义乃备者，又取一百七条。其注相同者，取一百三条。集为一书。凡一千五百三十二条，为二十

---

① 《南齐书》卷四八，《孔稚珪传》。

卷。"但公卿之间意见不能统一，历时两年，于永明九年定稿，"始就成立《律文》二十卷，《录叙》一卷，凡二十一卷"①，史称《永明律》。

王冲：字长深，琅琊临沂人。王冲"习于法令，政在平理"。陈文帝时曾"参撰律令"②。

殷不害：字长卿，陈郡长平人。"年十七，仕梁廷尉平。（殷）不害长于政事，兼饰以儒术，名法有轻重不便者，辄上书言之，多见纳用。"梁元帝立，兼廷尉卿。③

陈寅恪评说："律学在江东无甚发展，宋齐时代之律学仍两晋之故物也。梁陈时代之律学亦宋齐之旧贯也。隋唐刑律近承北齐，远祖后魏，其中江左因子虽多，止限于南朝前期，实则南朝后期之律学与其前期无大异同。"④

2. 北朝律学家

崔宏：字伯远，清河东武城人。因"名犯高祖庙讳"，以字行。道武帝天兴元年（398），北魏第一次大规模修订礼律，"尚书吏部郎中邓渊典官制，立爵品，定律吕，协音乐；仪曹郎中董谧撰郊庙、社稷、朝觐、飨宴之仪；三公郎中王德定律令，申禁科；太史令晁崇造浑仪，考天象；吏部尚书崔玄伯总而裁之。"⑤

崔浩：字伯渊，清河人。"少好文学，博览经史"，魏太宗"闻浩说《易》及《洪范》五行，善之"。史载：

> 世祖即位，以刑禁重，神麚中，诏司徒浩定律令。除五岁四岁刑，增一年刑。分大辟为二科死，斩死，入绞。大逆不道腰斩，诛其同籍，年十四已下腐刑，女子没县官。害其亲者轘之。为蛊毒者，男女皆斩，而焚其家。巫蛊者，负羖羊抱犬沉诸渊。当刑者

---

① 《南齐书》卷四八，《孔稚珪传》
② 《陈书》卷一七，《王冲传》。
③ 《陈书》卷三二，《殷不害传》。
④ 陈寅恪：《隋唐制度渊源略论稿》之《刑律》，中华书局1963年版，第101页。
⑤ 《魏书》卷二，《太祖纪二》。

赎，贫则加鞭二百。畿内民富者烧炭于山，贫者役于圍涸，女子入春稿；其固疾不逮于人，守苑圃。王官阶九品，得以官爵除刑。妇人当刑而孕，产后百日乃决。年十四已下，降刑之半，八十及九岁，非杀人不坐。拷讯不逾四十九。论刑者，部主具状，公车鞠辞，而三都决之。当死者，部案奏闻。以死不可复生，惧监官不能平，狱成皆呈，帝亲临问，无异辞怨言乃绝之。诸州国之大辟，皆先谳报乃施行。①

这里值得注意的是对死刑要求"狱成皆呈，帝亲临问"，而且"诸州国之大辟，皆先谳报乃施行"，将魏晋以来死刑权由地方自决收归朝廷，皇帝亲自掌决，开死刑复核的先河。

陈寅恪在其《隋唐制度渊源略论稿·刑律》一书中说：

> 崔宏、崔浩父子，此二人乃北魏汉人士族代表及中原学术中心也。其家世所传留者实汉及魏晋之旧物……据此，则浩必深通汉律者也。当日士族最重礼法。礼律古代本为混通之学，而当时之学术多是家世遗传，故崔氏父子之通汉律自不足怪。

封述：字君义，渤海蓨人。"天平中，为三公郎中。时增损旧事，为《麟趾新格》，其名法科条皆述所删定。齐受禅，累迁大理卿。河清三年，敕与录尚书赵彦深、仆射魏收、尚书阳休之、国子祭酒马敬德等议定律令。历位度支、五兵、殿中三尚书。述久为法官，明解律令，议断平允，深为时人所称。"②程树德说："渤海封氏，世长律学，封隆之参定《麟趾格》，封绘议定律令，而齐律实出于封述之手，俱见《齐书》及《北史》各本传。是祖宗家法，具有渊源。"③

苏绰：字令绰，武功人。曾因与周太祖宇文泰"指陈帝王之道，兼述申韩之要"，受到太祖赏识，即拜大行台左丞，参典机密。"绰始制文案程式，

---

① 《魏书》卷一一一，《刑罚志》。
② 《北史》卷二四，《封述传》。
③ 程树德：《九朝律考》卷六，《北齐律考序》。中华书局1983年版，第393页。

朱出墨入，及计帐、户籍之法"。又为六条诏书。太祖命百司习诵之，"其牧守令长，非通六条及计帐者，不得居官"①。

3. 隋朝律学家

苏威：字无畏，武功人，苏绰之子。苏绰在北周时制定征税法，税负较重，为此叹曰："所为者正如张弓，非平世法也。后之君子，谁能弛乎？"苏威以此为己任，"奏减赋税，务从轻典"，帝皆从之。隋初文帝"令朝臣厘改旧法，为一代通典。律令格式，多威所定，世以为能"②。

裴政：字德表，河东闻喜人。受周文帝命，与卢辩依《周礼》改革礼律、官制，"多遵古礼，革汉、魏之法，事并施行"。裴政"明习故事，又参定《周律》"。其"用法宽平，无有冤滥"。囚徒犯死罪者，许其妻子入狱就之。所以到行刑时，皆曰："裴大夫致我于死，死无所恨。"隋文帝登基，"诏与苏威等修订律令。政采魏、晋刑典，下至齐、梁，沿革轻重，取其折衷。同撰著者十有余人，凡疑滞不通，皆取决于政。"可见裴政是制定《开皇律》的关键人物。

高颎：字昭玄，自称是渤海蓚人。开皇初，受命制定新律，隋之"制度多出于颎"，"所有奇策密谋及损益时政，颎皆削稿"③。

牛弘：字里仁，安定鹑觚人。开皇三年，参与修律，并奉敕主持修撰《五礼》百卷，后奉诏"改定雅乐，又作乐府歌词"。炀帝继位后，"诏改修律令"，大业三年（607）"牛弘等造新律成，凡十八篇，谓之《大业律》"，史称："牛弘笃好坟籍，学优而仕，有淡雅之风，怀旷远之度，采百王之损益，成一代之典章，汉之叔孙，不能尚也。"④

李德林：字公辅，博林安平人。"年十五，诵五经及古今文集，日数千言。俄而该博坟典，阴阳纬候，舞步通涉。善属文，辞覈而理畅。"北周时

---

① 《周书》卷二三，《苏绰传》；又参见《北史》卷六三，《苏绰传》。

② 《隋书》卷四一，《苏威传》；又参见《北史》卷六三，《苏威传》。

③ 《隋书》卷四一，《高颎传》；又参见《北史》卷七二，《高颎传》。

④ 《隋书》卷44，《牛弘传》；又参见《资治通鉴》卷一八〇，《隋炀帝大业三年》。

任内史上士，主持修纂"诏诰格式"。开皇元年（581），"敕令与太尉任国公于翼、高颎等同修律令。"格令颁布后，苏威总是要改动事条，李德林认为"格式已颁，义须画一，纵令小有驳驳，非过蠹政害民者，不可数有改张"①，强调法的稳定性。

三、唐代法官与制律学者

1.《唐律疏议》及其作者

武德元年（618）五月，李渊受隋禅，即皇帝位，称帝第九天，就命令裴寂、刘文静等"与当朝通识之士"修订律令，制五十三条格。同时又命裴寂、萧瑀、崔善为、王敬业、刘林甫、颜师古、王孝远、靖延、丁孝乌、房轴、李桐客、徐上机等十五人修订系统的《唐律》，历时五年，至武德七年（624）完成奏上，是为《武德律》。唐高祖在颁行新律的诏书中称该律是："正本澄源，式清流末，永垂宪则，贻范后昆。"②从后世中华法典的发展史看，这一自诩并不过分。

唐太宗李世民也是一上台就着眼于立法，贞观元年（627），李世民命长孙无忌、房玄龄与学士、法官等厘改《武德律》，历时十年，至贞观十一年（637）"颁新律令与天下"③，是为《贞观律》。高宗李治即位，又命长孙无忌、李勣、于志宁等，以《武德律》《贞观律》为蓝本，制定《永徽律》及其他法令。其后又命"解律人"对《永徽律》进行疏解，参加者有十九人，是历次修律活动中人数最多，规模最大的一次。其中长孙无忌、李勣、于志宁、柳奭、段宝玄、刘燕客、贾敏行七人皆参加了《永徽律》的修订，又有褚遂良、唐临、韩瑗、来济、辛茂将、裴弘献、王怀恪、董雄、路立、石士远、曾惠果、司马锐等十二人参与修撰。这些人除以高官领衔者外，多为当时

① 《隋书》卷四二，《李德林传》。
② 《旧唐书》卷五〇，《刑法志》。
③ 《旧唐书》卷三，《太宗纪下》。

法学大家。如韩瑗之父韩仲良，"武德初为大理少卿，受诏与郎楚之等掌定律令"①，正是在他的建议下，武德修律以《开皇律》为蓝本。裴弘献在贞观修律时上书，"驳律令不便于时者四十余事，太宗令参掌删改之"，由于他的建议，"除断右趾，改为加役流三千里，居作二年"②。永徽四年（653），撰定《律疏》的工作完成，十一月，"颁新《律疏》于天下"③。律文与疏文合为一体，具有同等的法律效力，都是司法官员定罪量刑的法律依据。《永徽律疏》的制定，不仅对唐代官吏统一地适用法律起了重要作用，而且通过对法律的注疏，使经史原典与法律真正融为一体，阐明了中国古代的法学理论原则，大大推动了中华法系法理学的进展。可以说，正是因为有了这注疏，才使《唐律》得以完整地保存下来，使《唐律》的影响惠及后世，远播中外，直接促及中华法系的形成。

裴寂：字玄真，蒲州桑泉人，隋大业中为晋阳宫副监。李渊时为太原留守，与之交往甚密，与刘文静一道鼓动李渊起兵反隋。"既克镐京，尽收图籍。市无改肆，民有息肩。道致升平，并公之力。"④其做法与"沛公至咸阳，诸将皆争走金帛财物之府分之"，而萧何"独先入收秦丞相御史律令图书藏之"⑤相类似。故其入京师后，即可协助李渊为约法十二条。李渊称帝后，裴寂与刘文静受命"与当朝通识之士，因开皇律令而损益之，尽削大业所用烦峻之法，又制五十三条格，务在宽简，取便于时"，并与萧瑀、崔善为等人以《开皇律》为准，撰定《武德律》⑥。

刘文静：字肇仁，自称是彭城人，世居京兆之武功，隋末为晋阳令。高祖践祚，"时制度草创，命文静与当朝通识之士更刊隋开皇律令而损益之，以为通法"。高祖指令："本设法令，使人共解，而往代相承，多为隐语，执

---

① 《旧唐书》卷八○，《韩瑗传》。
② 《旧唐书》卷五○，《刑法志》。
③ 《旧唐书》卷四，《高宗纪上》。
④ 胡戟著：《珍稀墓志百品》之《裴寂墓志》，陕西师范大学出版社 2016 年版，第 46 页。
⑤ 《汉书》卷三九，《萧何传》。
⑥ 《旧唐书》卷五七，《裴寂传》；参见《旧唐书》卷五○，《刑法志》。

法之官，缘此舞弄。宜更刊定，务使易知。"可以说这成为《武德律》的立法原则之一。后因与裴寂有隙，被诬谋反处死。①

长孙无忌：字辅机，河南洛阳人，为太宗长孙皇后之兄。贞观初，长孙无忌、房玄龄与学士法官受命对《武德律》进行厘改，制定《贞观律》。高宗即位，主持修订《永徽律》。永徽三年（652），又主持对《永徽律》进行疏解，次年完成，以《律疏》颁行天下。后因反对高宗立武则天为皇后，被诬以谋反，"逼令自缢而死"②。

房玄龄：本名房乔，以字行，齐州临淄人。自幼聪敏，博览经史。太宗即位，受命与长孙无忌、学士法官修订律令。房玄龄等"遂与法司增损隋律，降大辟为流者九十二，流为徒七十一，以为律；定令一千五百四十六条，以为令；又删武德以来敕三千余条为七百条，以为格；又取尚书省列曹及诸寺、监、十六卫计帐，以为式"。可谓贞观立法的第一人。③

刘林甫：魏州观城人，武德初为内史舍人。高祖委托他处理各种"庶事"，"寻诏与中书令萧瑀等撰定律令，林甫因著《律议》万余言"。此书对《唐律疏议》具有直接的影响。贞观初，迁吏部侍郎，"初，隋代赴选者，以十一月为始，至春即停，选限既促，选司多不究悉。时选人渐众，林甫奏请四时听选，随到注拟，当时甚以为便。时天下初定，州府及诏使多有赤牒授官，至是停省，尽来赴集，将万余人。林甫随才铨擢，咸得其宜。时人以林甫典选，比隋之高孝基。"由此奠定唐代铨选制度的基础。其子刘祥道承其选事，完善铨选之法。高宗时，刘祥道迁刑部尚书，"每覆大狱，必歔欷累叹，奏决之日，为之再不食。""诏巡察关内道，多振冤滞。"④

---

① 《旧唐书》卷五七，《刘文静传》。

② 《旧唐书》卷六五，《长孙无忌传》；参见《旧唐书》卷五○，《刑法志》。

③ 《旧唐书》卷六六，《房玄龄传》；又参见《旧唐书》卷五○，《刑法志》；《新唐书》卷五六，《刑法志》。

④ 参见《旧唐书》卷八一，《刘祥道传》；又《新唐书》卷一○六，《刘祥道传》。

2.唐代文学家的法学思想

陈子昂：梓州射洪人。曾上书批评武则天任用酷吏，"专任刑罚以为威断，可谓策之失也。"反对大搞告密，认为告密"遂使奸臣之党，快意相仇；睚眦之嫌，即称有密，一人被告，百人满狱，使者推捕，冠盖如市"。希望武则天"顿息严刑，望在恤刑"①。武则天时（约 684—704），同州下邽（治所在今陕西省渭南县东北），发生了一宗命案：当地有个叫徐元庆的，因其父徐爽被县尉赵师蕴所杀。后赵师蕴转迁为监察御史，徐元庆改名换姓，在驿站作佣工，伺机报仇。过了很久，赵师蕴以御史身份住进驿站，徐元庆亲手用刀杀了他，然后到官府自首。此案上报朝廷，引起很大的争议，多数人认为，徐元庆杀人的行为是"孝烈"的表现，应该宽免其罪。武则天也欲赦免许元庆之罪。而左拾遗陈子昂认为："杀人者死，画一之制也。法不可二，元庆宜伏辜。"即据法当处死刑；但依照礼制，"父仇不同天"的原则，元庆杀死害死父亲的仇人是"孝义"的行为，故应该得到赦免。他由此提出了一个折中的方案，"宜正国之典，置之以刑，然后旌其闾墓"，以褒其孝义。陈子昂的奏议得到时议的赞同，武则天也采纳了这个意见，据说还"编之于令，永为国典"。

韩愈（768—824）：字退之，号昌黎，河南邓州人②。宪宗时元和六年（811）又发生了富平人梁悦为父报仇杀人案，宪宗为此下诏："在礼父仇不同天，而法杀人必死。礼、法，王教大端也，二说异也。下尚书省议。"时为尚书省职方员外郎的韩愈，针对这一复仇案件，特上《复仇状》专门论述处理复仇杀人的原则。韩愈从儒家经典《春秋》《礼记》《周官》等诸子经史中关于子为父复仇的记载中，"未有非而罪之者"出发，讲到现行的《唐律》，认为"律无其条，非阙文也"，认为《唐律》不设有关复仇的专条，决不是无意的疏漏。在韩愈看来，若法律完全"不许复仇，则伤孝子之心，而乖先

---

① 《旧唐书》卷五〇，《刑法志》。
② 《旧唐书》卷一六〇，《韩愈传》。

王之训；许复仇，则人将倚法专杀，无以禁止其端矣"。为了将礼与法二者统一起来，就需要司法官吏在处理这类案件时，应区别对待，因为"复仇之名虽同，而其事各异"，若是百姓之间相互仇杀，根据儒家经典，"凡杀人而义者，令勿仇，仇之者死。"即复仇者所杀本身有当死之罪，一般可以允许。如为官府所诛，则不可以复仇。总之，"杀之与赦，不可一例"，并建议制定制度，"凡有复父仇者，事发具其事申尚书省，尚书省集议奏闻，酌其宜而处之，则经、律无失其指矣"。① 韩愈提出的这一"礼、刑两不失"的原则，实际上仍是无可奈何的模棱两可的解决办法。他的基本倾向是，同情孝子的复仇行为，但又不提倡和鼓励复仇。他强调礼和刑在司法中的一致性。宪宗基本上采纳了他的建议，下敕："复仇杀人，固有彝典。以其伸冤请罪，视死如归，自诣公门，发于天性，志在徇节，本无求生。宁失不经，特减死，宜决一百，配流循州。"② 本案以"特事特办"的方式予以解决，反映了唐人"德礼为先，辅以政刑"的司法原则。

柳宗元（773—819）：字子厚，河东人，故称"柳河东"，与韩愈并称"唐宋八大家"之首。柳宗元曾作《驳复仇议》专门针对前述陈子昂的观点进行批驳。柳宗元认为，礼与法的关系应是统一的，故"旌与诛莫得而并焉。诛其可旌，兹谓滥；旌其可诛，兹为僭，坏礼甚矣。"本案的关键在于"刺谳其诚伪，考正其曲直，原始而求其端"。即先从根本上搞清楚事实的来龙去脉，分清其是非曲直。如果赵师蕴是因私怨而杀害徐元庆的父亲徐爽，元庆在"州牧不知罪，刑官不知问，上下蒙冒，吁号不闻"的情况下，为父报仇，这完全是"守礼而行义"之举，于法则不应诛杀。反之，若徐爽是因为本身犯有重罪，赵师蕴作为县尉据法处死之，"是非死于吏也，是死于法也"。徐元庆在这种情况下再为父报仇，其行为则是"仇天子法，而戕奉法之吏"。这时，"执而诛之，所以正邦典，而又何旌焉？"柳宗元不是简单地赞成或反对复仇，

---

① 《韩昌黎全集》卷三七，《复仇状》。
② 《唐会要》卷四〇，《臣下守法》。

而是强调根据具体情况，区别对待，认为"冤抑沉重而号无告也，非谓抵罪触法，陷于大戮"的情况，可以复仇；而根据《周礼》"凡杀人而义者，令勿仇，仇之则死，有反杀者，邦国交仇之"，即国家依法处决罪犯，罪犯家属不得以此为仇，否则就是以国法为仇。他认为，国家的律令与儒家的礼教应是完全一致的，应当允许合礼合法的复仇，这也就意味着在符合"孝义"的前提下，允许使用私刑①。柳宗元曾作《断刑论》，提出"赏务速而后有劝，罚务速而后有惩"的赏罚原则。他认为："顺时之得天，不如顺人顺道之得天也。何也？使犯死者自春而穷其辞，欲死不可得。贯三木，加连锁，而致之狱吏。大暑者数月，痒不得搔，痹不得摇，痛不得摩，饥不得时而食，渴不得时而饮，目不得瞑，支不得舒，怨号之声，闻于里人，如是而大和之不伤，天时之不逆。彼其所宜得者死而已也，有若是焉何哉？"②反映了柳宗元对传统"赏以春夏而刑以秋冬"的司法行刑观念虚伪性的批判精神。

白居易（772—846）：字乐天，太原人，是唐代著名诗人，也是先进的思想家、政治家。白居易将孔子"道之以政，齐之以礼"的思想，发展为刑、礼、道"循环表里，迭相为用"的理论，认为"刑者，可以禁人之恶，不能防人之情；礼者，可以防人之情，不能率人之性；道者，可以率人之性，不能禁人之恶"。因此"衰乱之代，则弛礼而张刑；平定之时，则省刑而弘礼；清净之日，则杀礼而任道"③。针对朝野恢复肉刑的舆论，他从征其实、酌其情的角度，论证肉刑"可废不可用"④。他认为要想达到"囹圄空虚""刑措不用"的境界，必须使百姓富之，在此基础上加以教化，"富其人，崇其教，开其廉耻之路，塞其冤滥之门，使人内乐其生，外畏其罪，则必犯过自省，刑罚字措"⑤。对于当时司法出现的问题，他认为"非刑法不便于时，是官吏

---

① 参见《柳河东集》卷四，《驳复仇议》。
② 《柳河东集》卷三，《断刑论下》。
③ 《白居易集》卷六四，《策林三·刑礼道迭相为用》。
④ 《白居易集》卷六四，《策林三·议肉刑可废不可用》。
⑤ 《白居易集》卷六五，《策林四·止狱措刑在富而教之》。

不循其法也"。为了提高司法官员的素质，他建议"悬法学为上科，则应之者必俊乂也；升法直为清列，则授之者必贤良也"①。

3. 中国古代关于复仇问题的论战

武则天在位时（684—704），在同州下邽（治所在今陕西省渭南县东北），发生了一宗命案：当地有个叫徐元庆的，因其父徐爽被县尉赵师蕴所杀。后赵师蕴转迁为监察御史，徐元庆改名换姓，在驿站作佣工，伺机报仇。过了很久，赵师蕴以御史身份住进驿站，徐元庆亲手用刀杀了他，然后到官府自首。此案上报朝廷，引起很大的争议，多数人认为，徐元庆杀人的行为是"孝烈"的表现，应该宽免其罪。武则天也欲赦免许元庆之罪。而左拾遗陈子昂认为："杀人者死，画一之制也。法不可二，元庆宜伏辜。"即据法当处死刑；但依照礼制，"父仇不同天"的原则，元庆杀死害死父亲的仇人是"孝义"的行为，故应该得到赦免。他由此提出了一个折中的方案，"宜正国之典，置之以刑，然后旌其闾墓"，以褒其孝义。②陈子昂的奏议得到时议的赞同，武则天也采纳了这个意见，据说还"编之于令，永为国典"。

但在一百多年后，又有柳宗元（773—819）作《驳复仇议》专门针对陈子昂的观点进行批驳。柳宗元认为，礼与法的关系应是统一的，故"旌与诛莫得而并焉。诛其可旌，兹谓滥；旌其可诛，兹为僭，坏礼甚矣"。本案的关键在于"刺谳其诚伪，考正其曲直，原始而求其端"。即先从根本上搞清楚事实的来龙去脉，分清其是非曲直。如果赵师蕴是因私怨而杀害徐元庆的父亲徐爽，元庆在"州牧不知罪，刑官不知问，上下蒙冒，吁号不闻"的情况下，为父报仇，这完全是"守礼而行义"之举，于法则不应诛杀。反之，若徐爽是因为本身犯有重罪，赵师蕴作为县尉据法处死之，"是非死于吏也，是死于法也"。徐元庆在这种情况下再为父报仇，其行为则是"仇天子法，而戕奉法之吏"。这时，"执而诛之，所以正邦典，而又何旌焉？"柳宗元不

---

① 《白居易集》卷六五，《策林四·论刑法之弊》。

② 《新唐书》卷一九五，《孝友·徐元庆传》；又参阅《旧唐书》卷一九〇中，《文苑中·陈子昂传》。

是简单地赞成或反对复仇，而是强调根据具体情况，区别对待，认为"冤抑沉重而号无告也，非谓抵罪触法，陷于大戮"的情况，可以复仇；而根据《周礼》"凡杀人而义者，令勿仇，仇之则死，有反杀者，邦国交仇之"，即国家依法处决罪犯，罪犯家属不得以此为仇，否则就是以国法为仇。他认为，国家的律令与儒家的礼教应是完全一致的，应当允许合礼合法的复仇，这也就意味着在符合"孝义"的前提下，允许使用私刑。①

反观中国古代的历史，早在西周时期，法律允许个人复仇，但要经过官府的批准并备案。《周礼·秋官·朝士》："凡报仇雠者，书于士，杀之无罪。"即报仇者先到负责司法官员处提交书面报告，然后去杀仇人，不构成犯罪。这与儒家的经典也是一致的。《礼记·曲礼上》："父之仇弗与共天，兄弟之仇不反兵，交游之仇不同国。"孔子将此具体化，在《礼记·檀弓上》中这样记载孔子与其弟子的对话："子夏问孔子曰：'居父母之仇如之何？'夫子曰：'寝苦枕干，不仕，弗与共天下也。遇诸市朝，不反兵而斗。'曰：'请问居昆弟之仇如之何？'曰：'仕弗与共国，衔君命而使，虽遇之不斗。'曰：'请问居从父昆弟之仇如之何？'曰：'不为魁，主人能，则执兵而陪其后。'"这段话的意思是，对于杀害父母的仇恨，当睡草席，枕兵器，随时准备报仇；不去当官，以示不与共天下，即你死我活；若在市面或朝堂相遇（不允许携带武器处），不回家取兵器，当即与之搏斗。对杀害亲兄弟之仇，虽可出仕，亦不得与仇人同朝为官，若奉君命出使别国，遇到仇人也不许与之争斗，恐因此而完不成君命。对杀害堂兄弟之仇，则自己不可为首出面报仇，其自家人若有能力报仇者，则应执兵器陪同前往。总之，孔子是支持个人为家族复仇的。考虑到当时的宗法传统及国家能力的有限，允许私人复仇具有一定的合理性。

随着国家权力的强化，战国时的法家开始反对私刑，商鞅在秦国实行变法，禁止百姓私自复仇，"为私斗者，各以轻重被刑大小"，否定了私刑，使

---

① （唐）柳宗元：《柳河东集》卷四，《议辩·驳复仇议》。

民"勇于公战，怯于私斗"①。

汉代法律虽禁止私自复仇，但武帝"独尊儒术"，为父复仇被看作"孝义"的行为，复仇之风日盛，据东汉时桓谭形容说："今人相杀伤，虽已伏法，而私结怨雠，子孙相报，后忿深前，至于灭户殄业，而俗称豪健，故虽有怯弱，犹勉而行之，此为听人自理而无复法禁者也。"②桓谭指出了私人复仇的危害，"子孙相报"，仇怨愈结愈深，以致达到了"灭户殄业"的地步，要求恢复执行禁止复仇的规定。汉末，曹操任丞相时，曾在建安十年（205）颁令"令民不得复私仇"③。曹丕称帝后，又与黄初四年（223）颁诏曰："丧乱以来，兵革未戢，天下之人，互相残杀。今海内初定，敢有私复仇者，皆族之。"④可说是用最重的刑罚手段来制止私复仇。但西晋定律，又在这方面开了口子："贼斗杀人，以劫而亡，许依古义，听子弟得追杀之。会赦及过误相杀，不得报仇，所以止杀害也。"⑤用法律改禁止复仇为限制复仇。

北魏世祖太延元年（435）十有二月甲申，诏曰："自今以后，亡匿避难，羁旅他乡，皆当归还旧居，不问前罪。民相杀害，牧守依法平决，不听私辄报复，敢有报者，诛及宗族，邻伍相助，与同罪。"⑥再次禁止复仇。北周保定三年（563）三月，仿《周礼》制定《大律》，规定："若报仇者，告于法而自杀之，不坐。"但刚到四月，又"初除复仇之法，犯者以杀人论"⑦。

唐代立法，以礼入律，对复仇行为在立法时采取回避政策。贞观年间（627—649），山西夏县有女卫无忌，早年其父被同乡人卫长则所杀，无忌时年仅六岁，长大后，在一次乡人的宴会上，无忌用砖击杀仇人，"既而诣吏，称父仇既报，请就刑戮"，上报朝廷后，"太宗嘉其孝烈，特令免罪，给传乘

① 《史记》卷六八，《商君列传》。
② 《后汉书》卷二八上，《桓谭传》。
③ 《三国志》卷一，《魏书·武帝纪》。
④ 《三国志》卷二，《魏书·文帝纪》。
⑤ 《晋书》卷三〇，《刑法志》。
⑥ 《魏书》卷四上，《世祖太武帝纪上》。
⑦ 《隋书》卷二五，《刑法志》。

徙于雍州，并给田宅，仍令州县以礼嫁之"①。又有即墨人王君操，父在隋末为乡人所杀，君操时幼，二十年后，"密袖白刃刺杀之，刳腹其心肝，啖食立尽，诣刺史具自陈告"；"州司据法处死，列上其状，太宗特诏原免"②。看来唐太宗是肯定复仇行为的，修史者也将这种行为载入正史，以示表彰。

玄宗时期，巂州都督张审素，清廉正直，被人诬以贪赃之罪，朝廷派监察御史杨汪去查办，杨汪深按其罪，以谋反斩之，并籍没其家，张审素的两个儿子年仅13岁的张瑝和11岁的张琇也坐徙岭南。几年后，到开元二十三年（735），张瑝和张琇逃归，隐匿多年后杀杨汪以报父仇。中书令张九龄称其"孝烈"，应宽恕。而侍中裴耀卿与李林甫坚持认为"国法不可纵报仇"，玄宗支持这一意见，对张九龄说："复仇虽礼法所许，杀人亦格律具存。孝子之情，义不顾命，国家设法，焉得容此。杀之成复仇之志，赦之亏律格之条。"为平息舆论的喧哗，特为此下一敕："张瑝等兄弟同杀，推问款承。律有正条，俱各至死。近闻士庶，颇有喧词，矜其为父复仇，或言本罪冤滥。但国家设法，事在经久，盖以济人，期于止杀。各申为子之志，谁非徇孝之夫，辗转相继，相杀何限。咎繇作士，法在必行；曾参杀人，亦不可恕。不能加以刑戮，肆诸市朝，宜付河南府告示决杀。"从此敕可以看出，玄宗反对以任何理由私自复仇。张氏兄弟杀的是因制造冤案而杀害其父的监察御史杨汪，若以柳宗元的观点，则应允许其复仇。而玄宗则认为，孝如曾参也罢，凡杀人者，皆不可恕，似乎合乎今天的刑法观点。但反观民间，则同情者居多，据史载："瑝、琇既死，士庶咸伤愍之，为作哀诔，榜于衢路。市人敛钱，于死所造义井，并葬瑝、琇于北邙，又恐万顷（杨汪）家人发之，并作疑冢数处。其为时人所伤如此。"③可见，民间舆论对在这种情况下的复仇行为仍持赞同态度。

宪宗时元和六年（811）又发生了富平人梁悦为父报仇杀人案，宪宗为

① 《旧唐书》卷一九三，《列女传》。
② 《旧唐书》卷一九五，《孝友·王君操传》。
③ 《旧唐书》卷一九五，《孝友·张琇传》。

此下诏："在礼父仇不同天，而法杀人必死。礼、法，王教大端也，二说异也。下尚书省议。"时为尚书省职方员外郎的韩愈，针对这一复仇案件，特上《复仇状》专门论述处理复仇杀人的原则。韩愈从儒家经典《春秋》《礼记》《周官》等诸子经史中关于子为父复仇的记载中，"未有非而罪之者"出发，讲到现行的《唐律》，认为"律无其条，非阙文也"，认为《唐律》不设有关复仇的专条，决不是无意的疏漏。在韩愈看来，若法律完全"不许复仇，则伤孝子之心，而乖先王之训；许复仇，则人将倚法专杀，无以禁止其端矣。"为了将礼与法两者统一起来，就需要司法官吏在处理这类案件时，应区别对待，因为"复仇之名虽同，而其事各异"，若是百姓之间相互仇杀，根据儒家经典，"凡杀人而义者，令勿仇，仇之者死。"即复仇者所杀本身有当死之罪，一般可以允许。如为官府所诛，则不可以复仇。总之，"杀之与赦，不可一例"，并建议制定制度，"凡有复父仇者，事发具其事申尚书省，尚书省集议奏闻，酌其宜而处之，则经、律无失其指矣"。① 韩愈提出的这一"礼、刑两不失"的原则，实际上仍是无可奈何的模棱两可的解决办法。他的基本倾向是，同情孝子的复仇行为，但又不提倡和鼓励复仇。他强调礼和刑在司法中的一致性。宪宗基本上采纳了他的建议，下敕："复仇杀人，固有彝典。以其伸冤请罪，视死如归，自诣公门，发于天性，志在徇节，本无求生。宁失不经，特减死，宜决一百，配流循州。"② 本案以"特事特办"的方式予以解决，但有关复仇问题的争议，并没有到此结束。

唐代以后，对于复仇案件的处理原则上就按韩愈的意见，量情酌处。《宋刑统》中就出现了涉及复仇的起请条。"臣等参详：如有复祖父母、父母仇者，请令今后具察，奏请敕裁。"③ 如宋仁宗单州民刘玉之父被王德殴打致死。王德遇赦免刑。刘玉私杀王德以报父仇。仁宗以义减其罪，"决杖，编管"。神宗元丰元年（1078），青州民王赟之父被人殴打致死，当时赟幼小，未能复

① （唐）韩愈著：《韩昌黎全集》卷三七，《复仇状》。
② 《唐会要》卷四〇，《臣下守法》。
③ 《宋刑统》卷二三，《斗讼律》"祖父母父母为人殴击子孙却殴击"条。

仇，成年后，杀死仇人，以其尸祭父墓，自首后，当论斩。神宗"以杀仇祭父，又自归罪，其情可矜，诏贷死，刺配邻州"[1]。明、清大体上按上述原则办理。

中国古代处理私自杀人以报仇的案件，一直处于一种两难境地，反映了礼制与法制在司法实践中的矛盾。儒家学者以"上议"的方式，将情理与法律结合考虑，虽说是折中的道路，但也不能不说是在当时的环境条件下，最合理的解决方式了。这种情、理、法结合为用的方式，特案上议，专案处理的手段，对我们今天的司法改革也不是一点都没有借鉴意义的。

综上所述，从魏晋到隋唐，中国在司法文明方面得到长足的进步，而此文明之所以能够发展，正如先师王永兴先生所说：

> 自魏晋迄唐，制定典章制度多次，其参预制定者均为当时第一流学者才智之士，亦即我华夏民族中最优秀者，亦可谓我华夏民族之精华。他们以心血灌注于以儒家思想为核心之典章制度法纪中，使之成为华夏民族以及禹域九州广土众民之国独立于天壤之间的精神基石，使之成为如唐代之辉煌的基础。此传统制度法纪，自魏晋至唐，继承之又损益而发展之，但以儒家思想为其核心不变，终能使长期分裂归于统一，出现光耀史乘之唐代。[2]

---

① 《宋史》卷二〇〇，《刑法志二》。

② 《王永兴学述》，浙江人民出版社 1999 年版，第 244 页。

第三章　刑事诉讼审判的程式化

第一节　刑事诉讼

一、起诉与受理

刑事起诉是刑事审判的前提，经过魏晋南北朝的演进到唐代，在刑事起诉制度方面也已得到长足的进步，发展成为体系，其结构之严密，内容之丰富，堪为前代法制的又一集大成者。曹魏制订《新律》，改进了原来没有单独的诉讼法的状况，将《囚律》中的告劾、传覆，与《厩律》中的告反逮受，及科条中的登闻道辞，统一编排为《告劾律》。"其告反逮验，别入《告劾律》；上言变事，以为《变事令》；以惊事告急，与《兴律》烽燧及科（令）（合）者，以为《惊事律》。"① 为起诉进行了立法。西晋制律，继续行用《告劾律》。南朝各代的刑律，也都保留了《告劾律》。北魏与北周，也有《告劾律》。北齐立法，精简篇目为十二篇，将讼事附于《斗律》，名为《斗讼律》，隋唐律皆沿袭此制。

总结唐代刑事起诉的形式可分为：告诉、告发、自首、纠弹、纠问等

---

① 《晋书》卷三〇，《刑法志》。

几种。

1. 告诉

告诉，是指由犯罪之被害人及其家属方面向有关官府提出的控告，揭露犯罪人和犯罪事实，并要求依法追究犯罪人的刑事责任之诉，又称为"自诉"。唐代一般刑事案件大多源于告诉。告诉的案件，一类属于"告诉乃论"的，即必须经被害人提请告诉才有可能令犯罪人承担罪责；另一类则为必须告诉的，如被害人之家应当告诉而不告诉，或主管部门得到告诉而不立即立案上报者，皆为律所不容。《唐律疏议·斗讼律》规定：

> 诸强盗及杀人、贼发，被害之家及同伍即告其主司。若家人、同伍单弱，比伍为告。当告而不告，一日杖六十。主司不即言上，一日杖八十，三日杖一百。官司不即检校、捕逐及有所推避者，一日徒一年。窃盗，各减二等。①

当强盗及凶杀案件发生，被害人之家及同伍之人应当立即向主管方面告诉。南朝刘宋元嘉年间（424—453），曾规定：符伍间发现有人犯罪"相去百步内赴告不时者，一岁刑"②。唐代户籍管理以五家为一"伍"，"共相保伍"，其基层"须告报主司"指坊正、村正、里正及其上级主管部门。如家人及同伍之家势单力弱，不能告诉者，则伍家之外的邻伍当迅速出面为告。所谓"当告而不告"，是指家有成年（十六岁以上）的男子即为当告。如被害人之家及同伍、比伍当告不告时，耽误一日，即杖六十。"主司"，即坊正、村正、里正接到被害人或同伍、比伍的报告，没有立即向所在官司申报的，耽搁一日，即杖八十；耽搁三日，即杖一百。这里耽搁的时间应当根据距离官司的远近，准行程之外定罪。随近受理告诉的官司，如不立即检校、捕逐，而与随近的州、县、镇、戍、府、监等衙门互相推托，或借口其他之事推辞不受理者，耽误一日，即徒一年。如果是"窃盗"案件，从"同伍"以

---

① 《唐律疏议》卷二四，《斗讼律·强盗杀人不告主司条》。

② 《通典》卷一六七，《刑五·杂议下》。

下各减二等处罚。若是谋杀人已经杀伤及杀害部曲、奴婢，则比照"窃盗不告"加以科罪。由此可见，告诉既是被害人一方的权利，同时也是被害人及其家属、邻居的法定义务。若不履行此法定义务，如《唐律疏议·贼盗律》规定：

> 诸祖父母、父母及夫为人所杀，私和者，流二千里；期亲，徒二年半；
>
> 大功以下，递减一等。受财重者，各准盗论。虽不私和，知杀期以上亲，经三十日不告者，各减二等。[①]

这是由于按照礼制，亲属被人所杀，尤其是"祖父母、父母及夫为人所杀，在法不可同天"，子孙及妻当告官以为之复仇。现既不报告官府，还为贪求钱财，与仇家私自讲和，当以所受钱财按盗论罪。虽未私和，但经三十日仍不告诉者，也以私和罪减二等处治。穆宗时，裴潾为刑部郎中：

> 有前率府仓曹曲元衡者，杖杀百姓柏公成母。法官以公成母死在辜外，元衡父任军使，使以父荫征铜。柏公成私受元衡资货，母死不闻公府，法寺以经恩免罪。（裴）潾议曰："典刑者，公柄也。在官者得施于部属之内，若非在官，又非部属，虽有私罪，必告于官。官为之理，以明不得擅行鞭捶于齐人也。公成母非部属，而擅凭威力，横此残虐，岂合拘于常典？柏公成取货于雠，利母之死，悖逆天性，犯则必诛。"奏下，元衡杖六十，配流，公成以法论至死，公议称之。[②]

私和罪本身仅流二千里，但"受财重者，各准盗论"，看来曲元衡为"私和"花费不少，使柏公成"以法论至死"。

告诉是审判程序的开始，一般刑事案件多由事主自己报案。张允济为舞阳县令时，"尝道逢一老母种葱者，结庵守之，允济谓母曰：'但归，不烦守

---

① 《唐律疏议》卷一七，《贼盗律·亲属为人杀私和条》。
② 《旧唐书》卷一七一，《裴潾传》。

也。若遇盗，当来告令。'老母如其言，居一宿而葱大失，母以告允济，悉召葱地十里中男女毕集，允济呼前验问，果得盗葱者。"①此为县令主动要求百姓有事前来报案。又张鷟为阳县尉时，"有一客驴缰断，并鞍失三日，访不获，经县告，鷟推勘急，夜放驴出而藏其鞍……"②受害人向官府投诉，虽不知被告为何人，官府也必须受理并为其侦查破案。如不及时受理，则当论罪，若是强盗及人命案，迟一日即当判刑一年。

2. 告发、匿名告举与诬告

告发，是指由被害人及其家属一方以外的知情人提请的控告，或称"举告""告举"，曹魏限制百姓相互告发。魏文帝黄初五年（224），"初令谋反、大逆乃得相告，其余皆勿听治；敢妄相告，以其罪罪之。"③唐律称告发为"告言人罪"。对于重大刑事案件知情不举也是违法行为；对于谋反、谋大逆、谋叛等直接危害皇权统治的特别重大的犯罪行为，在告发之时须保密，故又称为"告密"。唐代无论是"告言人罪"，还是"告密"，都必须以实名举报，严禁以匿名举报，或以投递匿名信的方式告发他人犯罪。据《唐六典·刑部郎中员外郎条》：

> 凡告言人罪，非谋叛以上，皆三审之。应受辞、牒官司，并具晓示虚得反坐之状。每审皆别日受辞。若有事切害者，不在此例。

《通典·刑典三·刑制下》记载此法条更为详尽：

> 诸告人罪，非叛以上者，皆令三审。应受辞、牒官司，并具晓示，并得叛（当为反）坐之情。每审皆别日受辞。若使人在路，不得留待别日受辞者，听当日三审。官人于审后判记，审讫，然后付司。若事有切害者，不在此例。切害，谓杀人、贼盗、逃亡与强奸良人及更有急速之类。不解书者，典为书之。前人合禁，告人亦禁，辩定放之。即邻伍告者，有死罪、流，告人散禁；流以下，责

---

① 《旧唐书》卷一八五上，《良吏上·张允济传》。
② （唐）张鷟：《朝野佥载》卷五。
③ 《三国志》卷二，《魏书·文帝纪》。

保参对。①

告发也是刑事审判的重要程序之一。唐代不鼓励人们对一般的刑事案件进行举报，故对告发有较严格的限制。《唐律疏议·斗讼律》规定：

> 诸告人罪，皆须明注年月，指陈实事，不得称疑。违者，笞五十。官司受而为理者，减所告罪一等。即被杀、被盗及水火损败者，亦不得称疑，虽虚，皆不反坐。其军府之官，不得辄受告事辞牒。若告谋叛以上及盗者，依上条。②

这种限制看来还是必要的，对于告发犯罪的受理，唐律规定得也是相当慎重的。

一般要经过"三审"，认为基本属实者，才能受理。受理词讼的司法机关，有责任在正式立案之前，向告发者明确讲清"诬告反坐"所要承担的刑事责任，令其考虑清楚利害关系，告发者在明确其责任的前提下坚持告发的，官府要将这些情况记录下来，以备将来之用。

但对直接威胁皇权统治的重大犯罪行为，即"事有切害者"，则不适用此常例，而是要求尽快报告官府。《唐律疏议·斗讼律》规定：

> 诸知谋反及大逆者，密告随近官司，不告者，绞。知谋大逆、谋叛不告者，流二千里。知指斥乘舆及妖言不告者，各减本罪五等。官司承告，不即掩捕，经半日者，各与不告罪同；若事须经略，而违时限者，不坐。③

对于谋反、谋大逆、谋叛的知情人，若不及时举报，其实质就是同案犯，不告官者，最高可判死刑。如武则天光宅元年（684），废中宗为庐陵王后，"有飞骑十余人饮于坊曲"，其中一人说："向知别无勋赏，不若奉庐陵。"这时有一人悄悄起身出去，"诣北门告之"。这边席未散，就有人来将此十余人全部捕捉入狱。"言者斩，余以知反不告皆绞，告者除五

---

① 《通典》，卷一六五，《刑典三·刑制下》。

② 《唐律疏议》卷二四，《斗讼律·告人罪须明注年月》。

③ 《唐律疏议》卷二三，《斗讼律·知谋反逆叛不告条》。

品官"①。告密之风由此而起。五年后，即永昌元年（689），天官侍郎邓玄挺之女嫁宗室鄱阳王李谭，"谭谋迎中宗于庐陵"，曾向邓玄挺问计，"玄挺皆不应"，事发后仍"坐知反不告，同诛"②。"知反不告"又称"匿反"，如中宗景龙三年（709），谯王李重福谋诛韦氏，事败自杀，牵连左散骑常侍严善思下制狱，有司言："善思昔尝任汝州刺史，素与重福交游，召至京师，竟不言其谋逆，唯奏云'东都有兵气'。据状正当匿反，请从绞刑。"后由于给事中韩思复的多次论驳，"上纳其言，竟免善思死，配流静州"③。有关方面给严善思定的罪名是"匿反"，当从"绞刑"，看来是有法律根据的。

由于谋反、谋大逆、谋叛等行为都具有隐密性，告发其犯罪事实自当以"密告"的形式，或称为"告密"。唐初对一般刑事犯罪并不鼓励告密，据史载，告密之风起于武则天时。"武后已称制，惧天下不服，欲制以威，乃修后周告密之法，诏官司受讯，有言密事者，驰驿奏之。"④又据《旧唐书·酷吏列传序》：

> 唐初革前古之敝，务于胜残，垂衣而理，且七十载，而人不敢
> 欺。由是观之，在彼不在此。逮则天以女主临天下，大臣未附，委
> 政狱吏，剪除宗枝。于是来俊臣、索元礼、万国俊、周兴、丘神勣、
> 侯思止、郭霸、王弘义之属，纷纷而出。然后起告密之刑，制罗织
> 之狱，生人屏息，莫能自固。

在这种政治背景之下，告密之风大兴，其间产生的酷吏多以告密起家。来俊臣因告密得幸于武则天，官至左台御史中丞，与其党与造《告密罗织经》一卷。"时有诸州告密人，皆给公乘，州县护送至阙下，于宾馆以廪之，稍称旨，必授以爵赏以诱之，贵以威于远近。"⑤由此告密之风更盛。按唐《狱

---

① 《资治通鉴》卷二〇三，《唐则天后光宅元年》。
② 《资治通鉴》卷二〇四，《唐则天后永昌元年》。
③ 《旧唐书》卷一〇一，《韩思复传》。
④ 《新唐书》卷五六，《刑法志》。
⑤ 《旧唐书》卷一八六上，《酷吏列传·索元礼传》。

官令》的规定：

> 告密有不于所由，掩捕则从近也。谓告密人皆经当处长官告；
> 长官有事，经佐官告；长官、佐官俱有事者，经比界论告。若须有
> 掩捕应与余州相知者，所在准法收捕。事当谋叛已上，驰驿奏闻。
> 且称告谋叛已上不肯言事意者，给驿部送京。其犯死罪囚及缘边诸
> 州镇防人等，若犯流人告密，并不在送限。①

这是关于告密的正式法条，此外，武则天还在她临朝称制的第二年，垂
拱二年（686）设立四个铜匦，分置四方，其中西侧的称为"伸冤匦"，"有
冤抑者投之"，每天令正谏大夫、拾遗、补阙一人掌管②，其实质上就是"举
报箱"。"是时，告密者皆诱人奴婢告其主，以求功赏"③。但武则天到晚年，
对这一状况有所矫正。据史载："太后自垂拱以来，任用酷吏，先诛唐宗室
贵戚数百人，次及大臣数百家，其刺史、郎将以下，不可胜数。每除一官，
户婢窃相谓曰：'鬼朴又来矣。'不旬月，辄遭掩捕、族诛。监察御史朝邑严
善思，公直敢言。时告密者不可胜数，太后亦厌其烦，命善思按问，引虚伏
罪者八百五十余人。罗织之党为之不振。"④此后对告密也做了一些限制，并
重视其程序，尤其是严禁匿名告密。敦煌发现的《神龙散颁刑部格》残卷，
恰恰完整地保留了有关告密的规定：

> 但有告密，一准《令条》，受告官司，尽理推鞫，如先有合决
> 笞杖者，先决本笞杖，然后推逐。状内不当密条者，不须勘当；密
> 条灼然，有逗留者，即准《律》掩捕，驰驿奏闻。如无指的，不须
> 浪追及奏。若推勘事虚，先决杖一百，然后依法科罪，仍不得减
> 赎。若责状不吐，确称有密者，即令自抄状，自封，长官重封；如
> 不解书，推勘官人为抄，长官封印署，驰驿进奏，仍禁身待进止。

---

① 《唐六典》卷六，《刑部郎中员外郎条》。
② 《资治通鉴》卷二〇三，《唐则天后垂拱二年》。
③ 《资治通鉴》卷二〇五，《唐则天后长寿二年》。
④ 《资治通鉴》卷二〇五，《唐则天后长寿元年》。

有不肯抄状，并不受推勘者，即与无密，宜便准前决杖及科本罪。若死囚，旨符已到，有告密者，不须为受。其有相知，遣人数头分告，及取人文状，或称闻人传说，或称疑有如此，或云恐如此即告，并重告他人，所告之密，勘当虚事（事虚），其杖及反坐、无密等罪，一准告人科决。其告密人虽抄封进状，内所告非密，及称状有不尽，妄请面见者，亦同无密科罪；纵别言他事，并不须为勘当。或缘斗竞，或有冤嫌，即注被夺密封，事恐漏泄；官司不为追即摄（摄，即）云党助逆徒，有如此色者，并不须为勘当。仍令州县录敕，于所在村坊要路榜示，使人具知，勿陷人罪。①

此格是对告密的全面规定，很有可能就是前文所说的"告密之法"。首先，重新强调告密须合于《令条》，即前引《狱官令》，受告官司也要"尽理推鞫"。第二，告密者本身当决笞杖者，仍要先决笞杖，再行推逐。第三，状内无密可言者，不理；确有密事者，依唐律掩捕；如无明确被告者，不追、不奏。第四，事虚先杖告密者一百，然后按诬告反坐科罪，并不得减、赎。第五，告密者不肯交状，不愿吐露密事，即令其自己抄写奏状，自己密封，长官再重封；如不识字，可由推勘官代抄，长官加印封署，用驿传奏报，其间，须将告密者关押待信；若其不肯抄状，不愿受推勘，则以无密论。第六，死囚临刑告密不理，这与唐律的相关规定一致。第七，分头告密事虚，与反坐、无密等罪。第八，所告非密，亦同无密科罪。第九，因斗竞、冤嫌而告密者，不理。第十，此格令州县抄录，于所在村、坊交通要道张榜贴示，使人人俱知，毋陷人于罪。这也正是"散颁格"的真实意义所在。

武则天长安三年(703)，宰相魏元忠因得罪张易之、张昌宗兄弟，下狱，贬为高要县尉，太子仆崔贞慎等八人，于郊外为魏元忠饯行。张易之假冒告

---

① 此格文录自北京大学藏缩微胶卷，原件现藏法国巴黎国立图书馆，编号为 P.3078 敦煌文书，第52—72行。参见《中国法制史资料选编》（上），群众出版社1988年版，第412—413页；又刘俊文：《敦煌吐鲁番唐代法制文书考释》，中华书局1989年版，第249—251页。

密人，以"柴明"之名写状，"称贞慎等与元忠谋反"，武则天令监察御史马怀素负责审理此案。马怀素知其为假案，要求与"柴明"对质，因实无此人，"贞慎等由是获免"①。因告密人虚假，张易之的诉状即为"匿名信"，唐代是绝对禁止匿名举报的。

匿名告举，是指隐匿告举人姓名身份的告发行为。中国古代法律从来都是禁止采取匿名的方式告举他人犯罪的，早在秦朝，就有"有投书，勿发，见辄燔之"的规定②。曹魏立法："改投书弃市之科。"③说明在汉代投递匿名信举报是弃市之刑。曹操为丞相时，"有投书诽谤者，太祖疾之，欲必知其主。"经国渊查验，得该人手书，"比方其书，与投书人同手。收摄案问，具得情理"④。《唐律疏议·斗讼律》规定：

> 诸投匿名书告人罪者，流二千里。谓绝匿姓名及假人姓名，以避己作者；弃置，悬之俱是。得书者，皆即焚之；若将送官司者，徒一年。官司受而为理者，加二等。被告者，不坐。辄上闻者，徒三年。⑤

《唐律》对匿名信的认定很宽泛，凡隐匿自己姓名（包括用假名）、假借他人姓名，以逃避自己是匿名信的作者的，都是写匿名信。至于投递的方式，无论是以隐密手法将状子投入衙门，告发他人犯罪；还是将匿名信弃置大街、交通要道，或置于官衙门口；或以旌表的形式悬挂于公共场所，都构成投匿名书罪。至于所告发的罪行，不计其轻重，投匿名信者，即处以流两千里之刑。投匿名信告祖父母、父母者，处绞刑；告卑幼及远亲者，减等处治；告他人之部曲、奴婢者，依凡人法，亦处流刑。

凡得到匿名信者，不得打开阅读、检校，拾得者即须焚毁，其目的是

---

① 《资治通鉴》卷二〇七，《唐则天后长安三年》。

② 《睡虎地秦墓竹简·法律答问》，文物出版社1978年版，第174页。

③ 《晋书》卷三〇，《刑法志》。

④ 《三国志》卷一一，《魏书·国渊传》。

⑤ 《唐律疏议》卷二四，《斗讼律·投匿名书告人罪条》。

"以绝欺诡之路"。如得者不立即焚毁，却将其送至官府者，处徒刑一年。官府得匿名信不得受理，若受而为理，加二等，处徒刑二年。擅自将匿名信奏报朝廷者，当处徒刑三年。被匿名告发者，即便其事属实，亦不得论罪；但以后有人以实名告发时，依旧可按律论罪。若匿名信所告是涉及谋反、谋大逆之事，恐事有不测，按理当奏闻者，不得随便焚之，当送官闻奏。如其状属实，则"上请听裁"；若所告是虚，按理当从诬告反坐之法论处。

唐统治者还以诏敕的形式反复强调禁止投递匿名书，如永徽六年（655）十一月二十七日诏：

> 投匿名书，国有常禁。凡厥寮庶，咸应具悉。近遂有人向朝堂之侧，投书于地，藏其姓名，诬人之罪。朕察其所陈，皆极虚妄，此风若煽，为蠹方深。自今以后，内外法司，及别敕据（推）事，宜并依律文，勿更别为酷法。其匿名书，亦宜准律处分。①

唐代严厉打击匿名举报的立法宗旨是"用塞诬告之源，以杜奸欺之路"，但对某些犯罪分子多少也有所放纵。一些官员往往采取诡诈的手段，在表面上依法办事，实际上又利用匿名信破案。如宪宗时王锷为淮南节度使，"锷明习簿领，善小数以持下，吏或有奸，锷毕究之。尝听理，有遗匿名书于前者，左右取以授锷，锷内之靴中，靴中先有他书以杂之。及吏退，锷探取他书焚之，人信其以所匿名者焚也。既归，省所告者。异日，乃以他微事连其所告者，固穷按验之以谲众，下吏以为神明。"②在司法实践中，统治者往往按照自己的需要，利用匿名手段排斥异己，打击政敌。如中宗神龙二年（706），"武三思既废五王，虑为后患，乃令宣州司功参军郑愔告张柬之与王同皎同谋反。又令人阴疏韦后秽行，榜于天津桥，请行废黜。中宗大怒，付执政按之。"③武三思自己派人张贴匿名书，反诬张柬之等人，制造了这一

---

① 《唐会要》卷四一，《杂记》；又见《唐大诏令集》卷八二，《政事·刑法·法司及别敕推事并依律文诏》。

② 《旧唐书》卷一五一，《王锷传》。

③ （唐）刘肃：《大唐新语》卷一二，《酷忍第二十七》。

冤案。

诬告，是指故意捏造犯罪事实向官府作虚假告发，蓄意陷害他人的行为。诬告不仅给被诬陷者的身家性命带来严重危害，侵害了其人身权利，而且破坏司法机关的威信，干扰正常的公务活动，扰乱统治秩序，故历代对诬告者都实行严厉打击的政策。如魏末，司马氏发动政变，桓范为给曹爽通风报信，出城门时称："太傅图逆"，后被人举报。司马懿说："诬人以反，于法何应？"司法官回答："科律，反受其罪。"①魏之《新律》称告人谋反的诬告为"告反逮受"。规定："囚徒诬告人反，罪及亲属"。之所以"异于善人"，而加重处罚，目的是"使省刑息诬也"②。北魏广平王元匡与尚书令高肇不和争权，被御史弹劾，"请以肇、匡并禁尚书，推穷其原，付廷尉定罪"。结果是"有司奏匡诬肇，处匡死刑"③。北齐上洛王高思好谋反前五旬，"有人告其谋反"，结果以诬告的罪名被斩。④

在唐代诬告仍是严重的犯罪行为。惩治诬告罪的基本原则是"反坐"，即依照所诬他人犯罪的性质与处刑轻重，反坐诬告者以此罪，并依此量刑。《唐律疏议·斗讼律》规定：

> 诸诬告人者，各反坐。即纠弹之官，挟私弹事不实者，亦如之。反坐致罪，准前人入罪法。至死，而前人未决者，听减一等。其本应加杖及赎者，止依杖、赎法。即诬官人及有荫者，依常律。若告二罪以上，重事实及数事等，但一事实，除其罪；重事虚，反其所剩。即罪至所止者，所诬虽多，不反坐。其告二人以上，虽实者多，犹以虚者反坐。谓告二人以上，但一人不实，罪虽轻，犹反其坐。若上表告人，已经闻奏，事有不实，反坐罪轻者，从上书诈

---

① 《三国志》卷九，《曹爽传》注引《魏书》。

② 《晋书》卷三〇，《刑法志》。

③ 《魏书》卷一九上，《景穆十二王列传上》。

④ 《北齐书》卷一四，《上洛王思宗附弟思好传》。

不实论。①

本条是关于诬告罪的基本法条，它规定了"诬告反坐"的原则。所谓"诬告反坐"就是指将诬告之人所告他人之罪，反加于其身，即"反坐致罪"，准被告人的罪入其罪；如诬告别人达到死刑者，而被诬者并未执行死刑的，可减一等，即流三千里。被诬告者本应处杖刑，或可用赎者，诬告者即止依法适用杖刑或赎刑。诬告一般具有官员身份的人或受荫庇者，依常人之律。若诬告一人多罪或多人犯罪者，其事有实有虚，则可适量减刑。纠弹之官，是指御史等负有纠察、弹劾职权的官员，其依法行使纠弹权，若因"憎恶前人，或朋党亲戚，挟私饰诈，妄作纠弹者"，也要按照诬告反坐的原则处治。

"诬告反坐"是处理诬告罪的基本原则，特殊情况则适当加减。如：

> 贞观中，盐泽道行军总管、岷州都督高甑生坐违李靖节度，减死徙边。时有上言者曰："甑生旧秦府功臣，请宽其过。"太宗曰："甑生违李靖节度，又诬告靖谋逆，虽是藩邸旧劳，诚不可忘。然治国守法，事须画一，今若赦之，使开侥幸之路。且国家建义太原，元从及征战有功者甚众，若甑生获免，谁不觊觎？有功之人，皆须犯法。我所以必不赦者，正为此也。"②

唐太宗坚持原则，不给秦府旧臣特殊优待，高甑生可入八议中的"议故"，所以"减死徙边"仍是法定刑。这不仅使太宗本人获得良好的声誉，而且令功臣旧属有所收敛，不敢轻易犯法。相反，对于原太子建成的东宫从官魏征，"有告征谋反者"，太宗却说："魏征，昔吾之雠，只以忠于所事，吾遂拔而用之，何乃妄生谗构？"不但没有追究魏征，反而"遽斩所告者"③。由此可见，唐初并不鼓励告密，尤其是严厉打击下属告发上级的行为，在一定程度上保护了创业功臣的利益。

武则天一反太宗时的政策，为了打击政敌，排斥异己，任用酷吏，大开

① 《唐律疏议》卷二三，《斗讼律·诬告反坐条》。

② 《贞观政要》卷八，《论刑法第三十一》。

③ 《贞观政要》卷六，《论贪鄙第二十六》。

告密之门，诬告也随之成风。武则天不但不治诬告者罪，反而以为这些人是忠实于自己的，其时"诬告反坐"原则已成为具文。酷吏来俊臣"又与侍御史侯思止、王弘义、郭霸、李敬仁，评事康暐、卫遂忠等，招集告事数百人，共为罗织，以害良善。前后枉遭杀害者，不可胜数。又造《告密罗织经》一卷，其意旨皆网罗前人，织成反状"①。玄宗登基以后，注意到这个问题，对诬告者实行打击。开元三年（715），"京兆尹崔日知贪暴不法，御史大夫李杰将纠之，日知反构杰罪。十二月，侍御史杨玚廷奏曰：'若纠弹之司，使奸人得而恐喝，则御史台可废矣。'上遽命杰视事如故，贬日知为歙县丞。"②崔日知诬告李杰，由京兆尹（从三品）贬为县丞（正九品上），在唐代，高官犯罪这是很重的处罚。《大唐新语》记载了张嘉贞这样一件事：

　　（张嘉贞）开元初，拜中书舍人，迁并州长史、天平军节度使。有告其反者，鞫之无状。玄宗将罪告事者，嘉贞谏曰："准法：告事不实，虽有反坐，此则不然。天下无虞，重兵利器，皆委边将。若告事者一不当，随而罪之，臣恐握兵者生心，为他日之患。且臣备陛下腹心，不宜为臣以绝言事之路。"玄宗大悦，许以衡轴处之。③

　　此事由于被诬告者的谏言而免除了诬告者之罪，一方面反映了被诬者的大度，另一方面，也是因为边将握有重兵，朝廷有必要有所防范，对告言者稍宽松一些。后来安禄山谋反之前，"人言反者，玄宗必大怒，缚而送之"④，为"安史之乱"的爆发提供了机会。看来对于"诬告"与"举报不实"的关系，唐代还没有很好的办法进行区别处置。

　　3.自首

　　自首，是指当事人在犯罪后未被发觉的情况下，自己主动投案，交代犯罪事实的行为，中国古代又称为"自告"。自秦汉已降，都有自首可减免刑

---

① 《旧唐书》卷五〇，《刑法志》。

② 《资治通鉴》卷二一一，《唐玄宗开元三年》。

③ （唐）刘肃：《大唐新语》卷六，《举贤第十三》；又参见《旧唐书》卷九九，《张嘉贞传》。

④ 《旧唐书》卷二〇〇上，《安禄山传》。

罚的古代。晋张斐曾说："拱臂似自首。"① 梁武帝太清元年(547)，颁诏，对"所讨逋犯，巧籍隐年，暗丁匿口，开恩百日，各令自首，不问往罪。"② 北周柳庆兼领雍州别驾时，

> 有胡家被劫，郡县按验，莫知贼所，邻近被囚系者甚多。（柳）庆以贼徒既众，似为乌合，既非旧交，必相疑阻，可以诈求之。乃作匿名书多榜官门曰："我等共劫胡家，徒侣混杂，终恐泄露。今欲首，惧不免诛。若听先首免罪，便欲来告。"庆乃复施免罪之榜。居二日，广陵王欣家奴面缚自告榜下。因此推穷，尽获党与。③

唐代继承了历代自首可以减免罪责的原则，但较前有明显的发展。据《唐律疏议·名例律》规定：

> 诸犯罪未发而自首者，原其罪。正赃犹征如法。其轻罪虽发，因首重罪者，免其重罪；即因问所劾之事而别言余罪者，亦如之。即遣人代首，若于法得相容隐者为首告言者，各听如罪人身自首法；缘坐之罪及谋叛以上本服期，虽捕告，俱同自首例。其闻首告，被追不赴者，不得原罪。谓止坐不赴者身。即自首不实不尽者，以不实不尽之罪罪之；至死者，听减一等。自首赃数不尽者，止计不尽之数科之。其知人欲告及亡叛而自首者，减罪二等坐之。即亡叛者虽不自首，能还归本所者，亦同。其于人损伤，因犯杀伤而自首者，得免所因之罪，仍从故杀伤法。本应过失者，听从本。于物不可备偿，本物见在首者，听同免法。即事发逃亡，虽不得首所犯之罪，得减逃亡之坐。若越度关及奸，私度亦同。奸，谓犯良人。并私习天文者，并不在自首之例。④

本律文首先明确了自首的法定概念，强调罪犯所犯之罪在案未发前，即

---

① 《晋书》卷三〇《刑法志》。
② 《梁书》卷三《武帝纪下》。
③ 《周书》卷二二，《柳庆传》。
④ 《唐律疏议》卷五，《名例律·犯罪未发自首条》。

官府或他人未发觉之前，主动向法定机关投案，这表示其"今能改过，来首其罪，皆合得原"。若犯罪一经有人告发，有文牒告入官府，官府已将此案进入司法审判程序，或虽没有人告，但案情已经发作，事实已经败露，再去官府投案者，只能称为"自新"，不能作为自首处理。唐律以案情发作前后为分界线，作为能否"成首"的条件，并又创设"自新"的概念，以区别案发前的"自首"，表示其刑事立法技术的进一步成熟。

其次，自首在原则上要求本人亲自向官府交代所犯罪行，即"自言其罪"；但本人委托他人"遣人代首与自首同"；依法得相容隐者为罪犯自首或告发，也可以自首论；犯盗窃罪与诈骗罪者，因悔悟而向被害人承认罪行者，与向官府自首同等看待。但别人代首后，其本人却"追身不赴"，即听到传唤拒不出庭受审者，说明其无悔改的诚意，故不能以自首免其罪。

再者，自首者虽可免罪，但若有赃物必须如数退赔，不使犯法者在经济上获得好处，以防止罪犯利用自首的机会非法获取财物。

再次，对自首"不实不尽"者，即没有彻底交代犯罪性质和犯罪情节的罪犯，分别按不实、不尽的情况予以惩处，至死罪者，可因其自首而减刑一等。自首不实，是指对犯罪性质避重就轻，如犯强盗罪得赃，自首说是窃盗赃，虽然赃数已首尽，仍以强盗不得财科罪；自首不尽，则是指对犯罪得赃的数量，自首时有所隐瞒，如枉法取财十五匹，自首仅报十四匹，未首那一匹"是为不尽之罪"。若不尽之数仍达死刑标准，如强盗得赃二十匹，自首十匹，未首十匹，依律仍合死刑，可"为其自有悔心，罪状因首而发"，故判刑时可减死一等，即科流三千里之刑。

最后，对某些罪行不适用自首免罪的原则，如一是"其于人损伤"，即已杀伤人造成损伤人身体；二是"奸良人"者，属无法挽回危害他人人身的后果者；三是"于物不可备偿"，即损坏或丢失重要物品，如官印、旌旗、官文书、禁兵器之类，属不可复原、赔偿之物，或私家不许拥有之物，若原物尚在，可适用自首免罪之法；四是"事发逃亡"；五是"越度关"，即私度关津要塞；六是"私习天文"；七是"断罪失错，已行决者"①，即官司失误，已经行刑的；八是"造畜蛊毒者"，因"蛊毒已成，自新难雪"②，都属危害后果已既成事实，无法补救。但有些可以部分适用自首，如因盗窃而杀伤人自首者，故杀伤罪不可免，盗罪可因自首得免；事发逃亡后又自首归案，原犯之罪不得免，逃亡之罪可减二等。如《旧唐书·王彦威传》：

> 兴平县人上官兴，因醉杀人亡窜，吏执其父下狱，兴自首请罪，以出其父。京兆尹杜悰、御史中丞宇文鼎以其首罪免父，有光孝义，请减死配流。彦威与谏官上言："杀人者死，百王共守。若许杀人不死，是教杀人。兴虽免父，不合减死。"诏竟许决流。③

上官兴杀人逃亡，虽自首只可减逃亡之罪，不得免杀人之刑，但其自首是为"免父"连坐之罪，合乎"孝义"，故判"决流"也符合唐律礼法结合的总原则。

敦煌文书中的《神龙散颁刑部格》也有中宗时增加的不能成首的补充规定：

> L48　略及和诱、和同相卖为奴婢，自首者，非追得
>
> L49　卖人，并不得成首。其略良人，仍先决杖一百，然后
>
> L50　依法。若于羁縻及轻税州自首者，虽得良人，
>
> L51　非本州者，亦不成首。④

在此对略卖、诱卖、和同相卖奴婢是否可以成首，又做了新的规定，关键在于能否"追得卖人"。若不能追回所卖良人，"先决杖一百"，然后依"诸略人、略卖人为奴婢者，绞"⑤的规定处决。将良人卖到羁縻州、轻税州者，因属边远贫困地区，一般很难追回，故规定虽追回，"亦不得首"的严厉制

---

① 《唐律疏议》卷五，《名例律·公事失错自觉举条》。

② 《唐律疏议》卷一八，《贼盗律·造畜蛊毒条》。

③ 《旧唐书》卷一五七，《王彦威传》。

④ 本文书现藏法国巴黎图书馆，编号 P:3087，转录自《中国法制史资料选编》（上），法学教材编辑部《中国法制史资料选编》选编组，群众出版社 1988 年版，第 412 页。

⑤ 《唐律疏议》卷二〇，《贼盗律·略人略卖人条》。

裁政策。

对于自首者，一般来说在结案前仍须监禁。如德宗时吕元膺出任蕲州刺史，"尝岁终阅郡狱囚，囚有自告者"，哭着对吕元膺说："某有父母在，明日元正不得相见。""元膺悯焉，尽脱其械纵之，与为期"①。吕元膺之所以敢放此囚回家过年，当是考虑到其"自告"的情节。

此外，《唐律》规定，对大赦前的犯罪行为，可不再追究刑事责任，故无须自首即可免责。若有人以赦前事告发他人，"以其罪罪之"，即反坐告言人罪。"至死者，各加役流"。特殊情况除外，仍须追究。其特殊情况包括"婚姻、良贱、赦限外藏匿，应改正征收及追见赃之类"②。史载：

> 唐凤阁侍郎李昭德威权在己，宣出一敕云："自今以后，公坐流，私坐徒，经恩百日不首，依法科罪。"昭德先受孙万荣财贿，奏与三品。后万荣据营州反，货求事败，频经恩赦，以百日不首，准赃断绞。③

李昭德有权时发敕"以敕破律"。本来经赦后，即便是死罪也可不追究。但李昭德却规定公罪徒以上，私罪流以上都须自首方能免罪。结果是他作茧自缚，自己也罹法网。

由此可见，唐律关于自首原则的规定已十分详尽完备，充分体现出唐代刑事立法技术的发展，这对分化犯罪分子，预防和减少犯罪具有一定的作用。

4. 官告

官告，是指由官方提起的诉讼，可分为纠弹与纠问两种：

所谓纠弹，是指由专职的检察部门如御史台或尚书都省官员提起的诉讼。隋有"知非不举"的罪名：

> 开府萧摩诃妻患且死，奏请遣子向江南收其家产，御史见而不

---

① 《旧唐书》卷一五四，《吕元膺传》。

② 《唐律疏议》卷二四，《斗讼律·以赦前事相告言条》。

③ （唐）张鷟撰：《朝野佥载·补辑》；转引自《太平广记》卷一二一，《李昭德》。

言。（元）寿奏劾之曰：

> 臣闻天道不言，功成四序，圣皇垂拱，任在百司。御史之官，义存纠察，直绳□□莫举，宪典谁寄？今月五日，銮舆徙跸，亲临射苑，开府仪同三司萧摩诃幸厕朝行，预观盛礼，奏称请遣子世略暂往江南重收家产。妻安遇患，弥留有日，安若长逝，世略不合此行。窃以人伦之义，伉俪为重，资爱之道，乌鸟弗亏。摩诃远念资财，近忘匹好，又命其子舍危惙之母，为聚敛之行。一言才发，名教顿尽。而兼殿内侍御史臣韩微之等，亲所闻见，竟不弹纠。若知非不举，事涉阿纵；如不以为非，岂关理识？谨按仪同三司、太子左庶子、检校治书侍御史臣刘行本，出入宫省，备蒙任遇，摄职宪台，时月稍久，庶能整肃缨冕，澄清风教。而在法司，亏失宪体，瓶罄罍耻，何所逃愆！臣谬膺朝寄，忝居左辖，无容寝默，谨以状闻。其行本、微之等，请付大理。上嘉纳之。寻授太常少卿。①

元寿时为尚书左丞，对"御史纠不当者，兼纠弹之"。侍御史韩微之、刘行本亲见萧摩诃的违法行为而不弹劾，元寿则对此二人进行纠弹。

唐代专职的检察部门有二：一是御史台，主要纠弹官员的违法行为，向皇帝及有关部门提出弹劾。唐初御史台没有司法审判权，侍御史、监察御史平日访察，知有官员违法乱纪，可直接向皇帝弹劾；御史台没有受理词讼的义务，若有人到御史台告状，御史认为有值得弹劾者，可以根据告状的内容进行弹劾，为保护告状人，须将其内容单独录出，略去姓名，称"风闻访知"，故又叫"风闻弹奏"。至开元十四年（726），"始定受事御史，人知一日劾状，遂题告事人名，乖自古风闻之义，至今不改"②。二是金吾卫，京城又有金吾卫巡察警卫街面，纠弹平民及官吏的刑事犯罪行为，送京兆府审理。纠弹之官是指"谓据令应合纠弹者"③。据《唐律疏议·斗讼律》疏议曰：

① 《隋书》卷六三，《元寿传》。
② 《唐会要》卷六〇，《御史台》。
③ 《唐律疏议》卷二三，《斗讼律·诬告反坐条》。

"'纠弹之官，唯减二等'，谓职当纠弹者，其金吾当检校之处，知有犯法不举劾者，亦同，减罪人罪二等。"御史纠弹在唐代是司空见惯的事，御史既能弹劾百官，有时难免受到打击报复，故对其也有特殊的保护措施。如《册府元龟》载：

> 李杰为御史大夫，开元二年，京兆尹崔日知贪暴犯法，杰纠劾之，反为日知所构。侍御史杨玚廷奏曰："纠弹之司，若遭恐胁，以成奸人之谋，御史台固可废却。"上以其言切直，遽令杰依旧视事，贬日知为歙县丞。①

御史甚至可以弹劾宰相，如开元十四年（726），崔隐甫为御史大夫，"时中书令张说当朝用事，隐甫与御史中丞宇文融、李林甫劾其犯状，说遂罢政事。"②

所谓纠问，是指司法机关直接捉拿、纠察、讯问有犯罪嫌疑者。纠问实际上是司法机关未经起诉，直接开始审判程序。京城的纠问一般由金吾卫执掌。金吾卫"掌宫中及京城昼夜巡警之法，以执御非违"③，是京城的警察部队，对民间的犯罪及治安进行纠察。玄宗时曾颁诏："如闻辇毂之下，闾阎之内，口无择言，行不近礼，则失长幼之序，岂仪刑之政。宜令府县长官、左右金吾，明加训导、捉搦，若有犯者，随事纠绳。"④ 对"口无择言、行不近礼"者，可"捉搦""纠绳"。德宗朝又颁《听朝官伏腊过从诏》：

> 比来朝官或诸处过从，金吾皆以上闻。其间如素是亲故，或会同僚友，时有还往，亦是常礼，人情所通。自今以后，金吾不须闻。⑤

由此可见，朝官的一举一动，包括节假日的礼仪来往，金吾卫都有责任直接向皇帝报告。

---

① 《册府元龟》卷五二〇下，《宪官部·弹劾三下》；又可参见《旧唐书》卷一八五下，《良吏下·杨玚传》。
② 《旧唐书》卷一八五下，《良吏下·崔隐甫传》。
③ 《唐六典》卷二五，《左右金吾卫大将军条》。
④ 《全唐文》卷二七，《玄宗·整饬民风诏》。
⑤ 《全唐文》卷五五，《德宗·听朝官伏腊过从诏》。

地方州县官吏对无人告发或纠弹的案件，往往径行使用纠问权。如《折狱龟鉴·察贼》载：

> 唐吕元膺镇岳阳。因出游览，有丧舆驻道左，男子五人衰服随之。元膺曰："远葬则汰，近葬则简，此必诈也。"亟令左右搜索，棺中皆兵刃，乃擒之。诘其情，对曰："欲过江劫掠，故假为丧舆，使渡者不疑。又有同党数辈，已在彼岸期集。"悉捕获以付法。①

地方长官见到可疑现象，即可当场搜查、讯问，再根据嫌疑人的交代，将罪犯绳之以法。这就是典型的纠问。

二、对起诉与受理的限制

1. 形式上的限制

唐代对告状的"辞牒"，即诉状已做了形式上的规定，《唐律疏议·斗讼律·告人须明注年月条》规定：

> 诸告人罪，皆须明注年月，指陈实事，不得称疑。违者，笞五十。官司受而为理者，减所告罪一等。即被杀、被盗及水火损败者，亦不得称疑，虽虚，皆不反坐。其军府之官，不得辄受告事辞牒。若告谋叛以上及盗者，依上条。

即告诉必须清楚标明案发的时间，明确地陈述事实，不可含糊其词，将可疑之情作为真实之事来告发。违者，告一事即笞五十；即使辞牒未入官司，罪名也已成立。若官府受理称疑之辞牒，开始推鞫并批准所告之状，减所告罪一等，即以受理的官吏为首犯，告疑者为从犯。如所告为死罪，判受理官吏流三千里；所告为流罪，受理者徒三年。但对被杀、被盗、决水、纵火等重大犯罪行为，告诉者也应明注日月，不可称疑；若审理为虚，告者可不反坐。官府受理，亦应免罪。军事机关不可受理一般的民事、刑事案件，

---

① （宋）郑克：《折狱龟鉴》卷七，《察贼·吕元膺》。

若是重大强盗、窃盗及涉及谋叛以上的案件，受理后也应及时转送有关部门处理。这样的规定，既保证了诉讼制度的严肃性，防止枉及无辜，又具有一定的灵活性，以利及时打击犯罪，以保护当事人及国家的正当权益。

关于唐律对此规定在实际司法活动中的应用情况，吐鲁番阿斯塔那出土的唐高宗麟德二年（665）西州高昌县勘问张玄逸家失盗案卷残卷①，提供了这样一个案例：张玄逸家被盗，其家所失之物在鞠运贞家发现，认为是鞠家奴婢知是、春香所盗，即向官府告发。经高昌县鞠问，知是、春香都因患病"当夜并在家宿"，既不具备作案时间，又因"老患"，不具备"陌墙盗物"的条件，故断定"此是虚注"。原告张玄逸也承认所告依据仅是"失物已见踪迹运贞家出"，而"当时亦不知盗人"。县司并没有因此将张玄逸科以诬告罪，而是给以"公验"，令其"更自访觅"。其依据是被盗案件"虽虚皆不反坐"的规定。

形式方面的其他限制，如禁止匿名告状等，前文已论，此不赘述。

2. 内容上的限制

有关内容方面的限制，主要是针对所告事实，如受雇为他人写诉状随意增减内容，也为律所禁止。"诸为人作辞牒，加增其状，不如所告者，笞五十；若加增罪重，减诬告一等。即受雇诬告人罪者，与自诬告同；赃重者坐赃论加二等，雇者从教令法。"②与之相关的规定是："诸教令人告，事虚应反坐，得实应赏；皆以告者为首，教令为从。即教令人告缌麻以上亲，及部曲、奴婢告主者，各减告者罪一等；被教者，论如律。若教人告子孙者，各减所告罪一等。"③这两条规定的基本精神都是要求所告必须为实，不得诬告。前一条主要针对"受雇者"，若只是"加增其状，不如所告"，但并没有

---

① 此残卷现藏新疆维吾尔自治区博物馆，《吐鲁番出土文书》第六卷，文物出版社1985年版，第462—465页，共三件，编号：66TAM61：22（a）；66TAM61：24（a）；66TAM61：23（a），27/1（a），27/2（a）。可参考刘俊文撰：《唐律疏议笺解》（下），中华书局1996年版，第1658—1663页。

② 《唐律疏议》卷二四，《斗讼律·为人作辞牒加状条》。

③ 《唐律疏议》卷二四，《斗讼律·教令人告事虚条》。

增重其罪，则"笞五十"；若加状增重其罪，过于笞五十者，以诬告论，减一等处治。若受雇者是与雇主通谋，诬告人罪，与自诬告同。即使所告为实，也仅雇者无罪，受雇者依然以受雇之财"坐赃论"。这可能是唐代禁止受雇为他人打官司的规定。后一条是禁止教令人诬告他人，或教唆人控告亲属，或教唆部曲、奴婢控告其主人的行为，若犯此律，"皆以告者为首，教令为从"。

凡事经国家赦免后，不得再告，这也是内容方面的限制。《唐律》规定：

> 诸以赦前事相告言者，以其罪罪之。官司受而为理者，以故入人罪论；至死者，各加役流。若事须追究者，不用此律。①

已经赦免之事，不准再行告诉，犯者依"反坐"原则治罪。官府受理者，依"故入人罪"惩处。武则天曾试图更改这条法律，因遭到徐有功的反对而作罢。据史载：

> 时有诏："公坐流、私坐徒以上会赦免，逾百日不首者，复论。"有功奏曰："陛下宽殊死罪，已发者原之，是通改过之心、自新之路。故律，告赦前事，以其罪坐之。若无告言，所犯终不自发；如告言赦前事，则与律乖。今赦前之罪，不自言者，还以法论，即恩虽布天下，而一罪不能贷，臣窃为陛下不取。"后更诏五品以上议可。②

徐有功之奏，否决了武则天的诏令，维护了《唐律》的规定。但《唐律》本身在此又留有"但书"，叫"事须追究者"。如玄宗登基后，曾颁赦令对武则天、中宗、睿宗时的历史问题一概不再追究。但姜皎与韦安石有矛盾，开元二年（714），姜皎之弟姜晦为御史中丞，"以安石等作相时，同受中宗遗制，宗楚客、韦温削除相王辅政之辞，安石不能正其事，令侍御史洪子兴举劾之。子兴以事经赦令，固称不可。监察御史郭震希皎等意，越次奏之"，

---

① 《唐律疏议》卷二四，《斗讼律·以赦前事相告言条》。

② 《新唐书》卷一一三，《徐有功传》。

结果是将韦安石贬为沔州别驾①。这种对告赦前事的限制，完全出于政治斗争的需要而取舍。

有关告诉的内容方面的限制，除诬告和赦前事外，大多涉及原告与被告之间的身份关系，由此引出身份上的限制。

3. 身份上的限制

唐代是中国古代身份制社会发展的典型时期，表现在司法方面就是限制普通百姓的诉权，以保护一些人的特殊利益。

唐律对告诉的限制，首先是禁止或限制子孙卑幼告尊长，以及亲属之间的告诉，在《斗讼律》中有三条这方面的规定：

> 诸告祖父母、父母者，绞。谓非缘坐之罪及谋叛以上而故告者。下条准此。即嫡、继、慈母杀其父，及所养者杀其本生，并听告。②

> 诸告期亲尊长、外祖父母、夫、夫之祖父母，虽得实，徒二年；其告事重者，减所告罪一等；所犯虽不合论，告之者犹坐。即诬告重者，加所诬罪三等。告大功尊长，各减一等，小功、缌麻，减二等；诬告重者，各加所诬罪一等。即非相容隐，被告者论如律。若告谋反、逆、叛者，各不坐。其相侵犯，自理诉者，听。

> 诸告缌麻、小功卑幼，虽得实，杖八十；大功以上，递减一等。诬告重者，期亲，减所诬罪二等；大功，减一等；小功以下，以凡人论。即诬告子孙、外孙、子孙之妇妾及己之妾者，各勿论。③

"告祖父母父母"是《名例律》中"十恶"之"不孝"罪，所告无论虚实，子孙皆判绞刑。被告之祖父母、父母即使确有其罪，也以自首论，免予追究刑事责任。如嫡母、继母、慈母杀其父，及养父母杀其生身父母，则准

① 《旧唐书》卷九二，《韦安石传》；又见《资治通鉴》卷二一一，《唐玄宗开元二年》。
② 《唐律疏议》卷二三，《斗讼律·告祖父母父母条》。
③ 《唐律疏议》卷二四，《斗讼律》。

许子女控告。告期亲、大功、小功、缌麻以上尊长，各以亲属关系的远近递减论处，告期亲、大功、小功三等尊长，以《名例律》中"十恶"之"不睦"论罪；而告缌麻尊长，即使是诬告，亦不入"十恶"。反过来，尊长告卑幼，同样也是反亲为仇的行为，不利于家庭的和睦，因此也要处以刑罚，只是比卑幼告尊长要轻许多。若告属实，其告缌麻、小功卑幼者各杖八十；告大功卑幼者减一等，即杖七十；告期亲卑幼者又减一等，仍杖六十。若是诬告，则以重于告实罪之刑罚起点，由疏至亲逐级加重，缌麻、小功各以凡人论以反坐之刑；而诬告子孙、外孙、子孙之妇妾及己之妾者，则免予处罚。《唐律》中禁止子孙、卑幼告尊长，禁止亲属之间相互告诉的规定，体现了《唐律》礼律一致的原则。当然，这也是在不危害封建统治的根本利益的前提下，若所告是"谋反、逆、叛者，各不坐"。

其次，是禁止或限制部曲、奴婢告主人。这项规定的目的在于维护社会等级制度。据《斗讼律》规定：

> 诸部曲、奴婢告主，非谋反、逆、叛者，皆绞；被告者同首法。告主之期亲及外祖父、母者，流；大功以下亲，徒一年。诬告重者，缌麻，加凡人一等；小功、大功，递加一等。即奴婢诉良，妄称主压者，徒三年；部曲，减一等。①

唐代严厉禁止部曲、奴婢告主，除非是谋反、谋逆及谋叛之类，直接威胁皇权统治的犯罪，凡告主者皆绞，被告则以自首论。这一规定，起于唐初，据《贞观政要·论刑法》：

> 贞观二年，太宗谓侍臣曰："比有奴告主谋逆，此极弊法，特须禁断。假令有谋反者，必不独成，终将与人计之；众计之事，必有他人论之，岂借奴告主也。自今奴告主者，皆不须受，尽令斩决。"②

---

① 《唐律疏议》卷二四，《斗讼律·部曲奴婢告主条》。
② （唐）吴兢：《贞观政要》卷八，《论刑法第三十一》。

显然，唐太宗对于给奴婢告主人在谋反、谋逆等方面开口子也是不满意的，禁止一切奴告主的行为。这是他为保持社会稳定所制定的方针。但在武则天时，为打击政敌，又开告密之门，史称："则天朝，奴婢多通外人，辄罗告其主，以求官赏"①。如"润州刺史窦孝谌妻庞氏为奴诬告，云夜解祈福，则天令给事中薛季昶鞫之。季昶锻炼成其罪，庞氏当坐斩"②，由此"时为告密者不可胜数，皆诱人奴婢告其主，以希功赏"③。玄宗即位后，虽重申禁令，但对奴告主的行为，各君主往往根据自己个人的意志取舍，视案情的需要定夺。如宪宗元和七年（812），节度使王锷家奴告王锷之子王稷，被"付京兆府决一顿处死"④。而第二年，宰相于頔之子于敏诱杀梁正言之僮，"支解弃于溷中"一案，"敏奴王再荣诣银台门告其事，即日捕頔孔目官沈璧、家僮十余人于内侍狱鞫问，寻出付台狱"⑤。本案是不涉及谋反、大逆的刑事杀人案，因奴告而受理，并"诏御史中丞薛存诚、刑部侍郎王播、大理卿武少仪为三司使按问"。说明对于重大的刑事案件，奴婢出面告发主人，也有受理的可能，而从当时人们的心理来说，仍把奴告主作为不合礼法之事。如《旧唐书》卷一二五《张镒传》：

> 建中三年正月，太仆卿赵纵为奴当千发其阴事，纵下御史台，贬循州司马，留当千于内侍省。（张）镒上疏论之曰：
>
> > 伏见赵纵为奴所告下狱，人皆震惧，未测圣情。贞观二年，太宗谓侍臣曰："比有奴告其主谋逆，此极弊法，特须禁断。假令有谋反者，必不独成，自有他人论之，岂借其奴告也。自今已后，奴告主者皆不受，尽令斩决。"由是贱不得干贵，下不得陵上，教化之本既正，悖乱之渐不生。为国之经，百代难改，欲全其事体，实

---

① （唐）刘肃：《大唐新语》卷四，《持法第七》。
② 《旧唐书》卷八五，《徐有功传》。
③ 《文献通考》卷一六六，《刑考五》。
④ 《唐会要》卷五二，《识量下》。
⑤ 《旧唐书》卷一五六，《于頔传》。

在防微。顷者长安令李济得罪因奴，万年令霍晏得罪因婢，愚贱之辈，悖慢成风，主反畏之，动遭诬告，充溢府县，莫能断决。建中元年五月二十八日，诏曰："准《斗竞律》，诸奴婢告主，非谋叛已上者，同自首法，并准律处分。"自此奴婢复顺，狱诉稍息。今赵纵非叛逆，奴实奸凶，奴在禁中，纵独下狱，考之于法，或恐未正。将帅之功，莫大于子仪；人臣之位，莫大于尚父。殁身未几，坟土仅干，两婿先已当辜，赵纵今又下狱。设令纵实抵法，所告非奴，才经数月，连罪三婿。录勋念旧，犹或可容，况在章程，本宜宥免。陛下方诛群贼，大用武臣，虽见宠于当时，恐息望于他日。太宗之令典尚在，陛下之明诏始行，一朝偕违，不与众守，于教化恐失，于刑法恐烦，所益悉无，所伤至广。臣非私赵纵，非恶此奴，叨居股肱，职在匡弼，斯昌大体，敢不极言。伏乞圣慈，纳臣愚恳。

上深纳之，纵于是左贬而已，当千杖杀之。镒乃令召子仪家僮数百人，以死奴示之。

从张镒的疏文看，奴告主人在当时已产生严重的社会问题。

最后，禁止狱囚告举他人之事。《魏律》中就有"囚徒诬告人反，罪及亲属"[1] 的规定。《唐律》规定：

诸被囚禁，不得告举他事。其为狱官酷己者，听之。

但其疏议又引《狱官令》说："囚告密者，禁身领送。"即可对"谋叛"以上的罪行举报。如武则天时，来俊臣"客和州为奸盗，捕送狱，狱中上变。刺史东平王绩按讯无状，杖之百。天授中，绩以罪诛，俊臣上书得召见，自陈前上琅琊王冲反状，为绩所抑。武后以为谅，擢累侍御史"[2]。来俊臣就是在狱中告举"谋反"而起家。

---

[1] 《晋书》卷三〇，《刑法志》。
[2] 《新唐书》卷二〇九，《酷吏·来俊臣传》。

4.年龄和能力上的限制

《唐律》关于刑事责任年龄和刑事责任能力的规定，比前朝有了更加完善的进步，其主要特点是更为规范化。唐代对刑事责任能力的规定，不仅限于年龄，其范围不但包括未成年人、老年人，还包括残疾人，它将这三种人又依年龄及残疾程度分为四等。70岁以下、15岁以上为完全刑事责任年龄；70—79、11—15岁年龄段及废疾者，犯流罪以下，即除死刑外，适用赎刑；80—89、8—10岁与笃疾者，一般刑事犯罪可不承担刑事责任，但重大犯罪，如涉及谋反、大逆及恶性杀人案件，须经"上请"；"九十以上、七岁以下，虽有死罪，不加刑"[①]。唐律在对老小、残疾人优待，免除其责任的同时，又对其权利能力加以限制，规定年80以上、10岁以下及笃疾者，只能"告谋反、逆、叛、子孙不孝及同居之内为人侵犯者，余并不得告"。其疏议曰：

> 老、小及笃疾之辈，犯法既得勿论，唯知谋反、大逆、谋叛，子孙不孝及阙供养，及同居之内为人侵犯，如此等事，并听告举。
>
> 自余他事，不得告言。如有告发，不合为受。[②]

唐律的这一规定，是将人的权利与责任结合起来，具有相当的科学性。顺便说一下，在《唐律》的同条中，还规定了囚犯不得告举他人的犯罪行为，当然是指除"明知谋叛以上听告"外，其余的犯罪行为。

三、强制

唐代对人犯所规定的强制措施主要有逮捕和囚禁两种。逮捕是指在刑事诉讼期间，依法对人犯采取完全剥夺其人身自由的一种强制措施。唐代对逮捕问题已规定比较详细、具体，一般逮捕的权力在地方由州县以上的官府承担。州一级由法曹参军负责"督捕盗贼"；县则由负责司法的县尉"主追捕

---

① 《唐律疏议》卷四，《名例律·老小及疾有犯条》。

② 《唐律疏议》卷二四，《斗讼律·囚不得告举他事条》。

盗贼、伺察奸非"①。唐《捕亡令》规定：

> 有盗贼及伤杀者，即告随近官司、村坊、屯驿。闻告之处，率随近军人及夫，从发处追捕。

地方发生盗贼及杀伤人的案件，附近居民都有责任救助并速告随近官府，若居民不告、不救助，则杖一百；官府得告不救助，则徒一年。② 官府的救助，当包括从案发现场追捕案犯。对于罪犯逃亡，《捕亡令》规定：

> 诸囚及征、防、流、移人逃亡，及欲入寇贼者，经随近官司申牒，即移亡者家居所属，及亡处比州、比县追捕。承告之处，下其乡里村保，令加防捉。若未即擒获者，仰本属录亡者年纪、形貌、可验之状，更移比部切访。捉得之日，移送本司科断。其失处、得处，并申尚书省。若追捕经三年不获者停。③

与之相应的《唐律》规定：

> 诸罪人逃亡，将吏已受使追捕，而不行及逗留；虽行，与亡者相遇，人仗足敌，不斗而退者，各减罪人罪一等；斗而退者，减二等。即人仗不敌，不斗而退者，减三等；斗而退者，不坐。④

对于犯罪人的拒捕反抗行为，若是持杖拒捍，"捕罪人"当场格杀，或其逃跑时追杀及犯罪人因窘迫而自杀者，"皆勿论"；若其空手反抗，而杀死者，则"徒二年"。如罪人已被拘执或其本无拒捕之心，捕者将其杀死或折伤，"各以斗杀伤论"；若以刀刃杀伤者，"从故杀伤法"。"罪人本犯应死而杀者，加役流"⑤。相反，罪人若因拒捕而杀伤捕者，将加等处罚，最高可处斩刑。

囚禁是指对于现行犯或者重大刑事犯罪嫌疑人，在紧急情况下暂时剥夺

---

① 《唐六典》卷三〇，《三府督护州县官制条》。
② 《唐律疏议》卷二八，《捕亡律·邻里被强盗不救助条》。
③ 《宋刑统》卷二八，《捕亡律·部内容止逃亡》。
④ 《唐律疏议》卷二八，《捕亡律·将吏捕罪人逗留不行条》。
⑤ 《唐律疏议》卷二八，《捕亡律·罪人持杖拒捕条》。

其人身自由的一种强制措施，在唐代甚至民事案件也可囚禁诉讼当事人。唐《狱官令》规定："犯笞者不合禁，杖罪以上始合禁推。"《唐律》规定："诸囚应禁而不禁，应枷、锁、杻而不枷、锁、杻及脱去者，杖罪笞三十，徒罪以上递加一等，回易所著者，各减一等。"①对于被囚禁者，无论有罪无罪，若自行脱逃，"流二千里"；在脱逃中"伤人者，加役流；杀人者，斩；从者绞"。这里所说的"被囚禁"的含义是"不限有罪无罪，但据状应禁者，散禁亦同"，也就是履行了法定手续的被囚禁者。若无法定手续，"有人据状不合禁身，被官人枉禁，拒捍官司逃走"者，不以"囚亡"治罪，但因拒捕杀伤人，"止同故杀伤法"②。

唐代法定的采取强制措施的机构，在京是由左右金吾卫负责，如高宗朝，田仁会为右金吾将军，其"强力疾恶，昼夜巡警，自宫城至于衢路，丝毫越法，无不立发。每日庭引百余人，躬自阅罚，略无宽者。京城贵贱，咸畏惮之"③。若耽误捕贼，将受处罚。文宗时崔珙任右金吾卫大将军，充街使，开成三年（838年）正月，"盗发亲仁里，欲杀宰相李石，其贼出于禁军，珙坐捕盗不获，罚俸料"④。官员犯罪，一般来说不必采取强制措施，所谓"五品以上非反逆不合留身"⑤。但若所犯事大，则也必须监禁。如武则天时，宰相张锡与苏味道都犯事，"同被讯，系凤阁，俄徙司刑三品院"⑥。凤阁即中书省，宰相被系凤阁属临时拘禁，后移至"司刑三品院"，就是设于大理寺的专门监禁高级官员的特别监狱。

地方长官对维护社会治安负有责任，高宗永淳中，苏良嗣"为雍州长史。时关中大饥，人相食，盗贼纵横。良嗣为政严明，盗发三日内无不擒摘"⑦。

---

① 《唐律疏议》卷二九，《断狱律·囚应禁不禁条》。

② 《唐律疏议》卷二八，《捕亡律·被囚禁拒捍走条》。

③ 《旧唐书》卷一八五上，《良吏上·田仁会传》。

④ 《旧唐书》卷一七七，《崔珙传》。

⑤ 《贞观政要》卷二，《论纳谏第五》。

⑥ 《新唐书》卷一一三，《张文瓘附子锡传》。

⑦ 《旧唐书》卷七五，《苏良嗣传》。

诸州县皆设有专门的缉捕盗贼的"将吏"，刺史、县令也可以临时委派其他人参与捕盗。一般百姓对正在发生的重大刑事案件，也可以对现行犯进行抓捕。《唐律》规定：

> 诸被人殴击折伤以上，若盗及强奸，虽旁人皆得捕系，以送官司。若余犯，不言请而辄捕系者，笞三十；杀伤人者，以故杀伤论；本犯应死而杀者，加役流。①

唐代对平民抓捕罪犯采取严格限制的措施，只能对正在进行的折伤以上的伤害案件及盗、强奸案，方可采取捕系措施。若非严重的刑事犯罪，须向官府请示，未经允许，不得辄行，否则将承担刑事责任，即使案犯所犯为死罪，非捕盗官吏擅杀者，也将被处以"加役流"之刑。可见唐代是禁止私刑的。

对于被囚禁者，"皆五日一虑"；"凡在京诸司见禁囚，每月二十五日已前，本司录其所犯及禁时日月以报刑部"②。禁囚当及时审理，允许家人看视，送饮食；家远者，"官给衣粮"；若有疾病，"主司陈牒，请给医药救疗"③。若经刑讯后仍不承认犯罪者，"取保放免"④，说明唐代已有了取保制度。

四、证据

证据是诉讼制度的核心内容，唐代司法机关审理诉讼案件，要审察词理，验诸证信，即证据是最重要的准据之一。只要证据确凿，即使被告人不承认罪状，亦可断案，"若赃状露验，理不可疑，虽不承引，即据状断之"。其疏议对"赃状露验"的解释为"谓计赃者见获真赃，杀人者检得实状"，

---

① 《唐律疏议》卷二八，《捕亡律·被殴击奸盗捕法条》。
② 《唐六典》卷六，《刑部郎中员外郎条》。
③ 《唐律疏议》卷二九，《断狱律·囚应给衣食医药而不给条》。
④ 《唐律疏议》卷二九，《断狱律·拷囚不得过三度条》。

只要赃与状都明白无误，理不可疑，被告人在审问中虽不承认，听由法官"据状科断"①。

但唐代更重视的是被告人的口供，口供是处于第一位的证据。《唐六典》引《唐令》规定：

> 凡察狱之官，先备五听，一曰辞听，二曰色听，三曰气听，四曰耳听，五曰目听。又稽诸证信，有可征焉而不肯首实者，然后拷掠，二十日一讯之。讯未毕，更移他司，仍须拷鞫，通计前讯，以充三度。即罪非重害及疑似处少，不必备三。若囚因讯致死者，皆与长官及纠弹官对验。其拷囚及行决罚不得中易人。②

唐代以法律的形式肯定了可用刑讯的方式取得口供，同时又对刑讯的方法及程序做了严格的规定。对不依法进行刑讯者，《唐律》也规定了相应的处罚措施：

> 诸应讯囚者，必先以情，审察辞理，反复参验，犹未能决，事须讯问者，立案同判，然后拷讯。违者，杖六十。③

这种将刑讯法律化、制度化的规定，一方面是中古法律野蛮性的体现，另一方面也有限制司法官吏滥用刑讯逼供的作用。当然，这种限制的效力往往极其有限，专制制度本身不可能保证这些法律得到认真的贯彻执行。唐代的酷吏，滥用法外酷刑，令人发指，著名的历史典故"请君入瓮"，便是武则天任用酷吏来俊臣与周兴，用酷刑取供的故事。史称：

> （来）俊臣每鞫囚，无问轻重，多以醋灌鼻，禁地牢中，或盛之瓮中，以火绕炙之，并绝其粮饷，至有抽衣絮以啖之者。又令寝处粪秽，备诸苦毒。自非身死，终不得出。……囚人无贵贱，必先布枷棒于地，召囚前曰："此是作具。"见之魂胆飞越，无不自诬矣。④

---

① 《唐律疏议》卷二九，《断狱律·讯囚察辞理条》。

② 《唐六典》卷六，《刑部郎中员外郎条》。

③ 《唐律疏议》卷二九，《断狱律·讯囚察辞理条》。

④ 《旧唐书》卷一八六上，《酷吏上·来俊臣传》。

除被告人自己的口供外，证人的证言也是最重要的证据之一。据《朝野佥载·补辑》记载：

> 吏部尚书唐俭与太宗棋，争道。上大怒，出为潭州。蓄怒未泄，谓尉迟敬德曰："唐俭轻我，我欲杀之，卿为我证验有怨言指斥。"敬德唯唯。明日对仗云，敬德顿首曰："臣实不闻。"频问，确定不移。上怒，碎玉珽于地，奋衣入。良久索食，引三品以上皆入宴，上曰："敬德今日利益者各有三：唐俭免枉死，朕免枉杀，敬德免曲从，三利也；朕有怒过之美，俭有再生之幸，敬德有忠直之誉，三益也。"赏敬德一千段，群臣皆称万岁。①

唐太宗欲治大臣之罪，也须找人作证，否则也不名正言顺。

证人的证言必须真实，否则要承担刑事责任。唐律规定："诸诬告人流罪以下，前人未加拷掠，而告人引虚者，减一等；若前人已拷者，不减。即拷证人，亦是。"其疏议对末句的解释为"谓虽不拷被告之人，拷旁证之者，虽自引虚，亦同已拷，不减"②。说明对证人也可以刑讯取供。唐律规定："诸应议、请、减，若年七十以上，十五以下及废疾者，并不合拷讯，皆据众证定罪。违者以故失论。"其疏议对"皆据众证定罪"的解释为"称众者，三人以上，明证其事，始合定罪"。但犯人的家属，于律"同居相为隐"，"部曲、奴婢得为主隐"，"其八十以上，十岁以下及笃疾，以其不堪加刑，故并不许为证"③。证人的资格与能否加刑相关联，即无责任能力者不得为证，旨在防止曲意偏袒和不能对自己的证言负法律责任。

以"众证定罪"是唐代普遍适用的证据制度，如来俊臣案，据史载：

> （来）俊臣知群臣不敢斥己，乃有异图，常自比石勒，欲告皇嗣及庐陵王与南北衙谋反，因得骋志。（卫）遂忠发其谋。初，俊臣屡摅撼诸武、太平公主、张宗昌等各咎，后不发。至是诸武怨，

---

① 《朝野佥载·补辑》，出自《后村诗话》续集卷三。
② 《唐律疏议》卷二三，《斗讼律·诬告人流罪以下引虚条》。
③ 《唐律疏议》卷二九，《断狱律·议请减老小疾不合拷讯条》。

共证其罪。有诏斩于西市，年四十七，人皆相庆。①

来俊臣因众人"共证"其罪伏诛，这是典型的"据众证定罪"的案例。唐代酷吏还利用各种手段，恐吓、诱惑证人，获取证言，制造冤狱。如吉温按兵部铨曹伪滥狱，据史载：

> 会（李）林甫与左相李适之、驸马张垍不叶，适之兼兵部尚书，垍兄均为兵部侍郎，林甫遣人讦出兵部铨曹主簿事令史六十余人伪滥事，图覆其官长，诏出付京兆府与宪司对问。数日，竟不究其由。（萧）炅使温劾之。温于院中分囚于两处，温于后厅佯取两重囚讯之，或杖、或压，痛苦之声，所不忍闻，即云："若存性命，乞纸尽答。"令史辈素谙温，各自诬伏罪，及温引问，无敢违者。晷刻间事辑，验囚无拷讯决罚处。②

此为吉温以恐吓手段取供之事例。天宝六载（747），李林甫又制造户部侍郎杨慎矜"蓄图谶"一案，吉温利用杨家门客史敬忠与其父吉琚"情契甚密"，令典史诱之，说："杨慎矜今款招已成，须子一辩。若解人意，必活；忤之，必死。"诱使史敬忠按其旨意，答辩三纸，"以敬忠词为证"。李林甫又令前往抄家的御史卢铉"袖谶书而入，于隐僻中诈而出"，"狱乃成，慎矜兄弟赐死"③。这是以诱供、栽赃，获取证人证言及证物，制造冤狱。为防止冤案，唐代出现了许多以善于察案、辨诬而著名的御史与司法官吏。《折狱龟鉴》一书记载了若干案例，如《辨诬门》载：

> 唐垂拱年，罗织事起。湖州佐史江琛，取刺史裴光书，割取其字，辏合成文，以为与徐敬业反书，告之。则天差御史往推，光款云："书是光书，语非光语。"前后三使，皆不能决。或荐张楚金能推事，乃令再劾，又不移前款。楚金忧闷，偃卧窗边，日光船头，因取反书向日看之，乃见书字补茸而成。平看则不觉，向日则皆

---

① 《新唐书》卷二〇九，《酷吏·来俊臣传》。

② 《旧唐书》卷一八六下，《酷吏下·吉温传》。

③ 《旧唐书》卷一八六下，《酷吏下·吉温传》。

见，遂集州县官吏，索水一盆，令琛以书投水中，字字解散。琛叩头服罪。敕决一百，然后斩之。①

这是用鉴定的方法，推翻伪证，打击诬陷。将江琛处斩，是按"诬告反坐"的原则判处，符合《唐律》的规定。又载：

> 唐李德裕镇浙西，有甘露寺主僧，诉交割常住物，被前知事僧没金若干两，引前数辈为证，递相交付，文籍在焉。在内受代者已服盗取之罪，然未穷破用之所。德裕疑其非实，僧乃诉冤曰："居寺者乐于知事，积年以来，空交分两文书，其实无金矣。众人以某孤立，不狎流辈，欲乘此挤之。"德裕恻然曰："此不难知也。"乃以兜子数乘，命关连僧入对，坐兜子中，门皆向壁，不得相见。各与黄泥，令模前后交付下次金形状，以凭证据。而形状皆不同，于是劾其诬罔，一一服罪。②

这是以物证破案定罪。类似的例子不胜枚举，兹不赘述。

唐代对伪证罪的处罚基本上是按"诬告反坐"原则，"诸证不言情，及译人诈伪，致罪有出入者，证人减二等，译人与同罪。"③证人如不如实吐露实情者，导致错案，证人将受到"减所出入罪二等"处罚；翻译人员对"夷人"犯罪之案，故意错译，"致罪有出入"，与罪犯同罚。由此可见，唐代对伪证罪的处罚力度还是相当严厉的。

总之，唐代已有较为完善的法定的证据制度，但专制君主常以个人意志取代法律，以个人善恶干扰司法，再加之司法官吏对证据的是否真实，常凭其主观臆断，因此，伪证和故意构陷的事件，即便在法制较严明的唐朝仍屡见不鲜。这是专制制度下的司法现状，仅靠一两条法规是不可能解决的。

---

① （宋）郑克：《折狱龟鉴》卷三，《辨诬·张楚金》。
② （宋）郑克：《折狱龟鉴》卷三，《辨诬·李德裕》。
③ 《唐律疏议》卷二五，《诈伪律·证不言情及译人诈伪条》。

第二节　刑事审判

一、审级与管辖

1.审级

唐代地方行政分为州、县二级，诉讼审判在地方也分为二级。县是最基层的行政单位，又是基层司法机关，凡诉讼皆由县一级直接受理，自下而上，不允许越级上诉。一般刑事案件为三审终审制，规定："凡告言人罪，非谋叛以上，皆三审之。"[1] 据《唐律疏议·名例律》"犯罪已发条"疏议曰："已发者，谓已被告言，其依《令》应三审者，初告亦是发讫。"初告即告于县，"凡有犯罪者，皆从所发州县推而断之"。县级只能审理、决罚杖刑以下的罪案，"犯罪者，徒以上县断已定送于州"，即徒刑以上的案件县审理断罪后，移送州、府复审；而州府只能审理、决罚徒刑以下的罪案，流刑以上州府断案后须移送尚书省复核。中央大理寺是全国最高级别的审判机关，负责审理在京徒以上案件，"在京诸司，则徒以上送大理，杖以下当司断之。若金吾纠获，皆送大理"。但大理寺对徒刑、流刑的判决，必须经刑部复核、批准，才能生效执行；而对死刑的判决，则必须奏请皇帝批准。刑部复核大理寺及全国各州府上报的流罪以上的判决，如果发现疑案、错案、冤案，凡徒、流以下的案件，驳回由原审州、县重审或复判；死刑案件则转由大理寺重审。如果刑部复核无误，徒以下即可执行，流刑仍须送中书门下详复，死刑还须报送皇帝，"在京者行决之司五复奏，在外者刑部三复奏"[2]，批准后还要待三日后方可执行。

---

[1]　《唐六典》卷六，《刑部郎中员外郎条》。

[2]　《唐六典》卷六，《刑部郎中员外郎条》。

综上所述，唐代的审级可定为五级：县司、州府、尚书省、大理寺、中书门下，其中的中书门下是申诉机关，只进行法律审，实际上是五级三审制。据《唐律疏议·斗讼律·越诉条》之疏议曰：

> 凡诸辞诉，皆从下始。从下至上，令有明文。谓应经县而越向州、府、省之类，其越诉及官司受者，各笞四十。若有司不受，即诉者亦无罪。

越诉是违令行为，越诉者与受理者都要受罚"笞四十"；但官方若未受理，则越诉不成立，诉者即无罪。但官方应受理却"推抑而不受者，笞五十"；若告御状，"即邀车驾及挝登闻鼓，若上表诉，而主司不即受者，加罪一等"①。

唐代禁止越诉，但武则天时鼓励告密，造成动辄告御状的风气。玄宗朝整顿诉制，重申"诉事人先经州县"的规定，开元十年（722）颁敕曰：

> 六卿分设，诸郡咸理，在于人下，合免冤滞。如闻越局侵务，背公向私，其伤则多，为政必察。宜令天下州县百司寮案，俱守乃曹，各勤所职。或有身名尚屈，刑罚不平，赋役未均，征差无次，爰及侵夺，义兼违负，凡人所诉，大略如斯。若县不为申，州必须举；州不能理，府必为裁。上下相持，冤讼可息。自今以后，诉事人等，先经县及府、州并尚书省披理，若所由延滞，不为断决，委御史、采访奏闻，长官以下，节级量贬。②

一方面禁止诉事人越诉，另一方面要求县、府、州官员必须受理狱讼，并加强御史、采访使的监督职责。

2. 管辖

从级别管辖的角度讲，一般人犯罪，无论轻重，甚至包括死刑在内，县一级都有管辖权，可以直接进行审理。但判决后，只能执行笞、杖刑，徒以

---

① 《唐律疏议》卷二四，《斗讼律·越诉条》。
② 《唐大诏令集》卷八二，《政事·刑法》。

上须报州府复审。又唐于两京辖县及各州县置市，市设市令、市丞"掌市廛交易，禁斥非违之事"①。"诸犯罪在市，杖以下市决之，应合荫赎及徒以上送县；其在京市，非京兆府，并送大理寺。"② 由此可见，市令可受理在市场上发生的笞杖罪的性质轻微的刑事案件，但有门荫及有罪当赎者，即所有有官品者及其家属市令都不能直接处理，须送县，在京送大理寺审理。实际上不仅市令，即便是县一级也不能直接处治犯罪官员，官员在司法上享有特权，除议、请、减、赎外，审级也是一种重要的特权。如太宗时，刘仁轨为陈仓县尉，"部人有折冲都尉鲁宁者，恃其高班，豪纵无礼，历政莫能禁止。仁轨特加诫喻，期不可再犯，宁又暴横尤甚，竟杖杀之。州司以闻，太宗怒曰：'是何县尉，辄杀吾折冲！'遽追入，与语，奇其刚正，擢授栎阳丞"。③县尉是不能审理军官犯罪的，更不能处决折冲都尉（四品军官）这样的军事将领。依照《唐律》规定：

> 诸在外长官及使人于使处有犯者，所部属官等不得即推，皆须申上听裁。若犯当死罪，留身待报。违者，各减所犯罪四等。疏议曰："在外长官"，谓都督、刺史、折冲、果毅、镇将、县令、关监等。长官及诸使人于使处有犯者，所部次官以下及使人所诣之司官属，并不得辄即推鞫。若无长官，次官执鱼印者，亦同长官。皆须先申上司听裁。④

可见鲁宁这样的折冲都尉，即便犯有死罪，也须"留身待报"。刘仁轨擅杀，却因祸得福，完全是因为唐太宗以政治需要而网开一面。

州府的司法管辖权相对县级较大一些，徒罪在县断后送州府，州府重审；若州府直接立案受理的笞、杖罪案，州府一审终决；徒、流以上案件，州府断后送尚书省复审，徒罪不须再谳复，二级终审，即可执行。流罪以上

---

① 《唐六典》卷三〇，《三府督护州县官》。
② 《通典》卷一六八，《刑六·考讯》。
③ 《旧唐书》卷八四，《刘仁轨传》。
④ 《唐律疏议》卷一〇，《职制律·长官及使人有犯条》。

的案件，处理较为慎重，州复审县初审的判决后，即使无误，也须申报尚书省。若诸州府"有疑狱不决者，谳大理寺；若大理寺仍有疑，申尚书省"。

唐前期尚书省承担大量的诉讼事务，凡上诉案件，"尚书省左、右丞为申详之"①，经复核后，"省司复审无失，速即下知，如有不当者，随事驳正"②。若须重审者，交大理寺重审。因此，尚书省实际上是申诉机构，非审判机关。

大理寺是最高一级审判机关，"凡诸司百官所送徒刑以上，九品以上犯除、免、官当，庶人犯流、死以上者，详而质之，以上刑部。仍于中书门下详复"。其本身只能决罚杖罪以下。"凡中外官吏有犯，经断奏讫而犹称冤者，则审详其状。"③这样，大理寺又成为专门管辖官员犯罪或不服判决的复审机构。

中书门下不是专门的审判机关，它是最高行政监督机构。由于中国古代行政与司法不分，在监督一般行政事务的同时也承担司法监督的任务，凡州县二级上诉的徒刑以上案件，官吏犯流罪以上案件、天下所有死刑案件及各类冤案皆由中书门下复核。具体复核程序后文详述。

唐代刑事案件的管辖与量刑标准密切相关，县为初审，笞、杖罪由县一审终结；州府为二审，复审县断上报的徒以上案件，徒罪审后无误即可执行，流罪还需报尚书省。尚书省复核州府上报流罪以上案件及大理寺、京兆府、河南府所断徒罪，若无失则交回执行，不当则驳回重审。大理寺是三审机关，也是最高级审判机关，复审天下流以上案件及京师徒以上案件。审后仍由中书门下复核，死刑一律报皇帝批准。

一般刑事案件的地区管辖由发案地的审判机关来审判，"凡有犯罪，皆从所发州县推而断之"④。对于同一案件涉及多人犯罪的，致使审判机关分为

---

① 《唐六典》卷六，《刑部郎中员外郎条》。
② 《唐律疏议》卷三〇，《断狱律·应言上待报而辄自决断条》。
③ 《唐六典》卷一八，《大理寺》。
④ 《唐六典》卷六，《刑部郎中员外郎条》。

两地者，《唐律》规定：

> 诸鞫狱官，囚徒伴在他所者，听移送先系处并论之。（谓轻从
> 重。若轻重等，少从多；多少等，后从先。若禁处相去百里外者，
> 各从事发处断之。）违者，杖一百。疏议曰："鞫狱官，囚徒伴在他
> 所者"，假有诸县相去各百里内，东县先有系囚，西县囚复事发，
> 其事相连，应须对鞫，听移后发之囚，送先系之处并论之。注云：
> "谓轻从重"，谓轻罪发虽在先，仍移轻以就重。"若轻重等，少从
> 多"，谓两县之囚，罪名轻重等者，少处发虽在先，仍移就多处。
> 若多少等，即移后系囚，从先系处。若禁囚之所相去百里外者，
> "各从事发处断之"，既恐失脱囚徒，又虑漏泄情状，故令当处断
> 之。违者，各杖一百。①

若违犯上述"轻从重、少从多、后从先"的原则移送囚徒，当地官府
也应接受，并将两县囚犯合并申州，由州推劾；若为两州，则合并申送尚书
省，由尚书省推劾审理。若囚至相互推诿，不肯接受，与擅移囚者同罪，各
杖一百。

唐代在司法管辖方面已出现了专门管辖，即对特定的人、特定的案件，
不由普通审判机关管辖，而由专门审判机构管辖。这种状况在中晚唐发展迅
猛，有些直接影响到五代及宋的司法制度。

唐代的宦官由内侍省负责管理，涉及宦官的诉讼案件也由内侍省自行审
理，"内侍伯掌纠诸不法之事"②。中唐以后，宦官专权，内侍省不仅管辖宦
官，进而扩大为参与制狱，如史载德宗贞元三年（787）：

> 妖僧李软奴自言："本皇族，见岳、渎神，命己为天子。"结殿
> 前射生将韩钦绪等谋作乱。（十月）丙戌，其党告之，上命送内侍
> 省推之。李晟闻之，遽仆于地曰："晟族灭矣！"李泌问其故。晟曰：

---

① 《唐律疏议》卷二九，《狱官律·囚徒伴移送并论条》。
② 《唐六典》卷一二，《内侍省》。

"晟新罹谤毁，中外家人千余，若有一人在其党中，则兄亦不能救矣。"泌乃密奏："大狱一起，所连引必多，外间人情汹惧，请出付台推。"上从之。①

"台推"，据胡三省注："付御史台推鞫之也。"此案若依德宗，则由内侍省审理。说明当时内侍省已普遍审理涉及宫廷的狱案。此后，此风愈演愈烈，文宗时，甚至涉及宰相宋申锡的大案，也在禁中审理。当时京兆尹崔琯、大理卿王正雅接连上疏"请出内狱付外廷核实"；又有许多谏官"乞以狱事付外复按"，但"屡遣之出，不退"②。武宗即位后，为改变此局面，特颁诏："自今臣下论人罪恶，并请付御史台按问，毋得乞留中，以杜谗邪。"③但到唐末，僖宗广明元年（880），有左拾遗侯昌业，对僖宗"不亲政事，专务游戏，赏赐无度"，而"上疏极谏"，激怒僖宗，"召昌业至内侍省，赐死"④。用管辖宦官的特别法庭来处治谏官，使唐代的法治荡然无存。

隋及唐前期，军事方面实行府兵制，是兵农合一、寓兵于农的军事体制。"凡是军人，可悉属州县，垦田籍帐，一与民同"⑤。府兵隶于州县管辖，其涉及刑事诉讼之事，自然也由州县审理。中唐以后，兵制发生很大变化，募兵制兴起，逐渐取代府兵制，节度使成为独掌方面的封疆大吏。节度使府原来负责纠察军纪的都虞候成为军事司法官，与其所属推官、巡官、衙推等组成军事法庭，专门管辖军人犯罪的案件。安史之乱发生后，宦官逐步操纵神策军。代宗大历五年（770年），鱼朝恩置北军狱，"使坊市恶少年罗告富室，诬以罪恶，捕系地牢，讯掠取服，籍没其家赀入军，并分赏告捕者；地在禁密，人莫敢言"⑥。德宗贞元七年（791）三月辛巳诏曰：

神威、神策六军将士自相讼，军司推劾；与百姓相讼，委府县

① 《资治通鉴》卷二三三，《唐德宗贞元三年》。
② 《资治通鉴》卷二四四，《唐文宗太和五年》。
③ 《资治通鉴》卷二四六，《唐武宗会昌元年》。
④ 《资治通鉴》卷二五三，《唐僖宗广明元年》。
⑤ 《隋书》卷二，《高祖纪下》。
⑥ 《资治通鉴》卷二二四，《唐代宗大历五年》。

推劾；小事移牒，大事奏取处分，军司、府县不得相侵。①

将地方的司法权部分分割给军司。北军设狱，使宦官权势大盛，甚至有将监察御史"行囚于军"之事发生。据《资治通鉴》载：

> 建中初，敕京城诸使及府县系囚，每季终委御史巡按，有冤滥者以闻；近岁，北军移牒而已。胡注：宦官势横，御史不敢复入北军按囚，但移文北司，牒取系囚姓名及事，因应故事而已，不问其有无冤滥。监察御史崔蕴遇下严察，下吏欲陷之，引以入右神策军。军使以下骇惧，具奏其状。上怒，杖蕴四十，流崖州。②

明明皇帝有诏，本要求御史巡按诸狱，可御史真察北军，竟引起军使"骇惧"，说明此前早就没有按此制度办了。北军之狱，俨然独立，虽御史亦不得察。德宗宠信宦官，"晚节闻民间讹语禁中事，而北军捕太学生何竦、曹寿系讯，人情大惧"③。北军之狱，已经成为皇帝的诏狱。

唐代对僧侣的管理中央本由礼部之祠部司掌佛教僧尼之事，宗正寺的崇玄署掌道教道士、女冠之事，其涉及诉讼之事一般皆由地方州县管辖，大事则须由礼部处置。武则天长安四年（704），姚元之为春官尚书（礼部尚书），"是时，张易之请移京城大德僧十人配定州私置寺，僧等苦诉，元之断停，易之屡以为言，元之终不纳"④。德宗贞元四年(788)，对宗教事务的管理发生重大变化，据《新唐书》载：

> 贞元四年，崇玄馆罢大学士，后复置左右街功德使、东都功德使、修功德使，总僧、尼之籍及功役。元和二年，以道士、女官隶左右街功德使。会昌二年，以僧、尼隶主客，太清宫置玄元馆，亦有学士，至六年废，而僧、尼复隶两街功德使。⑤

---

① 《旧唐书》卷一三，《德宗纪下》。

② 《资治通鉴》卷二三六，《唐德宗贞元十九年》。

③ 《新唐书》卷二〇七，《宦者上·窦文场传》。

④ 《旧唐书》卷九六，《姚崇传》。

⑤ 《新唐书》卷四八，《百官三·宗正寺·崇玄署》。

功德使不仅管理僧尼之名籍，而且遇重大诉讼案件，功德使与有关司法机关共同审理，如贞元十三年（797）：

> 时有玄法寺僧法凑为寺众所诉，万年县尉卢伯达断还俗，后又复为僧，伯达上表论之。诏中丞宇文邈、刑部侍郎张彧、大理卿郑云逵等三司与功德使判官诸葛述同按鞫。时议述胥吏，不合与宪臣等同入省按事，（郑）余庆上疏论列，当时翕然称重。①

涉及僧侣的上诉案件，最高可由三司使与功德使同按。功德使成为管辖涉及宗教事务诉讼的特别法庭。

中晚唐，地方财政又由中央派出的诸道盐铁、转运、度支使掌管。盐铁使在扬州等中心地区设立盐铁院，又在生产、贩卖盐的主要州设监院、巡院，专察违犯盐铁专卖、私煮、私运、私贩盐的犯罪行为，以及对各级官吏违反财政制度的犯罪行为进行监察。监院、巡院自立法庭，以推官掌审讯，甚至还设有监狱，自行禁系人犯，不受地方州县管辖。如"元和初，掌赋使院多擅禁系户人，而有笞掠至死者。（穆）质乃论奏盐铁转运司应决私盐系囚，须与州府长吏监决。自是刑名画一"②。但实际情况远非如此。据史载：

> （太和）五年，（唐扶）充山南道宣抚使，至邓州，奏："内乡县行市、黄涧两场仓督邓琬等，先主掌湖南、江西运到糙米，至浙川县，于荒野中囤贮，除支用外，六千九百四十五石，裹烂成灰尘。度支牒征元掌所由，自贞元二十年，邓琬父子兄弟至玄孙，相承禁系二十八年，前后禁死九人。今琬孙及玄孙见在枷禁者。"敕曰："如闻盐铁、度支两使，此类极多。其邓琬等四人，资产已全卖纳，禁系三代，瘐死狱中，实伤和气。邓琬等并疏放。天下州府监院如有此类，不得禁经三年以上。速便疏理以闻。"物议嘉扶有宣抚之才。③

---

① 《旧唐书》卷一五八，《郑余庆传》。

② 《旧唐书》卷一五五，《穆宁附子质传》。

③ 《旧唐书》卷一九〇下，《文苑下·唐次附子扶传》。

可见当时盐铁监院监禁人犯是得到朝廷认可的。又据《唐会要》：

> （太和）四年八月，御史中丞魏謩奏："诸道州府百姓，诣台奏事，多差御史推劾。臣恐烦劳州县，先请度支、户部、盐铁院官带宪衔者推勘，又各得三司使申称院官人数不多，例专掌院务课绩，今诸道观察使幕中判官，少不下五六人，请于其中带宪衔者，委令推劾。如累推有劳，能雪冤滞，若御史台缺官，便令闻奏。"从之。①

这样，三司使院也就成为法定的司法机构，甚至成为州之上的一级上诉机关。文宗开成元年（836），殷侑为刑部尚书，史载：

> 初，盐铁、度支使属官悉得以罪人系在所狱，或私置牢院，而州县不闻知，岁千百数，不时决。（殷）侑奏许州县纠列所系，申本道观察使，并具狱时闻。许之，赐黄金十斤，以酬直言。②

殷侑的奏议是试图调解州县与盐铁、度支院的管辖范围，理顺其关系，以观察使分盐铁、度支使在地方的司法权。但这也只是禁其干预州县的管辖范围，并未限制其在经济领域的管辖权。开成四年（839），"以盐铁推官、检校礼部员外郎姚勖为盐铁推官。河阴院有黠吏诈欺，久系狴牢，莫得其情。至勖鞫问得实，故有是命"③。说明三年之后，盐铁、度支院仍在独立地行使司法管辖权。

二、审讯

在审讯制度方面，法律允许刑讯，晋专门制定了《鞭杖令》，对行刑的用具如鞭、杖等加以规范，根据《晋令》：

---

① 《唐会要》卷六二，《御史台·谏诤》。

② 《新唐书》卷一六四，《殷侑传》；又可参见《册府元龟》卷四六七，《台省部·举职》。

③ 《册府元龟》卷四六九，《台省部·封驳》；又参见《旧唐书》卷一六八，《韦温传》，姚勖拟封"权知职方员外郎"，韦温以"郎官最为清选，不可以赏能吏"为名反对。

应得法鞭者，即执以鞭，过五十稍行之。有所督罪，皆随过大小，大过五十，小过二十。鞭皆用牛皮革廉成，法鞭生革去四廉；常鞭用熟靼，不去廉。作鹄头，纫长一尺一寸，鞘长二尺二寸，广三分，后一分。柄皆长二尺五寸。①

南梁对被捕后不肯招认犯罪者，以饥饿"测罚"，"断食三日，听家人进粥二升，女及老小，一百五十刻乃与粥，满千刻而止"。南陈则对赃证明显而又不款服者，实行"测立"。"立测者，以土为垛，高一尺，上圆，劣容囚两足立。鞭二十，笞三十讫，著两械及杻，上垛。一上测七刻，日再上。三七日上测，七日一行鞭。凡经杖，合一百五十，得度不承者，免死。"②北魏采用"重枷"或"大枷"逼供。据《魏书·刑罚志》："时法官及州郡不能以情折狱，乃为重枷，大几围，复以缒石悬于囚颈，伤内至骨，更壮卒迭搏之，囚率不堪，因以诬服，吏持此以为能。"后来皇帝虽明诏禁止使用"重枷"，但历北齐、北周至隋，以"重枷讯囚"始终没有消除。北齐"有司折狱，又皆酷法。讯囚则用车辐、獦杖，夹指、压踝，又立之烧犁耳上，或使以臂贯烧车钉，即不胜其苦，皆致诬服"。至隋代仍"自前代相承，有司讯囚，皆以法外。或有用大棒、束杖、车辐、鞋底，压踝、杖桄之属，楚毒备至，多所诬伏"③。统治者对刑讯逼供的弊端不是不知道，虽多次颁诏，禁止法外用刑，但成效都不大。但也有一些官员，如北齐的济北太守崔伯谦，"乃改鞭用熟皮为之，不忍见血，示耻而已"④。

唐代将审讯称为"鞫狱"；鞫狱的依据是起诉书，唐代称为"状"。"凡有犯皆据其本状以正刑名"⑤。《唐律》规定：

> 诸鞫狱者，皆须依所告状鞫之。若于本状之外，别求他罪者，

---

① 《太平御览》卷六四九，《刑法部一五·鞭》。
② 《隋书》卷二五，《刑法志》。
③ 《隋书》卷二五，《刑法志》。
④ 《北齐书》卷四六，《循吏·崔伯谦传》。
⑤ 《唐六典》卷一八，《大理寺》。

以故入人罪论。疏议曰："鞫狱者"，谓推鞫之官，皆须依所告本状推之，若于本状之外，旁更推问，别求得笞、杖、徒、流及死罪者，同故入人罪之类。若因其告状，或应掩捕搜检，因而检得别罪者，亦得推之。其监临主司，于所部告状之外，知有别罪者，即须举牒，别更纠论，不得因前告状而辄推鞫。若非监临之官，亦不得状外别举推勘。①

法官必须根据告状的内容进行审理，不得审理告状之外的行为。这具有"不告不理"的性质。凡审讯必有状，"周来俊臣罗织人罪，皆先进状，敕依奏，即籍没。徐有功出死囚，亦先进"②，无论判罪还是雪冤，都要据状断案。酷吏敬羽被捕临刑时，"袖中执州县官吏犯赃私状数纸"，仍扬言："有人通此状，恨不得推究其事。"③状既是审讯的依据，也是判决的证据。如唐高祖时，有人诬告李靖谋反，"高祖命一御史按之，谓之曰：'李靖反且实，便可处分。'御史知其诬罔，与告事者行数驿。佯失告状，惊惧，鞭挞行典，乃祈求于告事者曰：'李靖反状分明，亲奉进旨，今失告状，幸救其命。更请状。'告事者乃疏状与御史，验与本状不同。即日还以闻。高祖大惊。御史具奏，靖不坐。"④武则天时，崔神基"为酷吏所陷"，"下狱当死"。其弟崔神庆"驰赴都告事，得召见。则天出神基推状以示之，神庆据状申理，神基竟得减死"⑤。可见"状"在审讯中的重要性。

主持审讯的官吏，至少得是判官，如在大理寺是大理寺丞，州府为法曹参军事，县为县尉等，《狱官令》规定："诸问囚，皆判官亲问，辞定，令自书款，若不解书，主典依口写，对判官读示。"⑥实际上，各级行政长官，常亲主刑狱，在唐尤其蔚然成风。史载：

---

① 《唐律疏议》卷二九，《断狱律·依告状鞫狱条》。
② （唐）张鷟：《朝野佥载》卷二。
③ 《旧唐书》卷一八六下，《酷吏下·敬羽传》。
④ （唐）刘肃：《大唐新语》卷六，《举贤第十三》。
⑤ 《旧唐书》卷七七，《崔义玄附子神基神庆传》。
⑥ 《宋刑统》卷二九，《断狱律·讯囚条》引唐《狱官令》。

张九龄累历刑狱之司，无所不察。每有公事，赴本司行勘，胥吏辈未敢讯劾，先取则于九龄。因于前面分曲直，口撰案卷，囚无轻重，咸乐其罪，时人谓之"张公口案"。①

审讯的地点，一般在是官府内之庭或厅中，应公开审理，但并没有严格的法律规定及限制，故秘密审讯也屡见不鲜。武则天时的酷吏，为罗织冤狱，"于丽景门别置推事院，（来）俊臣推勘必获，专令俊臣等按鞫，亦号为新开门。但入新开门者，百无一全。（王）弘义戏谓丽景门为'例竟门'，言入此门者，例皆竟也"②；索元礼"于洛州牧院推按制狱"③。这些都是为秘密审讯而开设的特别法庭，以非刑拷讯，并设地牢关押人犯。

唐代对涉及阴私的案件，也可采取不公开的方式审讯。如贞观年间，"左丞李行廉弟行诠前妻子忠，烝其后母"，"县尉王璥引就房内推问"④。

对于审讯，《唐律》规定：

> 诸应讯囚，必先以情，审察辞理，反复参验；犹未能决，事须讯问，立案同判，然后拷讯。违者，杖六十。

与之相应，《狱官令》规定："察狱之官，先备五听，又验诸证信，事状疑似，犹不首实，然后拷掠。"⑤其基本含义是首先要求鞫狱官以情理和证据察狱，不要轻易用刑。这一规定，使唐代出现了一批善于以"术审"断案的司法官员。但法律毕竟允许使用刑讯，一般刑讯前须专门立案，"取现在长官同判，然后拷讯"，不得擅自动用刑具。然酷吏自有许多招法，在肉体及精神上凌虐人犯，迫使其按照自己的意愿招供。如前述吉温以拷掠其他人犯的方式恐吓被告，使人感到不承供则难免酷刑，只得"自诬服罪"。肃宗时，酷吏敬羽为御史中丞，由他审理李遵一案，因李遵是皇室，不能用刑，其审

---

① （后周）王仁裕：《开元天宝遗事》卷三，《口案》。
② 《旧唐书》卷一八六上，《酷吏·来俊臣传》。
③ 《旧唐书》卷一八六上，《酷吏·索元礼传》。
④ （唐）张鷟：《朝野佥载》卷五。
⑤ 《唐律疏议》卷二九，《狱官律·讯囚察辞理条》。

法奇特：

> 太子少傅、宗正卿、郑国公李遵，为宗子通事舍人李若冰告其
> 赃私，诏羽按之。羽延遵，各危坐于小床，羽小瘦，遵丰硕，倾间
> 问即倒。请垂足，羽曰："尚书下狱是囚，羽礼延坐，何得慢耶！"
> 遵绝倒者数四。请问，羽徐应之，授纸笔，书赃数千贯，奏之。肃
> 宗以勋旧舍之，但停宗正卿。①

唐代对刑讯也有严格的程序方面的规定：

> 诸拷囚不得过三度，数总不得过二百，杖罪以下，不得过所犯
> 之数。拷满不承，取保放之。

> 诸拷囚限满而不首者，反拷告人。②

对于刑具，太宗时规定：

> 其杖，皆削去节目，长三尺五寸。讯囚杖，大头径三分二厘，
> 小头二分二厘；常行杖，大头二分七厘，小头一分七厘；笞杖，大
> 头二分，小头一分半。其决笞者，腿分受；决杖者，背、腿、臀分
> 受，及须数等；拷讯者，亦同。③

这种将刑讯法律化、制度化的规定，一方面是中古法律野蛮性的体现，
另一方面也有利于限制法官滥用酷刑逼供。当然，这种限制的效力往往极其
有限，专制制度本身不可能使之得到认真的贯彻执行。如史载酷吏来俊臣
之事：

> 每鞫囚，无问轻重，多以醋灌鼻，禁地牢中，或盛之瓮中，以
> 火围绕炙之，并绝其粮饷，至有抽衣絮以啖之者。又令寝处粪秽，
> 备诸苦毒。自非身死，终不得出。每有赦令，俊臣必先遣狱卒尽杀
> 重囚，然后宣示。又以索元礼等作大枷，凡有十号：一曰定百脉，
> 二曰喘不得，三曰突地吼，四曰著即承，五曰失魂胆，六曰实同

---

① 《旧唐书》卷一八六下，《酷吏下·敬羽传》。
② 《唐律疏议》卷二九，《狱官律》。
③ 《旧唐书》卷五〇，《刑法志》。

反，七日反是实，八日死猪愁，九日求即死，十日求破家。复有铁笼头连其枷者，轮转于地，斯须闷绝矣。囚人无贵贱，必先布枷棒于地，召囚前日："此是作具。"见之魂胆飞越，无不自诬矣。则天重其赏以酬之，故吏竞劝为酷矣。①

酷刑与刑讯逼供的出现，正是在最高统治者的默许之下才得以泛滥，虽政治清明时，亦不能免。

"反拷告人"也是唐代刑讯的特色之一。对于自诉案件，当被告经三度拷讯，杖数满二百，仍不承认所告之罪，即应按前拷之数反拷原告之人，以查明有无诬告情节。此规定虽有原始、野蛮之处，但从原、被告平等的角度来说，仍有合乎情理的一面。《朝野佥载》的作者张鷟曾有过反拷原告的事迹：

张鷟为阳县尉日，有称架人吕元伪作仓督冯忱书，盗粜仓粮粟。忱不认书，元乃坚执，不能定。鷟取吕元告牒，括两头，唯留一字，问："是汝书，即注是，以字押；不是，即注非，亦以字押。"元乃注曰"非"，去括即是元牒，且决五十。括诈冯忱书时一字以问之，注曰"是"，去括乃诈书也。元连项赤，叩头伏罪。②

由此可见，反拷原告是与《唐律》"诬告反坐"的原则相一致的。当然，为慎重起见，也规定了一些特例，禁止反拷原告。如对被杀、被盗之家的自家人或亲属告诉者，被告之人虽拷满而不首，也不得反拷告人。因为杀人、盗案都是重案，"例多隐匿，反拷告者，或不敢言"；"若被人决水入家，放火烧宅之类，家人及亲属言告者，亦不反拷告人"。此外，若原告人是"应议、请、减人，不合反拷，须准前人拷数征铜"③。

---

① 《旧唐书》卷一八六上，《酷吏·来俊臣传》。

② （唐）张鷟：《朝野佥载》卷五。

③ 《唐律疏议》卷二九，《狱官律·拷囚限满不首条》。

三、判决

刑事审判的结果称为"断罪",定罪量刑最重要的准据是法律本身。《唐律》规定:"诸断罪皆须具引律、令、格、式正文,违者,笞三十。若数事共条,止引所犯罪者,听。"① 还规定:"诸制敕断罪,临时处分,不为永格者,不得引为后比。若辄引,致罪有出入者,以故失论。"② 这些规定具有一定的罪刑法定主义倾向。如永徽五年（654）,太常乐工宋四通因为宫人通传消息,高宗令处斩,并将此规定附入律文,谏议大夫萧钧提出:"四通等所犯,在未附律前,不合至死。"高宗接纳,"特免死,配流远处"③。其后,这条规定附入《唐律》之《卫禁律》,作"若亲为通传书信及衣物者,绞"④。但这种"所犯在未附律前"得减免的做法,比起秦汉时期随意上下比附、出入人罪的滥刑苛政,无疑是司法文明的一大进步。唐代的《狱官令》也规定:"凡有罪未发及已发未断,而逢格改者,若改重者,则依旧条;轻,从轻法。"⑤ 在断罪前,法律发生变动,则从新、从轻,反映了唐初统治者在刑事立法方面的宽厚。

唐代皇帝拥有最高的司法判决权,法律规定:"凡律法之外,有殊旨、别敕,则有死、流、徒、杖、除、免之差。"其注曰:

> 谓有殊旨、别敕,宜杀却,宜处尽,宜处死,宜配远流,宜流却,配流若干里,及某处宜配流却遣,宜徒,宜配徒若干年,至到与一顿,与重杖一顿,与一顿痛杖,决杖若干,宜处流,依法配流,依法配流若干里,宜处徒,依法配徒,与徒罪,依法处徒若干年,与杖罪,与除名罪,与免官罪,与免所居官罪,皆刑部奉而

① 《唐律疏议》卷三〇,《狱官律·断罪不具引律令格式条》。
② 《唐律疏议》卷三〇,《狱官律·辄引制敕断罪条》。
③ 《唐会要》卷五五,《谏议大夫》。
④ 《唐律疏议》卷七,《卫禁律·阑入非御在所条》。
⑤ 《唐六典》卷六,《刑部郎中员外郎条》。

行之。①

皇帝以殊旨、别敕断罪，名为依法，实为"圣意"，都是不经法定程序，而由皇帝特旨处刑。但这种"特旨处刑"的特权，只允许皇帝一人拥有，别人甚至不得仿效，"若辄引，致罪有出入者，以故失论。"

社会现象错综复杂，犯罪形式形形色色，不可能完全包容在一部律文中，《唐律》还对法律适用的原则做了允许类推的规定："诸断罪而无正条者，其应出罪者，则举重以明轻；其应入罪者，则举轻以明重。"②即对于律文没有直接规定的行为，可以比照最相类似的条文，区别情况，予以加减，以定罪量刑。而对于人所共知的、按道理不应该做的事却做了的，称作："不应得为而为之者，笞四十；事理重者，杖八十"③。从处刑较轻看，这指的是特殊性轻微违法行为，刑律虽未定入，礼教的情理却又难容，即"律令无条，理不可为者"，科以轻罚，以惩诫之。这条规定，使一般司法官员在行用笞、杖刑时，具有一定的自由裁量权。事实上，地方州县官对其所判决的笞、杖刑案件也可以直接执行处罚。

徒罪以上的判决，唐代还是比较慎重的，《唐律》规定：

> 诸狱结竟，徒以上，各呼囚及其家属具告罪名，仍取囚服辩。若不服者，听其自理，更为审详。违者，笞五十；死罪，杖一百。疏议曰："狱结竟"，谓徒以上刑名，长官同断案已判讫，徒、流及死罪，各呼囚及其家属，具告所断之罪名，仍取囚服辩。其家人、亲属，唯止告示罪名，不须问其服否。囚若不服，听其自理，依不服之状，更为审详。若不告家属罪名，或不取囚服辩及不为审详，流、徒罪并笞五十，死罪杖一百。④

徒刑以上的案件的判决，必须有"长官同断"，法官必须向被告人及其

---

① 《唐六典》卷六，《刑部郎中员外郎条》。
② 《唐律疏议》卷六，《名例律·断罪无正条条》。
③ 《唐律疏议》卷二七，《杂律·不应得为条》。
④ 《唐律疏议》卷三〇，《断狱律·狱结竟取服辩条》。

家属当面宣布所判之罪名，若该犯认罪，须书面签署"服辩"；若不服，给予"不服状"，听其上诉。上诉机关当受理，重新进行审详。若不告诉家属罪名，或不取被告服辩，及被告不服又不为审详，对有关法官应追究刑事责任。

《唐律》规定了司法机关中各级官员对共同审判的案件具有共同的连带责任，建立了同职连署制度，规定："诸同职犯公坐者，长官为一等，通判官为一等，判官为一等，主典为一等，各以所由为首。"①以大理寺为例，大理卿为长官，少卿与正为通判官，丞为判官，府、史是主典。在因公事而无私曲办错案时，错误发生在哪一层，哪一层即负主要责任，其余逐级降等，但都要承担不同的责任。如果某人因私情故意错判案，其余官员虽不知情，也要承担法律责任。故意则罪重，其原则是反坐其罪，而以赎论。《唐律》规定："诸官司入人罪者，若入全罪，以全罪论。""即断罪失于入者，各减三等；失于出者，各减五等"②。即失入从严，失出从宽；若已经执行，则不可免责。总之，同职连署制度、失错反坐制度有利于同职官吏互相监督，共同负责，以保证办案质量。

唐代司法审判很讲求效率，对诉讼规定有程限：

> 凡内外百司所受之事，皆印其发日，为之程限：一日受，二日报。其事速及送囚徒，随至即付。小事五日，谓不须检复者。中事十日，谓须检复前案及有所勘问者。大事二十日，谓计算大簿帐及须咨询者。狱案三十日，谓徒以上辨定须断结者。其急务者不与焉。小事判勾经三人以下者给一日，四人以上给二日；中事，每经一人给二日；大事各加一日。内外诸司咸率此。若有事速及限内可了者，不在此例。其文书受、付日及讯囚徒，并不在程限。③

---

① 《唐律疏议》卷五，《名例律·同职犯公坐条》。
② 《唐律疏议》卷三〇，《断狱律·官司出入人罪条》。
③ 《唐六典》卷一，《尚书都省左右司郎中员外郎》。

　　这是唐代处理公文的普遍程限，同时也适用于司法审判。对司法也有一些特别规定，如"禁囚皆五日一虑"，拷掠被告"二十日一讯之"；"凡在京诸司现禁囚，每月二十五日以前本司录其犯及禁时日月以报刑部"①。宪宗元和四年（809），又专门为司法机关的审判程序制定了程限，"大理寺检断，不得过二十日；刑部复下，不得过十日。如刑部复有异同，寺司重断，不得过十五日；省司重复，不得过七日。"②穆宗长庆元年（821），"以刑狱淹滞"，又重立决狱程限，"凡大事，大理寺三十五日详断，申刑部，三十日闻奏；中事，大理寺三十日，刑部二十五日；小事，大理寺二十五日，刑部二十日"。并明确规定："所断罪二十件以上为大，十件以上为中，十件以下为小。"③定理决狱程限，有利于提高审判效率，减少案件积压。

　　为了保证审讯及判决的公平，唐代仍沿用前代的审判回避制度，规定："凡鞫狱官与被鞫人有亲属、仇嫌者，皆听更之。"其注对"亲"的解释为："亲，谓五服内亲，及大功以上婚姻之家，并授业经师，为本部都督、刺史、县令，及府佐于府主，皆同换推。"④这里所说的回避，包括亲属之间、师生之间及长官与下级之间，都要实行回避，目的是防止偏袒或有意陷害。凡同职连署、连判的官员，若是大功以上的亲戚，在办理同一案件时也须回避，以防串通作弊。但有时皇帝特意让一些德高望重的大臣与自己的子弟共事，以此为一种表彰，受此殊荣者，更不敢枉法。如中宗时，张柬之表请回自己的家乡襄州养病，中宗特授予襄州刺史，并令其子张漪"随父上任"。而"柬之至襄州，有乡亲旧交抵罪者，必深文致法，无所纵舍"⑤。

---

① 《唐六典》卷六，《刑部郎中员外郎》。

② 《唐会要》卷六六，《大理寺》。

③ 《旧唐书》卷一六，《穆宗纪》。

④ 《唐六典》卷六，《刑部郎中员外郎》。

⑤ 《旧唐书》卷九一，《张柬之传》。

第三节 上诉、申诉与复核

一、上诉

当一审结束、定案后，徒罪以上的判决，必须要"各呼囚及其家属，具告罪名"，当面宣判。如被告人认罪，则当场签写"服辩"，以免反复；若不服则听其"自理"，即可以上诉，但一般由原审司法机关"更为审详"[①]。原审机关据其所诉，重新审理后，如认为原判有误，可以改判；若认为其诉无理，可以驳回，维持原判，但须上报备案。如重审后，"无理者便以元状断定，上刑部。刑部复有异同，更详其情理以申，或改断焉"[②]。其具体程序为：

> 凡有冤滞不申，欲诉理者，先由本司、本贯，或路远而蹉碍者，随近官司断决之。即不伏，当给请"不理状"，至尚书省，左右丞为申详之；又不伏，复给"不理状"，经三司陈诉；又不伏者，上表。受表者又不达，听挝登闻鼓。若茕独老幼不能自申者，乃立肺石之下。[③]

这里共列举了：州县（本司、本贯）—尚书省—三司—皇帝，共四级上诉申诉机关。上诉先由本司，即原审法院；本贯，即户籍所在地法院。但路途较远及交通不便者，可向随近官府申诉。如隋末张允济为武阳县令，元武县与之相邻。元武县民为牛之孳产发生纠纷，本县"累政不能决"。其人到武阳县向张允济投诉，张允济说："尔自有令，何至此也？"知道原因后，为其解决，"元武县司闻之，皆大惭"[④]。本县不能决之事，可向邻县申诉。县

---

① 《唐律疏议》卷三〇，《断狱律·狱结竟取服辩条》。
② 《唐六典》卷一八，《大理寺》。
③ 《唐六典》卷六，《刑部郎中员外郎条》。
④ 《旧唐书》卷一八五上，《良吏上·张允济传》。

一级解决不了的，可向州申诉；州不能解决的，可向尚书省申诉。但中唐以后，观察使府逐渐成为州上一级的申诉机关，使州与尚书省之间又多了一个层次，如开元十年（722）《诉事人先经州县敕》说："若县不为申，州必须举；州不能理，府必为裁。上下相持，冤讼可息。"① 此时的府还是指采访使府，是朝廷派驻地方的监察机构，安史之乱后，改称观察使府，与节度使府逐渐合一，成为州上一级的拥有行政、军事、财政、司法等大权的地方政权。如长庆三年（823），柳公绰为山南东道节度使，其所部邓县有二吏犯法，一犯赃罪，一为舞文。县令以柳公绰一向守法，必杀犯赃者。可柳公绰的判词是："赃吏犯法，法在；奸吏坏法，法亡。"② 所谓"舞文"，即是司法官员以文乱法者，柳公绰以节度使可直接"诛舞文者"，说明其有司法监督权。无独有偶，其子柳仲郢，咸通初（约860）为山南西道节度使：

> 凤州刺史卢方义以轻罪决部民，数日而毙，其妻列诉，又旁引他吏，械系满狱。（柳）仲郢召其妻，谓之曰："刺史科小罪诚人，但本非死刑，虽未出辜，其实病死。"罚方义百直，系者皆释，郡人深感之。③

刺史因轻罪决罚部民，造成死亡，民妻向节度使投诉，节度使以罚金解决，说明节度使也是一级审判机构。

二、申诉

中央法定的申诉机构是尚书省与三司，此外还可向皇帝直诉。唐初尚书省地位显赫，前文曾论述过尚书省左右仆射、左右丞在司法中的作用，开元二年（714）再次颁敕强调：

> 在京有诉冤者，并于尚书省陈牒，所由为理。若稽延致有屈滞

---

① 《唐大诏令集》卷八二，《政事·刑法》。
② 《旧唐书》卷一六五，《柳公绰传》。
③ 《旧唐书》卷一六五，《柳公绰附子仲郢传》。

者，委左右丞及御史台访察闻奏。如未经尚书省，不得辄入三司越诉。①

以左右丞主要负责的尚书都省成为地方州县与中央三司之间的一级申诉机构。左右丞本身是勾检官，勾检徒刑以上的案件，左右仆射掌判流刑和死刑。由于勾检官在唐代官制中所处的特殊地位②，尤其是"左丞官业至重，得弹劾八座，主省内官业，及宗庙祠祭之事，御史纠劾不当，得弹奏之"③。因此，尚书都省从勾检的角度拥有对刑事案件的重审权。如穆宗时，韦弘景为尚书左丞，奉诏与御史台在尚书省详谳杨虞卿"以公事为下吏所讪"之案④。尚书左右丞不仅可以受理州府申诉的案件，甚至还可以直接受理诏狱；不仅可以对地方审理不当的案件驳回重审，甚至对皇帝批准的案狱还可以行使封驳权，封还诏书。如宪宗时，吕元膺为尚书左丞，时"江西观察使裴堪奏虔州刺史李将顺赃状，朝廷不复按，遽贬将顺道州司户"。吕元膺认为："廉使奏刺史赃罪，不复检即谪去，纵堪之词足信，亦不可为天下法。"于是"封还诏书，请发御史按问，宰臣不能夺"⑤。尚书省对不服地方州县审判的上诉案件拥有复审权，由左右丞为之审详；若仍不服者，可再上诉至"三司"。

所谓"三司"，是指由中书、门下二省与御史台所组成的三司。其具体人员是门下给事中、中书舍人和侍御史，"凡国之大狱，三司详决。若刑名不当，轻重或失，则援法例，退而裁之"⑥。门下省的给事中拥有部分司法权，白居易称给事中的职责是"刑狱有未合于理者，得驳正之；天下冤滞无告者，得与御史纠理之"⑦。《唐六典》规定的给事中在司法方面的职责为：

---

① 《唐会要》卷五七，《尚书省诸司上·尚书省》。
② 参见王永兴先生：《唐勾检制研究》，上海古籍出版社 1991 年版。
③ 《唐会要》卷五八，《尚书省诸司中·左右丞》；又参见《新唐书》卷二〇二，《文艺中·孙逖附简传》。
④ 《旧唐书》卷一五七，《韦弘景传》。
⑤ 《唐会要》卷五八，《尚书省诸司中·左右丞》；又参见《旧唐书》卷一五四，《吕元膺传》。
⑥ 《唐六典》卷八，《门下省·给事中》。
⑦ 《白居易集》卷四八，《中书制诰一·郑覃可给事中制》。

"凡天下冤滞未申及官吏刻害者，必听其讼，与御史及中书舍人同计其事宜而申理之"；其注曰"每日令御史一人，共给事中、中书舍人受词讼。若告言官人，事害政者及抑屈者，奏闻；自外依常法"。① 中书舍人"凡察天下冤滞，与给事中及御史三司鞫其事"②。门下省与中书省再加之御史台联合受理词讼，即为三司。《唐六典》称："凡天下之人，有称冤无告者，与三司诘之。"其注曰："三司：御史大夫、中书、门下。大事奏裁，小事专达。"③ 御史大夫是御史台之长官，参与三司受事的实际上是侍御史，"凡三司理事，则与给事中、中书舍人更直于朝堂受表。"其注曰："三司更直，每日一司正受，两司副押，更递如此。其鞫听，亦同"④。这就是所谓的"三司受事"，《通典》对此解释为：侍御史"又分直朝堂，与给事中、中书舍人同受表，理冤讼。迭知一日，谓之'三司受事'"⑤。而《唐律》关于"受表"的规定为："依令：'尚书省诉不得理者，听上表。'受表恒有中书舍人、给事中、御史三司监受。若不于此三司上表，而因公事得入殿庭而诉，是名'越诉'。"⑥

由此可见，三司不仅是一个简单的司法监督机构，而且是一级诉讼机关，其在司法程序中是介于尚书省与皇帝之间的受表机构，主要处治冤滞案件。凡有向三司投诉者，三司受理后必须向皇帝奏报。贞观二十二年（648年），崔仁师为中书侍郎，"会有伏阁上诉者，仁师不奏，太宗以仁师罔上，遂配龚州"⑦。在此三司是一个常设机构，每日有人值班，轮流受理词讼。一般来说，此三司并不直接审讯人犯，处断刑狱，仅在特殊的重大狱案中，由皇帝下诏敕，方才参与审理。如贞观十七年（643），太子李承乾谋反，唐太宗"敕长孙无忌、房玄龄、萧瑀、李世勣与大理、中书、门下参鞫之"；胡

---

① 《唐六典》卷八，《门下省·给事中》。
② 《唐六典》卷九，《中书省·中书舍人》。
③ 《唐六典》卷一三，《御史台·御史大夫》。
④ 《唐六典》卷一三，《御史台·侍御史》。
⑤ 《通典》卷二四，《职官六·御史台》。
⑥ 《唐律疏议》卷二四，《斗讼律·越诉条》。
⑦ 《旧唐书》卷七四，《崔仁师传》。

三省注曰："唐制：凡国之大狱，三司详决。三司，谓给事中、中书舍人与御史参鞫也。今令三省与大理参鞫，重其事。"① 武则天长安三年（703），"时司仆卿张昌宗坐遣术人李弘泰占己有天分，御史中丞宋璟请收付制狱，穷理其罪，则天不许"。桓彦范上疏"伏请付鸾台凤阁三司考竟其罪"②。武则天改中书门下为鸾台凤阁，在此三司俨然一级审判机关。又玄宗开元二年（714），薛王李业之舅王仙童，"侵暴百姓"，遭到御史弹劾，李业为之请求宽免，"敕紫微、黄门复按"，姚崇、卢怀慎等上奏："仙童罪状明白，于是所言无所枉，不可纵舍。"③ 这里的紫微与黄门即中书省与门下省，开元元年改此名，五年恢复。

大历十四年（779），德宗即位，"以刑名理天下，百吏震悚"，乃颁诏曰："天下冤滞，州府不为理，听诣三司使，以中丞、舍人、给事中各一人，日于朝堂受词。推决尚未尽者，听挝登闻鼓。"此诏一下，每日诤讼者击登闻鼓者不断，右金吾将军裴谞上疏说："讼者所争皆细故，若天子一一亲之，则安用吏理乎！"④ 德宗也早不耐烦，顺其谏而复将各讼事归于有司。

唐后期如文宗太和二年（828），吏部南曹卖伪官案，诏御史中丞温造、给事中严休复、中书舍人高铢、左丞韦景休"充三司使推案"⑤。从上述三例看，门下、中书参与办理的案件，都是经皇帝特诏而办的专案，并非其日常事务。三司受表，又称三司受事，只是受理申诉，发现疑点，驳回重审，或交大理寺再审，给事中和中书舍人顶多也只是"参鞫"。

直接向皇帝本人提出的申诉，称为直诉。唐代法定的直诉方式有四种：邀车驾、挝登闻鼓、立肺石，武则天时又增加"投匦"。邀车驾是指在皇帝出行时，以拦在路边称冤的方式申诉；挝登闻鼓是指在皇宫魏阙之下，设有

---

① 《资治通鉴》卷一九七，《唐太宗贞观十七年》。

② 《旧唐书》卷九一，《桓彦范传》。

③ 《资治通鉴》卷二一一，《唐玄宗开元二年》。

④ 《资治通鉴》卷二二五，《唐代宗大历十四年》；又参见《旧唐书》卷一二六，《裴谞传》。

⑤ 《旧唐书》卷一七六，《杨虞卿传》；参见同书卷一六五，《温造传》。

登闻鼓，有冤者可以击鼓的方式申诉；立肺石是指在宫廷门外设置赤色大石，"若茕独老幼不能自申者，乃立肺石之下"。"立于石者，左监门卫奏闻；挝于鼓者，右监门卫奏闻"①。监门卫本是掌管宫廷门禁的护卫军士，在此兼管受理直诉的表章，并负责奏闻皇帝。投匦是指以向朝廷专设的"铜匦"内投递表章的方式申诉。武则天垂拱二年（686），在朝堂的四边列四铜匦，其中在西者为白匦，称"申冤"，"陈抑屈者投之"。据《隋唐嘉话》载：

> 武后时，投匦者或不陈事，而谩以嘲戏之言，于是乃置使先阅
> 其书奏，然后投之，匦院有司，自此始也。②

设匦之初，没有规矩，什么人都可以往匦中乱投书状，谩骂嘲讽之作也时有发生，于是设使预先审阅所投书奏。"以谏议大夫、补阙、拾遗一人充使，知匦事；御史中丞侍御史一人，为理匦使"③。理匦之事也是由门下省、中书省和御史台掌管，"每日所有投书，至暮并进"，这就造成三司受事与投匦的矛盾，直到代宗大历十二年（777），理匦使崔造提出，诸申诉"并合先本司；本司不理，然后省司；省司不理，然后三司；三司不理，然后合报投匦进状。如进状人未经三处，及事非冤屈，辄妄来进状者，不在进限"。对于妄进状者，"今后请并状牒送本司及台府处理"④。正式明确"投匦"是三司上面的一级申诉程序，是直诉的一种方式。敬宗时李渤以谏议大夫充理匦使，上奏曰：

> 事之大者闻奏，次申中书门下，次移诸司。诸司处理不当，再
> 来投匦，即具事奏闻。如妄诉无理，本罪外加一等。准敕告密人付
> 金吾留身待进止。今欲留身后牒台府，冀止绝凶人。⑤

此奏得到批准，成为法定程序。

---

① 《唐六典》卷六，《刑部郎中员外郎》。
② （唐）刘𬟽撰：《隋唐嘉话》卷下。
③ 《新唐书》卷四七，《百官二·门下省》。
④ 《唐会要》卷五五，《省号下·匦》。
⑤ 《旧唐书》卷一七一，《李渤传》。

又文宗时李中敏"拜谏议大夫，充理匦使"，曾建言：

> 据旧例，投匦进状人先以副本呈匦使，或诡异难行者，不令进入。臣检寻文按，不见本敕，所由但云贞元奉宣，恐是一时之事。臣以为本置匦函，每日从内将出，日暮进入，意在使冤滥无告，有司不为申理者，或论时政，或陈利害；宜开其必达之路，所以广聪明而虑幽枉也。若令有司先见，裁其可否，即非重密其事，俾壅塞自伸于九重之意。臣伏请今后所有进状及封事，臣但为引进，取舍可否，断自中旨。庶使名实在兹，以明置匦之本。[①]

说明此时若投匦，须先经有关部门审查投状的副本，若不经批准则无法"上达天聪"。这在某种程度上，限制了投匦陈事者的权利，闭塞了言路。经李中敏上奏，投匦使只管接状递进，而"取舍可否，断自中旨"。文宗从之。

三、复核

唐代统治者非常强调慎用刑罚，贞观元年（627），太宗说：

> 古者断狱，必讯于三槐、九棘之官，今三公、九卿，即其职也。自今以后，大辟罪皆令中书、门下四品以上及尚书九卿议之。如此，庶免冤滥。[②]

其后将此编入《狱官令》，规定："凡决死刑，皆于中书门下详复。"开元二十五年（737）进一步规定："自今以后，有犯死刑，除十恶死罪，造伪头首，劫杀、故杀、谋杀外，宜令中书门下与法官等详所犯轻重，具状闻奏。"[③]贞观五年（631），太宗因一时盛怒，杀大理丞张蕴古，既而后悔，因此下诏曰："凡有死刑，虽令即决，皆须五复五奏。"[④]对死刑要求复核五

---

① 《旧唐书》卷一七一，《李中敏传》。

② （唐）吴兢：《贞观政要》卷八，《论刑法第三十一》。

③ 《唐六典》卷六，《刑部郎中员外郎》。

④ （唐）吴兢：《贞观政要》卷八；《论刑法第三十一》。

次，以后也编入了《唐令》，规定："凡决大辟罪，在京者行决之司五复奏；在外者刑部三复奏。"具体为："在京者，决前一日二复奏，决日三复奏。在外者，初日一复奏，后日再复奏。纵临时有敕，不许复奏，亦准此复奏。"①可见，唐代对死刑的复核是非常慎重的，太宗贞观四年（630），天下断死刑二十九人。高宗即位时，问大理卿唐临在狱系囚之数，唐临回答说："见囚五十余人，惟二人合死。"玄宗开元二十五年（737），"其年刑部断狱，天下死罪惟有五十八人"②。唐前期，死刑复核的程序非常复杂，门下省、中书省、尚书都省、刑部、御史台等，都有死刑复核的法定权力，最后还要由皇帝亲自核定，下达执行的命令。但到中唐以后，这种盛况再也没有出现过，尤其是由军阀控制的藩镇，以军法处决人犯，更不须经朝廷批准，死刑复决的规定已经形同虚设。

对于非死刑的复核，唐代规定：

> 凡天下诸州断罪应审复者，每年正月与吏部择使，取历任清
>
> 勤、明识法理者，仍过中书门下定讫，乃令分道巡复。③

也就是说，地方审复的案件，由吏部委派精明干练、懂法的官员充使，分道巡察复核。复核无误，将复核结果，"使牒与州案"送刑部再复。如州司错判，使司复核无罪，州司也承认原判错误，被告无罪者，听任使者判决释放；如从重改轻者，应降等入流、徒刑者，即从流、徒罪定刑。如使者与州司的意见不同，"各以状申"④。若天下州府有疑狱不能决者，主动上报大理寺详谳；大理寺仍不能决疑，申报尚书省，"尚书省众议之，录可为法者，送秘书省奏报"⑤。唐前期的巡察使、按察使、廉察使、采访使等，都是临事奉制命而行，平时无常设机构，事毕还朝。中唐以后，改为观察使，成为常

---

① 《唐六典》卷六，《刑部郎中员外郎》；又参见《通典》卷一六八，《刑六·考讯附》。

② 《旧唐书》卷五〇，《刑法志》。

③ 《唐六典》卷六，《刑部郎中员外郎》。

④ 《唐六典》卷六，《刑部郎中员外郎》。

⑤ 《文献通考》卷一六六，《刑五·刑制》。

设地方的受理申诉的中央派出机关，百姓诉讼，"先诉于县；县如不治，即诉于州；州治不平，诉于观察使；观察使断遣不当，即可诣台省申诉"①。观察使成为御史台、尚书省与州县之间的申诉机关。

综上所述，唐代统治者通过上诉、复审与复核制度，将司法权完全控制在朝廷手中，这既是专制皇权强化的标志，也表明中国古代中央集权体制在司法领域的最终完成。

第四节　执行

一、死刑的执行

唐代死刑的执行在一切复核程序完成之后才得以进行。执行的时间，依《狱官令》规定，"从立春至秋分，不得奏决死刑"。《断狱律》相应地规定"违者，徒一年"，并进而规定："其所犯虽不待时，若于断屠月及禁杀日而决者，各杖六十。待时而违者，加二等。"②

唐代一方面受儒家天人合一思想的影响，赏以春夏，刑以秋冬；另一方面又受佛教思想的影响，在断屠月与禁杀日，非但不得采捕屠宰，严禁杀生，更不得决杀罪犯。早在武德二年（619）即下诏："自今以后，每年正月九日及每月十斋日，并不得行刑，所在公私，宜断屠钓。"③佛教将每年的五月、九月和正月称为"三长月"，在三长月不准杀生，故又称为"断屠月"，唐代规定断屠月内不执行死刑。禁杀日，即十斋日，又称十直日，指每月一日、八日、十四日、十五日、十八日、二十三日、二十四日、二十八日、

---

① 《五代会要》卷一七，《御史台》。

② 《唐律疏议》卷三〇，《断狱律·立春后秋分前不决死刑条》。

③ 《唐会要》卷四一，《断屠钓》。

二十九日、三十日。一般来说，立春在农历的正月，秋分在九月，实际执行死刑的月份仅有十月、十一月和十二月这三个月，其中每月再除去十斋日，所剩也就六十来天。一年当中只有六十天左右可以执行死刑。当然，对犯"恶逆"以上，即谋反、谋叛、谋大逆、恶逆的犯罪，以及"奴婢、部曲杀主者，不拘此令"①。

死刑的法定处刑方式是斩、绞，一般要求公开执行，"凡决大辟罪皆于市"；五品以上官员，犯非恶逆以上，"听自尽于家"；七品以上及皇族、妇女，"犯非斩者皆绞于隐处"②，即对官员可待之以礼，不公开执行。为防止作弊，在京城者，五品以上官员处死，由大理寺正监决；在外者，由州上佐，即长史、司马、别驾监决。一般平民在京由御史、中书舍人、金吾卫监决；在外由判官监决。监察御史"凡决囚徒，则与中书舍人、金吾将军监之"③。在监决过程中，如发现有明显的冤、假、错案者，应立即停决，奏报皇帝闻知。此项规定，并非徒具虚文。《大唐新语》记载这样一件事：

> 朱履霜好学，明法理。则天朝，长安市屡非时杀人，履霜因入市，闻其称冤声，乘醉入兵围中，大为刑官所责。履霜曰："刑人于市，与众共之。履霜亦明法者，不知其所犯，请详其按。此据令式也，何见责之甚？"刑官唯诺，以按示之。时履霜详其案，遂拔其二。斯须，监刑御史至，诃责履霜。履霜容止自若，剖析分明，御史意少解。履霜曰："准令，当刑能申理者，加阶而编入史，乃侍御史之美也。"御史以闻，两囚竟免。由是名动京师。他日，当刑之家，或可分议者，必求履霜详案。履霜惧不行。死家诉于主司，往往召履霜详究，多所全济。④

朱履霜是个懂得法律的平民，因为喝醉了酒，听到长安刑场处决犯人喊

---

① 《唐律疏议》卷三〇，《断狱律·立春后秋分前不决死刑条》。
② 《唐六典》卷六，《刑部郎中员外郎》。
③ 《唐六典》卷一三，《御史台·监察御史》。
④ （唐）刘肃撰：《大唐新语》卷四，《持法第七》。

冤，就去为之剖理，认为其中两人有冤。监刑御史到后，将其见解上报，此两囚因而免刑。朱履霜的所为，都是"据令式""准令"，也就是说都有法律依据，所以无论是行刑官，还是监斩官，都不能拒绝他。此后，有当刑而冤者家属多来找他"详案"。他酒醒了也不敢再接手了。结果死囚家属"诉于主司"，法官还真找他去"详究"，济活了许多蒙冤的死囚。

处决大辟罪犯，要有"防援"，即负责警卫的士兵押解，一般由金吾卫士充当，"囚一人防援二十人，每一人加五人"。行刑前，"官给酒食"，允许亲人故友辞行。要当场宣告罪状，并在未时后行刑，但不得晚于申时。"其京城及驾所在，决囚日，尚食进蔬食，内教坊及太常寺，并停音乐。"①就是说，在京城及皇帝所在的地方，处决囚犯的当天，皇帝只能吃素食，并停止一切娱乐活动。

唐初对重大犯罪，如谋反等，有"腰斩"处死者，但一般不对尸体加以污辱或凌虐。据史载，夏州都督刘兰，

> 贞观末，以谋反腰斩。右骁骑大将军丘行恭探其心肝而食之。太宗闻而召行恭，让之曰："刑典自有常科，何至于此！必若食逆者心肝而为忠孝，则刘兰之心为太子诸王所食，岂至卿邪？"行恭无以答。②

说明太宗对这种做法十分反感。武则天时滥刑，郝象贤"坐事伏诛，临刑言多不逊，则天大怒，令斩讫仍支解其体，发其父母坟墓，焚爇尸体，处俊亦坐斫棺毁柩。自此法司每将杀人，必先以木丸塞其口，然后加刑，讫于则天之代"③。玄宗即位初（712），为改变这种做法，乃颁制曰：

> 凡有刑人，国之常法，掩骼埋骴，王者用心。自今以后，辄有屠割刑人骨肉者，依法科残害罪。

此制一方面说明唐之"常法"，刑人的尸体应掩埋，一般由家属收尸，

---

① 《通典》卷一八六，《刑典六·考讯附》。
② 《旧唐书》卷六九，《刘兰传》。
③ 《旧唐书》卷八四，《郝处俊附孙象贤传》。

无家属者，官为掩埋；另一方面，现制规定，毁坏他人尸体者，将按"残害"罪科刑。依照《唐律》，"残害死尸"是依"减斗杀罪一等"处治。①

《唐律》规定死刑的方式只有斩与绞二种，玄宗天宝六载（747年）诏曰：

> 朕承大道之训，务好生之德，于今约法，已去极刑。议罪执文，犹存旧日，既措而不用，亦恶闻其名。自今以后，所断绞、斩刑者，宜除削此条，仍令法官约近例详定处分。今断极刑云决重杖以代极刑法，始于此也。②

玄宗自以为是"开元天宝盛世"，竟生废除死刑之心，虽不逢时，其志可旌。但宋代司马光著《资治通鉴》时并不领情，批评玄宗"令削绞、斩条"是，"上慕好生之名，故令应绞、斩者皆重杖流岭南，其实有司率杖杀之"③。如此看来，玄宗此举确有沽名钓誉的味道。安史之乱后，肃宗处治从伪之臣，"决重杖死"二十一人，并将"达奚珣、韦恒乃至腰斩"④。至此，死刑的方式又正式出现了"杖死"。到了德宗建中三年（782），又颁敕说：

> 准唐建中三年八月二十七日敕节文：其十恶中恶逆以上四等罪，请律用刑，其余应合处绞、斩刑，自今以后，并决重杖一顿处死，以代极法。释曰：恶逆以后四等罪，谓谋反、谋大逆、谋叛、恶逆。⑤

这就等于正式宣布死刑的一般处决方式是"杖杀"，而不是法定的绞、斩了。从正史中的记载看，杖杀确实成为唐后期普遍行用的处决方式，其名称除杖杀外，还有"决杀""集众决杀""决痛杖一顿处死"等。近人沈家本对此评说：

> 以法制而言，杖轻于斩、绞，以人身之痛苦言，杖不能速

---

① 《唐律疏议》卷一八，《贼盗律·残害死尸条》。

② 《册府元龟》卷六一二，《刑法部·定律令四》。

③ 《资治通鉴》卷一一五，《唐玄宗天宝六载》。

④ 《旧唐书》卷五〇，《刑法志》。

⑤ 《宋刑统》卷一，《名例律·五刑》。

死，反不如斩、绞之痛苦为时较暂。且杖则血肉淋漓，其形状亦甚惨。①

二、流刑的执行

流刑三等，二千里、二千五百里、三千里，三流俱在流所服役一年。另有加役流，原是死刑，减刑入流，加役二年，共三年。流人妻妾必须随同前往，期满后编入流放地户籍为民。犯罪人本身死后，其随去的家属愿意回原籍者，放回。流人有专人领送，依《令》："季别一遣。若符在季末三十日内至者，听与后季人同遣。"②无故稽留一日者，笞三十。一般将流人送到较大的地区，流放地再派人前往领送。"配西州、伊州者，送凉州；江北人配岭南者，送桂广府；非剑南人配姚、嶲州者，送付益州；取领即还。其凉州等各差专使领送所。领送人皆有程限，不得稽留迟滞。"③流配人在路上每日的行程都有规定："马，日七十里；驴及步人，五十里；车，三十里。"如"配流二千里，准步程合四十日"④。耽误行程者，不仅领送人受罚，若恰好赶上皇帝颁发赦令，过限者不得赦原。"唐京兆尹崔日知处分长安、万年及诸县左降流移人，不许暂停，有违晷刻，所由决杖。无何，日知贬歙县丞，被县家催，求与妻子别不得。"⑤贬官尚且如此，何况一般流人。

流刑中还有一种特殊的"长流"，即皇帝发敕对判流刑的官员服刑期满，不得返还。据说这是经长孙无忌奏定的。"唐赵公长孙无忌奏别敕长流，以为永例。后赵公犯事，敕长流岭南，至死不复回。此亦为法之弊。"⑥

---

① 沈家本：《历代刑法考》卷四，《刑制总考四》。
② 《唐律疏议》卷三〇，《断狱律·徒流送配稽留条》。
③ 《唐六典》卷六，《刑部郎中员外郎》。
④ 《唐律疏议》卷三，《名例律·流配人在道会赦条》。
⑤ （唐）张鷟撰：《朝野佥载·补辑》；转引自《太平广记》卷一二一，《崔日知》。
⑥ （唐）张鷟撰：《朝野佥载·补辑》；转引自《太平广记》卷一二一，《长孙无忌》。

三、徒刑的执行

徒刑的执行方式是配役居作，按规定：

> 在京送将作监，妇人送少府监缝作。外州者供当处官役及修理城隍、仓库及公廨杂使。犯流应居作者亦准此。妇人亦留当州缝作及配春。皆著钳，若无钳者盘枷。病及有保者听脱。不得著巾、带。每旬给假一日，腊、寒食各给二日，不得出所役之院。患假者倍日役之。①

徒刑犯也应及时送至配所，"稽留不送者，一日笞三十，三日加一等"②；掌领囚徒者应监督服刑者从事劳役，应役不役，徒囚生病休病假，病愈后应"陪役"，过限不役者，"过三日，笞三十，三日加一等"③。

对犯徒刑应役者，除"盗及伤人者"外，如"家无兼丁"，即家中没有第二个劳动力者，包括妇女年龄在二十一岁以上者，同兼丁例；而妇人本身犯徒罪，"户内无男夫年二十一以上，亦同无兼丁例"。其徒刑一年，可"加杖一百二十，不居作；一等加二十"④。加杖一百二十，往往可将受刑者打死。如玄宗开元十二年诏：

> 大德曰生，至重曰命，缅观前典，惟刑是恤。比来犯盗，先决一百，虽非死刑，大半殒毙。言念于此，良用恻然。自今以后，敕杖者并宜从宽，决杖六十，一房家口移碛西。⑤

杖一百者，"大半殒毙"，加杖一百二十，甚至可达二百，活者寥寥，故玄宗时又颁诏曰：

> 徒非重刑，而役者寒暑不释械系。杖，古以代肉刑也，或犯非

---

① 《唐六典》卷六，《刑部郎中员外郎》。
② 《唐律疏议》卷三〇，《断狱律·徒流送配稽留条》。
③ 《唐律疏议》卷三〇，《断狱律·领徒囚应役不役条》。
④ 《唐律疏议》卷三，《名例律·犯徒应役家无兼丁条》。
⑤ 《册府元龟》卷六一二，《刑法部·定律令四》。

巨蠹，而捶以至死，其皆免，以配诸军自效。①

将犯徒罪、杖罪的人"配诸军以自效"，这是开后世补兵、充军之先河。

四、笞杖刑的执行

唐《令》规定，笞、杖之罪，县决之；"诸犯罪在市，杖以下市决之，应合荫赎及徒以上送县。其在京市，非京兆府，并送大理寺。"②京师百官犯杖罪，经大理寺判决即可执行，不必报送刑部复核。

唐代的杖刑是使用比较乱的，皇帝往往根据个人的好恶杖罚大臣。如贞观七年（633），都官郎中薛仁方因处置蜀王妃父杨誉不当，引起太宗大怒，"即令杖仁方一百"，后经魏征谏止，"乃令杖二十而赦之"③。玄宗开元三年（715），"御史大夫宋璟坐监朝堂杖人轻，贬睦州刺史"④。张廷珪为黄门侍郎，当时有监察御史蒋挺"监决杖刑稍轻"，玄宗命于"朝堂杖之"，张廷珪奏曰："御史宪司，清望耳目之官，有犯当杀即杀，当流即流，不可决杖。士可杀，不可辱也。"⑤开元十年（722），张嘉贞为宰相，秘书监姜皎犯罪，张嘉贞"请杖之"，广州都督裴伷先下狱，张嘉贞"又请杖之"。兵部尚书张说反对，张说对张嘉贞说："宰相者，时来即为，岂能长据？若贵臣尽当可杖，但恐吾等行当及之。此言非为伷先，乃为天下士君子也。"⑥官员犯笞杖之罪，本据律可以铜赎，或计入考课，计负为殿，不必真杖。但七品以下官受杖责很普遍。

中唐以后，多以制敕处断特殊案件，制敕处分则可不依法定五刑，皆以

---

① 《新唐书》卷五六，《刑法志》。
② 《通典》卷一六八，《刑六·考讯附》。
③ 《贞观政要》卷二，《论纳谏第五》。
④ 《资治通鉴》卷一一一，《唐玄宗开元三年》。
⑤ 《旧唐书》卷一〇一，《张廷珪传》。
⑥ 《旧唐书》卷九九，《张嘉贞传》。

决杖为罚。其死刑或以"决杀""集众决杀""与痛杖一顿处死"等明文处决。但还有许多本不欲处死的，因其敕仅仅写"与一顿杖""重杖一顿""痛杖一顿"或"至到与一顿杖"，并没有说明具体杖数。这样，行罚之人，可轻重其手，因缘为市。至宝应元年（762），代宗即位，又定："制敕处分，与一顿杖者，决四十；至到与一顿杖及重杖一顿，并六十；无文至死者，为准式处分。"① 明确了不言死刑者，"并不至死"。但能否认真执行，则又是另一回事了。如宪宗时王遂为观察使，"其所制笞杖，率逾常制"，他死后，"监军使封其杖进呈，上令出示于朝，以诫廉使"②。宣宗大中七年（853）颁敕明确规定："自今法司处罪，用常行杖。杖脊一，折法杖十；杖臀一，折笞五。使吏用法有常准。"③ 这又当是宋代"折杖法"的滥觞。

第五节　司法监督制度的多重性

一、魏晋南北朝的司法监督

东汉末年，天下大乱，"是时杀生之柄，决于牧守"④。魏文帝即位后，

> 是时天下初复，州郡多不摄。遂曰："州本以御史出监诸郡，以六条诏书察长吏二千石已下，故其状皆言严能鹰扬有督察之才，不言安静宽仁有恺悌之德也。今长吏慢法，盗贼公行，州知而不纠，天下复何取正乎？"兵曹从事受前刺史假，遂到官数月，乃还；考竟其二千石以下阿纵不如法者，皆举奏免之。帝曰："遂真刺史

---

① 《唐会要》卷三九，《议刑轻重》。
② 《旧唐书》卷一六二，《王遂传》。
③ 《资治通鉴》卷二四九，《唐宣宗大中七年》。
④ 《三国志》卷一八，《魏书·李通传》。

矣。"布告天下，当以豫州为法。赐爵关内侯。①

在贾逵的建议和推行下，恢复了汉代以刺史督察郡县的惯例。明帝即位后，常言："狱者，天下之性命也。"设听讼观，每有大狱案，"常幸观临听之"。司马芝上疏："诸应死罪者，皆当先表须报。"② 要求将死刑的复决权收归朝廷。青龙四年（236），颁诏曰："诸有死罪具狱以定，非谋反及手杀人，亟语其亲治。有乞恩者，使与奏当文书俱上，朕将思所以全之。其布告天下，使明朕意。"③ 皇帝将死刑的复决权掌握到自己手中。魏晋以降，皇帝多以"录囚"的方式，直接对司法进行监督。

除了皇帝本人直接监督司法外，其主要依靠御史来监督中央一级的司法。据《晋书·职官志》载：

> 及魏，又置治书执法，掌奏劾，而治书侍御史掌律令，二官俱置。及晋，惟置治书侍御史，员四人。泰始四年，又置黄沙狱治书侍御史一人，秩与中丞同，掌诏狱及廷尉不当者治之。④

隋文帝"建台置官"，又以尚书左仆射对"御史纠不当者，兼纠弹之"⑤。隋炀帝大业三年（607年），"增置谒者、司隶二台，并御史台为三台"。其中以司隶台掌巡察京畿内外，加强了中央对地方的司法监督。

二、唐代的司法监督

（一）中书门下两省监督司法

1. 两省官的监督作用

中书省与门下省合称"两省"，又称作"北省"，是唐王朝中央政府的决

---

① 《三国志》卷一五，《魏书·贾逵传》。

② 《三国志》卷一二，《魏书·司马芝传》。

③ 《三国志》卷三，《魏书·明帝纪》。

④ 《晋书》卷二四，《职官志·治书侍御史条》。

⑤ 《隋书》卷二八，《百官志下》。

策机关，具有立法机关的性质。中书省的职责是"掌军国之政令"，"盖以佐天子而执大政者也"①；门下省的职责是"掌出纳帝命"，"所谓佐天子而统大政者也"②。凡国家大政，包括法律的颁布，一般都要由中书省草为诏敕，门下省复核后，方可正式颁发，宣告天下。唐太宗十分重视中书、门下的作用，曾说："中书、门下，机要之司，擢才而居，委任实重，诏敕如有不稳便者，皆应执论。"③

唐初定制："凡军国大事，则中书舍人各执己见，杂署其名，谓之五花判事。中书侍郎、中书令省审之，给事中、黄门侍郎驳正之。"④国家所有的公文都要经过中书、门下两省颁发。在司法监督方面，唐太宗在贞观元年（627）即规定："自今以后，大辟罪，皆令中书、门下四品以上及尚书九卿议之。如此，庶免冤滥。"⑤以后又扩大为五品以上，并将门下省的复核作为定制，"自今门下复理，有据法合死而情可宥者，宜录状奏"⑥。真正从事司法监督的实际上是给事中和中书舍人，而给事中与中书舍人是以和侍御史组成的"三司受事"来对上诉到中书门下的狱案进行复核。"凡国之大狱，三司详决，若刑名不当，轻重或失，则援法例退而裁之。"⑦

由于中书令与门下侍中是中书、门下两省的长官，又兼宰相，故其也可以对司法进行监督。如太宗时，杨纂为长安县令，"有妇人袁氏妖逆，为人所告，纂究问之，不得其状。袁氏后又事发，伏诛，太宗以为纂为不忠，将杀之。中书令温彦博以纂过误，罪不至死，固谏，乃赦之"⑧。中书令实际上是以"议"的方式对司法进行监督。武则天长安四年（704），宠臣"张宗昌

① 《唐六典》卷九，《中书省·中书令条》。
② 《唐六典》卷八，《门下省·侍中条》。
③ 《贞观政要》卷一，《论政体第二》。
④ 《资治通鉴》卷一九三，《唐太宗贞观三年》。
⑤ 《贞观政要》卷八，《论刑法第三十一》。
⑥ 《旧唐书》卷五〇，《刑法志》。
⑦ 《唐六典》卷八，《门下省给事中条》。
⑧ 《旧唐书》卷七七，《杨纂传》。

坐遣术人李弘泰占己有天分，御史中丞宋璟请收付制狱，穷理其罪"，司刑少卿桓彦范上疏"伏请付鸾台凤阁三司考竟其罪"①。鸾台凤阁即武则天时的中书门下。又玄宗开元二年（714），宗室"薛王业之舅王仙童，侵暴百姓，御史弹劾，（李）业为之请，敕紫微黄门复按。"紫微即中书省，黄门即门下省，当时的紫微令姚崇、黄门监卢怀慎奏曰："仙童罪状明白，御史所言无所枉，不可纵舍。"②可见当时中书门下对司法还是能够起到有效的监督作用。代宗时韩滉为给事中，"时盗杀富平令韦当，县里捕获贼党，而名隶北军，监军鱼朝恩以有武材，请诏原其罪。滉密疏驳奏，贼遂伏辜"③。唐后期宣宗大中九年（855），右威卫大将军康季荣"擅用官钱二百万缗，事觉，季荣请以家财偿之。上以季荣有开河、湟功，许之。给事中封还敕书，谏官亦上言"。宣宗无奈，只得，"贬季荣夔州长史"④。功臣挪用公款，事发后，本人愿用家财补偿，皇帝批准了，给事中仍可驳回，说明给事中的监督作用仍在发挥。中书门下两省以详议、复核以及封驳的方式，行使立法机关对司法的监督权。

2. 谏官的监督作用

唐代中书门下对司法的监督，与谏官的设置有很大关系。唐初十分重视隋亡的历史教训，在高祖起兵的当年，即有万年县法曹孙伏伽上谏书，认为："隋后主所以失天下者何也？止为不闻其过。当时非无直言之士，由君不受谏。"并上表请置谏官，"高祖皆纳焉"⑤。平日对司法活动进行监督的谏官是谏议大夫和左右补阙、拾遗。武德五年（622），始置谏议大夫四员，以为专职谏诤官员。太宗即位之初，魏征、王珪皆为谏议大夫，太宗采纳王珪的建议，"敕中书门下及三品以上入阁，必遣谏官随之"⑥，以便"有失

---

① 《旧唐书》卷九一，《桓彦范传》；又见《资治通鉴》卷二〇七，《唐则天后长安四年》。

② 《资治通鉴》卷二一一，《唐玄宗开元二年》。

③ 《旧唐书》卷 二九，《韩滉传》。

④ 《资治通鉴》卷二四九，《唐宣宗大中九年》。

⑤ 《旧唐书》卷七五，《孙伏伽传》。

⑥ 《旧唐书》卷七〇，《王珪传》。

辄谏"①。并诏"每宰相入内平章大事，必使谏官随入，与闻政事"②。其后，太宗又多次强调谏官应对中书、门下二省的诏敕进行"执论"；对国家的政策、法令及组织、人事等事宜，如认为有不妥者，应以言谏；甚至对皇帝的言行，也可以进行监督、规谏。这样，在太宗朝，就以法律的形式正式确立了谏官监察的法定地位。

武则天执政后的第一年，垂拱元年（685），即对谏诤制度进行了较大规模的改造。首先，加置左右补阙（秩从七品上）、左右拾遗（秩从八品上）各二员，从而增加了谏官的人数，尤其是补阙、拾遗的品秩较低，一般多以科举新进的年轻人担任，并注重其人选，故使当时的谏官较能发挥其应有的作用。其次，改谏官由门下一省统辖，为门下、中书二省分隶。以左补阙、左拾遗隶门下省，右补阙、右拾遗则隶于中书省。这一改造，从积极意义上讲，将门下一省掌规谏，改为门下、中书二省同掌，使最重要的决策和立法机构同时都具有规谏职能，扩大了谏诤组织。但从消极意义上看，太宗时的谏官，多以监督宰相和君王为主要职责；武则天改二省同掌谏诤之权，从某种含义上讲是为了让门下、中书这两个最高决策机构互相监督，以便于她个人从中操纵。这样，谏官的监察就与御史的监察一样，成为专制王权下监督百官的监察机关，君王本人仍置身于监督之外。这与武则天的一系列改制是相呼应的，武则天将御史台改成了专门办理制狱的办案机构，又扩大了谏官组织来从事监察。第三，武则天又于垂拱二年（686），命铸造四只铜匦，以谏议大夫、补阙、拾遗各一人为知匦使以掌之，并以御史中丞、侍御史一人充理匦使。知匦使专知受理词状，每日清理所有投书，至晚送达于上，事关紧要者可当时处断；理匦使则接受知匦使所送之状，进行审理处断，重要之事可直接奏报君主。③徐有功曾上疏，批评三司理匦使效率低下说："其三司受表及理匦申冤使，不速与夺，致令拥塞，有理不为申者，亦望准前弹奏，

① 《资治通鉴》卷一九二，《唐太宗贞观元年》。
② 《通典》卷二一，《职官三·门下省》。
③ 《唐会要》卷五五，《匦》。

贬考夺禄。"① 以后四瓯合为一瓯，这是谏官监督司法的重要方式之一。但这种投瓯的监督方式，其有效性值得怀疑，如：

> 张易之兄弟骄贵，强夺庄宅、奴婢、姬妾不可胜数。昌期于万年县街内行，逢一女，人婿抱儿相逐。昌期马鞭拨其头巾，女妇骂之。昌期顾谓奴曰："横驮将来。"婿投瓯三四状，并不出。昌期捉送万年县，诬以他罪，决死之。昌仪常谓人曰："丈夫当如此：今时千人推我不能倒；及其败也，万人擎我不能起。"俄而事败，兄弟俱斩。②

张易之得宠于武则天，其兄弟抢男霸女，被抢妇女的丈夫"投瓯三四状"也无人搭理，最后还将投状人"诬以他罪决死之"。此时，那些谏官也消失得无影无踪。

谏官行使监督权，主要是针对时政陈述得失。既可以针对具体问题向君主本人提意见，也可以直接陈述宰相等政事之得失。至于对朝廷百官的监督则更不在话下。谏官的监督不是以司法等强制手段，而是以"廷议"，即对皇帝当面陈述政见、谏议；二是"上封"，即以书面形式，上书陈述时政得失，官员善恶。如武则天时右补阙朱敬则曾上疏言事，谏武则天"宜绝告密罗织之徒"，并"改法制，立章程"等，武则天虽不可能接受他的意见，仍"甚善之"，还"赐帛三百段"③。又如：

> 则天朝，契丹寇河北，武懿宗将兵讨之，畏懦不进。比贼退散后，乃奏沧、瀛等州诖误者数百家。左拾遗王永礼廷折之曰："素无良吏教习，城池又不完固，遇贼畏惧，苟从之以求生，岂其素有背叛之心耶？懿宗拥兵数万，闻贼辄退走，失城邑，罪当诛戮。今乃移祸草泽诖误之人以自解，岂为臣之道。请斩懿宗，以谢河北百姓。"懿宗惶惧。诸诖误者悉免。④

---

① 《旧唐书》卷八五，《徐有功传》。

② （唐）张鷟撰：《朝野金载》补辑；引自《太平广记》卷二六三，《张易之兄弟》。

③ 《旧唐书》卷九〇，《朱敬则传》；又《资治通鉴》卷二〇五，《唐则天后长寿元年》。

④ （唐）刘肃撰：《大唐新语》卷二《刚正第四》。

武懿宗自己无能领兵退敌，却将数百家百姓诬为贼。左拾遗王永礼当庭上奏折"请斩懿宗以谢河北百姓"。虽未能达到斩武懿宗的目的，毕竟使"诸诖误者悉免"。

长安三年（703），宰相魏元忠、凤阁舍人张说为张易之兄弟所构陷，下狱将被处死，又是朱敬则，此时升为正谏大夫（谏议大夫），在众宰相无敢言的情况下，"独抗疏申理"，使之"乃得减死"。至于由谏官纠正的冤、假、错案也不可胜数。德宗贞元十一年（795），宰相陆贽等遭裴延龄诬陷，无人敢救。阳城自处士征为谏议大夫，平日不进一言，此时"帅拾遗王仲舒、归登、右补阙熊执易、崔邠等守延英门，上疏论延龄奸佞，贽等无罪"[1]。此举虽未能改变德宗之意，却得到时议的肯定，八十岁的金吾将军张万福听说后，赶到延英门，大声说："诸谏议能如此言事，天下安得不太平？"

谏诤制度是在君主专制体制下，对最高统治者实行监督的一种方式，在一定的条件下，也曾对君王本人起到有限的监督作用。这主要取决于君主个人的开明与否及政治斗争的需要。唐太宗、高宗、玄宗统治初期，为政清明，肯于虚心纳谏，谏官也敢于直言，谏诤制度也就能够发挥其作用。武则天时期，利用谏官，排除异己，打击政敌，谏诤制度成为政治斗争的工具。而当君主个人品质发生变化，如玄宗后期，贪图安逸，不愿听取不同意见，谏官进言，多被贬斥，言路渐被堵塞。开元二十四年（736），补阙杜琎上书言政事，第二天即被黜斥为外县县令。奸相李林甫就此事劝其余谏官说："明主在上，群臣就顺不暇，亦何所论？君等独不见立仗马乎，终日无声，而饫三品刍豆；一鸣，则黜之矣。后虽欲不鸣，得乎？"从此，谏诤之路断绝。史称："林甫居相位凡十九年，固宠市权，蔽欺天子耳目，谏官皆持禄养资，无敢正言者。"[2]谏诤制度被统治者自己破坏，曾任右补阙的起居郎吴竞上疏警告："自古人臣不谏则国危，谏则身危"；"夫帝王之德，莫盛于

---

① 《旧唐书》卷一九二，《隐逸·阳城传》；又《资治通鉴》卷二三五，《唐德宗贞元十一年》。
② 《新唐书》卷二二三，《奸臣上·李林甫传》。

纳谏"，并列举桀、纣及隋炀帝因拒谏而亡国的例子，希望玄宗对"能直言正谏不避死亡之诛者，特加宠荣"①。然而玄宗对此也不能接受，最终导致了"安史之乱"，几乎断送了唐王朝的天下。但谏诤制度的建立，对后世的影响极大，谏官与御史成为司法监督的主要力量，合称为"台谏"。

(二) 御史台对司法的监察

唐朝最主要的专职监察机关就是御史台，由御史台行使的监察权，叫做"台官监察"。唐玄宗时，御史台体制更加趋于完善、规范，御史台"三院"，台院、殿院、察院制开始形成。三院御史行使监察权，各有其侧重点。台院侍御史以弹奏为基本职责，重点在纠弹职位较高的官员。殿院殿中侍御史以"知班"为主要职责，即在百官朝班时，殿中侍御史列于阁门之外，"百僚班序有离立、失列、言嚣而不肃者，则纠罚之"②。察院监察御史则以出使巡按为其主要职责，一般出巡的目的是纠察地方官吏贪赃不法的行为及受理地方重大刑狱和上诉案件的复审。同时，三院御史的职掌又互有交叉，如弹奏之责，三院御史皆有；出巡本应由监察御史，但"州县官有罪，品高则侍御史，卑则监察御史按之"③，即在州县高官犯事须委使按察时，侍御史也可出使巡按。

御史因其为"治官之官"，故对其"选任尤重"。唐代选官，皆由吏部注拟，五品以上皇帝敕授，六品以下奏授。侍御史、殿中侍御史、监察御史虽为六至八品官，但因地位特殊，职责重要，故多为敕授；即使有吏部注拟者，在过门下省复议时，也多数会被否决。一般御史由朝中高官荐举，皇帝认可后则敕授，但若被荐的御史出了问题，则举荐者也要负连带责任。如宰相张九龄曾荐周子谅为监察御史，开元二十五年（737），周子谅因弹劾牛仙客，触怒玄宗，"令于朝堂决杀之"，张九龄也以"坐引非其人"，左迁为

---

① 《新唐书》卷一三二，《吴竞传》。
② 《通典》卷二四，《职官六·御史台》。
③ 《资治通鉴》卷二〇七，《唐则天后长安四年》。

荆州长史①。监察官员若利用职权，挟私诬陷他人者，按诬告反坐的原则处以刑罚。据《唐律》规定："诸诬告人者，各反坐。即纠弹之官，挟私弹事不实者，亦如之。"②在对监察官员的考课方面，《唐令》则规定"访察精审，弹举必当，为纠正之最"③。

（三）尚书省与勾官对司法的监察

1. 尚书都省的监督

在唐代的官制体系中，从中央到地方，内外官府，皆有勾官设置，成为一套独立的以勾检为手段的行政、财政监察系统。这也是唐代官制中最具特色的部分。

唐代勾检制度的最高部门是尚书都省。这是中央领导机构设在行政机关内部的监督部门。

尚书都省以左、右丞为最高勾检官，其左丞正四品上，右丞正四品下。《唐六典》说："左右丞掌管辖省事，纠举宪章，以辨六官之仪制，而正百僚之文法。"唐人也称尚书都省为"勾曹"，"右丞官居省辖，职在纠绳"；"左丞品秩既高，又居纲辖之地"④，其意都是说左右丞行使最高勾检之权。勾检官实际上是独立于御史台之外的监察部门。《册府元龟》将尚书都省归于"宪官部"，其"序"说："尚书左右丞，掌纠举宪章，御史纠劾不当者，兼得弹奏，亦宪官之任也。"⑤也即是说，尚书左右丞的职责相当于御史之任。

尚书都省左右司郎中、员外郎的主要职能也是勾检。《唐六典》说："左右司郎中、员外郎各掌付十有二司之事，以举正稽违，省署符目，都事监而受焉。"左右两司各辖三部十二司的勾检职责。

---

① 《旧唐书》卷九九，《张九龄传》。
② 《唐律疏议》卷二三，《斗讼律·诬告反坐条》。
③ 《唐六典》卷二，《考功郎中员外郎条》。
④ 《唐会要》卷五八，《尚书都省左右丞》。
⑤ 《册府元龟》卷五一二，《宪官部·总序》。

尚书省的长官左、右仆射在唐初为当然之宰相，其与左、右丞对"御史纠劾不当者，兼得弹之"，说明其拥有对御史的监督权。这可说是最高层次的勾检权。"凡都省掌举诸司之纲纪与百僚之程式，以正邦理，以宣邦教"①。故唐人又称勾检官为"纲纪之官"。

尚书左右丞的勾检范围几乎无所不包。唐太宗曾有敕："尚书细务属左右丞，惟大事应奏者乃关仆射"②。尚书左丞"掌管辖诸司，纠正省内，勾吏部、户部、礼部十二司，通判都省、寺；若右丞阙，则并行之。右丞管兵部、刑部、工部十二司；若左丞阙，右丞兼知其事。御史有纠劾不当，兼得弹之。"③尚书省诸司文案皆须由都省发付，诸司判完后须送还都省，经都省"勾检稽失"，然后发出。左右丞"坐曹得出入郎官，立朝得奏弹御史"④，即对尚书省诸司的郎中、员外郎人选具有人事审核权，甚至对御史都可行使纠弹权。此外，在司法方面，尚书都省还是尚书刑部之上的一级上诉机构，州县诸司冤滞案件，有不服上诉者，须"至尚书省，左右丞为申诉之；又不伏，复给不理状，经三司陈诉；又不伏者，上表"⑤。左右丞以"复理"的方式对州县的审判进行监督。武则天时的宰相狄仁杰曾就此说："左右丞，徒以下不勾；左右相，流以上乃判"⑥。尚书都省对天下徒、流以上的案狱进行勾判，一般并不直接参与审判，而是通过勾检的方式对司法机关进行监督，甚至可对生效的判决实行"封驳"。如德宗时吕元膺为尚书左丞：

> 江西观察使裴堪奏虔州刺史李将顺赃状，朝廷不复按，遽贬将顺道州司户。（吕）元膺曰："廉使奏刺史赃罪，不复检即谪去，纵堪之词足信，亦不可为天下法。"又封诏书，请发御史按问，宰臣

① 《旧唐书》卷四三，《职官二·尚书都省》。
② 《唐会要》卷五七，《尚书都省左右仆射》。
③ 《旧唐书》卷四三，《职官二·尚书都省》。
④ 《白居易集》卷四八，《中书制诰·庾承宣可尚书右丞制》。
⑤ 《唐六典》卷六，《刑部郎中员外郎条》。
⑥ 《资治通鉴》卷二〇四，《唐则天后天授二年》。

不能夺。①

尚书丞有时也可参与审判，如孔戣在宪宗时为尚书左丞：

（元和）九年，信州刺史李位为州将韦岳谗谮于本使监军高重谦，言位结聚术士，以图不轨。追位至京师，鞫于禁中。（孔）戣奏曰："刺史得罪，合归法司按问，不合劾于内仗。"乃出付御史台，戣与三司讯得其状。位好黄老道，时修斋箓。与山人王恭合炼药物，别无逆状。以岳诬告，决杀。贬位建州司马。时非戣论谏，罪在不测。②

孔戣可谓名副其实地行使尚书丞的司法监督权，从程序上否定了将刺史"劾于内仗"，并参与与三司使共同审理此案，将诬告者"决杀"。又韦弘景于穆宗时为尚书左丞：

（韦）弘景以鲠亮称，及居纲辖之地，郎吏望风修整。会吏部员外郎杨虞卿以公事为下吏所讪，狱未能辨，诏下弘景与宪司就尚书省详谳。虞卿多朋游，人多向附之。弘景素所不悦，时已请告在第，及准诏就召，以公服来谒。弘景谓之曰："有敕推公。"虞卿失色自退。③

此三案，前者是以封驳的方式对地方上报的案件进行监督，其二以上奏并参审，后者则直接参与办案，这些都是尚书省监督司法的实际方式。

2. 录事参军的监督

地方州县的勾检官是录事参军（或司录参军）、主簿、录事等，也可对州、县长官刺史、县令等进行监督、检察。州府的户曹、仓曹、兵曹、法曹、功曹、士曹等机构合称为"判司"；而从事勾检的"录事司"，则称为"勾司"，或"纠曹"。唐人极重勾官，据肃宗乾元元年制载："凡县令、

---

① 《旧唐书》卷一五四，《吕元膺传》。
② 《旧唐书》卷一五四，《孔戣传》。
③ 《旧唐书》卷一五七，《韦弘景传》。

判司与录事异礼，尊其任也。"① 乾元以后，录事参军的品秩较同级判司加升一级。于邵在其《京兆府司录加秩记》中说："天下纠曹而加秩，以为此官郡府之枢，辖政之小大，自我褒贬，若网之在纲，犹衣之有领，会人存政举，所益者多。"② 著名诗人杜甫曾有诗赠阆州录事参军韦讽："操持纲纪地，喜见朱丝直。当令豪夺吏，从此无颜色。若必救疮痍，先应去蟊贼。"③ 可见录事参军监察地方吏治职责之一斑。总之，州、府的录事参军，"皆操纪律，纠正诸曹，与尚书省左、右丞纪纲六联略同"④。实际上，录事参军对地方长官也负有监察使命。如高宗时，杜景俭为益州录事参军时，"时隆州司马房嗣业除益州司马，除书未到，即欲视事，又鞭笞僚吏，将以示威。"杜景俭劝之不听，"乃叱左右各令罢散，嗣业惭赧而止"。不久"有制除嗣业荆州司马，竟不如志"。时人之语曰："录事意，与天通，益州司马折威风。"⑤ 唐初州司马是实官，在长官有阙时可代行长官职权，益州是大都督府，司马为从四品下阶，而录事参军不过正七品上，却可制约其行使职权，关键是其意可"与天通"，即直接可向皇帝汇报情况，即监督地方长官。又如德宗时，乔琳曾历任果、绵、遂、怀四州刺史，曾对其属录事参军任绍业说："子纲纪一州，能劾刺史乎？"任绍业随即拿出他记录乔琳任职期间所犯的过失给他看，使乔琳大惊失色，说："能知吾失，御史材也。"⑥ 说明录事参军在地方起着御史的作用。录事参军还负有对所辖县的官吏进行考课的职责，如武则天时，李祥为监亭尉，"因校考为录事参军所挤排"，不服，对刺史说："录事恃纠曹之权，（李）祥当要居之地，为其妄褒贬耳。"刺史让他"试论录事状"。李祥遂授笔写道："怯断大案，好勾小稽。隐自不清，疑他总浊。阶前两竞，斗困方休。狱里囚

① 《通典》卷三三，《职官一五·总论州佐注》。

② 《全唐文》卷四二九，于劭：《京兆府司录加秩记》。

③ 《少陵集详注》卷一一二，《送韦讽阆州录事参军》。

④ 《唐会要》卷五八，《尚书都省左右丞》。

⑤ 《旧唐书》卷九〇，《杜景俭传》。

⑥ 《新唐书》卷二二四，《叛臣·乔琳传》。

徒，非赦不出。"① 成为当时最大的谈笑内容。《隋唐嘉话》还记载了这样一件事：

> 张同州沛之在州也，任正名为录事，刘幽求为朝邑尉。沛奴下诸官，而独呼二公为刘大、任大，若平常之交。今上（指唐玄宗）之诛韦氏，沛兄涉为殿中监，见杀，并令诛沛。沛将出就州，正名时假在家，闻之遽出，曰："朝廷初有大难，同州京之佐辅，奈何单使一至，便害州将，请以死守之。"于是劝令覆奏，因送沛于狱曰："正名若死，使君可忧，不然无虑也。"时方立元勋，用事于中，竟脱沛于难，二公之力。②

录事任正名以"覆奏"使张沛免于死刑之灾。

勾官由于其地位职务的特殊性，对其选任也十分严格。唐太宗曾亲自举选戴胄、魏征、房玄龄、刘洎等为尚书左右丞。州录事参军也由吏部选注，必须是原来政绩优异者，方能入选，中书门下还要"更审详择"。对勾官的考绩，规定为："明于勘复，稽失无隐，为勾检之最。"③ 若判司文案有误，勾官勾检不利，未能觉察，使错误的公文书发出生效，勾检官与判官都要承担责任，判官若得罪，勾官以连坐减等处罚。据《唐律疏议·名例律·同职犯公坐条》规定："检、勾之官，同下从之罪。"其疏议曰："检者，谓发辰检稽失，诸司录事之类；勾者，署名勾讫，录事参军之类。皆同下从：若有四等官，同四等从；有三等官，同三等从；有二等官，同二等从。"勾检之官，在同职犯罪中，以最低等处罚。从敦煌吐鲁番发现的大量官文书中，都可看到各种司法文书如"辩""判"中，都有录事参军与录事的勾判④。司法文书都要经过录事参军之手，甚至皇帝的赦令也要由录事参军宣布。据《稽神

---

① （唐）刘肃撰：《大唐新语》卷二，《刚正第四》。
② （唐）刘𫗧撰：《隋唐嘉话》卷下。
③ 《唐六典》卷二，《吏部考功郎中员外郎条》。
④ 有关勾检制度的详情，可参考王永兴教授之《唐勾检制研究》，上海古籍出版社1991年版。

录》记载："袁州录事参军王某，尝劾一盗，狱具而遇赦。王以盗罪□不可恕，乃先杀之而后宣赦。"①录事参军是中央派驻地方州一级的行政及司法监督官员，县则由主簿为勾检官，"掌付事勾稽，省署抄目，纠正非违，监印，给纸笔、杂用之事"；另有录事"掌受事发辰，勾检稽失"②，是县级的行政与司法监督官。

（四）巡察使对地方的司法监督

以朝官出使，分巡天下州县，是两汉以来中央对地方进行监察的传统做法。隋唐时期，沿用这一制度。唐太宗十分重视吏治，他担心地方官员残害百姓，将都督、刺史的姓名录在屏风上，随时记录他们的作为。但一人之力，毕竟有限，不可能顾及如此众多的州官，太宗同时使用传统的办法，遣使巡察天下，监察州县官吏，以奖惩之。杜佑在论述唐代官制的特点时说："设官以经之，置使以纬之。"③此论是极其精辟恰当的。所谓"使"，是指由皇帝临时派出执行某种政务的官员。一般来说，有事则置使，事毕则罢。用置使的方法，来弥补设官中的漏洞，官与使形成了一套网络，这就是"官经使纬"的官制格局。

唐代巡察州县的使官有两类：一类是御史台的监察御史巡行天下，每年两次，春曰"风俗"，夏曰"廉察"。武则天时，曾采用隋炀帝建立肃政台的办法，设立右御史台，又改称为"右肃政台"，作为监察州县的专门机构。玄宗时，虽又将左右肃政台合为一御史台，但监察御史巡察州县并没因此而取消。颜真卿为监察御史，"充河西陇右军试覆屯交兵使。五原有冤狱，久不决，真卿至，立辩之。天方旱，狱决乃雨，郡人呼之为'御史雨'"④。御史监察出巡，定有专门的监察条例：

---

① 《太平广记》卷一二四，《报应·冤报·袁州录事》，引《稽神录》。
② 《唐六典》卷三〇，《三府督护州县官吏》。
③ 《通典》卷一九，《职官一·职官总序》。
④ 《旧唐书》卷一二八，《颜真卿传》。

其一，察官人善恶；其二，察户口流散，账籍隐没，赋役不均；其三，察农桑不勤，仓库减耗；其四，察妖猾盗贼，不事生业，为私蠹害；其五，察德行孝悌，茂材异等，藏器晦迹，应时用者；其六，察黠吏豪宗兼并纵暴，贫弱冤苦不能自申者。①

第二类遣使巡察地方的办法是，以品秩较高的朝官充巡察大使、黜陟大使等，或以地方高官充使，但只能巡察邻道，不得巡省本道，其目的在于回避。此外还派监察御史定期出巡州县，监督地方吏治。贞观二十年（646）正月，"遣大理卿孙伏伽等二十二人，以六条巡察四方，多所贬黜举奏。太宗名褚遂良以其类，具状以闻。及是，亲自临决，以能官进擢者二十人，罪死七人，流罪以下及免黜者数百人。"②巡察使到地方巡察狱案，若结果与州府一致，则报送刑部复核。"若州府妄断，使推无罪，州司款伏烁然无罪者，任使判放。"③高宗时，刘祥道为司刑太常伯（刑部尚书），"诏巡察关内道，多振冤狱"④。

但无论是朝官大员出巡，还是御史出使，都具有临时性，事毕朝官归省、寺，御史回台，暂出即还，都不常驻地方。到中宗时，情况开始发生变化，唐帝国人口从武德初时的200万户，约1000万人，增加到615万户，3714万余口⑤。人多则事繁，加之统治者本身的腐败，社会矛盾尖锐。神龙二年（706），再次遣使，"二十人分为十道巡察使，二周游一替，以廉按州部，俾其董正郡吏，观抚兆人，议狱缓刑，扶危拯滞"⑥。由此开巡使常驻地方的先例。睿宗景云二年（711），又曾议置二十四都督府，作为常驻地方的监察机构，因遭到许多官员的反对，唯恐都督"权任太重，或用非其人，为害不细"⑦，引起其他弊病，从而作罢。但唐代的州，远小于秦、汉的郡，刺

---

① 《新唐书》卷四八，《百官三·御史台》。
② 《唐会要》卷七七，《诸使上·巡察按察巡抚等使》。
③ 《唐六典》卷六，《刑部郎中员外郎》。
④ 《新唐书》卷一〇六，《刘祥道传》。
⑤ 《资治通鉴》卷二〇八，《唐中宗神龙元年》。
⑥ 《唐大诏令集》卷一〇二，《政事·按察上·遣十使巡察风俗制》。
⑦ 《资治通鉴》卷二一〇，《唐睿宗景云二年》。

史的权力也极其有限，朝官不愿外任，"京官不称职，方始外出"①，故地方吏治也难以清明。用遣使出巡的办法，其使数年一出，如走马观花，使过奸复生，无法真正起到监察地方的作用。景云二年，置都督府之议虽罢，却采取了置十道按察使的措施，以加强中央对地方的监察。按察使与以前的巡察使最大的不同点是：京畿、都畿道由两御史中丞分别兼领，其余诸道按察使有的是由有朝籍的省、寺职衔者担任，有的是以驻在州刺史的身份分领按察使，从而监察官与地方官融为一体。按察使成为中央派出的、常驻地方的、州之上道一级的监察官。道也从此成为真正的监察区。

开元二十二年（734），分天下为十五道，并改按察使为采访处置使，宰相张九龄亲自撰写敕文，道："其天下诸道，宜依旧逐要更置使令采访处置。若牧宰无政，不能纲理，吏人有犯，所在侵渔；及物土异宜，人情不便；差科赋税，量事取安。朕所责成，贵在简要，其余常务，不可横干。其便宜令中书门下即简择奏闻，朕将亲览。"②采访处置使为驻一州而领数郡的常驻地方监察官，其职责在张九龄所撰敕文中已明确规定，并责成其对地方常务"不可横干"。但在天宝九载（750）时，玄宗又下敕："本置采访使，令举大纲，若大小必由，是一人兼理数郡。自今以后，采访使但访察善恶，举其大纲，自余郡务，所有奏请，并委郡守，不须干及。"③由此可知，采访处置使本当是仅"举大纲，察善恶"的监察官，但次时已出现其"兼理数郡"的情况。这是由于采访处置使拥有对州县官的监察权，又长期驻守于州县，同时兼任治所州之刺史，既负责本州的行政事务，又对本道各州官吏的政务，包括司法审判事务进行监督，并对他们进行考课，甚至可以"专停刺史务"，即对管区其他州的刺史拥有罢免权。这自然就使各州刺史不得不承认采访处置使为自己的上一级行政领导。

"安史之乱"后，全国陷入内战之中。原来设于边疆地区的节度使也设

---

① 《旧唐书》卷七四，《马周传》。

② 《唐大诏令集》卷一〇〇，《政事·官制上·置十道采访使敕》。

③ 《通典》卷三二，《职官一四·州牧刺史》。

在了内地。节度使同时又领观察处置使之衔，拥有军事、行政、监察及财政诸权，原来的监察道，逐渐演变为州、县之上的一级行政单位，形成了"今县宰之权，受制于州牧；州牧之政，取则于使司"①的局面。这样，观察使的监察作用也日渐被行政事务淹没，成为单纯的行政事务机构，甚至在司法审判活动中，成为州之上的一级上诉机构。武宗时，韦温为宣歙观察使，"池州人讼郡守，温按之无状，杖杀之"②。涉及郡守（刺史）的案件是向观察使起诉。又有会昌五年（845），扬州江都县尉吴湘，"为部人所讼赃罪，兼娶百姓颜悦女为妻，有逾格律。李绅令观察判官魏铏鞫之，赃状明白，伏法"③。李绅时为淮南节度观察使，派其判官审理所辖官员，既是监察，又是审判。此案后来证明是冤案，经谏官与御史反复论谏，最后昭雪，并成为牛党倾覆李党的导火索。

宣宗大中四年（850），刑部侍郎、御史大夫魏謩奏：诸道州府百姓诣台诉事，多差御史推劾，臣恐烦劳州县，先请差度支、户部、盐铁院官带宪衔者推劾。又各得三司使申称，院官人数不多，例专掌院务，课绩不办。今诸道观察使幕中判官，少不下五六人，请于其中带宪衔者委令推劾。如累推有劳，能雪冤滞，御史台阙官，便令奏用。④这个奏章得到宣宗批准，实际上就是肯定了观察使成为州之上、御史台之下的一级诉讼机关。唐后期，观察使府，自辟僚佐。因观察使是朝廷委派的监察地方的官员，故观察使本人带有检校御史中丞，甚至检校御史大夫的"宪衔"；而其所辟之僚佐，也相应地带有检校监察御史或检校侍御史的"宪衔"。魏謩建议将百姓向朝廷御史台的申诉下放到观察使府，由观察使府代为行使御史台对地方司法的监督权，有功者可提拔到御史台，成为正式的御史。

五代时又以诏敕的形式将观察使府的审级加以确定。据《五代会要》：

---

① 《白居易集》卷六三，《策林三·牧宰考课》。
② 《旧唐书》卷一六八，《韦温传》。
③ 《旧唐书》卷一七三，《吴汝纳传》。
④ 《旧唐书》卷一八下，《宣宗纪》。

周广顺二年十月敕：今后有百姓诉论及言灾渗，先诉于县；县如不治，即诉于州；州治不平，诉于观察使；观察使断遣不当，即可诣台申诉。如或越次诉论，所司不得承接。如有诋犯，准律科惩。[1]此时若不经观察使直接到御史台申诉，反倒成为"越诉"了。

综上所述，唐代中央政府已经形成了立法、行政、司法三重监督机关，同时对司法行使监督权，而地方也有常驻与巡察这两种对司法进行监督的方式，从而构成了一个较完善的监察网络。这是唐王朝兴盛在制度上的保障，而这一制度被统治者自身破坏，正是导致唐王朝覆灭的重要原因之一。

第六节 死刑复核制度所反映的司法文明

死刑是指国家依照法律通过司法程序合法地剥夺犯罪人生命的刑罚，即生命刑，因其已是最严厉的刑罚，故也称为"极刑"。若某一个人，或某一国家机关不依法律，不经合法程序就剥夺他人生命，当属"非法剥夺"或"任意剥夺"，不属于死刑范畴。自人类社会产生法律以来，死刑就始终存在着。夏、商、周时，死刑已正式列入五刑体系，称为大辟。据《周礼·秋官·大司寇》载，周初有"杀罪五百"，而《尚书·吕刑》记载，周穆王时，"大辟之罚，其罪二百"。秦汉以降，死刑一直都是刑罚体系中最主要的、也是最重的刑罚。如汉武帝时，"大辟四百九条，千八百八十二事，死罪决事比万三千四百七十二事"[2]。魏晋制律，在立法技术上有很大提高，死刑分为三等：枭首、腰斩、弃市。南朝则仅有枭首和弃市二种，在死刑的执行方式上是历史的一大进步。而北朝则相对落后一些，死刑有轘、腰斩、殊死、弃

---

① 《五代会要》卷一七，《御史台》。

② 《汉书》卷二三，《刑法志》。

市四等；北齐则定为辕、枭首、斩、绞四等。隋初修订《开皇律》时，文帝认为："夫绞以致毙，斩则殊刑，除恶之体，于斯已极。枭首、辕身，义无所取，不益惩肃之理，徒表安忍之怀。"①遂下令取消了较残忍的枭首、辕身之刑，将死刑的执行方式仅限于绞、斩二种，并"除孥戮相坐之法，又命诸州囚有处死，不得驰驿行决"。对已经审结的死罪案件，按管辖权的规定，再次进行审理，是为死刑的复核。

死刑复核程序是指国家相关部门对判处死刑的案件，依照事先制定的法律，进行审查核准的特殊的诉讼程序。其基本特征是：首先是只针对死刑案件；二是其程序的法定化，即无论当事人是否上诉、申诉，都是必经的程序；三是死刑的复核是由国家最高权力部门来履行。曹魏之法有"诸应死罪者，皆当先表须报"的规定②。隋开皇十二年（592），"诏诸州死罪不得便决，悉移大理案覆，事尽然后上省奏裁。"即诸州判决的死刑案件，不能立即执行，须由大理寺复审；大理寺审结的死罪案件，还须经尚书省复核。开皇十五年制，"死罪者三奏而后决"③，正式将死刑的复核纳入法制轨道，为死刑的文明化奠定了基础。

隋末法制败坏，炀帝"乃更立严刑，敕天下窃盗已上，罪无轻重，不待闻奏，皆斩"，这就等于否定了死刑的复核程序，破坏了既定的死刑制度；"又诏为盗者籍没其家"，将盗罪的惩治范围扩大到犯罪人的家属，造成"百姓怨嗟，天下大溃"④的局面，最终导致隋王朝的覆灭。隋朝的灭亡与其滥用死刑有着极大的关系，唐初君臣在总结隋亡的教训时屡屡提到这一点。如《贞观政要》卷六《君臣鉴戒》：

> 贞观四年，上论隋日。魏征对曰："臣往在隋朝，曾闻有盗发，炀帝令於士澄捕逐。但有疑似，苦加拷掠，枉承贼者二千余人，并

---

① 《隋书》卷二五，《刑法志》。
② 《三国志》卷一二，《魏书·司马芝传》。
③ 《隋书》卷二五，《刑法志》。
④ 《隋书》卷二五，《刑法志》。

令同日斩决。大理丞张元济怪之，试寻其状，乃有六七人，盗发之日，先禁他所，被放才出，亦遭推勘，不胜苦痛，自诬行盗。元济因此更事究寻，二千人内惟九人逗留不明。官人有谙识者，就九人内四人非贼。有司以炀帝已令斩决，遂不执奏，并杀之。"太宗曰：非是炀帝无道，臣下亦不尽心，须相匡谏，不避诛戮，岂得惟行谄佞，苟求悦誉。君臣如此，何能不败？朕赖公等共相辅佐，遂令圄圉空虚，愿公等善始克终，恒如今日。

魏征所说之事，骇人听闻，数人为盗，竟枉杀二千余人，而且都没有经过法定的复核程序。隋炀帝在处理统治阶级内部的斗争中，常以极其残酷的手段，如杨玄感起兵时在洛阳曾开仓赈济百姓，失败后，炀帝下令将"凡受米者，皆坑之于都城之南"；将参与起事的首领，"就野外，缚诸应刑者于格上，以车轮括其颈，使文武九品以上皆持兵矟射，乱发矢如猬毛，肢体靡碎，犹在车轮中。积善、福嗣仍加车裂，皆焚而扬之"。此案"所杀三万余人，皆籍没其家，枉死者大半，流徙者六千余人"[1]。其后，又"杀斛斯政于金光门外，如杨积善之法，仍烹其肉，使百官啖之，佞者或啖之至饱，收其余骨，焚而扬之"[2]。炀帝所为，实际上已超出正常的死刑范围，是暴君所行之暴政。

唐高祖李渊起兵之初，"即布宽大之令"，"约法为十二条，惟制杀人、劫盗、背军、叛逆者死，余并蠲除之"[3]。这是唐代的第一项刑事立法，适用死刑的罪名仅四项。第二年，即武德元年（618）五月，李渊受隋禅，即皇帝位，登基后的第九天，就命令裴寂、刘文静等，"与当朝通识之士，因开皇律而损益之，尽削大业所用之烦峻之法，又制五十三条格，务在宽简，取便于时"[4]。"五十三条格"是武德初的临时刑法典，据《新唐书·刑法志》

① 《资治通鉴》卷一八二，《隋炀帝大业九年》。
② 《资治通鉴》卷一八二，《隋炀帝大业十年》。
③ 《旧唐书》卷五〇，《刑法志》。
④ 《旧唐书》卷五〇，《刑法志》。

载："唯吏受赇，犯盗、诈冒府库物，赦不原。"可推断"新格"扩大了"约法十二条"的范围，是以刑事惩罚为主的法规。李渊此时也能广开言路，慎重执法，"时有犯法不至死者，高祖特命杀之，（李）素立谏曰：'三尺之法，与天下共之，法一动摇，即人无措手足。陛下甫创鸿业，遐荒尚阻，奈何辇毂之下，便弃刑书？臣忝法司，不敢奉旨。'高祖从之。自是屡承恩顾。"① 这样高祖在唐建国之初，即在对待死刑的问题上，从立法和司法方面为后来的统治者树立了榜样。这一榜样也就成为唐代统治者对死刑的指导思想。

太宗即位初，曾谓侍臣曰："死者不可再生，用法务存宽简。古人云：'鬻棺者，欲岁之疫，非疾于人，利于棺售故耳。'今法司核理一狱，必求深劲，欲成其考课。今作何法，得使平允？"② 表明自己对死刑的重视。但于贞观五年（631），因一时盛怒，杀大理丞张蕴古，既而后悔，因此下诏曰："凡有死刑，虽令即决，皆须五覆五奏。"③ 对死刑即便是立即执行者，亦要求复核五次，以后又将此诏令编入了《唐令》，规定："凡决大辟罪，在京者行决之司五覆奏；在外者刑部三覆奏。"具体为："在京者，决前一日二覆奏，决日三覆奏。在外者，初日一覆奏，后日再覆奏。纵临时有敕，不许覆奏，亦准此覆奏。"④ 可见，唐代对死刑的复核是非常慎重的，太宗贞观四年（630），天下断死刑二十九人。贞观定律，"比隋代旧律，减大辟者九十二条"⑤。高宗即位时，问大理卿唐临在狱系囚之数，唐临回答说："见囚五十余人，惟二人合死。"玄宗开元二十五年（737），"其年刑部断狱，天下死罪惟有五十八人"⑥。唐前期每年死刑的执行人数可以说达到历史的最低点，这与唐初所制定的死刑复核制度是分不开的。

---

① 《旧唐书》卷一八五上，《良吏上·李素立传》；又见《资治通鉴》卷一八六，《唐高祖武德元年》。
② （唐）吴兢：《贞观政要》卷八，《论刑法第三十一》。
③ （唐）吴兢：《贞观政要》卷八，《论刑法第三十一》。
④ 《唐六典》卷六，《刑部郎中员外郎》；又参见《通典》卷一六八，《刑六·考讯附》。
⑤ 《旧唐书》卷五〇，《刑法志》。
⑥ 《旧唐书》卷五〇，《刑法志》。

唐代十分重视对死刑的复核，除皇帝本人拥有最高的死刑复核权外，中央多个机构还拥有对死刑的复核权，其中刑部、门下省、中书省、尚书都省及御史台从不同角度对死刑进行复核，在死刑的法定复核程序中分别起着很重要的作用，充分体现出唐代统治者关于"慎用死刑"的立法指导思想，现分述之：

一、刑部对死刑的复核——司法复核

刑部为尚书省六部之一，是中央司法行政机关，除掌管司法政令外，并复核大理寺流刑、死刑以上及州、县徒刑以上的犯罪案件。大理寺是中央最高审判机关，只负责审理中央百官犯罪及京师徒刑以上的案件。"凡诸司百官所犯徒刑已上，九品已上犯除、免、官当，庶人犯流、死已上者，详而质之，以上刑部，仍于中书门下详覆。"①大理寺仅仅是审判机关，不行使死刑的复核。

刑部设尚书一人（正三品），为长官；侍郎一人（正四品下）为副贰。"刑部尚书、侍郎之职，掌天下刑法及徒隶、勾覆、关禁之政令。"②刑部尚书与侍郎是总领本部职务的长官，一般不直接审理狱案，非有重大诏狱，奉旨而行。

刑部下分四司，刑部司为头司，都官、比部、司门三司为子司。各司皆以郎中（从五品上）为其长官，员外郎（从六品上）为次长，刑部司"郎中、员外郎掌贰尚书、侍郎，举其典宪而辨其轻重"③；"按覆大理及天下奏谳"④。这是刑部最重要的直接掌管司法的部门，其掌律令格式，定罪量刑；按覆大理寺流刑以下及诸州、县徒刑以上的犯罪案件及其应奏之事；若

---

① 《唐六典》卷一八，《大理寺卿》。

② 《唐六典》卷六，《刑部尚书侍郎》。

③ 《唐六典》卷六，《刑部郎中员外郎条》。

④ 《新唐书》卷四六，《刑部郎中员外郎条》。

狱囚中有属应议、请者，皆申报刑部，由刑部召集诸司七品以上官员于尚书都省集议；死刑的复决权也由刑部行使，特别是在外诸州死刑的执行，必须报刑部，经三覆奏后，方可执行；对在狱囚徒的录囚、申复也由刑部负责。在复审中，如发现疑案、错案，凡徒刑、流刑以下的案件，驳回原审州、县重审或复审；死刑则转送大理寺重审，有时也可亲自审理。如在《大唐新语·持法第七》中载：

> 明崇俨为正谏大夫，以奇术承恩。夜遇刺客，敕三司推鞫，其妄承引连坐者众。高宗怒，促法司行刑。刑部郎中赵仁恭奏曰："此辈必死之囚，愿假数日之命。"高宗曰："卿以为枉也？"仁恭曰："臣识虑浅短，非的以为枉，恐万一非实，则怨气生焉。"缓之旬月，果获贼。高宗善之，迁刑部侍郎。

赵仁恭本以刑部郎中复核死刑，认为有疑，向高宗申请重审，果获真凶。可见刑部的复核不是虚设。史称："故事：有司断狱，必刑部审覆。"① 刑部是常设的死刑复核机构，是从司法机关内部对判处死刑的罪犯进行复核。武则天时，徐有功为秋官郎中（刑部郎中），凤阁侍郎任知古、冬官尚书裴行本等七人被构陷为死罪。徐有功复核驳奏，"行本竟以免死"②。

唐代对死刑的复核，是法定程序，即使当事人不上诉，也要经过刑部复核后，才能执行。贞观以后，虽说是改由中书、门下复核死刑，但并没有完全剥夺刑部对死刑的复核权，司法复核仍有效地进行。大理寺所审"庶人犯流、死以上者，详而质之，以上刑部，仍于中书、门下详覆"③。可知并没有剥夺刑部的复核权，只是又增加了中书、门下的复核程序。刑部作为"三法司"之一，是按照管辖权属从司法系统内部，对死刑案件进行复核，以保证司法审判的公允和刑罚适用的公正。如宪宗元和四年（809），颁敕：

> 刑部、大理，覆断系囚，过为淹滞，是长奸幸。自今以后，大

---

① 《新唐书》卷一六〇，《徐浩传》。
② 参见《旧唐书》卷八五，《徐有功传》。
③ 《唐六典》卷一八，《大理寺》。

理寺检断，不得过而十日；刑部覆下，不得过十日。如刑部覆有异

同，寺司重断，不得过十五日；省司重覆，不得过七日。①

这里所说的"刑部覆下"，不仅限于死刑案件，但应包括死刑的复核。
如裴潾，穆宗时为刑部郎中，

> 有前率府仓曹曲元衡者，杖杀百姓柏公成母。法官以公成母死
> 在辜外，元衡父任军使，使以父荫征铜。柏公成私受元衡资货，母
> 死不闻公府，法寺以经恩免罪。潾议曰："典刑者，公柄也。在官
> 者得施于部属之内；若非在官，又非部属，虽有私罪，必告于官。
> 官为之理，以明不得擅行鞭捶于齐人也。且元衡身非在官，公成母
> 非部属，而擅凭威力，横此残虐，岂合拘于常典？柏公成取货于
> 雠，利母之死，悖逆天性，犯则必诛。"奏下，元衡杖六十配流，
> 公成以法论至死，公议称之。②

这是一件典型的"私合人命"案。依《唐律》"诸祖父母、父母及夫为
人所杀，私合者，流二千里"③的规定，柏公成"取货于仇"，依律当判流刑，
此又非不赦之罪，法司以"经恩免罪"，并无不妥。而刑部复核时，裴潾却
以"悖逆天性，犯则必诛"为由，加论至死。这有可能是中唐以后，经制敕
改律，刑罚加重的结果。此案得到"公议称之"，说明并没有违反当时法律
的规定。复核的结果并不是只有减刑，也存在加重刑罚的可能性。武宗会昌
五年（845）仍颁敕强调"如是刑狱，亦先令法官详议，然后申刑部参覆"④。
看来刑部始终拥有对死刑的复核权。《文苑英华》中载有一刑部复核的判词：

> 甲为市贾，为胡货物有犯禁者。大理以阑出边关论罪至死。刑
> 部覆云：贾人不知法，以误论罪，免死从赎。
> 对：货以贸迁，日中为市；化能柔远，天下通商。爰诘犯禁之

---

① 《唐会要》卷六六，《大理寺》。

② 《旧唐书》卷一七一《裴潾传》。

③ 《唐律疏议》卷一七，《贼盗律》"私合人命条"，中华书局 1983 年版，第 333 页。

④ 《唐会要》卷五七，《尚书省》。

人，以明有截之制。翊惟市贾，实主贩夫。竟彼锥刀，当展诚而平肆；取诸噬嗑，方易有而均无。既泉布之攸归，何器用之或异。梯山款塞，胡虏初喜其来王；怀宝越乡，周官方验其不物。事既告于边吏，罪方书于贾人。且观尔实，来则银钱是入；既按其阑出，何玺节无凭？举货既丽于司关，附刑当置于圜土。一成定法，理官可贷其全生；三宥是思，宪部宜允于从赎。①

这是对一涉外商人犯"阑出边关并与胡人私相交易违禁物罪"的判决，大理寺判死刑，根据《唐律》：

> 诸越度缘边关塞者，徒二年。共化外人私相交易，若取与者，一尺徒二年半，三匹加一等，十五匹加役流；私与禁兵器者，绞；共为婚姻者，流二千里。未入、未成者，各减三等。即因使私有交易者，准盗论。②

大理寺的判决是有法律依据的，但刑部的复核，出于对发展边贸的考虑，并对所判"阑出"的证据的怀疑，建议"从赎"。

文宗太和九年（835），

> 其年，濮州录事参军崔元武，于五县人吏率敛，及县官料钱，以私马抬估纳官，计绢一百二十四。大理寺断三犯俱发，以重者论，只以中私马为重，止令削三任官。而刑部覆奏，令决杖配流。狱未决。（殷）侑奏曰："法官不习法律，三犯不同，即坐其所重。元武所犯，皆枉法取受，准律，枉法十五匹已上绞。《律疏》云：即以赃致罪，频犯者并累科。据元武所犯，令当入处绞刑。"疏奏，元武依刑部奏，决六十，流贺州。乃授侑刑部尚书。③

崔元武三犯俱发，大理寺仅以一重罪判削三任官，刑部复核加重为决杖配流，殷侑时为检校右仆射，是闲官，认为当处绞刑，但皇帝还是采用了刑

---

① 《文苑英华》卷五三〇，《判·商贾门》。
② 《唐律疏议》卷八，《卫禁律》。
③ 《旧唐书》卷一六五，《殷侑传》。

部的意见。

唐代确立的刑部死刑复核制度对后世影响很大，如宋初，仍以刑部覆大辟案，淳化二年（991）增置审刑院，对大理寺审结的案件，先由刑部进行复核，再报审刑院复查，使复核程序更加复杂化。元丰三年（1080年），将审刑院撤并入刑部，复核权仍由刑部行使。元、明、清三代，死刑的复核都是由刑部主持。

二、门下省对死刑的复核——立法复核之一

门下省是立法机关，门下"侍中之职，掌出纳帝命，缉熙皇极，总典吏职，赞相礼仪，以和万邦，以弼庶务，所谓佐天子而统大政者也"①，在死刑的复核程序中，也起着重要的作用。唐代统治者非常强调慎用刑罚，尤其是对死刑的执行，必须经过多道复核程序，其中门下省的复核也是最重要的程序之一。贞观元年（627），太宗说：

> 古者断狱，必讯于三槐、九棘之官，今三公、九卿，即其职也。自今以后，大辟罪皆令中书、门下四品以上及尚书九卿议之。如此，庶免冤滥。由是至四年，断死刑，天下二十九人，几致刑措。②

《旧唐书·刑法志》记载此事：

> 初，太宗以古者断狱，必讯于三槐、九棘之官，乃诏大辟罪，中书、门下五品已上及尚书等议之。其后河内人李好德，风疾瞀乱，有妖妄之言，诏按其事。大理丞张蕴古奏，好德癫病有征，法不当坐。治书侍御史权万纪，劾蕴古贯相州，好德之兄厚德，为其刺史，情在阿纵，奏事不实。太宗曰："吾常禁囚于狱内，蕴古与

---

① 《唐六典》卷八，《门下省·门下侍中条》。
② （唐）吴兢：《贞观政要》卷八，《论刑法第三十一》。

之弈棋，今复阿纵好德，是乱吾法也。"遂斩于东市。既而悔之。又交州都督卢祖尚，以忤旨斩于朝堂，帝亦追悔。下制，凡决死刑，虽令即杀，仍三覆奏。寻谓侍臣曰："人命至重，一死不可再生。昔世充杀郑颋而悔之，追止不及。今春府史取财不多，朕怒杀之，后亦寻悔，皆由思不审也。比来决囚，虽三覆奏，须臾之间，三奏便讫，都未得思，三奏何益？自今已后，宜二日中五覆奏，下诸州三覆奏。……且曹司断狱，多据律文，虽情在可矜，而不敢违法，守文定罪，或恐有冤。自今门下覆理，有据法合死而情可宥者，宜录状奏。"自是全活者甚众。其五覆奏，以决前一日、二日覆奏，决日又三覆奏。惟犯恶逆者，一覆奏而已，著之于令。

《贞观政要》说参与死刑复核的是"中书、门下四品以上及尚书九卿"，而旧刑志却说是"中书、门下五品以上等"。按贞观之政，门下省长官侍中2人、正三品，黄门侍郎2人、正四品上，另有散骑常侍2人、从三品，共6人；中书省中书令2人，正三品、中书侍郎2人，正四品上，贞观年间中书省尚未设右散骑常侍，故仅有4人在四品以上，二省不过10人，加上六部尚书，才16人，此即所谓"九卿议刑"。但这16人，都是宰相级重臣，不可能全力从事死刑的复核工作。若加上五品官员，门下省有给事中4人、正五品上，谏议大夫4人，也是正五品上；再中书省中书舍人6人、正五品上，则多出14人。尤其是给事中和中书舍人，其专职之一就是从事死刑的复核。可以说太宗原定由中书门下四品以上复核死刑，但最后实际上是由五品以上官员复核。而《新唐书·太宗纪》记载此事说："命中书、门下五品以上及尚书议决死罪。"其后将此命编入《狱官令》时正式规定："凡决死刑，皆于中书、门下详覆。"其注曰："旧制皆于刑部详覆，然后奏决。"[1]从而确定中书、门下是死刑的复核机构。在此之前，死刑的复核权归刑部，而由此开始，又增加了中书、门下的复核程序。

---

① （唐）李林甫等撰：《唐六典》卷六，《刑部郎中员外郎条》。

门下省长官为侍中，侍郎为其佐贰。贞观五年，太宗又手诏敕曰："比来有司断狱，多据律文，虽情在可矜而不敢违法，守文定罪，或恐有冤。自今门下省复有据法合死，而情在可矜者，宜录状奏闻。"[①]更加明确了门下省的死刑复核地位。由此可见，门下省是从"出帝命"的角度，对死刑进行复核。实际上，门下省复核的范围不仅限于死刑，而是包括徒、流罪以上。

> （贞观十年，）侍中魏征屡以目疾求为散官，上不得已，以征为特进，仍知门下事，朝章国典，参议得失，徒、流以上罪，详事闻奏；其禄赐、吏卒并同职事。[②]

魏征身为门下侍中，即使因病"求为散官"，也要对"徒、流以上罪详事闻奏"，说明这是门下省日常最重要的业务之一。

玄宗时巂州都督张审素，清廉正直，被人诬以贪赃之罪，朝廷派监察御史杨汪去查办，杨汪深按其罪，以谋反斩之。几年后，到开元二十三年（735），张审素的两个儿子，年仅 13 岁的张瑝和 11 岁的张琇杀杨汪以报父仇。复核时中书令张九龄称其"孝烈"，应宽恕。而侍中裴耀卿与李林甫坚持认为"国法不可纵报仇"，玄宗支持这一意见，对张九龄说："复仇虽礼法所许，杀人亦格律具存。孝子之情，义不顾命，国家设法，焉得容此。杀之成复仇之志，赦之亏律格之条。"为平息舆论的喧哗，特为此下一敕：

> 张瑝等兄弟同杀，推问款承。律有正条，俱各至死。近闻士庶，颇有喧词，矜其为父复仇，或言本罪冤滥。但国家设法，事在经久，盖以济人，期于止杀。各申为子之志，谁非徇孝之夫，辗转相继，相杀何限。咎繇作士，法在必行；曾参杀人，亦不可恕。不能加以刑戮，肆诸市朝，宜付河南府告示决杀。[③]

从此敕可以看出，玄宗反对以任何理由私自复仇。此案的复核既有中书令张九龄参与，又有门下侍中裴耀卿、李林甫，级别相当高，双方意见不一

---

① 《贞观政要》卷八，《论刑法第三十一》；参见《通典》卷一七〇，《刑八·宽恕》。

② 《资治通鉴》卷一九四，《唐太宗贞观十年》。

③ 《旧唐书》卷一八八，《孝友·张琇传》。

致，最终由皇帝本人亲自裁决。在死刑的复核方面，皇帝始终拥有最高裁判权。

门下省具体执行职务的是给事中，其为门下省最重要的职官之一，品秩虽为正五品上，但权任极重。给事中对于刑部、大理寺及御史台经办的重大案狱，有进行法律审核的权力，认为定罪不准（刑名不当），量刑不确（轻重或失），则有权援引适当的法律条文或案例，驳回重审。这就是《唐六典》所说的："凡国之大狱，三司详决，若刑名不当，轻重或失，则援法例退而裁之。""凡天下冤滞未申及官吏刻害者，必听其讼，与御史及中书舍人同计其事宜而申理之。"贞观十六年（642），刑部曾奏请修改《唐律》之《盗贼律》，对反逆者的兄弟缘坐，并处死刑，请"八座详议"。当时右仆射高士廉、吏部尚书侯君集、兵部尚书李勣等都赞同此奏，"议请从重"。而给事中崔仁师认为，古者"父子兄弟，罪不相及"，驳之曰："诛其父子，足累其心，此而不顾，何爱兄弟？"唐太宗"竟从仁师驳议"①。这是门下省从立法角度参与对刑法的修改。韩思复中宗时为给事中，当时法司以散骑常侍严善思与谯王李重福谋反案有牵连，判处绞刑。韩思复驳回，"请付刑部集群官议定奏裁"。大部分议者认为当宽宥，但法司坚持处死，韩思复再次驳回，提出"今措词多出，法令从轻"的意见，即复核时若意见不统一，应采取从轻的原则。"上纳其奏，竟免善思死，配流静州"②。可见给事中对死刑复核权的作用。

谏议大夫只隶于门下省，永徽二年（651），萧钧为谏议大夫，

> 永徽二年，历迁谏议大夫，兼弘文馆学士。时有左武候别驾卢文操，逾垣盗左藏库物，高宗以别驾职在纠绳，身行盗窃，命有司杀之。钧进谏曰："文操所犯，情实难原。然恐天下闻之，必谓陛下轻法律，贱人命，任喜怒，贵财物。臣之所职，以谏为名，愚衷所怀，不敢不奏。"帝谓曰："卿职在司谏，能尽忠规。"遂特免其

---

① 《旧唐书》卷七四，《崔仁师传》。

② 《旧唐书》卷一〇一，《韩思复传》。

死罪，顾谓侍臣曰："此乃真谏议也。"寻而太常乐工宋四通等，为宫人通传信物，高宗特令处死，乃遣附律，钧上疏言："四通等犯在未附律前，不合至死。"手诏曰："朕闻防祸未萌，先贤所重，宫阙之禁，其可渐欤？昔如姬窃符，朕用为永鉴，不欲今兹自彰其过，所搦宪章，想非滥也。但朕翘心紫禁，思觌引裾，侧席朱槛，冀旌折槛。今乃喜得其言，特免四通等死，远处配流。"①

这里记述了萧钧当谏议大夫时的两件事，一是卢文操盗左藏库物案，高宗认为当处死刑，萧钧以"陛下轻法律，贱人命"谏，说明高宗的决定是不合法律的，结果案犯免死，可见谏议大夫参与复核，是起作用的。二是宋四通为宫人传信物案，高宗命处死，并要求将此案例编入刑律。萧钧认为宋四通所犯"在未附律前，不合至死"，即法不应当追溯既往。高宗虽听从意见，免四通等死，但此事被吸收入唐律中。据《唐会要》载此事发生于永徽五年②，即在《永徽律》，包括《唐律疏议》颁布后，现传世本《唐律疏议·卫禁律》"阑入非御在所"条有"即虽非阑入，辄私共宫人言语，若亲为通传书信及衣物者，绞"的规定。说明永徽二年后，唐律仍有所修改。门下省在复核死刑的同时，还有对现行法律进行修改的职责。这可能是立法部门复核死刑的特殊任务。

开元二十五年（737）进一步规定："自今以后，有犯死刑，除十恶死罪，造伪头首，劫杀、故杀、谋杀外，宜令中书、门下与法官等详所犯轻重，具状闻奏。"③更加强调了门下省与中书省对死刑的复核权，可以说是由立法机关对司法机关实行监督的手段和制度保证。贞元三年（787），柳浑为宰相，仍判门下省事：

> 时上命玉工为带，坠坏一銙，乃私市以补。及献，上指曰："此何不相类？"工人伏罪，上命决死。诏至中书，（柳）浑执曰：

---

① 《旧唐书》卷六三，《萧钧传》。
② 参见《唐会要》卷五五，《谏议大夫》。
③ 《唐六典》卷六，《刑部郎中员外郎条》。

"陛下若便杀则已，若下有司，即须议谳；且方春行刑，容臣条奏定罪。"以误伤乘舆器服，杖六十，余工释放，诏从之。

玉工为皇帝做玉带，不小心把扣板摔坏了，自己悄悄买了一块玉补上，谁知让德宗看出来了。工人认罪，德宗令处死刑。诏书下到中书省，但凡中书省出文皆须经门下省"审署申覆而施行"。柳浑以"误伤乘舆器服，杖六十"论罪。德宗只能颁诏"从之"。依《唐律》："诸工作有不如法者，笞四十……其供奉作者，加二等。"①

三、中书省对死刑的复核——立法复核之二

中书省在唐代也是死刑复核的重要机关之一，其本是执掌帝命的机构，长官为中书令，与门下侍中皆为"真宰相"。"中书令之职，掌军国之政令，缉熙帝载，统和天人。入则告之，出则奉之，以厘万邦，以度百揆，盖以佐天子而执大政者也"②。中书侍郎为其副贰，"通判省事"。贞观二年（628）五月二日，太宗颁敕："中书令、侍中于朝堂受词讼，众庶已上有陈事者，悉令封上，朕亲览焉。"③中书令与门下侍中本身就拥有审理案件的职责。如太宗时，杨纂为长安县令，"有妇人袁氏妖逆，为人所告，纂究问之，不得其状。袁氏后又事发，伏诛，太宗以为纂为不忠，将杀之。中书令温彦博以纂过误，罪不至死，固谏，乃赦之"④。中书令复核此案，认为杨纂是因"过误"获罪，不该处死，有效地履行了复核的职责。武则天长安四年（704），宠臣"张宗昌坐遣术人李弘泰占己有天分，御史中丞宋璟请收付制狱，穷理其罪"，司刑少卿桓彦范上疏"伏请付鸾台凤阁三司考竟其罪"⑤。鸾台、凤

---

① 参见《唐律疏议》卷一六，《擅兴律》"工作不如法"条。

② 《唐六典》卷九，《中书省·中书令条》。

③ 《唐会要》卷五三，《杂录》。宏按：《新唐书》卷二《太宗纪》将此事系于贞观元年五月癸巳。

④ 《旧唐书》卷七七，《杨纂传》。

⑤ 《旧唐书》卷九一，《桓彦范传》；又见《资治通鉴》卷二〇七，《唐则天后长安四年》。

阁即武则天时将中书省和门下省的改称。又玄宗开元二年（714），宗室"薛王（李）业之舅王仙童，侵暴百姓，御史弹劾，业为之请，敕紫微、黄门覆按"。紫微、黄门即开元初中书省和门下省之名，当时的紫微令姚崇、黄门监卢怀慎奏曰："仙童罪状明白，御史所言无所枉，不可纵舍。"① 可见当时中书、门下通过复核，起到对司法实行有效的监督作用。

唐代中书侍郎多带"同平章事"之衔，履行宰相职责，这样，中书省的具体工作则多由中书舍人担任。中书舍人的职权为"专掌诏诰，侍从署敕，宣旨劳问，授纳诉讼，敷奏文表，分判省事"②。其在司法方面的作用主要仍是与给事中、御史组成"三司"，复核天下冤滞案件。"凡察天下冤滞，与给事中及御史三司鞫其事。"③ 贞观十七年（643），因审理太子李承乾谋反案，"敕长孙无忌、房玄龄、萧瑀、李世勣与大理、中书、门下参鞫之"。胡三省注曰："唐制：凡国之大狱，三司详决。三司，谓给事中、中书舍人与御史参鞫也。今令三省与大理参鞫，重其事。"④ 可见，中书省与门下省常参与重大案件的审理。开元二十五年（737）又规定："凡决死刑，皆于中书门下详覆。"⑤ 将死刑的复决权由刑部归于中书、门下。

宪宗元和十三年（818），曾下敕重申大理寺、刑部详断过的狱案皆须报中书省裁量，其敕曰："旧制：刑宪皆大理寺、刑部详断闻奏，然后至中书裁量。近多不至两司、中书，使自处置。今后先付法司，具轻重闻奏，下中书令、舍人等参酌，然后据事例裁断。"⑥ 穆宗"长庆初，上以刑法为重，每有司断大狱，又令中书舍人一员，参酌而出之。百司呼为参酌院"⑦。杨嗣复穆宗长庆中（821—824）任中书舍人，当时东川观察使奏遂宁县令庞骥犯赃，

---

① 《资治通鉴》卷二一一，《唐玄宗开元二年》。

② 《通典》卷二一，《职官三·中书省》。

③ 《唐六典》卷九，《中书省·中书舍人》。

④ 《资治通鉴》卷一九七，《唐太宗贞观十七年》。

⑤ 《唐六典》卷六，《刑部郎中员外郎条》。

⑥ 《唐会要》卷五五，《中书舍人》。

⑦ 《唐国史补》卷下。

大理寺判处极刑。杨嗣复参酌曰：

> 庞骥赃货之数为钱肆百余千，其间大半是枉法。据职定罪，合
> 处极刑。虽经赦恩，不在原免。伏以近日，赃吏皆蒙，小有矜宽。
> 类例之间，虑须贷死。敕长吏犯赃，其数不少，纵宽刑曲，难免鞭
> 笞。但以近逢鸿恩，人思减等，虽节文不在免，于情理亦要哀矜。
> 庞骥量除名，流溪州。其赃付所司准法。①

这是参酌院的参酌状，从此状中可以看出，中唐以后，吏治腐败，官吏
贪赃枉法成风。朝廷姑息成例。按唐律枉法赃"十五匹绞"，现因犯赃者众，
皆减等处治。参酌院成为官吏的减刑院了。而对杀人的刑事案件，中书舍人
的"参酌文"则并不那么客气了，白居易为中书舍人时，有姚文秀打杀妻案，
白居易留下了一段较长的参酌状。为说明问题，全文引用：

> 据刑部及大理寺所断，"准律：非因斗争，无事而杀者，名为
> 故杀。今姚文秀有事而杀者，则非故杀。"据大理司直崔元式所执，
> "准律：相争为斗，相击为殴，交斗致死，始名斗杀。今阿王被打
> 狼籍，以致于死。姚文秀检验身上，一无损伤。则不得名为相击。
> 阿王当夜已死，又何以名为相争？既非斗争，又蓄怨怒，即是故杀
> 者。"右按《律疏》云："不因斗争，无事而杀，名为故杀。"此言
> "事"者，谓争斗之事，非该他事。今大理、刑部所执，以姚文秀
> 怒妻有过，即不是无事，既是有事，因而殴死，则非故杀者。此则
> 唯用"无事"两字，不引争斗上文。如此，是使天下之人，皆得因
> 事杀人。杀人了，即曰：我有事而杀，非故杀也。如此可乎？且天
> 下之人，岂有无事而杀人者，足明"事"，谓争斗之事，非他事也。
> 又凡言斗殴死者，谓事素非憎嫌，偶相争斗，一殴一击，不意而
> 死：如此，则非故杀，以其本原无杀心。今姚文秀怒妻颇深，挟恨
> 既久，殴打狼籍，当夜便死；察其情状，不是偶然。此非故杀，孰

---

① 《册府元龟》卷六一六，《刑法部·议谳三》。

为故杀？若以先因争骂，不是故杀。即如有谋杀人者，先引相骂，便是交争；一争之后，以物殴杀了，即曰：我因事而杀，非故杀也。又如此可乎？设使因争，理犹不可；况阿王已死，无以辨明。姚文秀自云相争，有何凭据？又大理寺所引刘士信及骆全儒等殴杀人事，承前寺断，不为故杀。恐与姚文秀事，其间情状不同。假如略同，何妨误断？便将作例，未足为凭。伏以狱贵察情，法须可久。若崔元式所议不用，大理寺所执得行，实恐被殴死者，自此长冤；故杀人者，从今得计。谨同参酌，件录如前。奉敕："姚文秀杀妻，罪在十恶；若从宥免，是长凶愚。其律纵有互文，在理终须果断。宜依白居易状，委所在决重杖一顿处死。"①

白居易的参酌状否定了刑部、大理寺所定的罪名"斗杀"，从法理和情理的角度肯定了大理司直崔元式"故杀"的意见。其所论述，俨然一篇法学论文，很值得我们今天的法官阅读学习。

文宗太和四年（830），再次颁敕曰："今后大理寺结断，行文不当，刑部详复。于事不精，即委中书舍人，举书其轻重出入所失之事，然后出。"②皇帝重视中书省在司法复核中的作用，这是皇帝控制司法的重要手段之一，故反复强调中书省及中书舍人在复核案件中的作用是不容忽视的，也是皇帝通过立法机关对死刑进行复核及对司法审判进行监督。

四、尚书都省对死刑的复核——行政复核

据《唐六典·刑部郎中员外郎条》："若大理及诸州断流以上若除、免、官当者，皆连写案状申省案覆，理尽申奏。"即言流罪以上，显然包括死罪，也就是说，流罪和死罪都要经过尚书省复核。

---

① 《白居易集》卷六〇，《奏状三·论姚文秀打杀妻状》，长庆二年，五月十一日奏。中华书局1979年版，第四册，第1273—1274页。

② 《唐会要》卷五五，《中书舍人》。

尚书省的省直机关、总办公厅称为尚书都省，又称都司、都台、都堂，统辖尚书省六部，既为宰相所在的办事机构，又是行政首脑机关。尚书省长官本为尚书令，因李世民为秦王时曾居此职，后按常例不以此官授人。这样，原为次官的左右仆射自然成为实际上的长官。唐初"尚书左右仆射自武德至长安四年以前，并是正宰相"①，中宗后，左右仆射非带"同中书门下平章事"者，不兼相职。左右仆射在尚书省"总领六官，纪纲百揆"②，"师长百僚，虽在别司，皆为统属"③。从唐初看，尚书省的工作相当大的部分是关于狱讼方面的事务。贞观三年（629），杜如晦为右仆射，房玄龄为左仆射，唐太宗对他们说："公为仆射，当助朕忧劳，广开耳目，求访贤哲。比闻公等听受词讼，日有数百。此则读符牒不暇，安能为朕求贤哉！"④ 为此，太宗专门颁敕："尚书省细碎务，皆付左右丞，惟冤滞大事合闻奏者，关于仆射。"⑤ 贞观四年，为锻炼太子的执政能力，又颁诏："自今讼者，有经尚书省判不服，听于东宫上启，委太子裁决。若仍不伏，然后闻奏。"⑥ 看来这是为仆射减负的具体措施，但也仅是临时措施。到高宗上元二年（675），仆射们仍在忙于词讼。据《唐会要·左右仆射》：

> 上元二年，刘仁轨为左仆射，戴至德为右仆射，每遇伸诉冤滞者，仁轨辄美言许之；至德即先据理难诘，若有理者，密为奏之，终不露己之断决。由是时誉归于仁轨，常于仁轨更日受词讼。有老妪陈词，至德已收牒省视，老妪前曰："本谓是解事仆射，所以来诉；公乃是不解事仆射，却付牒来。"至德笑而还之，议者尤称长者。或有问至德不露己断之事者，至德曰："夫庆赏刑罚，人主之柄，凡为人臣，岂得与人主争柄哉！"

① 《唐会要》卷五七，《左右仆射》。

② 《唐六典》卷一，《尚书都省》。

③ 《唐会要》卷五七，《左右仆射》。

④ 《贞观政要》卷三，《论择官第七》；又参见《大唐新语》卷一，《匡赞第一》。

⑤ 《贞观政要》卷三，《论择官第七》；又参见《唐会要》卷五七，《左右仆射》。

⑥ 《资治通鉴》卷一九三，《唐太宗贞观四年》。

中唐以后，尚书仆射的地位日低，"不言同中书门下三品，不敢参议政事"①，其在司法中的作用自然也就小了。

具体负责尚书都省的官员是尚书左丞（正四品上）和尚书右丞（正四品下），他们是具体管辖尚书都省日常事务的负责人，其权任甚重。贞观十年（636）治书侍御史刘洎上书曰："臣闻尚书万机，实为政本，伏寻此选，授受诚难，是以八座比于文昌，二丞方于管辖。……且宜精简尚书左右丞及左右郎中，如并得人，自然纲维克举。"②尚书左右丞是"纲纪之官"，省内诸司及御史纠举不当者，左右丞得弹奏之。尚书都省分为左右两司，左丞辖左司，掌吏、户、礼三司；右丞辖右司，掌兵、刑、工三司。都省左右司不直接干预各部、曹的具体业务，主要职责是对六部诸司的公文案卷进行审覆、勾检，实际上是六部的行政监督机构，时称"元阁内府，区揆实繁；都省勾曹，管辖綦重"③。六部及九寺的文案皆须经左右司勾检后，方能下达有关部门施行，可见其地位之重要。因此，尚书都省从事司法监督的官员也正是左右丞。对地方州县审判不服者，可上诉至尚书都省由左右丞为申详之。仍不服者，可上诉至中央三司，"如未经尚书省，不得辄入于三司越诉"④。尚书省左右仆射与左右丞都拥有一定的司法权及司法监督权。一般事务由左右丞处置，"细碎务皆付左右丞，惟冤滞大事合闻奏者，关于仆射"⑤。按《唐律疏议》引《狱官律》：

> 其大理寺及京兆、河南府，断徒及官人罪，并后有雪减，并申省，省司覆审无失，速即下知；如有不当者，随事驳正。若大理寺及诸州，断流以上，若除、免、官当者，皆连写案状申省，大理寺及京兆、河南府即封案送。若驾行幸，即准诸州例，案覆理尽

① 《唐会要》卷五七，《左右仆射》。
② 《唐会要》卷五八，《左右丞》。
③ 《唐会要》卷五八，《左右丞》。
④ 《唐会要》卷五七，《尚书省》。
⑤ 《贞观政要》卷三，《论择官第七》。

申奏。①

这里提到的"省司"，就是指尚书都省。大理寺及京师地区所判徒罪及官员犯罪都要经省司复核，大理寺及天下诸州断流以上、包括死刑案件也要经省司复核。据狄仁杰奏称："故左右丞，徒以下不勾；左右相，流以上乃判。"②由此可见，尚书都省主要管辖徒刑以上的案件，左右丞勾徒刑，左右相判流刑和死刑。也就是以勾、判的方式对死刑进行复核。如孔戣在宪宗时为尚书左丞：

> （元和）九年，信州刺史李位为州将韦岳谮谮于本使监军高重谦，言位结聚术士，以图不轨。追位至京师，鞫于禁中。（孔）戣奏曰："刺史得罪，合归法司按问，不合劾于内仗。"乃出付御史台，戣与三司讯得其状。位好黄老道，时修斋箓。与山人王恭合炼药物，别无逆状。以岳诬告，决杀。贬位建州司马。时非戣论谏，罪在不测。③

孔戣可谓名副其实地行使尚书丞的司法监督权，从程序上否定了将刺史"劾于内仗"，并参与与三司使共同对此案进行复核，不仅没有将受到"不轨"起诉的李位处死，反将诬告者韦岳"决杀"。尚书都省所行使的复核权是行政复核，在唐代也是重要的法定程序。

五、御史台对死刑的复核——监察复核

御史台既是中央监察机关，掌管纠察、弹劾百官违法之事，同时又负责监督大理寺和刑部的司法审判活动，遇有重大疑难案件，也参与审判或直接受理有关刑事及行政诉讼的案件，此外也参与对死刑的复核。"大唐

---

① 《唐律疏议》卷三〇，《狱官律·应言上待报而辄自决断条》。
② 《资治通鉴》卷二〇四，《唐则天后天授二年》。
③ 《旧唐书》卷一五四，《孔戣传》。

自贞观初，以法理天下，尤重宪官，故御史复为雄要"①。贞观元年（627），"青州有谋反者，州县逮捕支党，收系满狱，诏殿中侍御史安喜崔仁师覆按之。仁师至，悉脱去杻械，与饮食汤沐，宽慰之，止坐其魁首十余人，余皆释之。"②殿中侍御史奉君命到外州县复核重大案件。贞观二年，郿县令裴仁轨因"私役门夫"，太宗大怒，欲斩之。殿中侍御史长安李乾佑谏曰："法者，陛下所与天下共也，非陛下所独有也。今仁轨坐轻罪而抵极刑，臣恐人无所措手足。"太宗听后反很高兴，"免仁轨死，以乾佑为侍御史"③。高宗时一度将御史台更名为宪台，武则天时又曾改称肃政台，并分设左右，以"左肃政台专知在京百司，更置右肃政台，专知按察诸州"④。玄宗即位后，彻底废除右台，恢复旧制。肃宗时，张镒为殿中侍御史：

> 乾元初，华原令卢杞以公事呵责邑人内侍齐令诜，令诜衔之，构诬。外发镒按验，杞当降官，及下有司，杞当杖死。镒其公服白其母曰："上疏理杞，杞必免死，镒必坐贬。若以私则镒负于当官，贬则以太夫人为忧，敢问所安？"母曰："尔无累于道，吾所安也。"遂执奏正罪，杞获配流，镒贬抚州司户。⑤

张镒作为殿中侍御史，本应执掌殿庭供奉之礼仪，被肃宗"外发"，办理县令卢杞的专案。张镒认为卢杞有错，只应降官，有关部门却见风使舵，重判卢杞死刑。张镒本可不再介入此案，但他认为判死刑太重，不合法律，遂履行监督职责，"执奏正罪"，卢杞改判配流，他自己却被贬官。

御史台在日常司法活动中，主要是以"三司受事"的方式参与司法活动及复核死刑。这里所说的"三司"是指由御史台、中书省、门下省

---

① 《通典》卷二四，《职官六·御史台》。

② 《资治通鉴》卷　九二，《唐太宗贞观元年》。

③ 《资治通鉴》卷一九二，《唐太宗贞观二年》。

④ 《唐六典》卷一三，《御史台》。

⑤ 《旧唐书》卷一二五，《张镒传》。

所组成的三司，其中门下省和中书省分别由给事中、中书舍人承担，御史台则由侍御史参加，"凡三司理事，则与给事中、中书舍人更直于朝堂受表"①。由侍御史、给事中、中书舍人组成的三司是一个常设机构，从法律上讲，自武德、贞观时就已由律、令、格、式确定了它在司法制度中的固定位置，它既是介于尚书省与皇帝之间的一个司法审判层次，又是法律监督程序中极其重要的一个环节。"凡天下之人，有称冤而无告者，与三司诘之。"② 三司每日轮流在朝堂值班受表，一司正受，二司副押。大历、建中时还一度有过专门的"使院""幕屋"。三司平日仅受理上诉表状，故称"三司受事"。这里的"三司"实际上成为大理寺之上的又一级上诉机关，须当事人上诉方才受理，因此不是必经的死刑复核机关。其审核刑部、大理寺及地方州府办理的狱讼，监督其判决，以保证司法审判合乎法定的程序和制度。其不合制度者，则驳回原审单位重新审理，一般不直接审讯人犯，处断狱案。若逢特殊大案、要案，因涉及官员的品秩、职位极高且要，由宰相或其他官员提议，皇帝亲自下特诏，方可参与审理。如贞观十七年（643），有人上变，告太子李承乾谋反，太宗"敕长孙无忌、房玄龄、萧瑀、李勣与大理、中书、门下参鞫之"③。又如高宗调露二年（680）发生的章怀太子案：

> 时正议大夫明崇俨以符劾之术为则天所任使，密称"英王状类太宗"。又宫人潜议云"贤是后姊韩国夫人所生"，贤亦自疑惧。则天又尝为贤撰《少阳政范》及《孝子传》以赐之，仍数作书以责让贤，贤逾不自安。调露二年，崇俨为盗所杀，则天疑贤所为。俄使人发其阴谋事，诏令中书侍郎薛元超、黄门侍郎裴炎、御史大夫高智周与法官推鞫之，于东宫马坊搜得皂甲数百领，乃废贤为庶人，幽于

---

① 《唐六典》卷一三，《御史台·侍御史》。

② 《唐六典》卷一三，《御史台·御史大夫》。

③ 《资治通鉴》卷一九七，《唐太宗贞观十七年》。胡三省注曰："唐制：凡国之大狱，三司详决。三司，谓给事中、中书舍人与御史参鞫也。今令三省与大理参鞫，重其事。"

别所。①

此案是由中书、门下与御史台、法官共同推鞫。又德宗建中三年(782)，有涉及御史大夫严郢与殿中侍御史郑詹的要案，"请遣三司使按"。胡三省说："此谓遣两省官及御史台官为三司使，使案（郑）詹等狱。"② 一般情况下，御史台也可独立复核死刑案。德宗时，窦参为御史中丞，"时神策将军孟华有战功，为大将军所诬奏，称华谋反；有右龙武将军李建玉，前陷吐蕃，久之自拔，为部曲诬告潜通吐蕃，皆当死，无以自白，参悉理出之，由是人皆属望。"③

唐高宗时，武则天逐渐掌握朝廷大权，史称："自永徽以后，武氏已得志，而刑滥矣。当时大狱，以尚书刑部、御史台、大理寺杂按，谓之'三司'，而法吏以惨酷为能，至不释枷而笞棰以死者，皆不禁。"④ 从目前看到的、最早的以"三司推案"的案例是高宗龙朔三年（663），推右相李义府案，"下义府狱，遣司刑太常伯刘祥道与御史、详刑共鞫之，仍命司空李勣监焉"⑤。对涉及宰相的大案，以刑部、大理寺与御史台三法司共同审理，以示其重要性。值得注意的是此时并未用"三司"字样。⑥ 此后，以三法司组成三司，专推制狱，渐成制度，玄宗时还将其编入《唐六典》："若三司所按而非其长官，则与刑部郎中、员外郎，大理司直、评事往讯之。"⑦ 人称这种由三法司组成的三司同按制狱为"三司推事"。据《通典》记载："其事有大者，则诏下尚书刑部、御史台、大理寺同案之，亦谓此为三司推事。"根据案情所涉及的官员品秩及案件的重要性，将三司推事分为三个级别：由刑部

---

① 《旧唐书》卷八六，《高宗中宗诸子·章怀太子贤传》。

② 《资治通鉴》卷二二七，《唐德宗建中三年》。

③ 《旧唐书》卷一三六，《窦参传》。

④ 《新唐书》，卷五六，《刑法志》。

⑤ 《资治通鉴》卷一〇一，《唐高宗龙朔三年》。胡三省注曰："司刑太常伯，即刑部尚书；详刑，大理也。唐自永徽以后，大狱以尚书刑部、御史台、大理寺杂按，谓之'三司'。"

⑥ 据《新唐书》卷二二三上，《奸臣上·李义府传》记载此事用"三司杂讯"，是为宋人之追记。

⑦ 《唐六典》卷一三，《御史台·侍御史》。

尚书或侍郎，大理卿或少卿，御史大夫或中丞组成的三司是最高级别，故又称为"大三司使"；由刑部郎中、大理司直、侍御史组成的三司则次一级；最低为刑部员外郎、大理评事与监察御史组成的三司，后二者皆只称为"三司使"。由三法司组成的三司使是临时性的差遣，史称："有大狱，即命中丞、刑部侍郎、大理卿鞫之，谓之'大三司使'；又以刑部员外郎、御史、大理寺官为之，以决疑狱，谓之'三司使'，皆事毕日罢。"①

御史台在唐代司法中的作用是逐渐强化的，以司法监察的形式参与案件的审理及复核死刑，最后成为三大司法机关之一。这对后来中国司法制度的发展影响深远，明、清都察院成为法定的复核机关。

六、皇帝对死刑的复核——君主复核

唐代皇帝拥有最高的司法审判权，同时也就拥有最终的死刑复核权。

首先，皇帝以"录囚"的方式，直接行使司法审判的终审权。如唐高祖武德元年（618），李渊于五月登基并"大赦天下"，九月便"亲录囚徒"②；二年二月，"虑囚"③；三年六月又"亲录囚徒"④，八月再次"虑囚"；四年二月、三月又连续两次"虑囚"⑤；八年二月，"亲录囚徒，多所原宥"⑥。唐太宗更是重视法制建设，武德九年登基后，十二月就"亲录囚徒"⑦。贞观二年（628），曾亲自"审冤狱于朝堂"；三年三月"虑囚"；六月又"以旱虑囚"⑧。四年，"是岁，断死刑二十九人，几致刑措。"六年，

① 《唐会要》卷七八，《诸使杂录上》。
② 《旧唐书》卷一，《高祖纪》。
③ 《新唐书》卷一，《高祖纪》。
④ 《旧唐书》卷一，《高祖纪》。
⑤ 《新唐书》卷一，《高祖纪》。
⑥ 《旧唐书》卷一，《高祖纪》。
⑦ 《旧唐书》卷二，《太宗纪上》。
⑧ 《新唐书》卷二，《太宗纪》。

太宗"亲录囚徒，归死罪者二百九十人于家，令明年秋末就刑。其后应期毕至，诏悉原之"①。对此事的看法，后人见仁见智，各有不同，多有认为是"作秀"者，但只要对照贞观四年断死罪者仅29人，仅近两年，一下增至290人，《资治通鉴》作390人。白居易在《新乐府》诗中称颂此事说"死囚四百来归狱"②，看来390人更接近事实。无论多少，两年死刑犯增加十倍，让太宗不舒服，他利用"录囚"的手段，变相赦免了这些死刑犯。直到贞观二十一年，仍亲自"虑囚，降死罪以下"③。高宗执政期间也多次亲自录囚，录囚制度成为皇帝控制司法的法定程序。但到玄宗朝，其初期尚能"亲录囚徒"，如开元二年、三年、六年、七年都曾"亲录囚徒，多所原免"④。但也正是在这一年，因出现日食，"以中书、门下虑囚"⑤。从此以后，玄宗不再亲自录囚，或遣使出外录囚，或以中书门下录囚。如开元十七年四月，"令中书门下分就大理、京兆、万年、长安等狱疏决囚徒"；而他则以制书的形式，"制天下系囚死罪减一等，余并宥之"；开元二十二年四月，"诏京都见禁囚徒，令中书门下及留守检校覆降罪，天下诸州委刺史"⑥。天宝以后，更是"从此君王不早朝"，录囚之事皆委中书门下及诸使、诸州操办。

其次，皇帝以覆奏的方式行使复核权。贞观初，太宗曾因怒杀大理丞张蕴古、交州都督卢祖尚，后又追悔，乃下制曰："凡决死刑，虽令即杀，仍三覆奏。"后又规定："自今以后，宜二日中五覆奏，下诸州三覆奏。"⑦为保证复核制度的确切实行，还将此制编入了律令：

> 凡决大辟罪。在京者，行决之司五覆奏；在外者，刑部三

①　《旧唐书》卷三，《太宗纪下》。

②　《白居易集》卷三,《讽谕三·新乐府·七德舞》，中华书局1979年版，第55页。

③　《新唐书》卷二，《太宗纪》。

④　参见《旧唐书》卷八，《玄宗纪上》；《新唐书》卷五，《玄宗纪》。

⑤　《新唐书》卷五，《玄宗纪》。

⑥　《旧唐书》卷八，《玄宗纪上》。

⑦　《旧唐书》卷五〇，《刑法志》。

覆奏。

注曰：在京者，决前一日二覆奏，决日三覆奏；在外者，初日
一覆奏，后日再覆奏。纵临时有敕不许覆奏，亦准此覆奏。①

诸死罪囚，不待覆奏报下而决者，流二千里。即奏报应决者，
听三日乃行刑，若限未满而行刑者，徒一年；即过限，违一日杖
一百，二日加一等。

疏议曰："死罪囚"，谓奏画已讫，应行刑者。皆三覆奏讫，然
始下决。若不待覆奏报下而辄行决者，流二千里。"即奏报讫应决
者"，谓奏讫报下，应行决者。②

覆奏制度既体现了唐代统治者慎用死刑的指导思想，同时也将死刑的最
终判决权集中到皇帝手中。

再者，皇帝以直诉的方式行使复核权。唐代向皇帝直诉的方式有四种：
其一是上表，即对经县、州、府、省多级审理的案件当事人仍不服判决者，
可以上奏表状的方式向皇帝直接申诉。"受表恒有中书舍人、给事中、御史
三司监受"③，由中书省、门下省和御史台组成的三司，实际上就是皇帝的收
受表状的传达机构。其二是邀车驾，即在皇帝外出时，伏于路边挡车驾申
诉。其三是挝登闻鼓，唐长安、洛阳各置登闻鼓，有冤情者可击鼓鸣冤，以
求皇帝闻知。《资治通鉴》引武则天垂拱元年（685）二月癸未，制："朝堂
所置登闻鼓及肺石，不须防守，有挝鼓及立石者，令御史受状以闻。"胡三
省注曰："登闻鼓在西朝堂，肺石在东朝堂。"④ 看来当时登闻鼓与肺石都有
专人把守，一般人不能轻易击打。现由御史负责受理。大历十四年（779），
德宗即位，颁诏："天下冤滞，州府不为理，听诣三司使，以中丞、舍人、
给事中各一人，日于朝堂受词。推决尚未尽者，听挝登闻鼓。"此诏一下，

① 《唐六典》卷六，《刑部郎中员外郎条》。
② 《唐律疏议》卷三〇，《狱官律·死囚覆奏报决条》。
③ 《唐律疏议》卷二四《斗讼律·越诉条》。
④ 《资治通鉴》卷二〇三，《唐武则天垂拱元年》。

每日诤讼者击登闻鼓者不断，右金吾将军裴谞上疏说："讼者所争皆细故，若天子一一亲之，则安用吏理乎！"①德宗也早不耐烦，顺其谏而复将各讼事归于有司。以前三种方式鸣冤者，"即邀车驾及挝登闻鼓，若上表诉，若主司不即受者，加罪一等"②，以保证皇权的行使。其四是立肺石，是对社会弱势人群的特殊规定，即"若茕独老幼不能自申者，乃立肺石之下"。③"立于石者，左监门卫奏闻；挝于鼓者，右监门卫奏闻"④。监门卫是掌管宫廷门禁的卫兵，在此兼管受理直诉的表章，并负责奏闻皇帝。投匦是指以向朝廷专设的"铜匦"内投递表章的方式申诉。武则天垂拱二年（686），在朝堂的四边列四铜匦，其中在西者为白匦，称"申冤"，"陈抑屈者投之"。"以谏议大夫、补阙、拾遗一人充使，知匦事；御史中丞侍御史一人，为理匦使"⑤。理匦之事也是由门下省、中书省和御史台掌管，"每日所有投书，至暮并进"，这就造成三司受事与投匦的矛盾，直到代宗大历十二年（777），理匦使崔造提出，诸申诉"并合先本司；本司不理，然后省司；省司不理，然后三司；三司不理，然后合报投匦进状。如进状人未经三处，及事非冤屈，辄妄来进状者，不在进限"。对于妄进状者，"今后请并状牒送本司及台府处理"⑥。正式明确"投匦"是三司上面的一级申诉程序，也是直诉的一种方式，或说是上表的一种形式。德宗贞元十一年（795），奸相裴延龄为陷害京兆尹李充，"乃掩捕李充腹心吏张忠"，刑讯逼供，令其出伪证诬陷李充。张忠受刑不过，依裴延龄教抑之词招供。李忠的妻子、母亲"于光顺门投匦诉冤，诏御史台推问，一宿得其实状，事皆虚，乃释忠"⑦。敬宗时李渤充理匦使，上奏曰：

---

① 《资治通鉴》卷二二五，《唐代宗大历十四年》。

② 《唐律疏议》卷二四《斗讼律·越诉条》。

③ 《唐六典》卷六，《刑部郎中员外郎条》。

④ 《唐六典》卷六，《刑部郎中员外郎》。

⑤ 《新唐书》卷四七，《百官二·门下省》。

⑥ 《唐会要》卷五五，《省号下·匦》。

⑦ 《旧唐书》卷一三五，《裴延龄传》。

事之大者闻奏，次申中书门下，次移诸司。诸司处理不当，再来投匦，即具事奏闻。如妄诉无理，本罪外加一等。准敕告密人付金吾留身待进止。今欲留身后牒台府，冀止绝凶人。①

此奏得到批准，成为法定程序。

最后，皇帝可以"赦"的形式，不经复核程序，直接免除死刑犯死罪。唐初对赦较为慎重。高祖武德年间正值改朝换代也仅大赦四次。太宗认为：

天下愚人者多，智人者少，智者不肯为恶，愚人好犯宪章。凡赦宥之恩，惟及不轨之辈。古语云："小人之幸，君子者不幸。""一岁再赦，善人喑哑。"凡养稂莠者伤禾稼，惠奸宄者贼良人。昔"文王尊罚，刑兹无赦"。②

太宗的这一原则，得到百官的支持，甚至长孙皇后病重，太子要求大赦以祈福，皇后说"岂以吾一妇人而乱天下法"③。太宗在位 23 年，大赦六次。武则天执政期间，开始滥用赦权，称帝后 21 年，大赦 29 次。玄宗开元后期，不再亲自录囚，即以大赦"降死罪"的方式，直接免除死刑犯的死罪，降等发落，甚至全免。如开元十一年（723）十一月："大赦天下，见禁囚徒死罪至徒、流已下免除之。"十三年正月："降死罪从流，流已下罪悉原之。"④其后"降死罪从流"成为定制。总之，皇帝可以根据现实需要，直接以赦免的方式决定是否执行死刑，赦免权是皇帝掌握死刑执行权的最终手段。

皇帝通过多种渠道对死刑进行复核，以刑部从司法角度对死刑进行复核，以门下、中书从立法角度对死刑进行复核，以尚书都省从行政角度对死刑进行复核，以御史台从监察角度对死刑进行复核，将司法权及死刑的复核权完全控制在朝廷，也就是皇帝本人手中，皇帝拥有最高审判权、复决权和

---

① 《旧唐书》卷一七一，《李渤传》。
② 《贞观政要》卷八，《论赦令第三十二》。
③ 《旧唐书》卷五一，《后妃上·太宗皇后长孙氏》。
④ 《旧唐书》卷八，《玄宗纪上》。

赦免权。

皇帝对死刑的复核权的行使，既是专制皇权强化的标志，也表明中国古代中央集权体制在司法领域的最终完成。

第四章 民事诉讼审判的进展

第一节 中央管理民事诉讼的机关

唐代中央尚没有严格意义上的管理民事诉讼的机关或审判组织，民事案件与刑事案件不分，尚书省、中书、门下、御史台及刑部、大理寺都按管理刑事案件的程序受理民事案件。但一般比较简单、单纯的民事案件大多能在基层得到解决，上诉到中央的民事案件，不是涉及高级官员或皇族、贵族，也是由民事侵权上升到具有刑事案件性质了。如高宗永徽元年（650），中书令褚遂良压低价钱买中书省译语人（翻译）的房宅，遭到监察御史的弹劾，由大理寺审理。本来房屋买卖是典型的民事案件，但《唐律》规定：

> 若卖买有剩利者，计利，以乞取监临财物论。强市者，笞五十；有剩利者，计利，准枉法论。疏议曰：官人于所部卖物及买物，计时估有剩利者，计利以其取监临财物论。"强市者笞五十"，谓以威若力强买物，虽当价，犹笞五十；有剩利者，计利，准枉法论。①

---

① 《唐律疏议》卷一一，《职制律·贷所监临财物条》。

　　此案断决，大理丞张山寿"断以遂良当征铜二十斤"，这相当于徒刑一年的赎金。但大理少卿张睿册认为此判决不合适，按市场估价不应论罪。监察御史韦仁约奏曰："官市依估，私但两和耳。园宅及田，不在市肆，岂用应估？睿册曲凭估买，断为无罪。大理之职，岂可使斯人处之。"①最终褚遂良与张睿册都被迁官，受到行政处分。此案看来还是按刑事案件处理的，并依《唐律》判决。本条律文之后的"疏议曰"，或与本案的处理有关。

　　上诉到朝廷的案件，大多具有民事侵权与刑事犯罪交织在一起的性质。如武则天时，薛讷为蓝田县令，"有富商倪氏于御史台理其私债，中丞来俊臣受其货财，断出义仓米数千石以给之。"薛讷认为义仓米属国库粮，不应用于偿还私人债务，说："义仓本备水旱，以为储蓄，安敢绝众人之命，以资一家之产？"最终"竟报上不与"②。从此案看，私人债权债务的案件，也可以向御史台投诉，此前当由本地先受理过，本人不服，最后诉至御史台，御史台断由本县义仓出米偿还，县令拒绝执行。

　　有些案件上报到朝廷，主要是为了向相关部门申请司法解释或法理说明。如永徽二年（651），御史大夫李承佑上奏，称"郑州人郑宣道先聘少府监李元义妹为妻，元义妹即宣道堂姨，元义情不合，请罢婚。宣道经省陈诉，省以'法无禁'判，许成婚"。这是尚书省已经判决的案件，外甥娶堂姨是否合乎礼法，尚书省认为法无禁止者即为合法，郑宣道不得以此为理由而悔婚。但御史台复核认为有疑，奏报请议，纪王李慎议曰："堂姨母之姑姨及堂姨母父母之姑姨、父母之姑舅姊妹婿、姊妹堂外甥，虽并外姻无服，请不为婚。"得到高宗诏"可之"③。李慎此议，在永徽修律时正式纳入律文，作："其父母之姑、舅、两姨姊妹及姨、若堂姨，母之姑、堂姑，己之堂姨及再从姨、堂外甥女，女婿姊妹，并不得为婚姻，违者，各杖一百，并离之。"在本律文的疏议中，对外姻无服者说："于身虽并无服，据理不可为婚，

————————

① 《唐会要》卷六一，《弹劾》；又参见《资治通鉴》卷一九九，《唐高宗永徽元年》。

② 《旧唐书》卷九三，《薛讷传》。

③ 《唐会要》卷八三，《嫁娶》。

并为尊卑混乱，人伦失序"；而对外姻有服者，则说："其外姻虽有服，非尊卑者为婚，不禁。"①看来对于外姻之间的通婚，关键不在有服、无服，而在维护尊卑之序。从此案看，朝廷审理婚姻案件，不仅在于明一案之是非，更重要的是明确法理与礼制的关系，体现了唐律"礼刑合一"的原则。又如李元素离婚案：

> （李）元素少孤，奉长姊友敬加于人，及其姊殁，沉悲遘疾，上疏恳辞职，从之。数月，以出妻免官。初，元素再娶妻王氏，石泉公方庆之孙，性柔弱，元素为郎官时娶之，甚礼重，及贵，溺情仆妾，遂薄之。且又无子，而前妻之子已长，无良，元素寝疾昏惑，听谮遂出之，给与非厚。妻族上诉，乃诏曰："李元素病中上表，恳切披陈，云'妻王氏，礼义殊乖，愿与离绝'。初谓素有丑行，不能显言，以其大官之家，所以令自处置。访闻不曾告报妻族，亦无明过可书，盖是中情不和，遂至于此。胁以王命，当日遣归，给送之间，又至单薄。不唯王氏受辱，实亦朝情悉惊。如此理家，合当惩责。宜停官，仍令与王氏钱物，通所奏数满五千贯。"②

本案由李元素单方面提出离婚，因"给与非厚"，妻族上诉到皇帝。宪宗审理后亲自下诏书判决。李元素受到"以出妻免官"的处分，并"令与王氏钱物，通所奏数五千贯"。这在当时也是一笔较大的财富。而源休"其妻，即吏部侍郎王翊女也。因小忿而离，妻族上诉，下御史台验理，休迟留不答款状，除名，配流溱州。"③一件离婚案，居然由御史台来审理。此二案都可以看出其背后"妻族"势力的影响，但也合乎《唐律》："诸妻无七出及义绝之状，而出之者，徒一年半"的规定④。

---

① 《唐律疏议》卷一四，《户婚律·同姓为婚条》。

② 《旧唐书》卷一三二，《李元素传》；又参见《册府元龟》卷一五三《帝王部·明罚二》。

③ 《旧唐书》卷一二七，《源休传》。

④ 《唐律疏议》卷一四，《户婚律》"妻无七出而出之"条。

对于涉及特殊人物的案件，应由皇帝亲自过问，责成有关部门审理。如《旧唐书》载：

> （卢群）贞元六年，入拜侍御史。有人诬告故尚父子仪嬖人张氏宅中有宝玉者，张氏兄弟又与尚父家子孙相告诉，诏促按其狱。群奏曰："张氏以子仪在时分财，子弟不合争夺。然张氏宅与子仪亲仁宅，皆子仪家事。子仪有大勋，伏望陛下特赦而勿问，俾私自引退。"德宗从其言，时人嘉其识大体。①

此事又见《新唐书》卷一四七《卢群传》：

> （卢群）入为侍御史。郭子仪家与嬖人张昆弟讼财不平，又言嬖人宅匿珍宝。德宗促按之。群奏言："子仪有大勋德，今所讼皆其家事，且嬖人宅，子仪昔畀之，非子弟所宜言，请赦勿问。"从之。人谓群识大体。

郭子仪是平定"安史之乱"的功臣，身后子孙与家人争财，德宗本欲交司法机关审理，而侍御史卢群认为此"皆子仪家事"，劝德宗"特赦而勿问"，得到社会好评。由此案可见，像郭子仪这样的重臣，即使是民事案件，也要由皇帝直接出面过问，司法机关才能参与审理。皇帝若不让审理，司法机关则不得擅自受理。而有些涉外的民事案件，因影响重大，也须皇帝亲自理断。如文宗时，功臣李晟之子李惎官至右龙武大将军，"其子贷回鹘一万余贯不偿，为回鹘所诉，文宗怒，贬惎为定州司法参军。"② 依照《唐律》，"负债违契不偿"，除必须赔偿外，最高刑也不过是徒一年③。因涉及与回鹘的关系，文宗亲自处理，给李惎贬官处分。

对于涉及特殊管辖的案件，由拥有特殊管辖权的部门审理。唐代对僧侣的管理中央本由礼部之祠部司掌佛教僧尼之事，宗正寺的崇玄署掌道教道士、女冠之事，其涉及诉讼之事一般皆由地方州县管辖，大事则须由礼部处

---

① 《旧唐书》卷一四〇，《卢群传》。

② 《旧唐书》卷一三三，《李晟附子惎传》。

③ 《唐律疏议》卷二六，《杂律》"负债违契不偿"条。

置。武则天长安四年（704），姚元之为春官尚书（礼部尚书），"是时，张易之请移京城大德僧十人配定州私置寺，僧等苦诉，元之断停，易之屡以为言，元之终不纳"①。德宗贞元四年(788)，对宗教事务的管理发生重大变化，据《新唐书》载：

> 贞元四年，崇玄馆罢大学士，后复置左右街功德使、东都功德使、修功德使，总僧、尼之籍及功役。元和二年，以道士、女官隶左右街功德使。会昌二年，以僧、尼隶主客，太清宫置玄元馆，亦有学士，至六年废，而僧、尼复隶两街功德使。②

功德使不仅管理僧尼之名籍，而且遇重大诉讼案件，功德使与有关司法机关共同审理，如贞元十三年（797）：

> 时有玄法寺僧法凑为寺众所诉，万年县尉卢伯达断还俗，后又复为僧，伯达上表论之。诏中丞宇文邈、刑部侍郎张彧、大理卿郑云逵等三司与功德使判官诸葛述同按鞫。时议述胥吏，不合与宪臣等同入省按事，（郑）余庆上疏论列，当时翕然称重。③

涉及僧侣的上诉案件，最高可由三司使与功德使同按。功德使成为管辖涉及宗教事务诉讼的特别法庭。

唐后期，宦官专权，有些民事案件往往演化为政治事件。如宪宗时，裴度为宰相，当时发生这样一件奇案：

> 贾人张陟负五坊使杨朝汶息利钱潜匿，朝汶于陟家得私簿记，有负钱人卢载初，云是故西川节度使卢坦大夫书迹，朝汶即捕坦家人拘之。坦男不敢申理，即以私钱偿之。及征验书迹，乃故郑滑节度使卢群手书也。坦男理其事，朝汶曰："钱已进过，不可复得。"御史中丞萧俛及谏官上疏陈其横暴之状，（裴）度与崔群因延英对，极言之。宪宗曰："且欲与卿商量东军，此小事我自处置。"度奏曰：

---

① 《旧唐书》卷九六，《姚崇传》。
② 《新唐书》卷四八，《百官三·宗正寺·崇玄署》。
③ 《旧唐书》卷一五八，《郑余庆传》。

"用兵小事也，五坊追捕平人大事也。兵事不理，只忧山东；五坊使暴横，恐乱辇毂。"上不悦。帝久方省悟，召杨朝汶曰："向者为尔使我羞见宰相。"遽命诛之。①

本案原是一般的债务案件，确属民事法律关系，但宦官所属的五坊使，利用其特殊地位，乱捕债务人，勒索钱财，所涉及的又是高官的后代，搞错了还不肯退还，引起朝官的不满。最终宪宗为平息众怒，杀了肇事的宦官杨朝汶。

有些案件，因涉及国有资产与百姓利益的冲突，其审理更加复杂，所掺杂的个人因素及皇帝的个人意志可能更多一些。如宪宗时，张茂宗为闲厩使，唐前期在河西、陇右曾置七马坊，饲养国马。但

> 至德以后，西戎陷陇右，国马尽散，监牧使与七马坊名额尽废，其地利因归于闲厩使。宝应中，凤翔节度使请以监牧赋给贫民为业，土著相承，十数年矣。又有别敕赐诸寺观凡千余顷。及茂宗掌闲厩，与中尉吐突承璀善，遂恃恩举旧事，并以监牧地租归闲厩司。茂宗又奏麟游县有岐阳马坊，按旧图地方三百四十顷，制下闲厩司检计。百姓纷纭论诉，节度使李惟简具事上闻，诏监察御史孙革往按问之。革还奏曰："天兴县东五里有隋故岐阳马坊，地在其侧，盖因监为名，与今岐阳所指百姓侵占处不相接，皆有明验。"茂宗怒，恃有中助，诬革所奏不实。又令侍御史范传式覆按，乃附茂宗，尽翻前奏，遂夺居人田业，皆属闲厩，乃罢革官。长庆初，岐人论诉不已，诏御史按验明白，乃复以其地还百姓，贬传式官。②

国家将荒废的牧场给了贫民耕种，十数年后，又因张茂宗当了闲厩使，就要将地重归闲厩司，引起百姓起诉，朝廷派御史前往审理。宪宗朝因有神

---

① 《旧唐书》卷一七〇，《裴度传》。
② 《旧唐书》卷一四一，《张孝忠附子茂宗传》。

策军中尉吐突承璀的中助，百姓败诉，支持百姓的承审御史孙革也受到牵连，被罢免。穆宗时，百姓再次上诉，重审后，百姓胜诉，地得以还，而当年参与复审的侍御史范传式受到贬官的处分。

涉及地方官员的民事诉讼案件，有时也由御史台审理。如

> （穆赞）累迁京兆兵曹参军、殿中侍御史，转侍御史，分司东都。

> 时陕州观察使卢岳妾裴氏，以有子，岳妻分财不及，诉于官，赞鞫其事。御史中丞卢佋佐之，令深绳裴罪。赞持平不许。宰臣窦参与佋善，参、佋俱持权，怒赞以小事不受指使，遂下赞狱。侍御史杜伦希其意，诬赞受裴之金，鞫其使以成其狱，甚急。赞弟赏，驰诣阙，挝登闻鼓。诏三司使覆理无验，出为郴州刺史。参败，征拜刑部郎中。因次对，德宗嘉其才，擢为御史中丞。时裴延龄判度支，以奸巧承恩。属吏有赃犯，赞鞫理承伏。延龄请曲法出之，赞三执不许，以款状闻。延龄诬赞不平，贬饶州别驾。

此案本是妻妾争夺遗产，是典型的民事案件，因涉及官员，由东都御史台审理，御史中丞却要将其办成刑事案件，治妾裴氏罪，穆赞秉公执法，反被诬陷"受裴之金"，多亏其弟"驰诣阙，挝登闻鼓，诏三司复理无验"[1]，方免于祸。又如，文宗时唐扶为福建团练观察使，开成四年（839），死于任上，"身殁之后，仆妾争财，诣阙论诉，法司按劾，其家财十万贯，归于二妾"[2]。这也是涉及封疆大吏的遗产案件，又告到朝廷，故由中央的"法司按劾"。因此，可以说唐代中央一级的诉讼，并没有刑事诉讼和民事诉讼的区别，其程序基本上与刑事诉讼相同。至代宗大历十四年（779），理匦使崔造上奏：

> 亡官失职，婚田两竞，追理财物等，并合先本司；本司不理，

---

[1] 《旧唐书》卷一五五，《穆宁附子赞传》。

[2] 《旧唐书》卷一九〇下，《文苑下·唐次附子扶传》。

然后省司；省司不理，然后三司；三司不理，然后合报投匦进状。如进状人未经三处理，及事非冤屈，辄妄来进状者，不在进限。如有急切须上闻，不在此限。其网布进状者，臣今后请并状牒送本司及台府处理。①

此奏的目的就是将一般的民事诉讼限制在基层，即本司，确有必要者，经本司、省司、三司逐级上诉，不得直接"投匦进状"，否则还将所进"状牒"送还"本司及台府处理"。

综上所述，唐代中央对民事案件是以行政手段与司法手段相结合的方式进行管理。一般来说，不涉及侵权犯罪的案件以行政方式解决，涉嫌犯罪的则用司法手段，涉及高级官员的案件则由御史台审理。

第二节　地方管理民事诉讼的机关

唐代地方长官兼理司法，州县的刺史、县令不仅亲自掌管刑事案件，民事诉讼也由其主要负责，所谓"亲民之官"。

府、州一级，府指京兆、河南、太原三府及都督府，以尹为长官，少尹为通判官，主管民事案件的是户曹参军事；都督府以都督为长官，其下也有户曹参军事。州有司户参军事，"掌户籍、计帐、道路、逆旅、田畴、过所、蠲符之事，而剖断人之诉竞。凡男女婚姻之合，必辨其族姓，以举其违。凡井田利害之宜，必止其争讼，以从其顺。凡官人不得于部内请射田地及造碾砫，与人争利。"②裴琰之，永徽时为同州司户参军：

时年少，美容仪，刺史李崇义初甚轻之。先是，州中有积年旧

---

① 《唐会要》卷五五，《匦》。

② 《唐六典》卷三〇，《三府督护州县官吏》。

案数百道，崇义促（裴）琰之使断之，琰之命书吏数人，连纸进笔，斯须剖断并毕，文翰俱美，且尽与夺之理。崇义大惊，谢曰："公何忍藏锋，以成鄙夫之过！"由是大知名，号为"霹雳手"。①

看来司户参军的工作量还是相当大的。高祖时曾欲授李素立一七品"清要官"，"有司拟雍州司户参军"，高祖认为此官"要而不清"②。说明这是一个事务性很强，却又很重要的职务。武则天时，李元纮曾任雍州司户，当时太平公主与僧寺争碾硙，太平公主权势炙手，百官都不敢得罪，李元纮却不惧，"遂断还僧寺"，其长官雍州长史窦怀贞"促令元纮改断"，李元纮坚持不改，在判决书后大署"南山或可改，此判终无摇动"③，最后也未将碾硙给太平公主。

州的长官刺史对比较重大的民事案件也可过问。如张仲方为金州刺史时"郡人有田产为中人所夺，仲方三疏奏闻，竟理其冤"④。这是因为此案涉及朝廷宦官，必须刺史亲自过问才得以解决。当然，刺史断案在唐代更是举不胜举。

县则以县尉为判官，主管诉讼，一般的县置县尉二人，分判六曹之事，"一判户、功、仓，其署曰东厅；一判兵、法、士，其署曰西厅"⑤。主管东厅的县尉实际上就是主管民事诉讼的判官，其下有司户佐和司户史，即是主典，具体管理民事诉讼事务。县尉及司户佐、史是主管一般民事诉讼活动的官吏。高宗时，苏珦为鄠县尉，雍州长史李义琰召见他说："鄠县本多诉讼，近日遂绝，访问果由明公为其疏理。"⑥可见县尉承担诉讼方面的日常事务性工作。

县令对重大疑难案件也往往直接审理，如《朝野佥载》有这样的案例：

卫州新乡县令裴子云好奇策。部人王敬戍边，留牸牛六头于舅

---

① 《旧唐书》卷一〇〇，《裴漼附父琰之传》
② 《新唐书》卷一九七，《循吏·李素立传》。
③ 《旧唐书》卷九八，《李元纮传》。
④ 《旧唐书》卷九九，《张九皋曾孙仲方传》。
⑤ 《文苑英华》卷八〇六，《记十·同州韩城县西尉厅壁记》。
⑥ 《旧唐书》卷一〇〇，《苏珦传》。

李进处，养五年，产犊三十头，例十贯以上。敬还索牛，两头已死，只还四头老牛，余并非汝牛生，总不肯还。敬忿之，经县陈牒。子云令送敬府狱禁，教追盗牛贼李进。进惶怖至县，叱之曰："贼引汝同盗牛三十头，藏于汝家，唤贼共对。"乃以布衫笼敬头，立南墙下。进急，乃吐款云："三十头总是外甥牸牛所生，实非盗得"云。遣去布衫，进见是敬，曰："此是外甥也。"云曰："若是，即还他牛。"进默然。云曰："五年养牛辛苦。"与数头，余并与敬。一县服其精察。①

此案因疑难，县令亲审，在查清案情的情况下，依处理孳生物的原则，偿还其舅数头牛为"五年养牛辛苦"之补偿，余还原主。此案与隋末张允济所判之案有异曲同工之妙：

> 张允济，青州北海人也。隋大业中为武阳令，务以德教训下，百姓怀之。元武县与其邻接，有人以牸牛依其妻家者八九年，牛孳产至十余头；及将异居，妻家不与，县司累政不能决。其人诣武阳质于允济。允济曰："尔自有令，何至此也？"其人垂泣不止，具言所以。允济遂令左右缚牛主，以衫蒙其头，将诣妻家村中，云捕盗牛贼，召村中牛悉集，各问所从来处。妻家不知其故，恐被连及，指其所诉牛曰："此是女婿家牛也，非我所知。"允济遂发蒙，谓妻家人曰："此即女婿，可以牛归之。"妻家叩头服罪。元武县司闻之，皆大惭。②

张允济身为武阳县令，本不该受理邻县元武县之案，当事人也是"质于允济"，即是向他咨询。张允济则是以刑事案件的名义越界审理，当事件真相大白，元武县的有关部门也只能是"大惭"。一般来说，唐代民事诉讼不得越界管辖，但也有特例：

① （唐）张鷟：《朝野佥载》卷五。
② 《旧唐书》卷一八四上，《良吏上·张允济传》。

　　唐江阴令赵和，咸通初，以片言折狱著声。淮阴有二农夫，比庄通家。东邻尝以庄契质于西邻，后当取赎，先送八百千，自恃密熟，不取文证，再赍余镪至，西邻遂不认。东邻诉于县，又诉于州，皆不获伸理，遂来诉于江阴。和曰："县政甚卑，何以奉雪？"东邻泣曰："至此不得理，则无处伸诉矣。"问："尔果不妄否？"曰："焉敢厚诬。"乃召捕贼之干者，赍牒淮阴云："有劫江贼，案劾已具，其同恶在某处，姓名、状貌悉以西邻指之。请梏付差去人。"西邻自恃无迹，初不甚惧，至则械于廷，和厉声诘之，囚泣诉其枉。和曰："事迹甚明，尚敢抵讳！所劫之物，藏汝庄中，皆可推验，汝具籍资产以辩之。"因不虞东邻之越诉，乃供："析谷若干，庄客某人者；细绢若干，家机所出者；钱若干，东邻赎契者。"和复审问，乃谓之曰："汝非劫江贼，何得隐讳东邻赎契钱八百千？"遂引其人，使之对证，于是惭惧服罪。梏回本县，检付契书，置之于法。①

本案本是民事案件，原、被告双方都在淮阴县，管辖自当属淮阴。由于没有证据，原告当事人在原辖县及州都没有打赢官司，本在情理之中。江阴与淮阴，相去甚远，一在长江之南的常州，属江南东道；一在淮河之南的楚州，属淮南道。两县隔州、隔道，互不辖属，又不相邻。东邻至江阴申诉，是典型的"越诉"，本无道理，但赵和以刑事案件受理。所谓"劫江贼"，跨县越州，江阴发案，事连淮阴之西邻，赵和差人以牒将西邻捕至本县，按刑事诉讼程序审理。西邻所为，若依《唐律》，可按"诈欺官私财物"准盗论罪②，故可将西邻"置之于法"。由此可见，唐代的民事诉讼与刑事诉讼是交织在一起的，不可截然分开。

各府、州、县皆有市令，其下属有丞、佐、史等，"掌市廛交易、禁斥

---

① （宋）郑克：《折狱龟鉴》卷七，《钩慝·赵和》。
② 《唐律疏议》卷二五《诈伪律·诈欺官私财物条》。

非违之事"①，即主管市场交易、债权债务纠纷、订立买卖契约、维持市场秩序等事。如宪宗时，权相李逢吉之友张又新等，号为"八关十六子"，身居要职，"有求于逢吉者，必先经此八人纳赂，无不如意者"②。正是这个张又新，"尝买婢迁约，为牙侩搜索陵突，御史劾举"。③ 牙侩是市令所管辖的负责买卖的中间人，当时实行"除陌法"，凡买卖交易，"约钱为率算之"，即每贯纳税五十钱，"市牙各给印纸，人有买卖，随自署记，翌日合算之"④。牙侩既是交易的中间人，也是税收的征管者，若发生交易纠纷，牙侩也可居间调解。

县以下的里正、坊正、村正、乡正等基层组织，可对一般的婚姻、田土等民事纠纷进行调解，但不具有司法诉讼功能，故不属于诉讼机关。

第三节　民事诉讼的"务限"与时效

一、务限

唐代开始对民事诉讼有了关于"务限"的规定。所谓"务限"是指官府为了避免诉讼双方当事人因为打官司而影响农业生产，对受理和审断民事诉讼案件的限定。据唐《杂令》规定：

> 谓诉田宅、婚姻、债负，起十月一日，至三月三十日检校，以外不合。若先有文案交相侵夺者，不在此例。⑤

---

① 《唐六典》卷三〇，《三府督护州县官吏》。
② 《旧唐书》卷一六七，《李逢吉传》
③ 《新唐书》卷一七五，《张又新传》。
④ 《旧唐书》卷四九，《食货志下》。
⑤ 《宋刑统》卷一三，《户婚律·婚田入务门》。

每年从十月一日起受理有关土地、房宅、婚姻、债权债务的诉讼案件，称为"务开"；到第二年的正月三十日截止，三月三十日以前结案，本年不再审理这类案子，称为"入务"。

有关土地的争讼，有时因地上有农作物，又不能及时受理，故唐《田令》规定：

> 诸竞田判得已耕种者，后虽改判，苗入种人。耕而未种者，酬其功力，未经断决，强耕者，苗从地判。
>
> [准] 唐宝应元年四月十七日敕节文：诸百姓竞田，如已种者，并据现佃为主，待收了断割。其盗种者，任地主收苗，所用人功，不在论限。①

这一规定是为了保证务限外，在不影响农时的情况下，保证土地所有权人的利益，打击强行耕种他人土地的侵权行为。

二、时效

唐律没有诉讼时效的规定，但在一些具体的法律条文中又有关于具体行为的时效性质的规定。如《唐律》规定：

> 诸许嫁女，已报婚书及有私约，而辄悔者，杖六十。虽无许婚之书，但受聘财，亦是。若更许他人者，杖一百；已成者，徒一年半。后娶者知情，减一等。女追归前夫，前夫不娶，还聘财，后夫婚如法。②

在这条规定中，并没有时效的限制。但在唐人的判词中却有关于这方面时效的案例。如白居易判《得景定婚，讫未成，而女家改嫁，不还财。景诉之。女家云：无故三年不成》判曰：

---

① 《宋刑统》卷一三，《户婚律·占盗侵夺公私田门》。
② 《唐律疏议》卷一三，《户婚律·许嫁女辄悔条》。

义敦好合，礼重亲迎。苟定婚而不成，虽改嫁而无罪。景谋将
著代，礼及问名：二姓有行，已卜和鸣之兆；三年无故，竟愆燕婉
之期。桃李恐失于当年，榛栗遂移于他族。既闻改过，乃诉纳征：
挨情而嘉礼自亏，在法而聘财不返。女分不爽，未乖九十之仪；夫
也无良，可谓二三其德。去礼逾远，责人斯难。①

此判告诉我们，该条唐律在执行中是本着定婚后，"三年无故"不娶者，
女家辄改嫁者，"虽改嫁而无罪"，"在法而聘财不返"。说明唐代对订婚的保
护期不超过三年。

关于土地所有权的时效，唐初实行均田制，计口授田，故立法没有对土
地所有权的时效进行规范。中唐以后，均田制瓦解，又由于战乱不断，赋税
繁重，民多逃亡，土地荒芜，生产凋敝。统治者为恢复生产，鼓励无地农
民开垦荒地，颁敕保证开荒农民对土地所有权的重新认定。武宗会昌元年
（841）敕曰：

自今以后，应州县开成五年（840）以前逃户，并委观察使、刺
史，差强明官就村乡诣实，简勘桑田、屋宇等，仍勒长令切加简较，
租佃与人，勿令荒废。据所得与纳户内征税，有余即官为收贮，待
归还给付。如欠少即与收贮，至归日不须征理。自今年以后，二年
不归复者，即仰县司召人给付承佃。仍给公验，任为永业。②

武宗将逃户弃置不耕的荒地租给无地之民，业主二年不归，即为永远放
弃权利，仅两年时效，确实太短。但这是临时措施，不能看作是法定时效。
到宣宗大中二年（848），又颁制：

从今以后，如有此色，勒乡村老人与所由邻近等同简较勘分
明，分析作状，送县入案，任邻人及无田产人，且为佃事与纳税。
如五年不来复业者，便任佃人为主，逃户不在论理之限。其屋宇、

---

① 《白居易集》卷六七，《判·得景定婚讫未成而女改嫁不还财景诉之女家云无故三年不成》。
② 《册府元龟》卷四九五，《邦计部·田制》。

桑田、树木等权佃人，逃户未归，五年不得辄有毁除斫伐。如有违犯者，据限口量情科责，并科所由等不简较之罪。

此制不仅将逃户的追诉权延长到五年，同时要求临时占有逃户产业的"权佃人"在五年的限期内不得毁坏原产权人的财产。懿宗咸通十一年（870），又颁敕：

诸道州府百姓，承佃逃亡田地，如已经五年，须准承前赦文，便为佃主，不在论理之限。仍令所司准此处分。①

这是朝廷以敕的法律形式，正式确定了对占据逃户田地的保护期限只有五年，原主的诉讼时效只有五年，逾时即"不在论理之限"。

关于典卖物业的时效，据《宋刑统》引唐元和六年（811）以后所颁布的敕条：

一应田土、屋舍有连接交加者，当时不曾论理，伺候家长及见证亡殁，子孙幼弱之际，便将难明契书扰乱别县，空烦刑狱，证验终难者，请准长庆二年八月十五日敕，经二十年以上不论，即不在论理之限。有故留在外者，即与出除在外之年。违者，并请以"不应得为"从重科罪。②

这是涉及土地、房屋交易的诉讼时效，一般来说是"经二十年以上不论"；特殊情况则是因故滞留在外者，"即与出除在外之年"，这相当于现代"停止时效"的概念。因当事人在外不能回来者，可暂停法定时效的进行，停止前的时效仍然有效，待当事人返回后，时效继续合并计算。

对于负债违契不还者，《唐律》本身没有规定诉讼时效的限制，但到穆宗长庆四年（824），所颁制书之节文曰：

契不分明，争端斯起，况年岁浸远，案验无由，莫能辩明，只取烦弊。百姓所经台、府、州、县论理远年债负事，在三十年以

---

① 《册府元龟》卷四九五，《邦计部·田制》。
② 《宋刑统》卷一三，《户婚律·典卖指当论竞物业门》。

前，而主保经逃亡无证据，空有契书者，一切不须为理。①

这就将有关债权债务纠纷的诉讼时效限定在三十年，宋以后基本上沿用这一规定，民事诉讼的最高时效不超过三十年。

第四节　民事案件的审理、判决与调解

一、民事案件的审理

唐代尚没有形成单独的民事诉讼程序，民事审判与刑事审判基本上没有差别，对诉讼当事人条件的限制也一样，如子孙不得起诉父母、祖父母，奴婢不得诉主人；80 岁以上、10 岁以下及笃疾者，也不得提起民事诉讼等。

与刑事诉讼一样，民事诉讼也是自下而上，"先由本司、本贯，或路远而踬碍者，随近官司断决之"②。本司是指管辖与本案相关事务的机关；本贯则指当事人即原告、被告的户籍所在地，或案件发生地的管辖衙门。因路途遥远或案情需要，也可就近向当地衙门投诉。衙门决定受理后，根据需要，发牒传唤有关当事人，称为"直牒追摄"，又称为"追身"；其牒俗称"帖子"，相当于今天的传票。如吐鲁番出土文书之"唐麟德二年（665）牛定相辞为请勘不还地子事"：

> 麟德二年十二月，武成乡牛定相辞：
> 宁昌乡樊粪縋父死退田一亩
> 县司：定相给得前件人口分部一亩，迳（经）今五年
> 有余，从嗦（索）地子，延引不还。请付宁昌乡本

---

① 《宋刑统》卷二六，《杂律·受寄财物辄费用门》。
② 《唐六典》卷六，《刑部郎中员外郎》。

里追身，勘当不还地子所由。谨辞。

付坊追樊粪绁过县

对当。果示。

十九日 ①

武成乡的牛定相以"辞"告宁昌乡的樊粪绁，称其父死后当退田，牛定相给樊粪绁一亩口分田，樊耕种五年未付地子（地租），牛请求本县（西州高昌县）将住在宁昌相的樊粪绁追身（传讯）至县衙，讯问不交地租的原因。县里批示令其所住之坊追樊到县，当面对质。此文书说明，唐代民事起诉原告可以要求传讯被告。从另一文书看，原告还可以要求对被告采取强制措施，称作"禁身"。如吐鲁番文书"唐西州高昌县上安西都护府牒稿为录上讯问曹禄山诉李绍谨两造辩辞事"，该文书共八片，较残，故不全文录载，仅引"请乞禁身，与谨对当"一句②。依唐《狱官令》规定，如"告言人罪"，若"前人合禁，告人亦禁，辩定放之"③，因此，唐代民事诉讼，原、被告往往同时拘禁。如韩思彦为御史巡察四川，有成都富商之三兄弟"分资不平争讼"，当地官吏都分别接受了他们的贿赂，该案久拖不决。韩思彦审理数日，令厨师拿乳水饮用，故意剩下一些给这几个争财者，并对他们说："汝兄弟久禁，当饥渴，可饮此乳。"引起三兄弟感悟，"请同居如初"④。这里提到"汝兄弟久禁"，本是家庭财产纠纷，当事人皆被拘禁多时，没有什么原告被告之分，甚至在太宗时还发生了都官郎中薛仁方将蜀王妃的父亲杨誉，因"在省竞婢"，而"留身勘问"之事⑤。

---

① 《吐鲁番出土文书》第五册，《阿斯塔那一三四号墓文书三》，69TAM134：9。

② 《吐鲁番出土文书》第六册，《阿斯塔那六一号墓文书七》，66TAM61：23（b），27/2，27/1（b）。有关本文书的研究论文，见黄惠贤文"《唐西州高昌县上安西都护府牒稿为录上讯问曹禄山诉李绍谨两造辩辞事》释"，载唐长孺主编：《敦煌吐鲁番文书初探》，武汉大学出版社1983年版。

③ 《通典》卷一六五，《刑三·刑制下》。

④ （唐）刘肃：《大唐新语》卷一二，《劝励第二十六》。

⑤ （唐）吴兢：《贞观政要》卷二，《论纳谏第五》。

民事案件的被告可以自我申辩，其书面申辩称为"辩辞"，现敦煌吐鲁番文书中保存有大量的这类辩词，其结尾一般作"被问，依实谨辩"①。

二、民事案件的判决

唐代民事诉讼的案件一般都能在县或州一级解决，对民事侵权行为的处罚也是采取刑罚处治，多以笞、杖结案。若高于杖罪，则须上报尚书省。如何易于为益昌县令，该县距州四十里地。"凡斗民在廷，易于叮咛指晓枉直，杖楚遣之，不以付吏，狱三年无囚。"得到朝廷好评，"以中上考，迁罗江令"②。

民事判决的准据除律令格式外，还尊重风俗习惯，并认可民间的"乡法"和"私契"，但前提是不违反国家的制定法。唐《杂令》：

> 又条：诸公私以财物出举者，任依私契，官不为理。……若违法积利，契外掣夺，及非出息之债者，官为理。

> 又条：诸以粟麦出举，还为粟麦者，任依私契，官不为理。仍以一年为断，不得因旧本更令生利，又不得回利为本。

> 又条：诸出举，两情和同，私契取利过正条者，任人纠告，本及利物，并入纠人。③

这几条规定都是针对高利贷的，利率在法定范围内的，国家承认"私契"的效力，一般不过问；超过者，"官为理"；甚至鼓励告发，纠告者可获得放债人的本钱及利息所得为奖金。《吐鲁番文书》有咸亨五年（674）高昌县人王文欢诉酒泉城人张尾仁贷钱不还的诉状，内有"准乡法和立私契"④ 句，是说他们的借贷利息是按当地"乡法"所定。依乡法在两和情况下所立的私

---

① 参见《吐鲁番文书》第六册，《阿斯塔那六一号墓文书》，同类辩词在其他墓葬中仍很多。
② 《新唐书》卷一九七，《循吏·何易于传》。
③ 《宋刑统》卷二六，《杂律·诸负债不告官司而强牵财物过本契者坐赃论门》。
④ 《吐鲁番文书》第六册，《阿斯塔那一九号墓文书一三》，64TAM19：36。

契，可以作为民事判决的准据。

唐代判决当以书面形式，在审判实践中，一般判词都很简单明确，针对性很强。由于判词在司法活动中具有重要意义，吏部选拔官员也以判作为主要的考试形式，故唐人极重视写判，拟写判词成为唐代文人入仕的重要功课。对判的要求是"文理优长"，今天仍留下许多唐人为应付考试而撰写的判集，如张鷟的《龙筋凤髓判》，白居易的《甲乙判》，《文苑英华》中有五十卷判词，敦煌吐鲁番文书中不仅保留了许多实判，还有一些文人判集的残卷。这些保留下来的判词，无论是判司的实判，还是文人的拟判，都为我们今天研究唐代的司法审判活动留下了宝贵的史料，其中还有不少涉及民事审判的案例，更为珍贵。《朝野佥载》记录了这样一件涉及著作权的判例：

> 国子进士（原注：一作"祭酒"）辛弘智诗云："君为河边草，逢春心剩生。妾如堂上镜，得照始分明。"同房学士常定宗为改"始"字为"转"字，遂争此诗，皆云"我作"。乃下牒见博士。罗为宗判云："昔五字定表，以理切称奇；今一言竞诗，取词多为主。诗归弘智，'转'还定宗。以状牒知，任为公验。"①

此判可谓"文理优长"，争夺一首诗的著作权，以词多者为主。将全诗的著作权归于辛弘智，仍归还所改一字于常定宗，带有诙谐性。值得注意的是，本案是由国子监博士审理，其判决还以书面告知本人，并以此作为"公验"。

另有一类特殊案件，是根据原告家长的意愿来判决。《唐律》的宗法性是人所共知的，但唐代否定私刑，家长实行"家法"，也仅限于笞杖。受杖人则"小杖则受，大杖则走"。对于触犯《唐律》所规定的"不孝"罪，可根据家长要求，以"国法"处治。唐代的"不孝"罪是用严格的法律列举方式确定，依照《唐律》规定"不孝"罪有如下几种：

> 谓告言、诅詈祖父母、父母，及祖父母、父母在，别籍、异

---

① （唐）张鷟：《朝野佥载》卷二。

财；若供养有阙；居父母丧，身自嫁娶，若作乐，释服从吉；闻祖

父母、父母丧，匿不举哀，诈称祖父母、父母死。①

"不孝"罪虽入"十恶"，但其事多为家庭内部的纠纷或违犯礼教秩序的
行为，故对其惩罚并不特别重，除"告祖父母、父母者绞"外，其余罪名最
高不过为三年徒刑，而且有些罪名是告诉乃论的。如"诸子孙违犯教令及供
养有阙者，徒二年"。其注曰："谓可从而违，勘供而阙者。须祖父母、父母
告，乃坐。"②这些情况介于刑事案件与民事案件之间，因是家庭事务，故在
民事诉讼中分析。据《隋唐嘉话》载：

> 李大夫杰之为河南尹，有妇人诉子不孝。其子涕泣不自辩明，
> 但言："得罪于母，死甘分。"察其状非不孝子，再三喻其母，母固
> 请杀之。李曰："审然，可买棺来取儿尸。"因使人尾其后。妇既出，
> 谓一道士曰："事了矣。"俄而棺至，李尚冀其悔，喻之如初。妇
> 执意弥坚。时道士方在门外，密令擒之，既出其不意，一问便曰：
> "某与彼妇人有私，常为儿所制，故欲除之。"乃杖（杀）母及道士，
> 便以棺载母丧以归。③

不孝罪之"告父母"者方绞，可这个母亲却要以"不孝"的罪名请求官
府杀子。李杰首先尽量调解，希望母子和解。但作母亲者执意"固请杀之"，
引起李杰怀疑，引出奸情，成为刑事案件。另一案则是高宗时的宰相许敬宗
之事：

> （许）敬宗好色无度。其长子昂颇有才藻，历位太子舍人，母
> 裴氏早卒。裴侍婢有姿色，敬宗嬖之，以为继室，假姓虞氏。昂素
> 与通，蒸之不绝。敬宗怒黜虞氏，加昂以不孝，奏请流于岭外。显
> 庆中，表乞昂还，除虔化令，寻卒。④

---

① 《唐律疏议》卷一，《名例律·十恶条》。

② 《唐律疏议》卷二四，《斗讼律·子孙违犯教令条》。

③ （唐）刘悚：《隋唐嘉话》卷下。

④ 《旧唐书》卷八二，《许敬宗传》。

许敬宗与子同与侍婢通奸，许敬宗给儿子加的罪名也是"不孝"，依《唐律》当为"奸父祖妾"，此为绞刑；或为"奸父祖所幸婢"，当减二等，则合徒三年①。许敬宗直接奏请皇帝将儿子处流刑，后又"表乞"，即上表请求将儿子放还。此两案一为平民，一为官员，皆因家长请求，处治儿子"不孝"。法律对此并没有明确规定，但从判决看，国家可依家长的请求代家长处治子孙。

三、民事执行与调解

对于已经生效的民事判决，一般由当事人自觉执行，如当事人拒不执行的，可以强制执行。如唐初在三辅地区的灌溉渠上，有许多王公之家私自设立碾硙，开元九年(721)，李元纮为京兆府少尹，曾奏请强制拆除所有碾硙，"百姓大获其利"②。

对于债权债务的民事案件，也可采取强制执行，主要是以拘禁的方式要求债务人履行义务。如宪宗时，许孟容为京兆尹，元和四年（809），有神策军吏李昱借贷长安富人钱八千贯，超过三年仍不还，许孟容派遣吏卒将李昱收捕关押，限期命还，说："不及期当死。"神策军是皇帝的禁军，又有宦官为后台，遂向皇帝诉冤。皇帝命中使宣旨，令许孟容将其送还本军。许孟容仍关押李昱不遣还，并奏称："臣诚知不奉诏当诛，然臣职司辇毂，合为陛下弹抑豪强。钱未尽输，昱不可得。"皇帝赞许其守正不阿，打击了豪强的气焰。"自此，豪右敛迹，威望大震"③。文宗时李频为武功县令，有神策军士尚君轻"逋赋六年不送，睊然出入闾里"。李频将其"械送狱，尽条宿恶，请于尹杀之，督所负无少贷"④。如果是单纯的欠债不还，依《唐律》最高也

---

① 《唐律疏议》卷二六《杂律·奸父祖妾等条》。

② 《唐会要》卷八九，《碾硙》。

③ 《旧唐书》卷一五四，《许孟容传》。

④ 《新唐书》卷二○三，《文艺下·李频传》。

不过"徒一年"①，此两案都具有抓典型的意思，并以"宿恶"将杀之，以死刑威胁债务人强迫其还债。这种方式对所欠债务的履行，仍有强制执行的意义。

对于某些特殊案件的执行，唐代也有所谓"执行难"的情况，如段秀实为营田官，"泾大将焦令谌取人田自占，给与农，约熟归其半"。结果时值大旱，没有收成，佃户请求减免地租，焦令谌说："我知入，不知旱也。"仍催促农民交租。农民没有办法，因为涉及军队将领，故向主管屯田的营田官段秀实投诉。段秀实"署牒免之"。令谌恼怒，将牒置于农民的背上，"大杖击二十"，并用车将被打农民送到段秀实处。段秀实为农民疗伤后，卖了自己的马替他交了租，焦令谌因此受到舆论的指责，"自恨死"②。这类地方官员自己掏钱解决民事案件的情况在唐代并不罕见。如韩愈、柳宗元、韦丹等都有将因欠债而卖身为奴者，"出私钱赎之，归其父母"③ 的举措。

唐代对一般的民事纠纷，重视用调解手段解决。德宗时，功臣郭子仪的子孙与其嬖人"昆弟讼财不平"，德宗本想以司法手段解决，侍御史卢群认为：郭子仪在世时将　部分财产给了他所喜欢的人，"子弟不合争夺"，而"今所讼皆其家事"，要求德宗"特赦而勿问，俾私自引退"④，即希望他们自行和解，不要轻易使用司法手段。许多官员由于善于使用调解方式解决民事纠纷而获得"良吏""循吏"的声誉。如韦景骏：

> 开元中为贵乡令。县人有母子相讼者，景骏谓之曰："吾少孤，每见人养亲，自恨终天无分，汝幸在温情之地，何得如此？锡类不行，令之罪也。"因垂涕呜咽，仍取《孝经》付令习读之，于是母子感悟，遂称孝慈。⑤

① 参见《唐律疏议》卷二六，《杂律·负债违契不偿条》。

② 《新唐书》卷一五三，《段秀实传》。

③ 参见《旧唐书》卷一六〇，《韩愈传》《柳宗元传》；《新唐书》卷一九七，《循吏·韦丹传》。

④ 参见《旧唐书》卷一四〇，《卢群传》；又《新唐书》卷一四七，《卢群传》。

⑤ 《旧唐书》卷一八五上，《良吏上·韦机附孙景骏传》。

这类事例在唐代不胜枚举。

另一类是退休离职返乡官员，因其身份地位的特殊，或个人信誉的良好，百姓有纠纷，不去官府，而找他们调解、评理。如高宗时，元让以太子右内率府长史任满还乡，"乡人有争讼，不诣州县，皆就（元）让决焉"[1]。阳城以其道德文章，"隐于中条山，远近慕其德行，多从之学。闾里相讼者，不诣官府，诣（阳）城请决"[2]。这种解决民事纠纷的方式在当时已成风气。至于里正、坊正、村正、乡里老人调解纠纷更是常用的方式。

---

[1] 《旧唐书》卷一八八，《孝友·元让传》。
[2] 《旧唐书》卷一九二，《隐逸·阳城传》。

第五章　魏晋隋唐监狱制度文明化的进展

第一节　魏晋南北朝的监狱制度

曹操为魏王时，因战争频繁，遂以军人主持司法，于军中置狱。至建安十九年（214），曹操颁令说："夫刑，百姓之命也，而军中典狱者或非其人，而任以三军死生之事，吾甚惧之。其选明达法理者，使持典刑。"[1] 从此，置理曹掾属，专典刑狱。第一任理曹掾以尚书高柔为之。曹丕称帝后，又于青龙二年（234），因军事需要，在尚书省增设都官曹，专主军事刑狱，成为最高的军事刑狱机关，其后转化为国家最高司法行政部门，是隋唐刑部都官司的前身。

西晋建都洛阳，洛阳狱是中央监狱，关押一般刑事罪犯。廷尉寺狱是专典诏狱及朝廷要犯的中央监狱。中央设两狱的制度至此初定。晋武帝泰始四年（268）一度在御史台设立黄沙狱，置黄沙狱治书侍御史一人，"掌诏狱及廷尉不当者皆治之"[2]，首开御史台设狱的先例。高柔之子高光以"历世明法，用为黄沙御史，秩与中丞同，迁廷尉"[3]。但为时不长即将黄沙狱省并入河南

---

[1] 《三国志》卷一，《魏书·武帝纪》。

[2] 《晋书》卷二四，《职官志》。

[3] 《晋书》卷四一，《高光传》。

府狱。晋武帝常"临听讼观，录廷尉、洛阳狱囚，亲平决焉"①。设于京师的监狱除了廷尉狱和洛阳狱外，还有河南府狱。如晋惠帝永康元年（300），贾后专权，废太子，将太子押送许昌，幽禁于许昌宫，并下诏不许东宫属官为太子送行。"太子洗马江统、潘滔、舍人王敦、杜蕤、鲁瑶等冒禁至伊水，拜辞涕泣"。司隶校尉将送行者全部抓起来送进监狱。其关押在河南狱者，被河南尹乐广"悉解遣之"，而"系洛阳狱者，犹未释"。胡三省解释说："付郡者，河南尹得解遣之；系洛阳狱者，尹不得与，故未释。"②洛阳狱属朝廷直接统管，河南尹不得干预。河南狱归河南府管辖，河南尹可以直接开释被关押者。这说明洛阳狱与河南狱是两个不同性质的监狱。晋之郡县也设有监狱，县有"狱小史、狱门亭长"等治狱吏。

晋代十分重视对监狱的立法。晋《狱官令》，规定："狱屋皆当完固，厚其草蓐，切无令漏湿。家人饷馈，狱卒为温暖传致。去家远，无饷馈者，悉给廪。狱卒作食，寒者与衣，疾者给医药。"③该令对监狱的设施、犯人的衣食及病囚的医药都做了较明确的规定，标志着古代监狱管理的制度化和法律化。

南朝仍沿用京师二狱的制度，中央监狱分为廷尉狱和建康狱。据《宋书》称彭城王刘义康曾被"收付廷尉法狱"治罪；巴东扶令育诣阙上表，为刘义康说情，被"即收付建康狱，赐死"④。世祖时有奚显度者"苛虐无道，动加捶扑。暑雨寒雪，不听暂休，人不堪命，或有自经死者。人役闻配显度，如就刑戮。时建康县拷囚，或用方材压额及踝胫，民间谣曰：'宁得建康压额，不能受奚度拍。'又相戏曰：'勿反顾，付奚度。'其酷暴如此"⑤。

南齐初，郡县监狱存在"上汤杀囚"的现象，王僧虔为此上疏曰：

① 《晋书》卷三，《武帝纪》。
② 《资治通鉴》卷八三，《晋惠帝永康元年》。
③ 参见张鹏一编著：《晋令辑存·狱官令第十四》。
④ 《宋书》卷六八，《武二王·彭城王义康传》。
⑤ 《宋书》卷九四，《恩幸传·戴明宝附奚显度传》。

汤本以救疾，而实行冤暴，或以肆忿。若罪必入重，自有正刑；若去恶宜疾，则应先启。岂有死生大命，而潜制下邑。愚谓治下囚病，必先刺郡，求职司与医对共诊验；远县，家人省视，然后处理。可使死者不恨，生者无怨。①

得到刚刚登基的萧道成的采纳。

梁武帝时对狱制进行改革，朱异"上书言建康宜置狱司，比廷尉"。武帝"敕付尚书详议"②，得到赞同施行。梁以廷尉狱为"北狱"，建康狱为"南狱"，各设正、监、平三官"分掌狱事"，孔休源"迁建康狱正，及辨讼折狱，时罕冤人"③。狱正、狱平，"革选士流"，多以文人充任。如刘沓、伏挺先后任建康正，虞於陵、钟岏先后为建康平④。"凡犴狱之所，可遣法官近侍，递录囚徒，如有枉滞，以时奏闻"⑤。殷不害"年十七，仕梁廷尉平。不害长于政事，兼饰以儒术，名法有轻重不便者，辄上书言之，多见采用"⑥。陈因其制，亦以"廷尉寺为北狱，建康县为南狱，并置正、监、平"⑦。司马申曾兼任廷尉监，陆琼则"以度支尚书、参掌诏诰，并判廷尉、建康二狱"⑧。

南朝对已判徒刑的罪犯采取送往"三署"服役的方式服刑。所谓"三署"，据考为尚方署、冶署和奚官署，汉代就是已决犯服刑执役的场所，南朝仍以其为狱，主要关押被判徒刑的罪犯，令其在此为官方及宫室服役，有时也可作为看守所临时关押未决犯。尚方署隶属于少府，是制作军器的机构，分为左右尚方；冶署亦属少府，是冶铸铁器的部门，分有东冶、南冶，梁又设西冶。这些工作都是重体力劳动，使用囚犯既可保证质量，又能降低成本，尤

---

① 《南齐书》卷三三，《王僧虔传》。

② 《梁书》卷三八，《朱异传》。

③ 《梁书》卷三六，《孔休源传》。

④ 参见《梁书》卷四九《文学上》；卷五〇，《文学下》各人本传。

⑤ 《梁书》卷二《武帝纪中》。

⑥ 《陈书》卷三二，《孝行·殷不害传》。

⑦ 《隋书》卷二五，《刑法志·陈制》。

⑧ 参见《陈书》卷二九，《司马申传》；及卷三〇，《陆琼传》。

其是兵器的制作，使用犯人可保证军用品不外流。奚官署是为宫中妇女服杂役的机构，多以犯罪妇女或罪犯家属从坐没官充役。如宋文帝时："有女巫严道育，本吴兴人，自言通灵，能役使鬼物。夫为劫，坐没入奚官。"人称有"通灵之术"①。严道育因丈夫犯罪而受牵连，罚没入奚官署服役。梁"建康旧置狱丞一人"；"诸州别署监，山阴狱丞，为三品勋位"②。陆知命，陈时曾任"南狱正"③。

北魏是由鲜卑贵族建立的政权。据《魏书·刑罚志》载："魏初，礼俗纯朴，刑禁疏简。宣帝南迁，复置四部大人，坐王庭决辞讼，以言语约束，刻契记事，无囹圄拷讯之法，诸犯罪者，皆临时决遣。"及其入主中原，在汉族贵族帮助下，制定了《魏律》，定徒刑制为三年、二年、一年三等，但具体执行为"当刑者赎，贫则加鞭二百。畿内民富者烧炭于山，贫者役于圊溷，女子入春稿，其痼疾不逮于人守苑囿"。说明当时的监狱制度还处于很低级的阶段。一般徒刑不关监，罪犯分别到有关部门去服役。孝文帝改革后，政治体制乃至官制、司法制度及监狱制度都模仿汉制。中央设廷尉寺为最高司法机关，廷尉寺设狱，是中央监狱。另有"籍坊"狱，是关押已决犯处。孝文帝很重视狱治，延兴三年（473）颁诏："自今京师及天下之囚，罪未分判，在狱致死无近亲者，公给衣衾棺椟埋葬之，不得曝露。"太和四年（480），又曾"幸廷尉、籍坊二狱，引见诸囚"④。此外，北朝受北方民族司法习惯的影响，普遍设置地牢。这种方式甚至流传到北齐、北周至隋代。如北齐文襄王高澄将其弟永安王高浚、上党王高涣"盛以铁笼"，"俱置北城地牢下，饮食溲秽共在一所"⑤。崔暹身为宰相，因遭谗言，"乃流暹于马城，昼则负土供役，夜则置地牢"⑥。元魏后裔元

① 《宋书》卷九九，《二凶传》。

② 《隋书》卷二六，《百官志上》。

③ 《隋书》卷六六，《陆知命传》。

④ 《魏书》卷七上，《高祖纪》。

⑤ 《北齐书》卷一〇，《高祖十一王·永安简平王浚传》。

⑥ 《北齐书》卷三〇，《崔暹传》。

韶，因齐文宣帝担心其复辟，故"幽于京畿地牢，绝食，啖衣袖而死"①。说明京畿地牢是常设之狱。祖珽获罪，流徙于光州，敕报要求"牢掌"，光州别驾张奉礼说："牢者，地牢也。"专门挖了深坑，将祖珽关诸内，"苦加防禁，桎梏不离其身，家人亲戚不得临视，夜中以芜菁子烛熏眼，因此失明"②。看来光州的地牢是临时挖的。到了隋代，地牢仍在使用，据《隋书·酷吏传》载，田式为襄州总管，"或僚吏奸赃，部内劫盗者，无问轻重，悉禁地牢中，寝处粪秽，令其苦毒，自非身死，终不得出"。但是，北朝狱制也有一些较前代进步的规定，如《魏书·刑罚志》载，北魏在世祖时就有"妇人当刑而孕，产后百日乃决"的规定。又其《法例律》规定："诸犯死罪，若祖父母、父母年七十以上，无成人子孙，旁无期亲者，具状上请。流者鞭笞，留其养亲，终者从流。不在原赦之例。"这些规定对以后有关监狱法律的制定产生良好的影响，"女囚产后百日执行""死囚留养承祀"，成为后世历代狱制的传统。

第二节　隋代的监狱制度

隋代大理寺设置监狱，有狱掾八人负责监狱的管理。京兆辖大兴、长安二县，各设置监狱。如仁寿四年（604），文帝欲避暑仁寿宫，术士章仇太翼固谏不纳，太翼说："是行恐銮舆不返。"文帝大怒，将其"系之长安狱"，打算回来再斩杀他。结果到那儿后一病不起，竟死于该处。③这是对长安狱的明确记载。大业十年（614），隋炀帝欲幸东都洛阳，太史令庾质谏止，炀帝不悦，坚持前往。庾质辞疾不从。炀帝怒，将庾质押往东都"诏令下狱，

---

① 《北齐书》卷二八《元韶传》。
② 《北齐书》卷三九，《祖珽传》。
③ 《资治通鉴》卷一八〇，《隋文帝仁寿四年》；又参见《隋书》卷七八，《艺术·卢太翼传》。

竟死狱中"①。说明东都洛阳也有监狱。

地方州县也各有狱，如辛公义"迁牟州刺史，下车，先至狱中，因露坐牢侧，亲自验问。十余日间，决断咸尽，方还大厅"。当时有人劝他不必如此自苦，他说："刺史无德可以导人，尚令百姓系于囹圄，岂有禁人在狱而心自安乎?"犯罪者听说后，都很感动，"咸自款服"②。柳俭为蓬州刺史，"狱讼者庭遣，不为文书，约束佐史，从容而已，狱无系囚"③。

县一级也设有监狱，郎茂为卫国令，"时有系囚二百，茂亲自究审数日，释免者百余人。历年词讼，不诣州省"。④刘旷为平乡令，"单骑至官，人有诤讼者，辄丁宁晓以义理，不加绳劾"。"在职七年，风教大洽，狱中无系囚，争讼绝息，囹圄尽皆生草，庭可张罗。"⑤

除此之外，州县官还可以根据需要，自行设置特殊监狱。（开皇初）田式为襄州总管，"或僚吏奸赃，部内劫盗者，无问轻重，悉禁地牢中，寝处粪秽，令其苦毒，自非身死，终不得出。每赦书到州，式未暇读，先召狱卒，杀重囚，然后宣示百姓。其刻暴如此。"⑥

开皇立法，律有断狱之章，令有狱官之法。但各级官吏，任意妄为，不出大事，终不得纠。史称高祖"不悦儒术，专尚刑名"；"不敦诗书，不尚道德，专任法令，过于杀戮"；及其"逮于暮年，持法尤峻，严察临下"。故其任用酷吏，在隋代是十分突出的，甚至公开鼓励官吏不依律令办事。如开皇十七年（597）三月颁诏：

> 分职设官，共理时务，班位高下，各有等差。若所在官人不相敬惮，多自宽纵，事难克举。诸有殿失，虽备科条，或据律乃轻，论情则重，不即决罪，无以惩肃。其诸司论属官，若有愆犯，听于

---

① 《隋书》卷七八，《艺术·庾季才附子庾质传》。
② 《隋书》卷七三，《循吏·辛公义传》。
③ 《隋书》卷七三，《循吏·柳俭传》。
④ 《隋书》卷六六，《郎茂传》。
⑤ 《隋书》卷七三，《循吏·刘旷传》。
⑥ 《隋书》卷七四，《酷吏·田式传》。

律外斟酌决杖。①

此诏一下，"于是上下相驱，迭行捶楚，以残暴为干能，以守法为懦弱"②。幽州总管燕容，"鞭笞左右，动至千数，流血盈前，饮啖自若"。依照《隋律》，行刑笞不过五十，杖不过一百。即便是讯囚，刑讯杖也不过二百。燕容动辄鞭笞上千。赵仲卿拜石州刺史，"法令严猛，纤微之失，无所容舍，鞭笞左右长吏，辄至二百"。后因酷暴太过，被人上表举报，言其酷暴。文帝派御史巡按属实，不但不治其罪，反而慰劳之说："知公清正，为下所恶。"并"赐物五百段"③。元弘嗣为幽州长史，时燕容为总管。元弘嗣惧为燕容凌辱，固辞。文帝听说后发敕告诫燕容："弘嗣杖十已上罪，皆须奏闻。"燕容愤恨说："竖子何敢弄我！"于是让元弘嗣监纳仓粟，并派人监视他，"扬得一糠一秕，辄罚之。每笞虽不满十，然一日之中，或至三数。"如此过了一年，后干脆将元弘嗣关押入狱，并"禁绝其粮"。元弘嗣饿极了，"抽衣絮，杂水咽之。其妻诣阙称冤，上遣考功侍郎刘士龙驰驿鞫问。奏荣虐毒非虚，又赃秽狼藉，遂征还京师，赐死"。④燕荣被诛死后，元弘嗣接任其职，"酷又甚之，每推鞫囚徒，多以酢灌鼻，或楔弋其下窍，无敢隐情，奸伪屏息"⑤。大业时，王文同恒山郡丞，"有一人豪猾，每持长吏长短，前后守令咸惮之。文同下车，闻其名，召而数之。因令左右斫木为大橛，埋之于庭，出尺余，四角各埋小橛。令其人踦心于木橛上，缚四肢于小橛，以棒殴其背，应时溃烂，郡中大骇，吏人相视慑气"。王文同巡视河北诸郡，将当地的和尚、尼姑全部收悉狱中，脱光其衣服，"验有淫状非童男女者数千人，复将杀之"。后因"诸郡惊骇，各奏其事。帝闻而大怒，遣使者达奚善意驰锁之，斩于河间，以谢百姓"⑥。

---

① 《隋书》卷二，《高祖纪下》。
② 《隋书》卷二五，《刑法志》。
③ 《隋书》卷十四，《酷吏·赵仲卿传》。
④ 《隋书》卷七四，《酷吏·燕容传》。
⑤ 《隋书》卷七四，《酷吏·元弘嗣传》。
⑥ 《隋书》卷七四，《酷吏·王文同传》。

由于最高统治者本身有法不依，法外滥刑，自乱其制，使隋末的狱制处于混乱之中。

第三节　唐代的监狱制度

一、唐代的中央监狱制度

唐中央监狱的设置，据《唐六典》载："凡京都大理寺、京兆、河南府、长安、万年、河南、洛阳县咸置狱。"其注曰："其余台、省、寺、监、卫、府皆不置狱。"① 又据《新唐书·刑法志》："凡州县皆有狱，而京兆、河南狱治京师，其诸司有罪及金吾捕者又有大理狱。"大理寺狱即为中央监狱，"其诸司有罪及金吾捕者"一般关押在大理寺狱中；京兆府狱、河南府狱"治京师"，即在京师地区的重大罪犯关押于此狱；长安、万年、河南、洛阳是京都之属县，是设于京都地区的地方监狱。从《唐六典》文看，似乎唐王朝中央只设大理寺一狱，其余各机构皆未设狱。但从广义的监狱概念考虑，监狱不仅是拘押人犯的禁所，更应是服刑的场所，故实际情况则是正好相反，唐之"台、省、寺、监、卫、府"几乎皆各有狱。现分考之：

（一）大理寺监狱

唐代大理寺设丞六人，是按尚书省六部而置，分判"尚书六曹所统百司及诸州之务"。大理寺狱由大理寺直接管辖，"其刑部丞掌押狱"②，即总管监狱事务，凡囚徒之事皆由刑部丞画押；其下设狱丞四人（后减

---

① 《唐六典》卷六，《刑部郎中员外郎条》。
② 《唐六典》卷一八，《大理寺》。

为二人），地位较低，从九品下阶，"掌率狱吏，知囚徒。贵贱、男女异狱。五品以上月一沐，暑则置浆，禁纸笔、金刃、钱物、杵梃入者。囚病，给医药，重者脱械锁，家人入侍"①。唐代已明确"罪已定为徒，未定为囚"②，其监狱主要是关押未决犯，或刚刚判决后正待执行的已决犯。大理寺狱一般关押朝廷犯罪的官员及京师徒刑以上的罪犯。在正常的情况下，大理寺狱关押的囚犯并不多，大理少卿要向皇帝"每月进囚帐"。元胡三省对囚账的解释为："囚帐，具每月禁系罪囚之姓名，犹今之禁历也。"③唐太宗贞观四年（630），"是岁，断死刑二十九人，几致刑措"；贞观六年（632），太宗曾"亲录囚徒，归死罪者二百九十人于家，令明年秋末就刑，其后应期毕至，诏悉原之"④。死刑犯总数不过三百，系囚人数相应不至于太多。高宗即位后，"尝问大理卿唐临在狱系囚之数，临对曰：'见囚五十人，惟二人合死。'帝以囚数全少，怡然形于颜色。"⑤但武则天执政近五十年，其间大理寺狱，"囚累百千辈"，常因"一人被告，百人满狱，使者推捕，冠盖如市"⑥。至大足元年（701），司刑寺（大理寺）有"囚三百余人"⑦。当时制狱频繁，高官下狱者很多，司刑寺专设"三品院"以处之。如：

（长安元年）三月，凤阁侍郎、同平章事张锡坐知选漏泄禁中语，赃满数万，当斩，临刑释之，流循州。时苏味道亦坐事与锡俱下司刑狱，锡乘马，意气自若，舍于三品院，胡注：先是，制狱既繁，司刑寺别置三品院以处三品以上官之下狱者。帷屏饮食，无异平居。味道步至系所，席地而卧，蔬食而已。太后闻之，赦味道，

① 《新唐书》卷四八，《百官三·大理寺》。
② 《太平御览》卷六四二，引张斐《律序》注。
③ 《资治通鉴》卷一九二，《唐太宗贞观二年》胡注。
④ 《旧唐书》卷三《太宗纪下》。
⑤ 《旧唐书》卷五〇，《刑法志》。
⑥ 《旧唐书》卷五〇，《刑法志》。
⑦ （唐）张鷟：《朝野佥载》卷三。

复其位。①

《新唐书·张锡传》记载此事说："时苏味道亦坐事，同被讯，系凤阁，俄徙司刑三品院。"说明二人先是被关押在中书省（时称凤阁），而三品院是隶属于大理寺（时称司刑寺）的。大理寺狱中设三品院，专门关押三品以上高官，其"帷屏饮食"可"无异平居"，这在古代中国监狱制度史上可谓罕见。

玄宗即位后，拨乱反正，平反冤狱，励精图治，重新颁定律令格式，加以法官断狱平允，至开元二十五年（737），大理少卿徐峤上奏称："今岁天下断死刑五十八人，大理狱院，由来相传杀气太盛，鸟雀不栖，今有鹊巢其树。"众人都以此为太平盛世"刑措"之象，纷纷"上表称贺"②。但对此事史臣颇有微词，《旧唐书·李林甫传》说："其月，佞媚者言有鸟鹊巢于大理狱户，天下几致刑措。"《新唐书·奸臣上·李林甫传》则直言："大理卿徐峤妄言：'大理狱杀气盛，鸟鹊不敢栖。今刑部断死，岁才五十八人，而鸟鹊巢狱户，几致刑措。'群臣贺帝，而帝推功大臣，封林甫晋国公"③。据此可知，开元年间的所谓"大理狱空"，是奸臣粉饰太平的假象。

大理寺狱是常设的、法定的中央监狱，整个唐代变化不大，只是在宪宗元和五年（810），因经费问题，将狱丞由四员精简为二员。据《唐会要》载：

> （元和）五年二月，大理寺奏："当寺狱丞四员，准《六典》合分直守狱。承前虽俸料寡薄，当寺自有诸色钱物优赏，免至虚贫。是年以来，曹司贫破，无肯任者，遂令狱务至重，检校绝官。今伏请省两员，取所省员料钱，并以优给见置者，庶令吏曹可注，职事得人。"敕旨，依奏。④

狱丞的品秩仅为从九品下阶，本身地位就低，"历代并以卑微士为之。

---

① 《资治通鉴》卷二〇七，《唐则天后长安元年》。

② 《资治通鉴》卷二一四，《唐玄宗开元二十五年》。又新、旧《唐书》的《刑法志》等记载大致相同，但新志将开元二十五年作为唐代法治由盛而衰的转折点，此后，李林甫用事，"至此始复起大狱，以诬陷所杀数十百人，如韦坚、李邕等皆一时名臣，天下冤之"。

③ 参见《旧唐书》卷一〇六，《李林甫传》；《新唐书》卷二二三上，《奸臣上·李林甫传》。

④ 参见《唐会要》卷六六，《大理寺》。

皇朝置四人，以流外入仕者为之"①。狱丞的社会地位低属实，现又面临俸禄待遇低，以致吏部注官，无人肯任，不得不以"减员加俸"的措施来解决。

按照《唐六典》的说法，其余的中央各行政机关及军队皆不得设狱，即"其余台、省、寺、监、卫、府皆不置狱"，明确规定只有中央最高司法审判机关大理寺才有权设置监狱。但实际状况不是如此，几乎与司法有关的各个部门都设有性质不同的监狱。

（二）御史台监狱

台，指的是御史台。唐初御史台也确实没有监狱的编制，这与当时御史台的职责也是相呼应的。唐初，御史台是单纯的监察机关，其主要的监察方式是弹劾。"御史台无受词讼之例"，因此，依故事：

> 台中无狱，须留问，寄系于大理寺。至贞观二十二年二月，李乾佑为大夫，别置台狱，由是大夫而下，已各自禁人。至开元十四年，崔隐甫为大夫，引故事奏掘去之。以后，恐罪人于大理寺隔街来往，致有漏泄狱情，遂于台中诸院寄禁，至今不改。②

也就是说，自贞观二十二年（648）以来，御史台就已设立监狱。武则天时，甚至将高宗之三子李上金、四子李素节亦"召至都，系于御史台"③。到开元十四年（726），台狱虽经崔隐甫奏请罢撤，但御史台仍以"寄禁"之院关押囚犯，实际上台狱并未撤销，如就在当年，宰相张说遭到弹劾，"于御史台鞫之"。玄宗派高力士去看他，高力士还奏道："（张）说蓬首垢面，席藁，食以瓦器，惶惧待罪"④。肃宗时，"（敬）羽与毛若虚在台五六年，台中囚系不绝"⑤。宪宗元和八年（813），宰相于頔之子于敏肢解梁正言之僮仆，

---

① 参见《唐六典》卷十八，《大理寺》"狱丞"注。
② 《唐会要》卷六〇，《御史台》。
③ 《旧唐书》卷八六，《高宗中宗诸子传》。
④ 《资治通鉴》卷二一三，《唐玄宗开元十四年》。
⑤ 《旧唐书》卷一八六下，《酷吏下·敬羽传》。

被人告发，"即日捕（于）顿孔目官沈璧、家僮十余人于内侍省狱鞫问。寻出付台狱"①。文宗大和二年（828），温造为御史中丞，宫中发生火灾：

> 大和二年十一月，宫中昭德寺火。寺在宣政殿东隔垣，火势将及，宰臣、两省、京兆尹、中尉、枢密，皆环立于日华门外，令神策兵士救之，晡后稍息。是日，惟台官不到，（温）造奏曰："昨宫中遗火，缘台有系囚，恐缘为奸，追集人吏堤防，所以至朝堂在后，臣请自罚三十直。其两巡使崔蠡、姚合火灭方到，请别议责罚。"敕曰："事出非常，台有囚系，官曹警备，亦为周虑，即合待罪朝堂，候取进止。量罚自许，事涉乖仪。温造、姚合、崔蠡各罚一月俸料。"②

说明御史台狱自设之后，一直存在，是专门关押诏狱的特设监狱。

御史台在武则天时分为左右两台，称为肃政台。"左肃政台专知在京百司；更置右肃政台，专知按察诸州"③。光宅元年(684)，徐敬业起兵讨武则天，裴炎劝太后还政于太子，则徐敬业者反可不讨而自平。武则天认为裴炎必与徐同党，乃"命左肃政大夫金城骞味道、侍御史栎阳鱼乘晔鞫之，收（裴）炎下狱"④。当时武则天以洛阳为政治中心，改东都洛阳为"神都"，在洛阳配置一套完全与长安一样的官僚班子。东都亦设有左右肃政台，专理制狱。

> 时置制狱于丽景门内，胡注：《唐六典》曰：洛城南门之西有丽景夹城，自此潜通于上阳宫。又曰：洛阳皇城西面二门，南曰丽景，北曰宣耀。入是狱者，非死不出，（王）弘义戏呼曰"例竟门"。胡注：竟，尽也，言入此门者，例尽其命也。刘煦曰：言入此门者，例皆竟也。朝士人人自危，相见莫敢交言，道路以目。⑤

---

① 《旧唐书》卷一五六，《于顿传》。
② 《旧唐书》卷一六五，《温造传》。
③ 《唐六典》卷一三，《御史台》。
④ 《资治通鉴》卷二〇三，《唐则天后光宅元年》。
⑤ 《资治通鉴》卷二〇四，《唐则天后天授元年》。

丽景门又称"新开门"，在其夹城设临时监狱，故此狱也称为"新开狱"。此外，又令索元礼"于洛州牧院推案制狱"[1]，牧院狱成为御史台所属的又一座监狱。玄宗之后，此两狱虽撤，但御史台狱却一直延续下去，并被后世承用。

（三）刑部监狱

刑部是中央尚书省六部之一，是中央司法行政机关，除掌管司法政令外，并复核大理寺所判流刑及州县徒刑以上的狱案。刑部本不设狱，但刑部所属的都官司，是全国监狱的主管机关，"都官郎中、员外郎掌配、没隶簿，录俘囚，以给衣粮、药疗，以理诉竞、雪免。"[2]都官司主要掌管已被判徒刑、流刑的罪犯的执行管理，以及因家人犯罪被罚没为官奴婢的名籍管理。因奴婢而发生争执引起的诉讼，也由都官司审理。如《贞观政要·论纳谏》记载：

> 贞观七年，蜀王妃父杨誉在省竞婢，都官郎中薛仁方留身勘问，未及予夺。其子为千牛，于殿廷陈诉云："五品以上非反逆不合留身，以是国亲，故生节目，不肯决断，淹留岁月。"太宗闻之，怒曰："知是我亲戚，故作如此艰难。"即令杖仁方一百，解所任官。魏征进曰："城狐社鼠皆微物，为其有所凭恃，故除之犹不易。况世家贵戚，旧号难理，汉、晋以来，不能禁御，武德之中，以多骄纵，陛下登极，方始萧条。仁方既是职司，能为国家守法，岂可枉加刑罚，以成外戚之私乎！此源一开，万端争起，后必悔之，交无所及。自古能禁断此事，惟陛下一人。备预不虞，为国常道。岂可以水未横流，便欲自毁堤防？臣切思度，未见其可。"太宗曰："诚如公言，向者不思。然仁方辄禁不言，颇是专擅，虽不合重罪，宜

---

[1] 《旧唐书》卷一八六上，《酷吏·索元礼传》。

[2] 《唐六典》卷六，《都官郎中员外郎条》。

少加惩肃。"乃令杖二十而赦之。

由此可见，"竞婢"的案件，即使涉及皇亲国戚，也仍由都官郎中审理。都官司在审理案件时，可将当事人"留身"，即拘押，据杨誉之子说："五品以上不合留身"，可见五品以下法定可以留身。薛仁方所犯，也只是"辄禁不言"，即对有必要拘禁的五品以上官员，应先奏后禁。说明在刑部的都官司也有禁系人犯的场所。可以说，唐代的三法司皆有狱，但大理寺是法狱，御史台是诏狱，而刑部则是在都官司设有拘留所。

（四）内侍省监狱

诸省本当无狱，但这指的是门下省、中书省和尚书省这三省。尚书省之刑部前已说过，中书省在前引《新唐书·张锡传》时也讲到，张锡是先拘押在中书省（时称凤阁），说明在中书省也有关押人犯的场所，也应属于拘留所的性质。

唐代实际上有五省，即还有秘书省和内侍省二省。秘书省"掌邦国经籍图书之事"，自不应设狱。内侍省是宦官机构，其所属之掖庭局、奚官局是掌管犯罪罚没的妇女为宫廷服役的机构。如《唐令》规定："若犯籍没，以其所能各配诸司，妇人巧者入掖庭。"[1] 一般宦官和犯罪由其自行处罚，故设有内侍狱以关押之。如武则天的侄子武承嗣之子武延秀，其"母本带方人，坐其家没入奚官，以姝惠，赐承嗣，生延秀"[2]。唐代皇家之子出生于掖庭和奚官者甚众。太宗第五子、齐州都督李佑，因谋反，被抓回京师，"赐死于内侍省，同党诛者四十人"[3]。说明他当初也是被囚禁于内侍省。高宗上元二年（675）四月，"左千牛将军长安赵瓌尚高祖女常乐公主，生女为周王显妃。公主颇为上所厚，天后恶之。辛巳，妃坐废，幽闭于内侍省，食

---

① 《唐六典》卷一九，《司农寺丞条》。
② 《新唐书》卷二〇六，《武承嗣传》。
③ 《资治通鉴》卷一九六，《唐太宗贞观十七年》。

料给生者，防人候其突烟，而已数日烟不出，开视，死腐矣。"①中宗为英王时所纳之赵妃，因"妃母公主得罪，妃亦坐废，幽死于内侍省"②。中宗之妃上官昭容，名上官婉儿，是上官仪的孙女，因牵涉到徐敬业一案，父子被诛，上官婉儿"时在襁褓，随母配入掖庭。及长，有文词，明习吏事"，受到武则天的赏识，"自圣历以后，百司表奏，多令参决。中宗即位，又命专掌制命，深被信任"③。内侍省狱肯定是一常设监狱，非临时性的囚室，甚至犯奸罪者，也入掖庭狱。

> 周郎中裴珪妾赵氏，有美色，曾就张璟藏卜年命。藏曰："夫人目长而漫视。准相书，猪视者淫。妇人目有四白，五夫守宅。夫人终以奸废，宜慎之。"赵笑而去，后果与人奸，没入掖庭。④

武则天将高宗萧淑妃所生之二女义阳、宣城公主，"以母故幽掖庭，四十不嫁"⑤；而睿宗第二子李㧑，"母柳氏，掖庭宫人"⑥。肃宗为太子时，因受到李林甫的谗构而待遇低下，无人伺候。玄宗发现后，让高力士从民间选五名女子伺候太子，据《唐语林》载：

> （玄宗）乃诏力士令京兆尹，丞选人间女子颀长洁白五人，将以赐太子。力士趋出庭下，复奏曰："臣宣旨京兆尹阅女子，人间嚣然，而朝廷好言事者得以口实。臣伏见掖庭中，故衣冠以事没入其家者，宜可备选。"上大悦，使力士诏掖庭，令按籍阅视，得五人以赐太子。而章敬吴皇后在选中，后生代宗皇帝。⑦

代宗的母亲因父亲犯罪，自幼入掖庭狱。代宗之妃，德宗的母亲，因"天宝乱，贼囚后东都掖庭"⑧。看来不仅首都长安设有掖庭狱，东都洛阳也

---

① 《资治通鉴》卷二〇二，《唐高宗上元二年》。

② 《旧唐书》卷五一，《后妃上·中宗和思皇后赵氏传》。

③ 《旧唐书》卷五一，《后妃上·中宗上官昭容传》。

④ （唐）张鷟：《朝野佥载》卷一。

⑤ 《新唐书》卷八一，《三宗诸子·孝敬皇帝弘传》。

⑥ 《旧唐书》卷九五，《睿宗诸子·惠庄太子㧑传》。

⑦ （宋）王谠：《唐语林》卷一，《德行》。

⑧ 《新唐书》卷七七，《后妃下》。

有掖庭狱。《唐语林》又载德宗时宰相窦参被人陷害而死，其宠妾上清隶掖庭，"后数年，善应对，能烹茶，在帝左右"①。同书又记载：

> 孝明郑太后，润州人也，本姓尔朱氏。相者言其当生天子。李锜据浙西反，纳之。锜诛后，入掖庭为郭太后侍儿。宪宗皇帝幸之，生宣宗，即位尊为太后。②

掖庭狱可以说是内侍省所辖的专门监禁女犯及籍没犯罪人犯的未成年子女的监狱。

奚官自古以来就是犯罪妇女的服役场所，据《唐六典·内侍省》注："《周礼》酒人、浆人、笾人、醢人、醯人、盐人、幂人、女祝、内司服、缝人、守祧，并奄官所职也，皆有女奴、奚隶焉。郑玄云：'古者，男、女没入县官，皆曰奴；少有才知，以为奚。今之侍史、官婢或曰奚，官女也。汉暴室丞主中妇人疾病者就此室，其皇后、贵人有罪亦如之。'梁、陈大长秋寺统奚官署，北齐大长秋寺统奚官署令、丞，皇朝因之。"③ 唐之奚官局令"掌奚隶工役"，仍然是犯罪妇女有才知者的服役场所。

中唐以后，宦官擅权，干预司法，内侍狱不仅为管理犯罪罚没者的场所，也成为关押犯罪官员的监狱。如德宗贞元三年（787），有妖僧李软奴造妖言，自称"本皇族，见岳、渎神，命己为天子"，谋作乱，被其党与告发。"上命送内侍省推之"。李泌听说后，劝德宗说："大狱一起，所连引必多，外间人情凶惧，请出付台推。"德宗从之，结案后，"腰斩软奴等八人，北军之士坐死八百余人，而朝廷之臣无连及者"④。此案因李泌之言，处置较妥，但也可见内侍省已成为常设的司法审判机关，讯系囚犯当在内侍省狱。又如前述宪宗时，于頔之子肢解家奴案，先"于内侍省狱鞫问"，再"出付台狱"。文宗时，宋申锡案，也是先"于禁中鞫之"，后因京兆尹周墀、大理卿王正

---

① （宋）王谠：《唐语林》卷六。
② （宋）王谠：《唐语林》卷六；又可参见《新唐书》卷七七，《后妃下》。
③ 《唐六典》卷一二，《内侍省·奚官局》。
④ 《资治通鉴》卷二三三，《唐德宗贞元三年》。

雅上疏，"请出内狱付外廷核实"。胡三省注："鞫于禁中，故曰内狱。"①内狱已经成为常设的又一制狱机构。武宗即位后，于会昌元年（841），颁诏："自今臣下论人罪恶，并应请付御史台按问，毋得乞留中，以杜谗邪。"②实际上内侍省狱直到唐末也未停用。僖宗咸通时，宦官田令孜弄权，"左拾遗侯蒙昌不胜愤，指言竖尹用权乱天下，疏入，赐死内侍省"③。唐代惯例，赐死一般在关押场所执行。说明侯蒙昌是关押在内侍省狱。

（五）诸寺监狱

寺，唐有九寺，大理寺狱为法狱，自当除外，其余八寺中，如太常寺"掌邦国礼乐、郊庙、社稷之事"④，而太常寺中真正从事演奏音乐的是太常音声人。《唐律》对"太常音声人"的解释为"谓在太常作乐者，元与工、乐不殊，俱是配隶之色，不属州县，唯属太常，义宁以来，得于州县附贯依旧太常上下，别名太常音声人"⑤。太常音声人是犯罪者的家属配没为官奴婢，其未成年者，配于太常寺学习音乐，世代为皇家之奴。太常寺是执行刑罚的场所之一，类似的官衙还有一些。又如司农寺，"掌邦国仓储委积之政令"⑥，其寺内服役者亦为犯罪罚没者。《唐会要》对官奴婢的注释为："反逆家男女及奴婢没官，男年十四以下者，配司农；十五以上者，以其年长，令远京邑，配岭南为城奴也。"⑦凡配没者初入司农寺尚为未成年人，及其成年后，由司农寺负责相互匹配成婚，组成家庭，称为"官户"。《唐律》对官户的释义为"官户隶属司农，州县元无户贯"⑧。司农寺也是执行刑罚的场所之一。

---

① 《资治通鉴》卷二四四，《唐文宗太和五年》。
② 《资治通鉴》卷二四六，《唐武宗会昌元年》。
③ 《新唐书》卷二〇八，《宦官下·田令孜传》。
④ 《唐六典》卷一四，《太常寺》。
⑤ 《唐律疏议》卷三，《名例律·工乐杂户犯流条》。
⑥ 《唐六典》卷一九，《司农寺》。
⑦ 《唐会要》卷八六，《奴婢》。
⑧ 《唐律疏议》卷六，《名例律·官户部曲官私奴婢有犯条》。

（六）将作监与少府监等诸监狱

监亦有五，除国子监是最高学府外，将作监与少府监是执行徒刑的场所，按规定："其应徒则皆配居作，在京送将作监，妇人送少府监缝作。"[1] 将作监狱不仅囚禁已决犯，甚至还幽禁王子，如太宗之第四子濮王李泰，因诸子争嫡失败，太宗"乃幽泰于将作监"[2]。其余除国子监外，如军器监、都水监所用工匠也多为犯罪之人。

（七）诸卫监狱及军狱

卫，指军队，唐有十六卫，依法皆不设狱。金吾卫负责京城警戒，巡察街道，其逮捕人犯送大理寺狱或京兆府狱关押，说明其本身不囚禁人犯。德宗贞元十六年（800），义成节度使姚南仲为宦官监军薛盈珍诬谗，姚南仲至京师，"待罪于金吾"。胡注曰："金吾，左右仗，凡内外官之待罪者诣焉。"[3] 看来，金吾卫虽不设狱，也有类似看守所性质的"待罪"之所。

左右领军卫与左右卫、左右武卫、左右威卫一样，"统领宫廷警卫之法令"，既是皇帝的警卫部队，又是皇帝的仪仗队[4]。贞观十七年(643)，太宗颁诏"废太子承乾为庶人，幽于右领军卫"[5]。领军卫看来有狱，其余诸卫可能都有军狱存在。

羽林卫统率皇帝的北衙禁军。中宗嗣圣元年(684)，武则天废中宗自立，"有飞骑十余人饮于坊曲"，其中有一人发牢骚，被人告密，"座未散，皆捕得，系羽林狱"[6]。羽林卫也有军狱，由此看来，军狱是普遍存在的。所谓"台、省、寺、监、卫府皆不置狱"的说法是不准确的。

中唐以后，宦官专权，其重要手段就是控制了中央禁军，以神策军取代

---

① 《唐六典》卷六，《刑部郎中员外郎条》。

② 《旧唐书》卷七六，《太宗诸子·濮王李泰传》。

③ 《资治通鉴》卷二三五，《唐德宗贞元十六年》。

④ 《唐六典》卷二四，《诸卫》。

⑤ 《资治通鉴》卷一九六，《唐太宗贞观十七年》。

⑥ 《资治通鉴》卷二〇三，《唐则天后光宅元年》。

诸卫成为实际上的禁军。肃宗时以李辅国为"判元帅府行军司马事，以心腹委之"。李辅国"常于银台门决天下事，事无大小，辅国口为制敕，写付外施行，事毕闻奏，又置察事数十人，潜令于人间听察细事，即行推按；有所追索，诸司无敢拒者。御史台、大理寺重囚，或推断未毕，辅国追诣银台，一时纵之。三司、府、县鞫狱，皆先诣辅国咨禀，轻重随意，称制敕行之，莫敢违者"①。银台狱成为宦官自设的监狱。

代宗大历五年（770），鱼朝恩为观军容使，把持朝政，"神策都虞候刘希暹，都知兵马使王驾鹤，皆有宠于朝恩；希暹说朝恩于北军置狱，使坊市恶少年罗告富室，诬以罪恶，捕系地牢，讯掠取服，籍没其家赀入军，并分赏告捕者；地在禁密，人莫敢言。"②市人称其狱为"入地牢"。北军狱成为"合法"的被宦官操纵的监狱。都虞候原为军事将领，掌军令，是军事司法官，同时负责维持驻地的社会治安，纠察盗贼。因此，以军法官执掌军狱成为顺理成章的事。北军狱置后，宦官权势大盛，甚至有监察御史也被其"行囚于军"之事发生。德宗晚年，更加宠信宦官，"闻民间讹语禁中事，而北军捕太学生何竦、曹寿系讯，人情大惧"③。北军狱就连监察御史也不得入察，"北军移牒而已"。胡注曰："宦官势横，御史不敢入北军按囚，但移文北司，牒取系囚姓名及事，因应故事而已，不问其有无冤滥。"④宪宗时，"中官领禁兵，数乱法，捕台府吏属系军中。"宦官可将御史台及各衙门的属吏捕捉到其自设的监狱之中，可见问题的严重。当时有王源中上言："台宪者，纪纲地，府县责成之所。设吏有罪，宜归有司，无令北军乱南衙，麾下重于仗内。"⑤此奏虽为"帝纳之"，但并没有取得实际效果。如文宗时李训

---

① 《资治通鉴》卷二二一，《唐肃宗乾元二年》；又参见《旧唐书》卷一八四，《宦官·李辅国传》。

② 《资治通鉴》卷二二四，《唐代宗大历五年》；又参见《新唐书》卷二〇七，《宦者上·鱼朝恩传》。

③ 《新唐书》卷二〇七，《宦者上·窦文场霍仙鸣传》。

④ 《资治通鉴》卷二三六，《唐德宗贞元十九年》。

⑤ 《新唐书》卷一六四，《卢景亮附王源中传》。

之乱时，"将相皆系神策军"①，说明神策军狱仍可囚系大臣。

（八）财政三司监狱

中唐以后，财政上设度支、盐铁、户部三司，或户部、盐铁、转运三司，三司在其属地诸院往往自设监狱。"元和时，盐铁、转运诸院擅系囚，笞掠严楚，人多死。"②当时给事中穆质奏："诸州府盐铁使巡院应决私盐死囚，请州县同监，免有冤滥。"③虽得宪宗赞许，却并无好转。据史载：

> （太和）五年，（唐扶）充山南道宣抚使，至邓州，奏："内乡县行市、黄涧两场仓督邓琬等，先主掌湖南、江西运到糙米，至淅川县，于荒野中囤贮，除支用外，六千九百四十五石，衰烂成灰尘。度支牒征元掌所由，自贞元二十年，邓琬父子兄弟至玄孙，相承禁系二十八年，前后禁死九人。今琬孙及玄孙见在枷禁者。"敕曰："如闻盐铁、度支两使，此类极多。其邓琬等四人，资产已全卖纳，禁系三代，瘐死狱中，实伤和气。邓琬等并疏放。天下州府监院如有此类，不得禁经三年以上。速便疏理以闻。"物议嘉扶有宣抚之才。④

可见当时盐铁监院监禁人犯是得到朝廷认可的。又据《唐会要》：

> （太和）四年八月，御史中丞魏謩奏："诸道州府百姓，诣台奏事，多差御史推勘。臣恐烦劳州县，先请度支、户部、盐铁院官带宪衔者推勘，又各得三司使申称院官人数不多，例专掌院务课绩，今诸道观察使幕中判官，少不下五六人，请于其中带宪衔者，委令推勘。如累推有劳，能雪冤滞，若御史台缺官，便令闻奏。"从之。⑤

---

① 《新唐书》卷一六六，《令狐楚传》。

② 《新唐书》卷一六三，《穆宁附子质传》，亦可参见《旧唐书》卷一五五，《穆宁附子质传》。

③ 《册府元龟》卷一五一，《帝王部·慎罚》。

④ 《旧唐书》卷一九〇下，《文苑下·唐次附子扶传》。

⑤ 《唐会要》卷六二，《御史台·谏诤》。

这样，三司使院也就成为法定的司法机构，甚至成为州之上的一级上诉机关。文宗开成元年（836），殷侑为刑部尚书，史载：

> 初，盐铁、度支使属官悉得以罪人系在所狱，或私置牢院，而州县不闻知，岁千百数，不时决。（殷）侑奏许州县纠列所系，申本道观察使，并具狱时闻。许之，赐黄金十斤，以酬直言。①

殷侑的奏议是试图调解州县与盐铁、度支院的管辖范围，理顺其关系，以观察使分盐铁、度支使在地方的司法权。但这也只是禁其干预州县的管辖范围，并未限制其在经济领域的管辖权。开成四年（839），"以盐铁推官、简较礼部员外郎姚勖为盐铁推官。河阴院有黠吏诈欺，久系狴牢，莫得其情。至勖鞫问得实，故有是命"②。说明三年之后，盐铁、度支院仍在独立地行使司法管辖权。武宗时，淮南仍有"狱囚积数百千人"③。

综上所述，《唐六典》所述之"台、省、寺、监、卫、府皆不置狱"的说法，最起码是不准确的。

二、唐代的地方监狱制度

唐代的地方监狱，京师西京设有京兆府狱，东都洛阳有河南府狱。长安县、万年县是京兆府州县所辖县，河南县、洛阳县是河南府所辖县，皆设置监狱。据《资治通鉴》载：

> 宦者阎兴贵以事属长安令李朝隐，朝隐系于狱。上闻之，召见朝隐，劳之曰："卿为赤县令，能如此，朕复何忧！"因御承天门，集百官及诸州朝集使，宣示以朝隐所为。且下制称："宦官遇宽柔之代，必弄威权。朕览前载，每所叹息。能副朕意，实在斯人。可

---

① 《新唐书》卷一六四，《殷侑传》；又可参见《册府元龟》卷四八七，《台省部·举职》。
② 《册府元龟》卷四六九，《台省部·封驳》；又参见《旧唐书》卷一六八，《韦温传》，姚勖拟封"权知职方员外郎"，韦温以"郎官最为清选，不可以赏能吏"为名反对。
③ 《新唐书》卷一六六，《杜佑附孙悰传》。

加一阶为太中大夫，赐中上考及绢百匹。"①

唐玄宗诛太平公主之党羽，"薛稷赐死于万年狱"②。

唐代地方"凡州县皆有狱"③，其京兆、河南、太原三府，各有典狱十八人；大都督府设典狱十六人，中都督府十四人，下都督府十二人；上州设典狱十四人，中州十二人，下州八人；万年、长安、河南、洛阳、奉先、太原、晋阳等直辖于京都的赤县，各置典狱十人，诸州上县设典狱十人，中县八人，中下县六人，下县亦设六人④。典狱是唐代的一种差役，由编户齐民每年分番上役。《大唐新语》记载：

> 延和中（712），沂州人有反者，诖误坐者四百余人，将隶于司农，未即路，系州狱。大理评事敬昭道援赦文刊而免之。时宰相切责大理："奈何免反者家口！"大理卿及正等失色，引昭道以见执政。执政怒而责之，昭道曰："赦云：'见禁囚徒。'沂州反者家口并系在州狱，此即见禁也。"反复诘对，至于五六，执政无以夺之。诖误者悉免。昭道迁监察御史。⑤

可见，州狱不仅关押本州人犯，与朝廷相关的人犯也可暂时羁押在州狱。

三、唐代的监狱立法

《唐律疏议》中涉及监狱方面的法律主要存在于在《捕亡律》与《断狱律》之中，《捕亡律》之疏议曰：

> 《捕亡律》者，魏文侯之时，李悝制《法经》六篇，《捕法》第

---

① 《资治通鉴》卷二一〇，《唐睿宗景云元年》。
② 《资治通鉴》卷二一〇，《唐玄宗开元元年》。
③ 《新唐书》卷五六，《刑法志》。
④ 参见《唐六典》卷三〇，《州县官制》。
⑤ （唐）刘肃撰：《大唐新语》卷四《持法第七》。

四。至后魏，名《捕亡律》。北齐名《捕断律》。后周名《逃捕律》。隋复名《捕亡律》。然此篇以上，质定刑名。若有逃亡，恐其滋蔓，故须捕系，以置疏网，故次《杂律》之下。①

从其内容看，这是关于涉及捕系逃亡者及逃犯的违法犯罪行为的法律。其内容可分为两个方面：一是关于受命追捕逃亡者及其他在逃人的将史、临时差遣者，甚至包括"道路行人"等"捕罪人"，皆有责任尽力捉拿逃人，若"逗留不进""泄露其事"，或"行人力能助之而不助者"，都要追究刑事责任。二是对从事军防宿卫、丁夫杂匠、官户奴婢等逃亡的惩治规定。其内容与监狱管理有一定的关系，但不属于监狱法。

《唐律疏议》之《断狱律》属于监狱管理方面的内容相对较多一些，其疏议曰：

《断狱律》之名，起自于魏。魏分李悝《囚法》而出此篇。至北齐，与《捕律》相合，更名《捕断律》。至后周，复为《断狱律》。《释名》云："狱者，确也，以实囚情。皋陶造狱，夏曰夏台，殷名羑里，周曰圜土，秦曰囹圄，汉以来名狱。"然诸篇罪名，各有类例，讯舍出入，各立章程。此篇错综一部条流，以为决断之法，故承众篇之下。②

其既名为"决断之法"，则相应规定了有关囚禁、审讯、判决及执行等方面的违法犯罪。其内容主要是针对司法官吏、审讯人员、监狱管理人员的，对他们不按法令规定的程序讯囚、断案、关押递解囚徒，因而造成危害性后果者，都有直接有关人员的刑事责任。可以说，这是一部针对司法官员、监狱官吏的惩戒法。我们可以从中了解到唐代监狱管理的法规。

比较严格意义上的监狱法，存在于《唐令》中。"令"，据《尔雅·释诂》："令，告也。""上敕下曰告。"故《汉书·东方朔传》说："令者，命也。"

---

① 《唐律疏议》卷二八，《捕亡律》。
② 《唐律疏议》卷二九，《断狱律》。

《盐铁论·刑德》曰："令者，所以教民也；又诏圣令者，教也，所以导民。"《汉书·食货志下》注曰："令，谓法令。"秦代始出现具有法令性质的"令"，"今天下已定，法令出一"。如燔毁诗书的《挟书令》："令下三十日不烧，黥为城旦"①。其内容仍是刑事特别法。汉初"前主所是著为律，后主所是疏为令"，仍是这类特别法。但汉景帝时所定的《箠令》，则已具有监狱行刑法的性质。武帝时张汤"著谳法廷尉挈令"，颜师古注曰："著为明书之也。挈，狱讼之要也。书于谳法挈令以为后式也。"②此书不像是法令，更像是一部讲断狱方法的书。

晋朝是第一次将"令"编为法典的王朝，更重要的是，它明确了"令"是作为制度规范而独立于刑事规范的律外，所谓"律以正罪名，令以设制度"③。《唐六典》记《晋令》四十篇，其中与监狱有关的共三篇。《捕亡令》，是追捕罪犯与逃亡者的法令；《狱官令》是关于监狱的制度、规章，及讯囚、断狱的法令；《鞭杖令》是规范鞭杖等刑具的法令，类似汉代的《箠令》。如《晋狱官令》规定：

> 狱屋皆当完固，厚其草蓐，切无令漏湿。家人饷馈，狱卒为温暖传致。去家远，无饷馈者，悉给廪。狱卒作食，寒者与衣，疾者给医药。④

自隋唐起，监狱立法开始完善，皆有《狱官令》。《唐律疏议》引《狱官令》：

> 疏议曰：《狱官令》："禁囚：死罪枷、杻，妇人及流以下去杻，其杖罪散禁。"又条："应议、请、减者，犯流以上，若除、免、官当，并锁禁。"

> 疏议曰：准《狱官令》："囚去家悬远绝饷者，官给衣粮，家人至日，依数征纳。囚有疾病，主司陈牒，请给医药救疗。"

---

① 《史记》卷六，《秦始皇本纪》。
② 《汉书》卷五九，《张汤传》。
③ 《太平御览》卷六三八，《刑法部四·律令下》引杜预律序。
④ 《太平御览》卷六四三，《刑法部·狱》。

疏议曰：依《狱官令》："察狱之官，先备五听，又验诸证信，事状疑似，犹不首实者，然后考掠。"

疏议曰：依《狱官令》：拷囚，"每讯相去二十日。若讯未毕，更移他司，仍须考鞫，即通计前讯以充三度。"

疏议曰：依《狱官令》："决笞者，腿、臀分受。决杖者，背、腿、臀分受。须数等。考讯者亦同。笞以下，愿背、腿分受者，听。"①

疏议曰：依《狱官令》："杖罪以下，县决之。徒以上，县断定，送州复审讫，徒罪及流应决杖、笞若应赎者，即绝配征赎。其大理寺及京兆、河南府断徒及官人罪，并后有雪、减，并申省，省司复审无失，速即下知；如有不当者，随事驳正。若大理寺及诸州断流以上，若除、免、官当者，皆连写案状申省，大理寺及京兆、河南府即封案送。若驾行幸，即准诸州例，案复理尽申奏。"

疏议曰：依《狱官令》："从立春至秋分，不得奏决死刑。"

疏议曰："五品以上，犯非恶逆以上，听自尽于家。"②

除此之外，《唐六典》中也散见一些唐代《狱官令》的内容。如"杖、笞与公坐徒，及年八十、十岁、废疾、怀孕、侏儒之类，皆颂系以待弊"③。《新唐书》将其简单归纳为大理寺狱丞："掌率狱吏，知囚徒。贵贱、男女异狱。五品以上月一沐，暑则置浆。禁纸笔、金刃、钱物、杵梃入者。囚病，给医药，重者脱械锁，家人入侍。"④从这些法律法规看，唐代在监狱管理方面，都处于完备的成熟状态，成为古代狱制的典范，确实达到了相当高的文明程度。倘若这些法律法规能够得到实实在在的执行，必将引领整个古代社会文明的进展。然现实中，确有许多与司法文明格格

---

① 《唐律疏议》卷二九，《断狱律》。
② 《唐律疏议》卷三〇，《断狱律》。
③ 《唐六典》卷六，《刑部郎中员外郎条》。
④ 《新唐书》卷四八，《百官志三·大理寺狱丞》。

不入的不和谐音。

四、司法文明的不和谐音

据《新唐书·酷吏传序》：

> 太宗定天下，留心听断，著令：州县论死三覆奏，京师五覆奏。狱已决，尚芋然为彻膳止乐。至晚节，天下刑几措。是时州县有良吏，无酷吏。

> 武后乘高、中懦庸，盗攘天权，畏下异己，欲胁制群臣，榴翦宗支，故纵使上飞变，构大狱。时四方上变事者，皆给公乘，所在护送，至京师，廪于客馆，高者蒙封爵，下者被赉赐，以劝天下。于是索元礼、来俊臣之徒，揣后密旨，纷纷并兴，泽吻磨牙，噬绅缨若狗豚然，至叛离臭达道路，冤血流离刀锯，忠鲠贵强之臣，朝不保昏。而后因以自肆，不出帏闼，而天命已迁，犹虑臣下弗惩，而六道使始出矣。

> 至载初，右台御史周矩谏后曰："凶人告讦，遂以为常，推劾之吏，以崄责痛诋为功，凿空投隙，相矜以残，泥耳笼首，枷楔兼暴，拉胁签爪，县发熏目，号曰'狱持'。昼禁食，夜禁寐，敲扑撼摇，使不得暝，号曰'宿囚'。人苟赊死，何求不得？陛下不谅，试取告牒判无验者，使推其情，有司必上下其手，希合盛旨。今举朝胁息，谓陛下朝与为密，夕与为雠，一罹摄逮，便与妻子决。且周用仁昌，秦用刑亡。惟陛下察之。"后寤，狱乃稍息，而酷吏浸浸以罪去。

> 天宝后至肃、代间，政眊事丛，奸臣作威，渠憸宿狡，颇用惨刻奋，然不得如武后时敢搏挚杀戮矣。

> 呜呼！非吏敢酷，时诱之为酷。观俊臣辈怵利放命，内怀滔天，又张汤、郅都之土苴云。

太宗朝，因从皇帝到百官都能认真执行法律，故能做到狱制清明，"天下刑已措"。而武则天时，为打击政敌，任用酷吏。据唐人张鹭撰《朝野佥载》：

> 监察御史李嵩、李全交，殿中王旭，京师号为"三豹"。嵩为赤髭豹，交为白额豹，旭为黑豹。皆狼戾不轨，鸩毒无仪，体性狂疏，精神惨刻。每讯囚，必铺棘卧体，削竹签指，方梁压踝，碎瓦搰膝，遣仙人献果、玉女登梯、犊子悬驹、驴儿拔橛、凤凰晒翅、猕猴钻火、上麦索、下阑单，人不聊生，囚皆乞死。肆情锻炼，证是为非，任意指麾，傅空为实。周公、孔子，请伏杀人；伯夷、叔齐，求其劫罪。讯劾干垄，水必有期；推鞫湿泥，尘非不久。来俊臣乞为弟子，索元礼求作门生。被追者皆相谓曰："牵牛付虎，未有出期；缚鼠与猫，终无脱日。妻子永别，友朋长辞。"京中人相要，作咒曰："若违心负教，横遭三豹。"其毒害也如此。

> 监察御史李全交素以罗织酷虐为业，台中号为"人头罗刹"，殿中王旭号为"鬼面夜叉"。讯囚引枷柄向前，名为"驴驹拔橛"；缚枷头着树，名曰"犊子悬车"；两手捧枷，累砖于上，号为"仙人献果"；立高木之上，枷柄向后拗之，名"玉女登梯"。[1]

唐人笔记小说中描写武则天时酷吏肆虐，草菅人命的事例极多，史家修史多取用其资料，包括两《唐书》的《刑法志》也多从中取材。法律的文明必须与时人的文明相匹配，否则法律只能是一纸空文。唐代监狱管理的法律法规不能说不完备，但狱政官员毁法、坏法，滥刑、酷刑，使这些看起来很好的法律无法得到落实。王弘义为御史，"每暑月系囚，必于小房中积蒿而施毡褥，遭之者斯须气绝矣；苟自诬引，则易于他房"。[2]

唐代的狱具、械具，"长短广狭，皆有定制"。据《唐六典》载：

---

① （唐）张鹭：《朝野佥载》卷二。
② 《旧唐书》卷一八六上，《酷吏上·王弘义传》。

凡枷、杖、杻、锁之制各有差等。（枷长五尺已上、六尺已下，颊长二尺五寸已上、六寸已下，共阔一尺四寸已上、六寸已下，径头三寸已上、四寸已下。杻长一尺六寸已上、二尺已下，广三寸，厚一寸。钳重八两已上、一斤已下，长一尺已上、一尺五寸已下。锁长八尺已上、一丈二尺已下。杖皆削去节目，长三尺五寸。讯囚杖大头径三分二厘，小头二分二厘；常行杖大头二分七厘，小头一分七厘；笞杖大头二分，小头一分半。其决笞者腿、臀分受，杖者背、腿、臀分受，须数等拷讯者亦同。愿背、腿均受者，听。殿庭决杖者，皆背受。）

而实际上有些监狱官吏及酷吏，无视法律，任意妄为，别出心裁，自制刑具，如武则天时的酷吏来俊臣：

（来）俊臣每鞫囚，无问轻重，多以醋灌鼻。禁地牢中，或盛之于瓮，以火围绕炙之。兼绝其粮饷，至有抽衣絮以啖之者。其所作大枷，凡有十号：一曰定百脉，二曰喘不得，三曰突地吼，四曰著即承，五曰失魂胆，六曰实同反，七曰反是实，八曰死猪愁，九曰求即死，十曰求破家。又令寝处粪秽，备诸苦毒。每有制书宽宥囚徒，俊臣必先遣狱卒，尽杀重罪，然后宣示。是时海内慑惧，道路以目。[①]

又如肃宗时的酷吏敬羽：

（敬）羽寻擢为监察御史。以苛刻征剥求进。及收两京后，转见委任。作大枷，有勔尾榆，著即闷绝。又卧囚于地，以门关辗其腹，号为"肉馎饦"。掘地为坑，实以棘刺，以败席覆上，领囚临坑讯之，必坠其中，万刺攒之。……及嗣薛王珍潜谋不轨，诏羽鞫之。羽召支党罗于廷，索勔尾榆枷之，布拷讯之具以绕之，信宿成狱。珍坐死，右卫将军窦如玢、试都水使者崔昌等九人并斩，太子

---

① 《旧唐书》卷五〇，《刑法志》。

洗马赵非熊、陈王府长史陈闳、楚州司马张昴、左武卫兵曹参军焦自荣，前凤翔府郿县主簿李、广文馆进士张夐等六人决杀，驸马都尉薛履谦赐自尽，左散骑常侍张镐贬辰州司户。①

被酷吏掌控的监狱遂成为冤狱的渊薮。即便是在这样的政治高压下，仍有许多正直之士，敢于抗声上疏论谏。

左台御史周矩上疏曰："比奸憸告讦，习以为常。推勒之吏，以深刻为功，凿空争能，相矜以虐。泥耳囊头，摺胁签爪，县发燻耳，卧邻秽溺，刻害支体，糜烂狱中，号曰'狱持'；闭绝食饮，昼夜使不得眠，号曰'宿囚'。残贼威暴，取决目前。被诬者苟求得死，何所不至？为国者以仁为宗，以刑为助，周用仁而昌，秦用刑而亡。愿陛下缓刑用仁，天下幸甚！"武后不纳。麟台正字陈子昂亦上书切谏，不省。及周兴、来俊臣等诛死，后亦老，其意少衰，而狄仁杰、姚崇、宋璟、王及善相与论垂拱以来酷滥之冤，太后感寤，由是不复杀戮。然其毒虐所被，自古未之有也。大足元年，乃诏法司及推事使敢多作辩状而加语者，以故入论。②

此外，还有许多勇于护法的司法官员，敢于冒着被罢官免职，甚至杀头的危险，抵制酷吏乱法，荼毒生灵的行为，如徐有功、李日知、杜景俭、狄仁杰等。以徐有功为例：

载初元年（689），累迁司刑丞。时酷吏周兴、来俊臣、丘神勣、王弘义等构陷无辜，皆抵极法，公卿震恐，莫敢正言。有功独存平恕，诏下大理者，有功皆议出之，前后济活数十百家。常于殿庭论奏曲直，则天厉色诘之，左右莫不悚栗，有功神色不挠，争之弥切。

---

① 《旧唐书》卷一八六下，《酷吏下·敬羽传》。
② 《新唐书》卷五六，《刑法志》；又陈子昂的谏疏可参见《旧唐书》卷五〇，《刑法志》。

……后润州刺史窦孝谌妻庞氏为奴诬告，云夜解祈福，则天令给事中薛季昶鞫之。季昶锻练成其罪，庞氏当坐斩。有功独明其无罪。而季昶等返陷有功党援恶逆，奏付法，法司结刑当弃市。有功方视事，令史垂泣以告，有功曰："岂吾独死，而诸人长不死耶？"乃徐起而归。则天览奏，召有功诘之曰："卿比断狱，失出何多？"对曰："失出，臣下之小过；好生，圣人之大德。愿陛下弘大德，则天下幸甚。"则天默然。于是庞氏减死，流于岭表，有功除名为庶人。寻起为左司郎中，累迁司刑少卿。有功谓所亲曰："今身为大理，人命所悬，必不能顺旨诡辞以求苟免。"故前后为狱官，以谏奏枉诛者，三经断死，而执志不渝，酷吏由是少衰，时人比汉之于、张焉。或曰："若狱官皆然，刑措何远。"①

徐大理有功，每见武后将杀人，必据法廷争。尝与后反复，辞色愈厉，后大怒，令拽出斩之，犹回顾曰："臣身虽死，法终不可改。"至市临刑得免，除名为庶人。如是再三，终不挫折，朝廷倚赖，至今犹怀之。

皇甫文备，武后时酷吏也，与徐大理论狱，诬徐党逆人，奏成其罪。武后特出之。无何，文备为人所告，有功讯之在宽。或曰："彼曩时将陷公于死，今公反欲出之，何也？"徐曰："汝所言者，私忿也；我所守者，公法也。安可以私害公？"②

由此可见，徐有功之"庭争"，完全是为了坚持法治，没有掺杂任何个人私利。难怪史官评议说："当贼后迁鼎之际，酷吏罗织之辰，徐有功独抗群邪，持平不挠，此所以为难也。比释之、定国，徐又过之。"③在唐代，类似的司法官员还有许多，李日知为司刑丞，"时法令严，吏争为酷，日知犹平宽无文致。尝免一囚死，少卿胡元礼执不可，曰：'吾不去曹，囚无生

---

① 《旧唐书》卷八五，《徐有功传》。
② 《隋唐嘉话》卷下。
③ 《旧唐书》卷八五，《徐有功传》。

理.'日知曰：'仆不去曹，囚无死法。'皆以状谳，而武后用日知议。"① 杜景
俭为司刑丞，"与徐有功、来俊臣、侯思止专理制狱，时人称云：'遇徐、杜
者必生，遇来、侯者必死。'"② 狄仁杰为大理丞，"周岁断滞狱一万七千人，
无冤诉者。"③ 正是这些循法之吏，在酷吏肆虐之时，法制被践踏之际，奏响
了中国古代司法文明的最强音，为中国的司法文明写出了光辉一页。

---

①　《新唐书》卷一一六，《李日知传》。

②　《旧唐书》卷九〇，《杜景俭传》。

③　《旧唐书》卷八九，《狄仁杰传》。

下　篇

宋代的司法文明

导　论

一、几个重要概念的厘清

（一）理性与经验

理性是西方文化中的核心概念，中国历史文化并无理性概念的运用，宋明理学则称之为"性理"。[①] 梁漱溟则在比较中西文化异同时，说中国文化长于理性，西方文化长于智理。智理即知识，梁漱溟所说的"理性"是他自己独特的用法，并不反映西方文化"理性"概念的真正含义。[②] 在西方文化与法治文明中，"理性"作为核心价值与中国文化中的"仁"与"和"之概念一样，既是文化的内核，又是一个极难把握的随时代不同而可注入时代因素的、丰富而又多彩的概念。

因为本课题不是从哲学的角度去辨析"理性"概念的内涵及其在西方不同历史阶段的文化表征，而只是用来指征宋代司法传统中的"求真"性的合理因素，故本人并不打算对此做详尽论证与纠缠，只是从哲学、历史、法学三个层面做一宏观的分梳，以使研讨的聚焦点用在明晰宋代司法传统的特征与地位上。

[①]　参见阮纪正《中国式"性理"与西方式"理性"》，《江苏行政学院学报》2002 年第 4 期。

[②]　陈来说："梁漱溟所说的理性有特别含义，与一般所说的理性有所不同。"参见陈来著《仁学本体论》绪言，三联书店 2016 年版，第 2 页。

首先，从哲学的层面上看，理性与人的认识、知识有关，是一个事关认识论、知识论、本体论的命题。著名的康德四问（"我能知道什么？我应知道什么？我能期望什么？人是什么？"），皆是对人之理性为何的思考，康德由此完成了"三大批判"。①

理性的内涵丰富而复杂。② 从哲学上来说，"理性"一词在西方偏重于对知识的追求，逻辑便是其代名词，又注重探索形而上的本体论，故有康德"三大批判"之作。在康德那里，理性与智慧为同一位阶，相当于理念，侧重于对世界整体的把握。说白了，就普通人而言，"理性"就是我们所说的"运用逻辑思维进行推理的能力"。

其次，从西方的历史进程而言，古希腊文明重视人的理性价值，倡导人作为城邦公民应参与政治。哲学家把理性作为人之本质属性，是人与动物的根本区分，这与中国文化的价值取向迥然有异。"人是宇宙的中心，理性是人的中心"便是古希腊的名言。理性在古希腊文化中指摄的是"逻格斯"、科学、正义及人的自觉反思能力，这种能力终身致于对知识的向往与求索，"为科学而科学，为知识而知识"就是希腊人所说的"理性"。

到了中世纪，基督教神学弥漫于西方人的社会生活中。人的理性只有依附于上帝，或以理性参与上帝的永恒法才会取得价值。托马斯·阿奎那认为：宇宙的整个社会就是由神的理性支配的。所以上帝对于创造物的合理领导，就像宇宙的君王那样具有法律的性质，这种法律就是"永恒法"。③

---

① 即《纯粹理性批判》《实践理性批判》《判断力之批判》。"康德四问"的提法，可参见陈来《仁学本体论》"绪言"，三联书店 2014 年版，第 1 页。

② 杨国荣：《理性与价值》，上海三联书店 1998 年版，"引言"，第 1 页。哲学史家杨国荣先生说："从内涵上看，理性与价值是两个多义而复杂的范畴。以理性而言，当理性与感性相对时，它既可以指认识的能力与形态，也可以表征区别于个体存在的普遍本质（相对于感性存在，理性更多地体现了类的普遍本质）；在康德的感性、知性、理性三维结构中，理性所指向的便是形而上的对象；在广义的认识过程中，理性又展现出认识与评价的不同维度；与之相联系的尚有所谓工具理性与价值理性之分。"

③ [意]托马斯·阿奎那：《阿奎那政治著作选》，马清槐译，商务印书馆 1963 年版，第 106 页。

　　资产阶级革命后，启蒙思想家对"理性"的探讨集中于反对封建专制与教会对人的压迫上。民法典运动产生后，西方法治文明中的理性，主要是为私法体系的建立提供理论支撑。它假设"个人本位"的"理性"是民事权利主体地位一律平等、一体保护的基础。个人所具有的物权作为私有财产权天然具有排他性、对世性。防止政府及国家权力对于公民个人自由的干涉、私人财产权利的侵犯，建立一个有限权力的政府，建设一套私权保护与人权保护的法律体系，是近现代西方社会理论家及法学家①的自觉与共识。

　　最后，再说法学家、社会学家马克斯·韦伯对"理性"的理解与论述。韦伯作为德国思想家，本是法学专业出身，他的出名不是法学上的建树，而是社会学的贡献。但韦伯被当代中国法学界所知，主要是他站在比较的立场上，把中国文明作为一个他者，用来分析与突出西方资本主义文明所具有的先进优越地位时而得出来的结论：中华法制文明只有实质理性而无形式理性，中国古典司法是卡迪审判等。②

　　韦伯以西方文明为中心，把理性以"类型学"的方法从历史与实践抽象出来，把不同文明形态的法律纳入自己的分析框架，视中国古典法律为"形式非理性"以反衬西方法律的"理性"，此种观点虽极其睿智却是偏颇的，因为韦伯实际上并没有接触过中国法律史一手文献材料。

　　结合中国法律史研究，尤其是宋代司法传统的研究，我以为"理性思维的求真"与"价值关怀的向善"是两个最基本的面向。通常来讲，理性有三

① 　参见孟德斯鸠、卢梭、洛克、哈耶克等人的著作。

② 　相关的讨论，参见林端《韦伯论中国传统法律》，三民书局 2004 年版。由韦伯而引起的争论，参加的学者主要有台湾法史专家张伟仁、柳立言，大陆学者高鸿钧、贺卫方、马小红等。参见张伟仁《中国传统的司法和法学》，《现代法学》2006 年第 5 期；高鸿钧《无话可说与有话可说之间——评张伟仁先生的〈中国传统的司法和法学〉》，《政法论坛》2006 年第 5 期；柳立言《"天理"在南宋审判中的作用》，载台湾"中央研究院"历史语言研究所集刊 2013 年，第 84 本。也可参见拙作《宋代司法传统的叙事及其意义——立足于南宋民事审判的考查》，《南京大学学报》2008 年第 4 期，转载于人民大学报刊复印资料《法理·法史学》2009 年第 1 期。对韦伯"类型学"方法的批评也可参见拙作《反思法律史研究中的类型学方法》，《法商研究》2004 年第 5 期。

层含义。第一，指人们运用逻辑思维进行推理的能力。从这个意义上讲，理性就是人们处理问题的一种思维方式，也就是合乎条理地处理事情。理性在这里体现的是一种合理性；第二层含义，指的是法官在审案过程中，运用逻辑思维进行推理的一个过程。通过这个过程，得到的判决结果具有客观性、确定性；第三，如果把理性集中到司法上讲，就是指司法的合理性、正当性、客观性与确定性。从这三个意义上来使用理性，我个人认为，宋代的司法传统，蕴含了这三方面的理性，或者有丰富的理性因素。

具体说来，就国家层面而言，宋代统治者鉴于五代十国刑狱黑暗、滥杀无辜的教训，政权甫一建立，便一扫弊政，革除旧疾，重用儒家知识分子，派有专业知识的人到各地主持司法。于开国初期便把儒家仁政爱民的思想变为"视刑狱为庶政之要务"（把司法审判与公正当作国家治理的头等大事）的司法理念。奠定了保障司法公正的三大具有特色的制度：州县长官亲自审案的制度、"鞫谳分司制度"、"翻异别勘制度"。

就司法主体——宋代的士大夫而言，"工吏事、晓律义、善理讼"已成为时代的新风尚。凡是有所作为的宋代法官，如北宋之包公、南宋之宋慈，《名公书判清明集》中的法官群体，路府州的幕职官员，已把司法审判中的国家理念，通过"理性思维的求真"与"价值关怀的向善"两个层面的思考落实到司法实践中。不仅是包公断案成为中国古代公正的符号，于元明清到现代流芳百世，而且还有宋慈法医学著作驰名中西的荣耀。其实，文学家苏轼、王安石的法学素养也是不让他人的。

再就宋代的司法实践而论，理性元素的体现更可一展时代之内涵。著名者如民事婚姻审理中的"断由"制度，听讼中的书证制度，同案同判的审断制度等等。

"经验"是一个人人耳熟能详的常用词，就其含义无非是指：其一，从生活的多次实践中积累的知识或技术；其二，是一个人的亲身经历。与理性一词相较，经验强调的是在亲身经历或实践中得到的知识，具有突出的个人、地域或时代特征，它与理论是相对应的。理论强调普遍性，经验侧重特殊性，宋慈的司法经验是他负责路一级司法审判二十余年的亲身经历中得来的，他人难以取得，更无法代替。

但这决非说，二者是完全对立的。理性可以超越经验，但又来自经验；经验由亲身经历或反复实践中得来，又需得到理性的指引。二者相辅相成，才能使大功告成。《洗冤集录》作为世界第一本法医学名著，就是在司法实践的基础上，由亲身经历过的宋慈在理性的提炼下完成的。

经验在宋代的司法实践中有哪些突出特征呢？其一是重视第一现场的勘验；第二，重视亲历亲为；第三，人命大案，强调人证、物证、尸体检验；第四，重视证据的辨伪与示信。以宋慈为例，宋慈的办案经验，以文字的形式记载下来，以帮助指导司法实践。这种总结司法实践经验的形式，主要有如下几个方面的体现。一是对判例、办案经验的搜集整理；二是法医学著作的出现，典型的就是《洗冤集录》的问世。在该著作的《疑案杂说》中，宋慈讲到两个案例：一个是甲、乙涉激流过河，甲强乙弱。但乙身上带有财物，甲遂对乙起谋害之心。在过河中，甲将乙摁到河里溺水而死。在此案中，仅甲乙两人，且地处偏僻，没有旁证，如何判断乙是不小心溺水而死，还是被甲图财害命？宋慈总结说：首先要看甲乙身体强弱，其次再看二人往时是否有劣迹，平时人品如何，三是要看现场是否留有挣扎的痕迹，身上是否有伤，指甲、鼻孔、肚子里是否有泥沙等。这就涉及办案的实践经验。

第二个案例是，甲有个外甥与邻居一起上山开荒，二人两天未归，后来，两人尸体被人发现，一个死在屋内，一个死在屋外。屋外之人头部、面部受伤、且后项骨割断，判断是利刃所致；屋内的人左项、后脑皆留刀伤之痕，二人衣服均在，并无剥去。勘验现场的大部分官员都认为，二人是因愤恨互杀致死。屋内人先把屋外人杀死，再回屋自杀。独有一验官持疑说，不对。从情理上讲，二人互殴杀，一人被杀后，另一人害怕自杀，似乎可通。但是屋外人脖子断了，不可能自杀后死，只能被杀先死。屋内的人，后死，有可能先杀他人，再自杀而死。但是，屋内人后脑上也有刀伤，若因此而死，于理难通。因为人用刀砍自己后脑是很难用上力气的。后来，果然捕得真凶，是因为有仇而杀害二人。若不是一有经验的官员提出合理怀疑，二人就成了冤死鬼。这就是经验，非有亲身经历，数次验证，很难取得。

（二）司法传统与宋代司法传统

学界所言司法，有两种含义：一是指宪政体制下，在司法独立，三权分立基础上，法院所专门行使的审判或称裁决职能，这是狭义之司法。二是指不同文明形态，具有国家审判职能的机关所从事的司法判决活动。本课题是在第二种含义上使用"司法"之概念的，或可谓广义之"司法"。

传统是指不同文明形态下，世界各民族世代相传的，具有文化特色的各种制度、习惯与生活元素，常与习俗或风俗相联系。而"宋代司法传统"，学界并无定义。我以为，它主要是指两宋320年间（960—1279）所具有的，世代相传的，体现审判理念的各项司法机制、制度与诉讼活动。

宋代司法传统的典型特征，一是重视物证、书证，于民事审判中关心下层民众利益，独创"断由"与"干照"制度；二是命盗重案及刑案实行"鞫谳分司、翻异别勘"制，司法职业化倾向出现，法医学与现场勘验技术发达，《洗冤集录》问世。

（三）宋代司法文明

中国司法文明的实态，已在历史上存在数千年。但对司法文明的自觉认识并与时代的进步及其社会发展相联系，且进一步把其视为评价社会政治文明进步与否的重要指标，则是最近的事，它的背后是社会转型中广大群众对司法公正与社会正义的诉求。然其内涵、特征及其以此为基础重新阐释历史文献、重构法律史研究的新义，究竟与以往有何不同，学界此前虽有文章或著述提及，但个中问题意识与解决问题之方法的新视野，学界并无自觉的认识。目前，法史学界张中秋教授曾专门著文，论及《传统中国司法文明及其借鉴》①，给人以

---

① 《法制与社会发展》2016 年第 4 期。

新的思考。

学界对于"司法文明"并无确定性的概念，张中秋从国家司法是通过审判活动的实施，去落实法律原则所体现的正义与秩序之认识出发，认为"司法文明应是时代进步与社会发展以及人类理性对秩序与正义追求的一切司法成果"①。它包括司法的精神、制度及物质成果，如司法理念、制度、机构、设施、符号、运作机制、模式等。把法律中的秩序和正义落实到司法活动中，是司法文明的本质要求，落实得越到位，文明程度就越高，司法文明史就是落实法律秩序与正义的历史。

就宋代司法传统的研究而言，把"司法文明"之概念引进过来的宗旨在于：通过理性思维的求真与价值关怀之向善两个层面，揭示司法审判活动中"理性"与"经验"的具体展现，及宋代在何种历史条件下，具备了法律知识生长的空间，从而使司法职业化之趋向的出现成为可能。

二、文献的分类与使用

法律史作为史学的分支，其研究必须以史料为基础，宋代司法传统当然不能例外。就此而言，本编所使用的历史文献主要有三大类：一是宋代基本史料，包括《宋史》、《文献通考》、《宋会要辑稿》、李焘《续资治通鉴长编》、李心传《建炎以来系年要录》、《全宋文》等。二是法律类宋代专业史料，主要是《宋刑统》、《宋大诏令集》、《庆元条法事类》、《天一阁藏明抄本天圣令校证》(上下册)、宋慈《洗冤集录》、郑克《折狱龟鉴》、《名公书判清明集》(判词类) 及其词汇解读等。三是史料笔记类文献。这主要包括中华书局组织点校的《唐宋史料笔记》三十余种的宋代部分，上海古籍出版社影印本的小说论史料笔记等。此外，《历代名臣奏议》《宋代石刻文献全编》及中国各朝代律典或其他文献也会涉及。下面再申说文献之运用。

---

① 参见张中秋：《传统中国司法文明及其借鉴》，《法制与社会发展》2016 年第 4 期。

徐世虹先生曾言：中国古代法律文献，一般是指以书籍形式或非书籍形式记载中国古代法律的文字资料，其主要载体有甲胄、金石、简帛与纸。其大别有传世文献与出土文献，其类别则有政书律典、司法文书、档案、契约文书、判词、律学文献、乡规民约、便民指南等，种类繁多，数量可观。[①]

宋代由于史学的发达及活字印刷术的发明，传世文献量大类广，浩如烟海，仅就《宋会要辑稿》而言，便有千万字之多，中华书局影印本八大册，上海古籍出版社的点校本则有十六巨册，而《全宋文》更是多至三百六十册。因此，泛谈文献的阅读是没有意义的。我以为文献的使用重在明其宗旨与确定取舍标准。我所确定的阅读宗旨是：基本史料为叙述事实、建构意义的基础，须重点阅读。

就法律制度而言，研究宋代司法传统首先必须明确宋代三大基本史料《宋史·刑法志》《文献通考·刑考》《宋会要辑稿·刑法》的概貌，因为这三类基本史料，是支撑宋代司法传统研究的基础。对上述史料，既要通读，又要明其体例差异及其相互关系。就篇幅而言，《宋史·刑法志》字数最少，不过三万余字。《文献通考·刑考》居其二，有十六万字之多。量最大者，是《宋会要辑稿·刑法》有近七十万字。就其相互关系而言，《宋会要辑稿》与《文献通考》二书中的刑法部分，是《宋史·刑法志》编纂的史源。故读《宋史.刑法志》务必知晓，此志的疏漏、谬误有之，移花接木者有之。欲明原委，邓广铭先生的《宋史刑法志考证》一文则是不得不读的。徐松所辑的《宋会要辑稿》，是从《永乐大典》中辑过来的。明朝史臣编纂《永乐大典》时，尚能看到元人从南宋史馆掠去的《国朝会要》及后人所称的《宋会要辑稿》200多册。《宋会要辑稿》作为一种史学体例，开始于唐德宗时期的苏冕。苏冕集唐高祖至德宗九朝沿革损益之制，成会要40卷[②]。后经五代至宋初的王溥总纂而成一种新的史学体裁，赵宋320年，会要体史书编纂达到高峰。

---

① 参见徐世虹教授为赵晶博士《天圣令与唐宋法制考证》一书所写的序言，上海古籍出版社 2014 年版，第 1 页。其种类项目，略作损益。

② 参见《唐会要辑稿》上册《前言》，上海古籍出版社 1991 年版，第 2 页。

宋王朝共编纂《会要》12种，文字难以估量与统计。由于宋王朝所编《会要》并不刊行，因此，大部分《会要》并没保留下来。南宋灭亡时，元人从南宋史馆掠去的200余册，只是全部《宋会要》的一小部分。据专家考证，我们现在能见到的清人徐松所辑的《宋会要辑稿》只是宋人张从祖、李心传续编的《总类国朝会要》之一种，已达千万字。①

会要与正史中的书、志性质相近，而内容与分类之详则又远非书、志所可比。即是说，它与书、志一样，是分门别类记载一代典章制度沿革变迁的专书，但其内容远超书志，地理、风俗等皆包含其中。《宋会要辑稿》的史源主要来自"实录""日历"及其中央六部与监司、州、府、军、监档案。由于历史久远及屡遭战火，宋不同于明清，司法档案难寻踪迹，唯一值得欣喜的是赖《会要》之书，我们仍可看到宋代司法档案的元素与部分材料。

再就体例而言，《宋史·刑法志》篇幅虽小，但其序言对赵宋王朝立法、司法宗旨之概括，则是《文献通考·刑考》《宋会要辑稿·刑法》所不具备的，故其史料价值仍不可取代。

研究宋代司法传统，虽不能仅依据此三种史料，而是要广搜博取各种有关史料，钩沉稽微、探赜索隐，才能有所创获。但欲先辨别最为基础的史料，明其短长，还是必需的。

宋代传世文献量大类广，与宋代司法传统相关的史料，浩如烟海。若不与课题的宗旨相联系，其对史料的取舍，必然漫无边际。因此，我的标准是：（1）站在比较的立场，以"司法文明"之内涵为据，尽量选取那些能反映宋代司法文明进步成果的史料，建构宋代司法传统中的"理性"意义，总结司法经验的重要成果，以为人们对中国古代法律传统的认识提供新的认识与知识支撑点；（2）《宋会要辑稿》一书，由于包含有大量司法档案之元素，故对宋代司法传统之研究关系极重，其中的食货、选举、职官、刑法诸类，

---

① 参见点校本《宋会要辑稿》一册，刘琳先生所写"序言"。该书由刘琳、刁忠民、舒大刚、尹波等点校，共十六大册。上海古籍出版社2014年6月出版。

更是提炼宋代司法传统之"理性"的直接史源，故本书是为文献选取重点；（3）本课题关注的重点之一是"宋代法官如何审理田宅诉讼"，即我们今日所说的民事审判，故《名公书判清明集》一书所载之真实案例与法官之判词，自然成为史料首选；（4）士大夫的审判活动及其与司法活动各类人物的角色之定位，也是本课题考察的一个突出视角，故与此相关的史料、士大夫文集、政体文书（如《作邑自箴》《昼帘绪论》《洗冤集录》等），也自然进入研究的视野，而成为首选之一类。

文献虽可尽量收集，但有史料，无方法、理论，自然难以构建法律史及司法传统研究的新意。

第一章　传统文化作用下的宋代司法理念

我们主张，从中国文化的内在理路去理解中国的法律传统，从人生智能的角度去追寻中国传统法文化的价值。文化与中国文化的核心价值是理解中国文化内在理路的基础。文化的定义数以百计，莫衷一是。[①] 对文化的界说，应体现人与动物的区别和人的主体反思能力。通过不断的学习和社会生活实践来提升人的道德修养和追求优质生活的能力，并最终实现人的发展和进化，是文化的最基本内涵。能够吸收和创造文化是人类区别于其他种群的本质特征。中国古人十分重视君子人格的养育，能够自觉践行人伦道德，这是中国文化生生不息的源泉。中国文化的内在理路就是"以人为本"，这种人本思想以儒家宗法伦理道德为源泉，重视人的生命、价值与尊严，反映在社会生活的方方面面。

第一节　传统文化对宋代司法理念的影响

前贤对宋学和宋代积聚的中华传统文化赞誉有加。陈寅恪先生盛赞宋代

---

① 张广智、张广勇：《史学，文化中的文化——文化视野中的西方史学》，浙江人民出版社1990年版，"导论"第1页。

文化的成就，同时对中华文化的复兴抱有很大信心。① 徐道邻先生认为宋代法治建设的成就在中国历史上是无与伦比的。② 宋自立国以来，"事为之防，曲为之制"，法制在"祖宗之法"中占据关键地位，守法立政成为两宋时期的基调。两宋法制在维系王朝的统治中发挥了举足轻重的作用，这也正是宋代司法传统植根的土壤。

　　两宋时期，从皇帝到一般士大夫都很重视法律和司法建设。宋太祖认为，要想杜绝人们为非作歹，首先得靠法令。③ 宋太宗则反复告诫臣下要好好研习法律书籍，他认为这类知识不只是增加人的见识，对于治国理政也有重要借鉴意义，不懂法就会是非不明，难以胜任治理国家的重任。④ 王安石则从经济发展的角度看待法律的作用，他认为法律是为国理财最重要的手段。⑤ 程颐、程颢二贤认为，制定良法是实现善政的重要条件。⑥ 两宋多数皇帝经常以诏令等形式发布法治建设的指导思想，成为宋代一以贯之的统治传统。⑦ 自20世纪80年代末从事宋代法律史研究之初，我就对两宋法制建设的成就及其历史地位有些独立思考，当时主要就是从立法成就和司法理念等方面来认识宋代法制的。⑧ 不少前贤高度认可宋学和宋代法制建设的成就，作为痴迷于宋代法律史几近三十年的学者，本人一直以来都对宋代法制

---

① 《邓广铭宋史职官志考证序》，载《金明馆丛稿二编》，上海古籍出版社1980年版。转引自周勋初编：《宋人轶事汇编》（第一册），序言部分第12页。陈寅恪谓："华夏民族之文化，历数千载之演进，造极于赵宋之世，后渐衰微，终必复振。"

② 徐道邻：《中国法制史论集》，（台湾）志文出版社1976年版，第89—90页。徐道邻先生称："中国的法治，在过去许多朝代中，要推宋朝首屈一指"。由于徐道邻先生的《中国法制史论集》是在台湾出版，大陆学界不易购得，故清华大学陈新宇、刘猛于2017年把徐先生的另一集《中国法制史论略》等与此文集合编，整理为《徐道邻法政文集》在清华大学出版社出版。

③ 宋缓：《宋大诏令集》卷二〇〇，中华书局1962年版。太祖曰："王者禁人为非，莫先法令。"

④ 《宋朝事实·兵刑》卷一六，载《丛书集成初编》，商务印书馆印行。太宗曰："法律之书，甚资政理，人臣若不知法，举动是过，苟能读之，益人知识。"

⑤ 《王临川集》卷七三。"治天下之财者，莫如法。"

⑥ 《二程遗书》卷七〇。"凡当政，须立善法。"

⑦ 参见陈景良：《两宋皇帝法律思想论略》，《南京大学法律评论》1998年第2期。

⑧ 参见陈景良：《两宋法制历史地位新论》，《史学月刊》1989年第3期。

和司法的文化底色及其当代意义有自己的认识和体会。

一、中国传统人文精神对司法传统的影响

司法作为以法律途径解决纠纷的重要国家职能，其功能的有效发挥既需要于公正司法中积累实践经验，也需要于决策立法中凝聚制度理性。而经验和理性并不是截然两分的，二者可以相互转化。因此，不能就司法说司法，还需注意立法、行政和综合的社会环境对司法理念、制度和实践的影响。以儒学人伦道德为核心的中国传统人文精神对宋代司法传统的影响十分深刻，宋代司法的理念在根本上并未超出中国人文精神的范畴。但在唐宋社会变迁之际，宋代司法却有不少空前绝后的创设，具有从"人伦理性"向"知识理性"转型的鲜明特征。

"人文精神"的内涵丰富但并不确定，也称"人文思想""人文传统""人文主义"。周代以降，中国"远神近人，以人为本"的人文传统日益鲜明。[①]这种文化取向与西方的差异在牟宗三先生看来其实是哲学观念上着眼点的差异，中国重"生命"，西方重"自然"。[②] 这种人文精神在中国传统法律中体现为几个方面：一是司法价值方面，体现为对人的生命与尊严的价值关注；二是法律运行方面，体现为个体道德自律与公正司法共同作用中的实践理性；三是法的功能论方面，体现为在"天人合一"的哲学观下"礼乐政刑"相互为用以建构和谐社会。[③]

中国传统人文精神要求司法与其他治理手段综合为用。中国传统人文精神的内核是中国哲学，其中蕴含着对人生和社会的整体性思考。与西方罗马法

---

① 语出《管子·霸言》："失霸王之所始也，以人为本，本理则国固。"

② 牟宗三：《中西哲学会通十四讲》，上海古籍出版社 1997 年版，第 11 页。

③ 参见陈景良：《人文精神与中国传统法律的历史借鉴》，《河南省政法管理干部学院学报》2000 年第 2 期。中国古代的人文精神与西方有所不同。学界通常认为：西方重个体的价值，强调个人的自由意志。中国重人格的社会价值，视个人为群体中的一分子，个人作为家庭、社会关系之网中的一个角色，其价值只有在与他人的关系中才能显现。参见冯天瑜：《略论中西人文精神》，《中国社会科学》1997 年第 1 期，第 23 页。

复兴以来的法律传统不同，法律在中国社会治理中从来不是唯一的手段，也不具有独尊地位，而是"礼乐政刑"或"德礼政刑"交互使用建设和谐社会中的一环。①《隋书》称："夫为国之体有四焉。一曰仁义，二曰礼制，三曰法令，四曰刑罚。"② 朱熹深入论证了"德、礼、政、刑"四者之间的关系及其在国家治理和社会治理中的地位与作用。他认为"德"是最根本的，是礼的本源，"德"和"礼"又都是治理之道的根本所在；"政"即政制，是治理的工具，"刑"是辅助治理的举措和办法。四者都不可偏废，但在国家治理中的地位不同："政"和"刑"是举措，可以使人远离犯罪，"德"和"礼"才是劝人向善和教化万民的根本。③ 丘濬也认为，"德""礼""政""刑"都是实现王道政治的工具，只是本末有别而已。④ 这些礼乐政刑交互为用的思想是中国对社会治理方略的整体认知，四者综合作用发挥得好的时代往往政治较为清明，百姓比较安乐。但这种思想的局限性也很明显，自始至终把法放在了从属于德礼的地位，不利于中国法学理论的独立发展，延至近代与西方世界主流法律观念明显隔离而不适应。尽管如此，这种思维方式所体现的法律价值观对我国当前法治建设仍具有积极启示意义。从国家与社会治理的整体观看待法律和法治的作用，可以发现中国古代司法强调先教后罚的观念蕴含着对社会伦理和家庭、社会秩序建构规律的理性认识，社会治理中必须重视综合运用各种方略才能收到良好效果。比较法学的名宿勒内·达维德认为，不同国家对自身传统的改进是延续各自法律文明的当然道路，就此而言无上下高低之分。⑤ 当代中国法治建设同样离不

---

① 《礼记·乐记》谓："礼、乐、政、刑四达而不悖，则王道备矣。"
② 《隋书》卷七三。
③ 《论语政论·为政》。"愚谓政者，为治之具也；刑者，辅治之法。德礼则所以出治之本，而德又礼之本也。此其相为终始，虽不可以偏废，然刑政能使民远罪而已。德礼之效，则有以使民日迁善而不自知，故治民者不可只恃其末，又当深探其本也。"
④ 《大学衍义补》，《总论朝廷之政》、《圣神功化之极》。"礼乐者，政刑之本；刑政者，礼乐之辅。""德礼政刑四者，王道之治具也。"
⑤ 勒内·达维德：《当代主要法律体系》，漆竹生译，上海译文出版社 1984 年版，第 2 页。"在法的问题上并无真理可言，每个国家依照各自的传统自定制度与规范是适当的。但传统并非老一套的同义语，很多改进可以在别人已有的经验中吸取源泉。"

开对中华民族整体法律文化的发掘和创造性延续、发展。

二、宋代司法中的法理

对于宋代司法中的法理需本着一种尊重和同情心态，经由文献深入当时的社会环境去思考，而不能简单用现代西方法学对法理的理解生搬硬套。宋代司法中的法理注重融合天理、人情与国法。从对公平和效率的追求，对百姓生命和财产权益的维护，对司法权力的分工制约等方面，均能感受到这种法理的存在。① 中国传统礼法结构的正当性源于人伦道德，追求社会和谐和良善，宋代司法中的法理也围绕此展开。

不少人以为"法官""司法"和"法理"这些词汇是西方法学强势话语的舶来品，殊不知这些全是中国古代司法审判中固有的用语。② "法官"在宋代广泛用于官方文件、司法审判和社会生活，史料笔记、正史和判词中均大量出现。就其时代内涵而言，"法官"可以指：通晓法律、负责司法审判甚至以断案为职业的专门司法官员；③ 大理寺内负责检法、议刑、断案的官员，其中检出法律条文以供案件适用的称"检法官"，草拟判词的称"详议官"，断案的称"详断官"；④ 泛指中央司法机关如大理寺、刑部、审刑院、御史台的各类司法官员；⑤ 州级政权的司法参军；⑥ 路提刑司负责司法审判的官员；⑦ 等等。"司法"指国家的司法机关及其官员在宋代已很普遍，

---

① 参见陈景良：《宋代司法中的法理问题》，《公民与法》（法学版）2009 年第 3 期。

② 详见陈景良对"法官""司法""法理"的考证。陈景良：《宋代"法官"、"司法"和"法理"考略——兼论宋代司法传统及其历史转型》，《法商研究》2006 年第 1 期。

③ 龚鼎臣：《东原录》，上海古籍出版社影印本 1992 年版，第 571—572 页。

④ 沈括：《梦溪笔谈》，巴蜀书社 1996 年版，第 19 页。

⑤ 苏辙：《龙川志略》卷四，俞宗宪点校，中华书局 1982 年版，第 19—20 页；叶梦得：《石林燕语》卷六，侯忠义点校，中华书局 1984 年版，第 84 页；陈师道：《后山谈丛》，李伟国点校，上海古籍出版社 1989 年版，第 55 页。

⑥ 李焘：《续资治通鉴长编》，中华书局 2004 年版，第 9726 页。

⑦ 李焘：《续资治通鉴长编》，中华书局 2004 年版，第 8658 页。

《续资治通鉴长编》《宋史》《朱文公政训》及士大夫的司法判决书中经常见到。①"法理"在宋人案例汇编和判词中多次出现，一指法律条文，②二指天理与国法，③三指法官断案时依据案情分析出来的法律原理。④这些语汇是当时社会风貌最为直接和真实的记录，透过它们可以依稀感受到宋代司法的特色及其在历史转型中的时代风貌。

以言宋代司法的正当性与合理性，如果从历史语境中寻求宋代司法的正当性，首先要面临的问题是谁能成为司法的主体力量，即法律秩序的维护者。虽然王朝更替过程中充满攻伐与杀戮，但统治者在治安天下之际都不忘标榜仁爱。⑤赵宋开国君臣鉴于五代军人司法的弊政，倡导并逐步实现文人治狱。宋代从事司法的文官多是经过科举考取得身份并经法律考试的士大夫，是"文学法理，咸精其能"的知识精英。⑥文人士大夫成为司法的主体力量不是偶然的，宋代统治者首先看重的是他们的人伦道德修养，其次有意让他们接受系统的政务实践和法律知识训练，经过选拔才有资格从事司法审判。这与狱讼关系百姓生命和财产利益，进而关乎统治根基有关，与统治者钦恤狱讼的意识形态相合。绝大多数来自社会下层和中小地主阶层的宋代士大夫，普遍清贫的成长经历和所接受的道德伦理教育

---

① 李焘：《续资治通鉴长编》，中华书局 2004 年版，第 1021 页。日本京都学派代表人物宫崎市定曾详述了检法议刑与法官判决的经过，并引用《江苏金石志》卷五所载的法司检出来的律、敕、令、格。参见宫崎市定：《宋元时代的法制和审判机构》，徐世虹译，载刘俊文主编：《日本学者研究中国史论著选译》第 8 册，中华书局 1992 年版，第 276 页。《朱文公政训》，《政书集成》第 4 辑，陈生尔辑，中州古籍出版社 1996 年版，第 536 页。《名公书判清明集》，卷二《县令老缪别委官暂权》、卷二《送司法旅衬还里》、卷十二《与贪令揣摅乡里私事用配军为爪牙》，中华书局 1987 年版，如无特别说明，下文所引用《名公书判清明集》皆为同一版本。

② 《名公书判清明集》，卷一《不许县官擅自押人下寨》、卷十二《与贪令揣摅乡里私事用配军为爪牙·检法书拟》。

③ 《名公书判清明集》，卷七《义子包并亲子财物》。

④ 郑克：《折狱龟鉴译注》，刘俊文译注，上海古籍出版社 1988 年版，第 461—462 页。

⑤ 《宋史·刑法志》。

⑥ 参见《宋史·太宗本纪》；马端临：《文献通考·职官考》；《宋史·真宗本纪》等。

让他们普遍具有忧患意识和为民伸张正义的政治抱负，通过科举和法律考试更完善了他们的知识结构，提升了法律素养，成为主导宋代司法的重要力量。宋代司法的正当性还应从如何看待百姓在司法中的地位去探寻。中国民本思想的确立给最高统治者戴上了一道紧箍咒，基于巩固统治基础的考量，他们往往在与民生关系最密切的狱讼上宣扬自身的仁爱与德政。所谓"庶政之中，狱讼为切。钦恤之意，何尝暂忘"。① 他们会严切要求司法官员贯彻自己的意识形态，关心百姓疾苦。宣称"尔俸尔禄，民脂民膏，百姓易虐，上天难欺"。这种人文主义关怀最终要落实到生活中，于是随着私权观念的发展和商品经济的繁荣，纠纷日增的社会背景下更需维护民众的合法权益。这也是宋代士大夫虽然不喜欢诉讼，但又不得不在诉讼中保护百姓生命和财产不受非法侵害的主要原因。而宋代司法合理性则要结合其旨在公正司法的实施机制去认识。比如，宋代自上而下健全了司法机关的设置，明确了司法职权的内部分工和相互制约，在中国历史上首创了案件审理权和判决权分离的"鞫谳分司"制度，在一定程度上有效杜绝了司法专横现象的发生。再比方说，宋代审理婚姻、田宅之类的民事案件，须于结案时向当事人出具"断由"，详细记载判决依据，并作为当事人主张权利的凭据。凡此等等。

　　虽然以现在的眼光看宋代司法还有不少弊端，但宋代司法传统体现的知识和实践理性仍可圈可点。一是士大夫作为司法主体在诉讼理念上不再轻视"民间细故"，而是普遍以一种强烈的社会责任感关心民间疾苦，尽量维护百姓合法权益；二是随着社会经济和科学技术的发展繁荣，宋代司法中诸如现场勘验、法医检验、证据识别之类的技术也得到长足发展；三是民事诉讼活动中，虽然司法理念仍未根本冲决儒家倡导的人伦道德原则，但在个案审理中不再一味恪守前代的诉权限制，展现了一种伸张民权的务实司法精神。比如，亲属中尊长和卑幼之间可以互相告诉，以维护自

---

① 《宋会要辑稿·刑法》五之十六。

身合法权益；① 一定程度上承认"珥笔之人""茶食人""抄状书铺户"等助讼行为的合法性，扩大越诉范围以更好保护下层百姓和商户的利益，等等。那些饱读诗书、晓畅法理而又明敏吏事的宋代"名公"们，通过判词给后人留下了对那个时代司法文明的无尽想象，也展现了宋代司法经验与理性的近世因素。

第二节　宋代司法的理念及其制度支撑

一、"临下以简，必务哀矜"的恤刑慎罚理念

首先，恤刑慎罚是中国传统人文精神的内在要求。中国以人为本的人文精神强调对生命的关注，这种精神内化为君子人格而具有普适性。生命的意义落实于变化万千的现实生活，司法作为社会纠纷的法律解决方式和统治者进行社会控制的重要防线，与民众的生命、财产与自由紧密相关。中国古代人在司法中的地位，需结合司法的功能和价值来认识。虽然当时未能确立一套质如当代人权保障的司法机制，但传统司法对生命的重视与现代法理是共通的。俗谚称人命关天，这种认知贯彻于司法首先要求恤刑慎罚。② 恤刑慎罚意味着：第一，司法应以"明德慎罚"为基本指导思想。"明德慎罚"是周初统治者表彰周文王德政的一句话，其中"德"字即蕴含了丰富的人文精神。由自然界的羊跪乳、牛反哺等现象联系到人类的恩情回报，联系到统治者对百姓万民的保护本身也是巩固自身统治基础的德政表现，从而重视人的生命。具体到司法，用刑宽缓、中和则是理想境界，必

---

① 《清明集》卷九，《卑幼为所生父卖业》。

② 参见陈景良：《人文精神与中国传统法律的历史借鉴》，《河南省政法管理干部学院学报》2000 年第 2 期。

须慎用刑罚。这就使中国司法理念很早就摆脱了神权的桎梏，而是立足于现实政治的需要，富于实践理性。所以子曰："未能事人，焉能事鬼。"①虽然百代奉行秦政制，外儒内法的治国方略中未曾一刻放弃法律，但以儒家思想为主的中国人文精神始终限制着任法而治的范围，司法中慎用刑罚的观念也一以贯之。历史上滥用刑罚的君臣往往被后世冠以"暴君""酷吏"等恶名，本身说明慎用刑罚的司法理念已经深入人心。第二，恤刑慎罚须落实为具体的制度建设。虽然皇权时代的司法难以褪去其专制性和残酷性，但传统人文精神无疑是其间重要的缓冲，从司法观念、司法主体和百姓的法律认知等方面对司法活动形成了一定的文化强制力。所以，宋太宗认为狱讼是庶政中最紧要的，时刻不能忘记体恤百姓疾苦。②桂万荣甚至把典狱官的作为与民心向背和国祚命运联系起来，强调慎重刑狱。③中国历史上的有为君臣几乎都很重视轻省刑狱，尊重生命的价值。所以，宋人在司法实践中确立了法官责任、审判回避、审录囚徒、翻异别勘、死刑复核、悯囚恤囚等制度。其中狱政管理方面的悯囚制度和案件审理中的死刑复核制度最能代表中国文化的人文精神对司法的影响，彰显了对生命价值和人格尊严的关怀。以言悯囚，宋代规定须定期清洁监所和狱具，保障囚犯的衣食供给和就医需求。以言死刑复核，则有三复奏、五复奏等制度创设，足见慎刑。④这些规定所体现的对生命的重视，不只停留于律文中，更体现为具体的司法实践。例如，宋人马麟殴伤他人被拘。依律，伤者在法定时限内死亡，加害方应依殴杀罪论死；限外死亡则以殴伤论。后受害人于限外一刻钟死亡，马麟被官府判处死罪。其子马宗元据律申诉，郡府

---

① 《论语·先进》。

② 《宋会要辑稿》刑法五之六十。"庶政之中，狱讼为切。钦恤之意，何尝暂忘。"

③ 《棠阴比事序》。"凡典狱之官，实生民司命，天心向背，国祚修短系焉，比他职掌尤当慎重。"

④ 《唐律疏议·断狱》"死囚复奏待报"条及疏议。另可参见陈光中、沈国峰：《中国古代司法制度》，群众出版社 1984 年版，第 158—164 页。

依律判。① 类似案例多见于史料，足见对人命的重视是中国传统法的应有之义。

其次，恤刑慎罚是"临下以简，必务哀矜"统治思想的体现，是宋代国家权力中心对法律和司法建设的高度重视。宋初建政，于秩序重整过程中深刻体会到仁恕司法的重要性。一方面，通过立法严厉规制各种违法行为；另一方面，充分考虑司法人员的职业素养，选拔文人士大夫决狱，适用法律时要充分考虑天理和人情因素。② 宋代统治者十分清醒用刑的权宜之计与治平之策，立法时充分考虑能否得到有效实施，法律政策体现了宽严相济的特色。以宋代立法对司法的影响为例，《宋刑统》在编纂体例上对唐律的突破便于司法官员在实践中的查找运用；改革刑制实行"折杖法"初衷也是在司法中贯彻仁恕的理念；依循"检校"制度对行为能力受限的孤幼财产进行代管则是衿老恤幼传统的延续；制定了规范田宅交易的周密的法规，这本身既是简单商品经济繁荣的客观需要，也便于司法实践中相关民事纠纷的处理，等等。③ 这种思想对宋代司法产生了十分深远的影响。

宋代司法恤刑慎罚，务存仁恕。④ 其主要表现，一是崇尚文人治狱，二是皇帝和各级长吏亲自决断狱讼和审录囚徒。宋代以文士儒臣治狱意在革除唐末五代武人治狱的司法弊政。开宝六年（973），宋太祖开始以文人士大夫充任司寇参军，同时将五代以来各州负责治狱的马步军巡院改组为司寇院，专门负责本州狱讼的决断。包括司寇参军在内的司法官员必须通过考试律义

---

① 《折狱龟鉴译注》卷四《马宗元诉郡条》，第 204 页。原文是："马宗元待制少年时。父麟殴人，被系守辜。而伤者死，将抵法。宗元推所殴时，在限外四刻，因诉于郡，得原父罪。由是知名。"

② 《宋史》卷一九九，《刑法一》。史载："宋兴，承五季之乱，太祖、太宗颇用重典，以绳奸慝，岁时躬自折狱虑囚，务底明慎，而以忠厚为本。海内悉平，文教寝盛。士初选官，皆习律令。其君一以宽仁为治，故立法之制严，而用法制情恕。"

③ 同上注。

④ 参见陈景良：《两宋皇帝法律思想论略》，《南京大学法律评论》1998 年第 2 期。

和断案来决定取舍。① 宋太宗时又将司寇院改为司理院，从任职履历清白、精于判案的官员中选任司法参军。② 后来，审刑院、大理寺、刑部、三司等中央机关的法官，包括详议官、详断官、详复官、法直官等，都须经过严格的法律考试来选拔，既试律义，又试断案，务求理论和实务兼通。对司法人员职业素养的重视本身也是恤刑慎罚传统的延续。此外，宋代在狱政管理上也很重视囚犯的人道待遇，如定期洒扫、消毒监室，官给衣食、取暖，便利病囚就医等。通过审录囚徒疏决冤狱，消除淹滞，也是最高统治者和州县长吏时常亲力亲为的事。可谓言之无尽，史不绝载。这些作为虽不乏政治装饰的目的，客观上也有助于营造恤刑慎罚的司法环境。

再次，恤刑慎罚也是崇尚事功务实变法的士大夫们的政治理想。今人通常认为，唐人尚事功，宋人崇儒风。③ 其实宋廷南渡以后，在主流意识形态程朱理学外，京畿附近也涌现出主张务实变法的学术思想流派。他们从当时社会实际出发，阐释了"天道""义理"与变革法度等"事功"之间的辩证关系，揭示了法随时转的运动规律，主张"为政以实"。这些具有鲜明功利色彩的变革思想对于革除当时南宋官场弊政和整顿内外交困的时局具有重要的积极意义，也是南宋事功学派变革法度的思想理论基础。④ 南宋事功学派以陈亮（1143—1194）、叶适（1150—1223）为代表，在婺州永康、温州永嘉等地形成，旨在变革法度、匡救时弊，史称永康、永嘉学派，也称事功学派。他们在法律思想上力主除弊兴利，并为变革法度设计了较为务实的方案，无异于当时思想界的一股清流。事功学派主张变法法制的思想理论基础有三：第一，天道存在于人事中，应当积极作为，变革法度，扫除弊政。陈亮等人认为，解决现实问题就是弘扬天道的体现，

---

① 李焘：《续资治通鉴长编》卷十四，太祖开宝六年。

② 《宋史·太宗本纪》。

③ 参见周勋初为《宋人轶事汇编》所写的前言。周勋初主编，葛渭君、周子来、王华宝编：《宋人轶事汇编》（一），上海古籍出版社 2015 年版，前言部分第 6 页。

④ 参见陈景良：《南宋事功学派法制变革思想论析》，《法律科学》1992 年第 1 期。

两者非但不矛盾还构成了一个有机的统一体。朱熹则认为，变法不是不可以，但是不能急于事功，还是应当以仁义为先。① 陈亮主张，道并不是完全形而上的，而要从事物之间去感受。② 叶适也认为哪里有事物，哪里就有道。③ 第二，"法随时立，须变而通之。"宋初创制定法重在矫正唐末五代君权旁落之失，全面厉行中央集权。最初的良法美意随着靖康之变后南宋社会形势的变化而荡然无存，弊在"法令太密，事权太专"。④ 陈亮等人疾呼变法，认为不思进取终将失去维持政权的民心和国本。⑤ 第三，事功学派主张务实为政。在陈亮、叶适等人看来，既然天道存在于人事中，义利也应一体考虑，不能空谈道义而不顾百姓利益和治理效果。最好的政治就是务实理性的政治，空谈容易误国，实干才能兴邦。⑥ 面对当时官场不思进取、空谈误国的现状，陈亮等人还以诸葛亮治理蜀国的实干精神作比，主张不说大话，讲求实效，崇尚事功，变革法律。

在司法理念上，事功学派强调恤刑慎罚，强调恤刑是国家大计，必须选好、用好司法官员。在如何运用刑罚为地主阶级统治服务的问题上，古代法政思想家历来有不同见解。南宋时期，朱熹等理学大家主张宽严相济，以严为本。陈亮、叶适等事功学派则主张宽仁恤刑。朱熹认为，从匡救时弊和调整统治秩序的角度看，刑罚轻缓不利于敦厚民风的培育，往往会助长悖逆和犯上作乱的心态，反而会造成狱讼繁剧等重大社会问题。因此，还是要以严法重刑为根本，宽缓政策以调节和辅助刑罚的施行。⑦ 陈亮等人对此不以为然，他们认为，拯救时弊关键是要找清楚病根，当时最

---

① 《晦庵先生朱文公文集》卷七五，《送张仲隆序》。本文所引宋人著述皆来自《全宋文》。"必以仁义为先，而不以功利为急。"

② 《陈亮集》卷九，《勉强行道大有功》。"夫道非出于形气之表，而常行于事物之间者也。"

③ 《习学记言序目》卷四七。"物之所在，道则在焉。"

④ 《水心别集》卷四，《实谋》。

⑤ 《陈亮集》卷一一，《人法》；《陈亮集》卷一，《上孝宗皇帝第三书》。

⑥ 《历代名臣奏议》卷九七。

⑦ 参见《朱子语类》卷一○八和《朱子全书·治道二·论刑》。

主要的社会弊端是法治不彰和司法腐败，必须通过变革重整司法秩序，而不是在表面上空谈刑事政策的宽严问题。所以他们坚决反对朱熹所谓的严刑为本、济之以宽的说法，力主体恤百姓疾苦，宽仁用刑。在陈亮看来，刑罚不过是圣君贤臣治理百姓的手段，本意绝不是要戕害百姓。[1] 叶适也认为，隆兴礼教而制驭臣下，钦恤刑罚而关爱百姓，是治理国家的不变方略，运用得当可以延续国祚，表彰治道。[2] 总之，事功学派坚持把恤刑作为治国之本的理由不外乎三个方面：第一，适用重刑无助于消弭犯罪行为。叶适回顾历史说，前代多有以重刑惩治犯罪的，其实效果并不理想，甚至一度造成轻视生命的社会价值观，还助长了悍虐任侠的世风。即使是自甘堕落为非作歹的，也不是重法严惩就可以一劳永逸的，仁义教化才是根本治道。第二，恤刑的主旨是为了倡兴教化。恤刑不只是宽仁为怀，更重要的是对犯人实施教化，给予其改过自新的机会，这才是明君贤臣所当思当想的。叶适认为，最可悲的治理方法是只知道重法治民而应接不暇，殊不知养蓄民力，实施教化，才是最好的治国理念。[3] 第三，必须实事求是地推进政务改革。针对当时刑狱酷滥的弊政，所谓"良民偶有抵冒，致使伤肌肤，为终身之辱"[4]。事功学派认为这种情况下只能恤刑而不能严刑。他们主张恤刑贵在用人，各级司法机关选任司法官员的标准在于晓礼义、明法律、有实才。[5] 客观来说，事功学派的"恤刑"思想并未从根本上超出儒家"德政""人治"思想之范畴。不过，陈亮、叶适等人的"恤刑"思想并非对古圣先贤的简单重复，而是在务实为政的思想下将恤刑提高到国家政权生死存亡的高度，并非常注重司法实践中的贯彻落实。因此，他们对传统恤刑慎罚思想的发展也更具有思辨性和说服力。

---

① 《陈亮集》卷四，《问答卜》。

② 《水心别集》卷二，《国本下》。

③ 《水心别集》卷二，《民事上》。

④ 《水心别集》卷二，《恤刑》。

⑤ 同上。

二、"事为之防，曲为之制"的司法权力分工制约理念

"事为之防，曲为之制"[1] 是赵宋开国君臣关于国家权力配置的核心思想，蕴含了通过权力分工与牵制维护中央集权的统治理念。这一理念贯彻于宋代政治（含司法、军事）、经济、文化和社会生活的方方面面，是宋代"祖宗家法"的重要组成部分。[2] 鉴于中唐五代以来皇权衰微、藩镇扰攘、变多患深的历史教训，赵匡胤、赵光义等宋初统治者致力于重建国家和社会治理秩序，从军政、财政、司法等各方面"强干弱枝"以维护中央集权。为了实现国家政治权力配置的平衡，宋代中央实行"二府""三司制"，地方以儒臣知州并实行知州、通判连署制，地方州级司法职权配置上较好实现了审理和判决的分离与相互制约，确立了鞫谳分司、翻异别勘等一系列独具特色的宋代司法制度。[3]

就宋代司法贯彻"事为之防，曲为之制"的权力配置与制衡理念，维护中央集权的表现而言：一是恢复并完善了对死刑案件和其他刑事案件的审理和复查机制。中唐五代藩镇专擅刑罚以来，刑部复核大要案件的职能几近废弛。宋太祖建隆三年（962）恢复了大辟案件经"大理寺详断"后由刑部复核的唐代旧制，各州刑狱则由"录事参军与司法掾参断之"。由此，中央和地方司法审判均建立了复查制度。所谓"内外折狱蔽罪，皆有官以相复察。"[4] 二是自上而下设立了专门的司法控制机构。中央除由刑部"详复"外，宋太宗时还于禁中特设审刑院，专职复审重大疑难案件。地方则于各路

---

[1] 李焘：《续资治通鉴长编》卷一七。

[2] 宋太宗即位诏称："先皇帝创业垂二十年，事为之制，曲为之防，纪律已定，物有其常，谨当遵承，不敢逾越。"（见《长编》卷一七）邓广铭先生认为宋太宗并不是泥于前朝旧制不敢变通，而是觉得"'事为之防，曲为之制'，实在是巩固政权最可取得一个法宝。所以他不但继承了这一法宝，而且还从各个方面加以发展"。参见邓广铭、漆侠：《两宋政治经济问题》，知识出版社1988年版，第16页。"祖宗家法"语出《清波杂志》卷1。

[3] 参见陈景良：《两宋皇帝法律思想论略》，《南京大学法律评论》1998年第2期。

[4] 《宋史·刑法志》卷一九九，刑法一。

设提点刑狱司，监督辖内州县的司法审判活动。三是最高统治者亲自审录囚徒，纠正冤假错案，以示恤刑慎罚。"虑囚"或"录囚"制度始于两汉、盛于唐宋，指皇帝自身或指派官员对已决或未决案件进行梳理查核。由于角色定位和职责所系，皇帝及高级官员录囚的象征意义大于实际意义，意在明确一种哀矜仁恕、恤刑慎罚的政治导向，而重大疑难案件由皇帝亲自决断本身也是中央集权的一种宣示。当然，虑囚客观上对冤假错案的纠正和司法作风的改进也有积极意义。四是严令各州长官亲自决狱以防范基层司法官吏徇私舞弊、因缘为奸。五是以"台谏合一"的御史监察制度监督中央和地方司法权力的行使。吕公弼云："谏官、御史，为陛下耳目，执政委股肱。股肱耳目，必相为用，然后身安而元首尊。"① 这是宋人对"股肱""耳目"之权相互制约的典型认识。

三、关心民间细故，注重伸张民权的理念

宋代简单商品经济的发展繁荣与统治当局重视民事权利的保护有密切关系。专门申明越诉法扩大越诉范围，是这种理念在司法方面的重要表现。宋初依循唐旧，严格限制和一般禁止越诉。两宋之交，溃兵趁战乱劫掠民财和官吏肆意科敛现象多发，严重危及宋廷统治基础。为养蓄民力，发展生产，恢复社会秩序，最终巩固政权统治，南宋政府致力于保护工商手工业者和基层民户的财产性和人身性权益，制定了越诉之法以扩大和保护百姓的诉讼权利。其中允许越诉的主要情形有：官吏违法擅自科敛百姓；司法官员不依法裁判案件，如不给"断由"等；地方豪强侵夺民户利益，州县不予受理；官吏豪强趁战乱劫掠百姓物业；外贸从业者货物被权贵和市舶司官员非法买卖或刁难、阻碍流通等。宋代越诉法等法令的制颁，是当时简单商品经济发展的客观要求，也是私权观念深入人心在法律制度上的表现，也表明了宋代司

---

① 《宋史》卷三一一，《吕夷简传》附《公弼传》。

法相比前代的进步性。①

宋代还十分重视保护商贾的合法权益。汉唐至宋元，中国一向鼓励海外贸易，宋代法律开始详细规定吸引外商的措施。通过强化市舶司官员的职责，礼遇来华贸易的外商，保护外商的合法财产，允许中外通婚等，推动和繁荣了宋代海外贸易。在这些政策、法律和措施中，涉外诉讼的司法管辖和对外商解禁越诉尤其值得称道。② 宋代一方面在蕃长任命和刑事案件管辖等问题上注重国家权力的维护，另一方面也很重视外商合法权益的保护，并准许其享有一定的自治权。随着海外贸易的发展，中外混居、通婚现象越来越普遍，不少外商长期居住在中国。宋代延续并发展了唐律"化外人"异类相犯依唐律、同类相犯各依本俗的做法，充分尊重外国人的风俗习惯以示优遇。宋代在中外居民混住地区的法律适用原则是，外国人之间相互争斗，只要所造成的伤害还没达到折伤的程度，就适用当事人的本国法。③ 桑原骘藏认为宋代在这方面的规定比唐代更为宽松和灵活。④ 此外，宋代延续唐以来一般禁止越诉的司法规则，但在涉及外商财产权益的案件处置上则允许外商越诉。开禧三年（1207）正月，曾任南雄州知州聂周臣上奏宁宗，反映了当时市舶司官员侵渔外商利益的情况。南宋时期，泉州、广州等地设置有市舶司，专门管理外商来华贸易事务。外商传播抵达相应口岸后，只需依法缴纳一定关税（"抽解"），就能自由买卖货物。后来，每有外商船舶靠岸，市舶司官员就从中精选上等好货，强行低价买入，还美其名曰"和买"。长此以往，外商怨声载道，往来日渐稀少，政府税收利益受到严重损害。宁宗了解到这一情况后，下诏允许外

---

① 参见陈景良：《两宋皇帝法律思想论略》，《南京大学法律评论》1998 年第 2 期。

② 参见张中秋、陈景良：《宋代吸引外商的法律措施叙论》，《法学研究》1993 年第 4 期。

③ 楼钥：《玫瑰集》卷八八，《赠特进汪会行状》。史籍载："蕃客杂居民间，而旧法与都人争斗，非至折伤，皆用其风俗。"

④ 《蒲寿庚考》，第 47 页。谓如："宋代奖励互市，故侨蕃甚蒙优遇，纵有非法行为，每置不问，其同类相犯，唐代多以本国法律处置，华官不加干涉。宋代则尤宽，蕃汉之间有犯罪事，苟非重大之事件，亦听以彼等法律处分。"

商越诉，涉案人员一经查实计赃定罪。① 该项立法例旨在消弭官员侵夺外商财货现象，强化外商财产权益保护以促进对外贸易发展的立法宗旨比较鲜明。

四、重视以法律考试选拔法官的"惟良折狱"理念

司法活动事关民众的生命、财产与生活，也是民心向背和秩序安定的重要变量，关系国祚运命，故为明智统治者所重视。宋真宗曾经说，法官之任攸关人命，所以先皇多次诏令提高各州司理参军、司法参军的品秩和俸禄等待遇。② 又云："邦家之事，政刑而已。政令一出，为安危之基，刑辟一施，有死生之法，人以为小，吾以为大。"③ 在中国秦汉以来的皇权政治和官僚体制下，司法人员的素养直接影响司法的公正程度，所以历来有"惟良折狱"的观念。受此影响，宋代十分重视司法队伍的建设。伴随宋初州级司法机构的变革，以考试选任司法官员成为定制。太祖建隆三年八月下诏："注诸道司法参军皆以律疏试判"。④ 此后，初任司法官员必须参加法律考试。唐代科举考试即有明法科，而在"最讲究法律"的宋代，"法律考试"更是进入了"鼎盛时期"。⑤ 宋代法律考试有明法科、新科明法和试刑法等多种，其中明法科兼考律令和经义；新科明法专为现任官员而设，只考律令和《刑统》。明法出身者只须再试律义六道，否则还须试断大案二道、中小案一道，成绩符合标准的才有资格被选任。⑥ 宋代选任司法官员既注重备选人的法律素养，又强调其既往任职履历的清白，可说是遵循了德才兼备的原则。太宗时诏："司法、司理

① 《宋会要辑稿》职官四四之三三。
② 《长编》卷四七，咸平三年元月乙亥。
③ 《玉海》卷三二。
④ 《宋史》卷一，《太祖本纪》。
⑤ 《中国法制史论集》，第188页。
⑥ 《宋会要辑稿·选举一三》。

参军皆由选部中历任清白、能折狱辨讼者为之。"① 宋代最高统治者常常亲自选拔品秩卑微的司法官员。《镇江志》载："五代诸州有马步狱，以牙校充，谓之马步院；开宝六年，诏改为司寇院，以士人为参军；后改为司理，选在任清白、能推狱者为之。端拱、淳化以来，皆上躬自拣择。"② 雍熙三年（986），宋太宗在诏令中强调，今后无论是京朝官还是幕职州县官，都须学习并考试法律。州县官员任期届满进京考试法律的结果作为考评的重要依据。诏令既有提升官员法律素养以便治理的考虑，也有体恤民情、哀矜刑狱的美意。③ 从此，朝官、京官、幕职、州县官参加法律考试成为定制。由于国家权力中心的重视，法律考试成为入仕、迁转的必要条件，士大夫的法律观念也为之一新。以往士人重视读经，轻视法律，在宋代最高统治者的倡导和严令下，学习法律成为新的风尚，④ 史称"天下争诵律令"。⑤ 宋代文人士大夫治狱成为常态，他们主要通过四种途径参与司法：一是以朝堂公卿身份奉命参与全国性重大疑难案件的会审集议，二是州县长吏作为亲民官直接参与审案，三是中央和地方专门司法机关的专职司法人员参与审理，四是应临时差遣审理、监察、复核案件。以上参与者通常都要具备法律知识并经过法律考试。⑥

五、重视司法监察、严惩贪墨以促进公正廉洁司法的理念

鉴于中唐以来藩镇坐大、"权反在下"以致兵连祸结的教训，宋初就把强化中央集权作为立国基石，在国家政治权力配置上非常重视权力之间的牵

---

① 《续资治通鉴长编》卷二〇，太宗太平兴国四年。

② 《（嘉定）镇江志》卷一六，《宋参佐·司理参军》。

③ 《宋会要辑稿·选举》一三之一一。

④ 《历代名臣奏议》卷一一六《风俗》，第 2 册，第 1540 页。宋神宗时彭汝砺语。

⑤ 《宋史》卷一五八，《选举四·哲宗时条》。

⑥ 参见陈景良：《两宋皇帝法律思想论略》，《南京大学法律评论》1998 年第 2 期；陈景良：《两宋法制历史地位新论》，《史学月刊》1989 年第 3 期。

制和平衡，"上下相维，轻重相制"的国策也贯彻于司法中。① 这主要表现为通过司法监察责成司法官员公正廉洁司法，一是通过改革司法机构的设置实现审理和判决职能的分离，二是对判决进行复查并追究误判、错判责任。

具体而言，宋代以前审判职能往往是复合的，审理和判决没有分离，这种状况到了宋代发生显著变化，中央和地方均出现"鞫"和"谳"分离，即侦查、审理和判决相互分离的情况。以京师大要案件的审理为例，大理寺的"右治狱"负责审问，"左断刑"负责判决，分别履行大理寺的部分职能。"断刑"部门内部也有更细密的职责分工，大理寺评事和检法负责详断，大理寺丞主议，大理寺正主审。刑事案件审理中，大理寺丞专职负责推劾，大理寺卿全面负责大理寺的审判和管理事务。② 地方审理和判决职能的分离在州一级司法上表现比较明显。宋制州有权决断徒刑以上直至死刑案件，司法权不可谓不重，所以职权配置和职能分工更为明确以便防弊。州司法参军主要负责"议法断刑"，司理参军则掌管"狱讼勘鞫"。③ 所谓"狱司推鞫，法司检断，各有司存，所以防奸也"。④

宋代为防止冤案发生还健全了判决"上下复察"之制，一是逐级复查，即中央到地方各级司法活动均受朝廷严密监视。宋承唐制，中央司法机关之中，大理寺负责审判，刑部负责复核，御史台负责监察。宋太宗仍顾虑大理寺和刑部的司法官员舞文弄墨、枉法裁判，于是专设审刑院监督中央司法机关的审判活动，规定"凡狱上奏，先达审刑院，印讫，付大理寺、刑部断复"。⑤ 对于地方司法活动的监督，除了严令各州定期汇总上报禁系囚犯情况外，另设"转运、提点刑狱、提举常平司"等监司，监督州县司法。监司主要通过复推各州断决上报的死刑案件和定期巡检所部州县复查一般案件

---

① 《宋史》卷三三七，《范祖禹传》。
② 《文献通考》卷一六七，《刑考六》。
③ 《宋史》卷一六七，《职官七》。
④ 《历代名臣奏议》卷二一七，《四库全书珍本》。
⑤ 《宋史》卷一九九，《刑法一》。

来监督州县司法。① 提刑司复推各州断决上报并经当事人喊冤的死刑案件，当事人不服复推结果的交由本路其他监司审理；本路监司如与犯人有亲友关系等利害关系的还须回避，提请邻路提刑司审理。二是同级相互复查。以中央司法机关大理寺为例，有详断官和详议官之分，刑事案件先由大理寺正详断，自觉可以定案了就在案卷签注印章并注明日期，然后移交"议司"的详议官复议；如果详议官有不同意见，详断官据以修改后再将案卷提交大理寺卿、少卿等"长贰"审定，最后制成"录奏"。整个断案过程分工明确，权力制约，责任落实。② 通过同级相互复查，可以有效防止冤假错案的产生，司法权力也向中央集中。此外，宋代对渎职失察出入人罪以及重辟疑案未经核实即上报，均依法课以严责。渎职失察出入人罪的，重者"终身不复进用"，甚至被处死。③"诸州所上疑狱，有司详复无可疑之状，官吏并同违制之坐"。④ 宋代以法律考试选拔司法官员和以司法监察推行司法责任制的做法效果显著，改变了此前士大夫轻贱法律的世风，切实增强了他们公正司法的能力，史称"数年之间，刑罚清省矣"。⑤

利用司法职务之便收受他人钱财，徇私枉法裁判案件，是古今中外共有的司法腐败现象。这种现象就像健全肌体上的毒瘤一样，会极大损害司法的威信和公正，严重侵害社会民众的人身和财产权益。宋代对官吏贪墨长期保持高压态势。宋太宗亲书《戒石铭》云："尔奉尔禄，民膏民脂，下民易虐，上天难欺。"⑥ 正是鉴于官吏贪墨对政治清明的严重败坏，对政权统治合法性基础的侵蚀，历代均重视惩治贪墨行为。宋初强调对包括司法在内全部政治

---

① 《庆元条法事类》卷七，《职制门》。"诸监司每岁分上下半年巡按州县，具平反冤讼"。

② 《宋史》卷二〇一，《刑法三》。"凡断公案，正先详其当否，论定则签印注日，移议司复议，有辨难，乃具议改正，长贰更加审定，然后制成录奏"。

③ 《东轩笔录》卷三。另，《宋史》与《长编》记载北宋初严惩故入人罪的事很多，例如《宋史》卷一九九《刑法一》载监察御史杨士达故入人死罪被处死，等等。

④ 《续资治通鉴长编》卷二五，太宗雍熙元年。

⑤ 《宋史》卷一九九，《刑法一》。

⑥ 《容斋续笔·戒石铭》。

领域的贪污腐败行为予以严惩，职官坐赃者多有弃市或杖毙于朝者。如王安石所谓："今朝廷之法所尤重者，独贪吏耳。"[①]宋室南渡后继续保持严惩官吏贪墨的刑事政策。史称建炎、绍兴年间"待贪吏则极严"，一旦受赃则政治前途渺茫，不能担任京朝官和州县亲民官；如果枉法自盗，由中书省削除名籍；因为贪赃罪至徒刑的，丧失居官资格；因为贪赃被判处死刑的，还要没收家产。[②]两宋最高统治者鉴于历史教训始终把严惩贪墨贯彻于司法实践，尤为难能可贵。

六、"司法尚求实"的务实司法理念

中国"远神近人，以人为本"的传统人文精神要求司法崇尚实践理性。[③]费正清先生在比较中国和西方关于法的来源的认识时指出，中国人一向从现实生活中找寻法律的源头，从不认为法律具有超自然的灵性。[④]这种认识无疑是睿智的。中国先秦以来的法政思想家本着理智务实的思维路线，冷静、现实地思考周遭的法律现象。他们不是从玄奥的法权理论和正义之术去探讨，而是从安定秩序、发展生产的现实需要出发，探寻司法的规则和制度建构。他们提出的"法合四时，令顺民心"等主张，既要求"立法重实际""执法贵严明"，又要求"司法尚求实"。[⑤]中国传统上认为，务实司法须遵循几

---

① 《历代名臣奏议》卷三三。

② 《宋史》卷一九九，《刑法一》。"应受赃者，不许堂除及亲民；犯枉法自盗者，籍其名中书，罪至徒即不叙，至死者，籍其赀。"

③ 参见陈景良：《人文精神与中国传统法律的历史借鉴》，《河南省政法管理干部学院学报》2000年第2期。

④ ［美］费正清：《美国与中国》，商务印书馆1987年版，第86页。费氏称："中国人不把法律看作是社会生活中来自外界的、绝对的东西。不承认有什么通过神的启示而给予人类较高的法律，摩西的金牌律是神在山顶上授与他的。但孔子却只从日常生活中推究事理，而不求助于任何神灵，他并不宣称他的礼法获得过什么超自然的认可。"

⑤ 参见陈景良：《人文精神与中国传统法律的历史借鉴》，《河南省政法管理干部学院学报》2000年第2期。

项基本原则：一是主张"有尺寸，而无意度"，二是"重参验，尚证据"，三是"必本所犯之事以为主，不严讯，不旁求"[①]。综括这些原则的意思，一是反对凭个人好恶枉法妄断，二是强调司法必须有客观事实依据和法律准据，三是强调取证手段的合法和证据的关联性与证据力。这些均表明中国古代法政思想家对司法特征的认识和要求的认识，强调务实司法，注重证据的采集，审慎运用刑罚。要"因情而求法"，而不能"移情而就法"[②]。虽然中国古代司法取证无所谓证据法定主义，但重口供并参以人证、物证等其他证据形式的做法具有当时的实践理性。

---

① 《贞观政要·公平》。
② 丘濬：《大学衍义补·（详）听断之法》。

第二章　士大夫的法律素养与司法传统的转型

　　两宋王朝内忧外患而延续三百余年，法制建设的作用不可小视。宣称"与士大夫共天下"的赵宋皇朝，士大夫的法律素养对于国家法制建设无疑是举足轻重的。两宋时期，上自皇帝下至一般士大夫，普遍对法律在国家治理和社会治理中的功用有较为清醒的认识。立国之初，宋代最高统治者就常常告诫官员和百姓学习法律的重要性，概括有三：一是可以完善执政理念，二是可以明辨是非，三是可以增长知识。[①] 这种观念深深植入宋代士大夫的心中，一改前朝视法律为微末吏术而非治国大道的风气。苏东坡甚至认为"读书万卷不读律，致君尧舜知无术"。[②] 在类似法律观念的影响下，宋代频繁编敕修律，试图将更广泛的社会生活纳入法制轨道，以至"内外上下，一事之小，一罪之微，皆先有法以待之"。[③] 虽然皇权政治下难免吏治灰暗和司法腐败，宋代士大夫在传承司法文明方面的贡献还是值得肯定并需要继承发扬的。

[①] 《宋朝事实》卷一六，《兵刑》。"法律之书，甚资政理。人臣若不知法，举动是过。苟能读之，益人知识"。

[②] 《苏东坡全集》卷三。

[③] 《日知录》卷八，《法制》。

第一节　宋代士大夫的法律素养

当代社会法律和法学工作者的职业素养是司法公正的基础保障。学术通说认为，中国古代没有形成职业的法学家群体。文人士大夫群体作为国家政治生活的广泛参与者，在国家和社会治理中发挥着举足轻重的作用。尤其是到了宋代，私有制和商品经济的深入发展造成社会利益的多元分化，经由科举制登上政治舞台的文人士大夫出身多元，他们共同的文化背景是中国儒学。在宋代最高统治者声称与文人士大夫共治天下的政治氛围中，士大夫群体以其文学和法理兼精的时代风貌在司法中发挥了不可替代的重要作用。[①]

宋代士大夫既不同于现代职业法学家，也不同于汉唐儒生。汉唐儒生以通经为荣，视法律为吏道末术，打心眼里是看不起舞文弄墨的法吏的。这就造成官员往往不擅长处理司法实务，常常要委托下属胥吏办理具体案件，无疑增加了司法腐败的风险。唐人杜佑对此有清醒认识，他认为唐代官员很少有明敏法律而堪称称职的，因为他们只注重读经书，把大量精力放在并不急需的事情上，对于社会生活中纷繁复杂而又亟待解决的法律问题往往并不在行，所以具体办理法律事务时，往往任由明敏法律的胥吏摆布而徒叹奈何。[②] 随着社会生活的变化，宋代官职分化更加细密，统治阶级更加重视政务经验，司法制度因之愈发缜密，对职官法律素养的要求也更高。宋代士大夫除了有和美人伦、敦化风俗的道德义务外，还需晓畅律义、娴熟审判

---

① 参见陈景良：《"文学法理，咸精其能"（上）——试论宋代士大夫的法律素养》，《南京大学法律评论》1996 年第 2 期。《长编》卷二二一："上曰：'更张法制，于士大夫诚多不悦，然于百姓何所不便？'彦博（指文彦博）曰：'为与士大夫治天下，非与百姓治天下也。'"

② 《通典》卷一七，《选举五》。"明经读书，勤苦已甚，其口问义，又诵疏文。徒竭其精华，习不急之业，而当代礼法，无不面墙。及临人决事，取办胥吏之口而已。所谓所习非所用，所用非所习也，故当官少称职之吏。"

业务，成为经义、文章、吏事兼通的复合型人才。史称："宋取士兼习律令，故儒者以经术润饰吏事，举能其官"。① 可谓"文学法理，咸精其能"。概而论之，宋代士大夫的法律素养可申表如下：

一、知识结构与法律素养

"知识结构"是指"人们在社会实践中获得的认识与经验"的构成情况和组合方式。② 宋代士大夫的知识结构大体包括三个层次：一是源于中国传统文化的伦理道德观念，主要是仁爱、仁政等思想；二是为通过法律考试而习得的律义等法律知识；三是通过司法实践积累的断案知识以及现场勘验、物证技术等方面的知识。这些都是作为宋代司法主体的士大夫群体应有的知识。

1. 通晓律意，善决狱讼

以文学造诣位列"唐宋八大家"的曾巩，其实法律素养也颇有可以圈点之处。其弟曾肇（1047—1107）为他写的行状称："其材虽不大施，而所治常出人上。为司法，论决重轻，能尽法意，由是明习律令，世以法家自名者有弗及也。"③ 那么，曾巩通晓律意，善决狱讼，是否有代表性？可否展现宋代士大夫法律素养的风貌？基于对史料的研读，不难揭示这些问题的答案。

首先，从与曾巩交往密切的文人士大夫熟悉法律的程度来考察。北宋多位名公巨卿，如王安石、苏轼、司马光、韩维等，均与曾巩交往密切，且都娴熟法律。曾经叱咤北宋政坛的名相王安石，以进士高第初任"签书淮南判官"，即与司法有关。他在历史名案"阿云之狱"审判过程中的见

① 《宋史》卷三三〇《王吉甫传》，第 30 册，中华书局点校本，第 10638 页。
② 中国社会科学院语言研究所词典编辑室编：《现代汉语词典》（第 6 版），商务印书馆 2012 年版（2015 年 12 月第 551 次印刷），第 1668 页。
③ 《曾巩集》下册，陈杏珍、姚继周点校，中华书局 1984 年版，第 792 页。

解虽在朝野引起不少歧异见解，终被宋神宗采纳，在北宋政坛展现了一位法律专家的眼界与见识。王安石对法律的精通，一是谙熟刑统条文，精详理断案件。王安石以知制诰身份纠察在京刑狱时，对"有少年得斗鹌"案的见解可证此点。[①] 二是对律意有独到见解。"阿云之狱"中王安石、司马光等见解迥异，但均围绕刑统分别阐释自己的理解且自圆其说，展现了深厚的法律素养。韩维在"阿云之狱"中的精彩见解体现了法律概念明确、语言规范、逻辑性强等特点，显然受过良好的法律训练。韩维虽非专门司法官员，但他推究圣人制法的本意，将古来立法精神概括为"量情而取当""重禁以绝恶者"和"准悔以向善"等，可谓深得法意。苏轼（1037—1101 年）所谓"读书万卷不读律，致君尧舜知无术"更道出其对法律的重视。作为诗文、词赋、书画兼精的全能型文豪，苏轼对法律的熟稔体现在三个方面：一是奏、札中对律文和敕条的熟练运用，二是书信中对刑统条文的了如指掌，三是策、表中法律概念的明晰。[②] 苏轼在各种文体中对宋代包罗万象的庞杂律令和敕条信手拈来，充分说明他对法律的异常娴熟。台湾学者徐道邻专门分析了苏轼的九篇书奏，专门撰写了《法学家苏东坡》一文，高度评价苏轼具有法学家的素养。[③] 林语堂在《苏东坡传》中揭示了川人善辩，文化土壤适合盛产律师的特点，认为苏轼代表了当地百姓信守法律同时也要求官吏守法的良好民风。[④]

其次，从《折狱龟鉴》等宋人笔记小说的记载可见士大夫在基层司法中展现的良好法律素养。宋代基层司法官员主要有两类，一是县级政权的亲民长官，二是州级政权专职司法的"曹官"，如"司理参军"和"司法参军"。宋代士大夫的初任履历是基层司法官员。这一群体的法律素养直接关系到百姓对司法权威和法律公正的认知，也是影响政治清明的重要

---

① 《王安石年谱三种》，第 151 页。

② 参见《苏轼文集》第三册，中华书局 1986 年版，第 555—889 页。

③ 徐道邻：《中国法制史论集》，台湾志文出版社 1976 年版，第 311—324 页。

④ 林语堂：《苏东坡传》，海南出版社 1992 年版，第 18 页。

变量。

从《能改斋漫录》《宋史翼》等史籍记载的"微司理，向几误杀人"①及胡令仪、西门成允、陈耿、欧阳颍等循吏的事迹看，宋代士大夫在基层司法中能够"敏断刑狱"与"明习法令"而具有的良好法律素养密不可分。郑克《折狱龟鉴》中录有上百例宋代士大夫明习法令、善决狱讼的故事。郑克本人也是这一群体的典型，他以精湛的法律素养和经验为后人留下这传世著作。学识渊博的洪迈虽非专门司法官员，其《容斋随笔》也有不少涉及法律的内容，其中对部分法律术语的解释显示出他具有较好的法律素养。

再次，从《名公书判清明集》等判词看南宋士大夫的法律素养。"书判"在唐代是科举考试中假设一定生活情形要求应试者遵循一定文法拟定的判语，通常辞藻华美，决断狱讼的意义并不强，如张鷟的《龙筋凤髓判》。到了宋代，书判多指司法官员对生活中真实狱讼的判词，如《名公书判清明集》所载众多判词。"名公"和"清明"两词表明，作者希望通过具有良好法律素养的司法官员公正司法来实现政治清明和社会秩序的安定。于是，精通法律和明敏断狱便成为判定"名公"的主要标准。《清明集》所记每一书判均以司法机关查明的事实真相为前提，援引相关律文以为判据。具体到个案中，司法官并不完全拘泥于律文，往往融合天理、人情于法意中。准律拟判是原则，当律文与现实生活冲突时，是屈法伸理还是明法抑情，对司法官员的法律素养是重大考验。从《兄弟论赖物业》②《因

---

① 《宋史翼·循吏一》，中华书局 1991 年影印本，第 186 页。另见于吴曾：《能改斋漫录》卷12。

② 刘后村（1187—1196），宋兴化军莆田（今属福建人），初名灼，字潜夫，号后村居士。《宋史》无传。参见陆心深辑撰的《宋史翼》卷，《文苑四》《刘克庄传》。嘉定二年，克庄以荫补将仕郎，为真州录事参军、潮州通判。因《落梅诗》获罪，不仕二十余年。端平初起复，历宗正簿，枢密院编修官，江东提刑等。为理宗所赏识，赐同进士出身。《清明集》所收书判，大都为任江东提刑时作。

奸射射》①《检法书拟》②《霸渡》③《已卖而不离业》④等案例看，基层司法官员判词中援引的既有律文也有敕条，有统计表明《清明集》"户婚门"187个书判中，明确引据法条的有56个，约占30%。⑤除了据引律文外，能够通晓律义适时变通以适应案件审理需要，也是基层司法官员应有的法律素养。而对律义的晓畅，一是要理解祖宗立法本意，二是要结合情理变通适用法律，三是情理法冲突时要尽量融合法意与人情。正如胡颖所谓："法意、人情实同一体，徇人情而违法意，不可也；守法意而拂人情亦不可也。权衡于两者之间，使上不违于法意，下不拂于人情，则通行而无弊矣。"⑥一则，"参酌人情"需建立在查清事实真相的基础上；二则，"参酌人情"并不拘泥于礼教，还有敦睦风俗、矜老恤幼等考虑；三则，"参酌人情"意味着判词要做到情法两便。⑦

复次，从朱熹（1130—1200）等人的论述看理学家熟悉法律的程度。宋代理学巨擘朱熹毕生致力于学术与教育，从政时间无多。朱熹将其哲学范畴"道""气""性"等与法律相关联，建构了"德礼政刑"互为终始的理论体系。他在教学中对《宋刑统》的深刻见解表明法律娴熟于心。朱熹对法律沿革、

①　范西堂，即范应铃，字旂叟，号西堂，丰城人。开禧元年（1205）进士，书判中有抚州、宜黄的，当为其通判抚州时作；有蕲春的，当为其通判蕲州时作；有临桂、宾州的，当为其任广西提刑时作。

②　宋自牧，即宋慈，字惠父，号自牧，建阳人。

③　蔡久轩，即蔡杭，字仲节，号久轩。绍定二年（1229）进士，召试馆职，后任江东提点刑狱，移浙东，知隆兴府，官至参知政事。《清明集》所收蔡杭书判，凡可知地点的，都在饶、信、徽三州，当为其任江东提刑时所作。

④　吴恕斋，即吴革，号恕斋，庐山人。书判中有昌化、富阳的，均属临安府。吴华，知临安府，如为此时所作，则已在景定四年（1263）或以后了。明张九德辑评的《折狱要编》卷二有《吴恕斋》条，记他于理宗时任江南西路提刑，平反赣州雩都县一件冤案的故事。以上参见《名公书判清明集》附录七。

⑤　叶孝信主编：《中国民法史》，上海人民出版社1993年版。

⑥　《名公书判清明集》卷九《户婚门·典买田业合照当来交易或见钱或钱会中半收赎》。

⑦　《名公书判清明集》附录七。对此，陈智超先生评论道："所谓'法意'与'人情'的关系，在封建社会法制史的研究中是一个经常遇到而不可忽视的问题。贪官污吏可借此而上下其手，一些正直的官吏也可据此而维护弱者的某些利益，不可一概而论。"

不同法律形式的区分等，有不少独到见解。他在知漳州任上曾编纂户、婚两门法律。即便身为思想理论家，他对法律的熟悉也代表了宋代士大夫共有的特点。

最后，从陈亮、叶适等注重事功的南宋思想家的典型事例看缙绅士大夫的法律素养。宋代士大夫的法律素养，既为汉唐所没有，也为明清所不及。精通法律，关心狱讼，工于吏事，是他们的主导意识和突出特点。本文称缙绅士大夫者，也称学术绅士，指那些专心治学但并不热衷于仕途而是以自身才学、品德享有较高社会声望的知识精英，也包括部分致仕官员。① 宋代缙绅士大夫的良好法律素养表现在：一是熟悉法令、深知法意。陈亮（1143—1194）、叶适（1150—1223）等缙绅士大夫在与朱熹等人的论战中阐述了自己的法制变革思想，并为南宋政府设计了务实的变革方案，这本身即是他们深厚法律素养的体现。他们从"天道存于人事"的逻辑出发，主张务实推进法度变革以革除时弊，具有丰富的实践理性。二是关心民事，注重梳理法规。如《作邑自箴》的作者，生活于北宋政和年间的李元弼，在搜集乡间野老论政的基础上，辑录了许多宋代民商法律。这在一定程度上表明作者对民生事务的关心和对现行法律的熟悉。其中《写状钞书铺约束》等，是研究宋代法律的重要史料。

2. 明晓治国大体是宋代士大夫司法的灵魂

自西汉中期儒家思想上升为正统意识形态后，"五经"（原本"六经"中的《乐》在当时已经失传）等儒家经典彰显的德政与人伦思想成为法律和司法的灵魂。这要求官吏不能满足于依法履行本职，还须明晓儒家的政治法律主张，此乃治国之大体。宋代士大夫作为司法文明的传承者，通晓法律、工于吏事是其职业要求，而明晓祖宗之法和儒家经义则是其从事司法工作的灵魂。这种治国大体首先要求立法则天象地，推仁于众。如宋代

---

① 参见陈景良：《"文学法理，咸精其能"（下）——试论宋代士大夫的法律素养》，《南京大学法律评论》1997 年第 1 期。

折杖法之创设曾被誉为"良法美意，灿然见陈"。①《宋刑统》编纂者窦仪、苏晓、奚屿等均有精深的法律素养造诣。宋代士大夫明晓治国大体在司法实践中体现为坚持审慎用刑、敦睦教化风俗，两者分别反映在刑事和民事案件的处断上。宋代重大疑难案件交由中书论正刑名几为定制，以"阿云之狱"为例，刑部、大理寺、御史台乃至中书、两制官员广泛参与讨论，史所罕见。王安石称中书论正刑名"此乃所谓国体"②。民事诉讼中，宋代士大夫除了查明事实真相、依律剖断是非外，还要切实承担人伦教化的义务。胡石壁谓："当职……惟以厚人伦、美教化为第一义。每遇听讼，于父子之间，则劝以孝慈，于兄弟之间，则劝以爱友，于亲戚、族党、邻里之间，则劝以睦姻任恤"。③ 真德秀称："当职……常以正名分，厚风俗为先……"④ 敦睦亲族汉代以来即为循吏的一项职责，依循道德教化审断案件被视为天经地义；宋代士大夫融文吏、儒生为一体，司法更具实践理性，通过依律剖断是非而兴教化。

3. 工诗词、善文章对司法的影响

隋唐科举以"身言书判"取士，注重入仕者的言辞、文理特长。诗文之于法律文化的传播有重要价值。宋代士大夫普遍关心国政和民事，有强烈的忧患意识，范仲淹"先天下之忧而忧，后天下之乐而乐"代表了这一群体的主体意识。无论是从记载民生疾苦，还是从反映现实政治与法律制度等方面，宋诗对社会现象的揭示较前代更为深刻。诗词往往也是宋代士大夫塑造理想人格的载体，其中对法律和司法现象的思考颇有韵味。就宋代士大夫的诗词歌赋所承载的法律文化而言，有的借诗赋表达法律观念或抒发奋发昂扬的政治情怀，如王安石诗云："自古驱民在信诚，一言为重百金轻。今人未可非商鞅，商鞅能令政必行。"⑤ 王安石借颂商鞅执法坚如金石的信念，表达

---

① 王栐：《燕翼诒谋录》。

② 马端临：《文献通考》卷一七〇《刑考九》。

③ 《名公书判清明集》卷十，下册，第363页。

④ 《名公书判清明集》卷一，上册，第10页。

⑤ 《王文公文集》下册，上海人民出版社1974年版，第776页。

了坚持变法改革的博大胸怀。有的以诗入判，如苏轼通判杭州时曾审理过的商贩卖盐案和风流和尚杀人案。唐庚（1071—1121）的《讯囚》诗揭露了司法腐败的花样丑态。甚至有因诗赋工拙影响案件判决的。[①] 宋代四六文经欧阳修改造注入散文气势后，文字朴实，措辞自然，王安石、苏轼等起而效法，一时蔚为风气，但多用作制诰、表奏、文檄等。南宋士大夫于狱讼判词中多用此文体，由于语势贯通，说理充分，契合法律的规范、简明和实用性质，这类文章逐渐成为士大夫司法必备人文素养。这种具有艺术气息的判词的形成与宋代士大夫的人文修养和精详法律以及对社会民情的关注关系密切，这种宋世风流对明清司法判词的风格也有显著影响。郑燮诗云："衙斋卧听萧萧竹，疑是民间疾苦声；些小吾曹州县吏，一枝一叶总关情。"[②] 言辞颇有宋代遗风。

二、德性原则与审判艺术

宋代士大夫秉承儒家弘毅卫道之精神，于司法实践中发展审判艺术，恪守德性原则，富于人文精神。[③] 这可以从以下方面去理解：

1. 保护孤幼是宋代士大司法贯彻德性原则的典型方面

深刻影响西方法律传统的"良心原则"意味着法律不只会在学术推理中出现，还可以从立法者和法官那里探寻。[④] 重礼尚德是中国文化的鲜明个性。所谓"君子尊德性而道问学，致广大而尽精微，极高明而道中庸，温故而知新，敦厚以崇礼"。[⑤] 唐君毅先生认为，重人格是孔子人文思想的核心

① 参见陈景良：《"文学法理，咸精其能"（下）——试论宋代士大夫的法律素养》，《南京大学法律评论》1997 年第 1 期。

② 杨士林《郑板桥评传》，安徽人民出版社 1992 年版，第 119 页。

③ 参见陈景良：《试论宋代士大夫司法活动中的德性原则与审判艺术——中国传统法律文化研究之二》，《法学》1997 年第 6 期。

④ 参见伯尔曼：《法律与宗教》，梁治平译，三联书店 1991 年版，第 76 页。

⑤ 《大学·中庸》。

特点，这种思想是从礼乐周备的周代沉淀下来的。经过孔子的阐发和演绎，秦汉以来的中国人多数时候都很强调个人的道德自觉，注重自我人格的修养和完善。可以说，德性和人格的关系问题始终是中国思想史上的一个基础性问题。① 宋代司法遵循的德性原则有其特定时代内涵：一是由于社会的重大变迁，宋代士大夫作为司法活动的主体一方面继续奉行"兴教化、息诉讼"的儒家传统，另一方面随着社会经济发展和民族矛盾的加剧，宋代士大夫普遍具有忧患意识，这种思想自然也渗透到了司法审判活动中。于是，他们一面主张"敦亲睦族，教化为先"，一面重视民事纠纷的处理，注重保护与百姓生活密切相关的合法利益。二是宋代司法审判虽然没有突破儒家伦理道德的范畴，但重心却出现了一定转向，不再只是为了弘扬教化，而是尽量将这种大而化之的道德宣教和内心的德性原则落实为审判实践中对孤幼、妇女等特殊群体利益的保护中，体现了尊重生活的实践理性。

以《清明集》所载"叔侄争业"为例，② 本案以叔诉侄系尊告卑，但官府并未单纯以人伦说教"宁曲其卑，不曲其尊"；且从诉讼时间及友能反诉其叔"私贩糯米"看，诉权观念在当时较为流行；官府对该类案件并不以寻常"民间细故"对待，而是重视查核实施，保护当事人的合法财产权。这是宋代私有制和商品经济发展繁荣，法律重视保护私人财产权的结果。《清明集》中留下判词最多的胡石壁向以兴教化为宗旨，却也注重将"德性原则"适用于孤幼财产保护。以其所判"叔父谋吞并幼侄财产"为例，提到了宋代创立的"检校"制度，即为保护父母双亡的未成年子女的利益而为其设立财产代管人的一种法律制度。史称，所谓"检校者，盖身亡男孤幼，责付亲戚可托者抚养，待及格，官尽给还"③。这一制度的设立，从儒家矜老恤幼的仁

---

① 胡伟希：《传统与人文》，中华书局1992年版，第77页。唐君毅先生认为孔子思想的意义是"在周代传下的礼乐仪文之世界的底层，再发现一人之纯'内心的德性世界'。而孔子以后的儒家，从孟子直到宋明理学，其整个学问的中心不外探索德性与人格之如何形成的智慧思想"。

② 以上见《名公书判清明集》卷六，《叔侄争》。

③ 《名公书判清明集》卷八，《检校》。

爱理念出发，虽未抽象出西式"权利"观念，却将德性原则融入了司法审判实践。这也是两宋司法实践理性的重要体现。

2. 德性原则与宋代士大夫的司法审判艺术

宋代司法中的审判艺术继承了西周以来结合审判中当事人心理状态的各种表征查明事实真相的做法，并用文学艺术化的手法将中国人文精神和儒家的德性原则融入天理、人情、国法，司法审判活动的意义并不单纯在于案结事了，更在于敦睦亲邻、倡兴教化。德性原则在宋代司法中的内涵十分丰富，需结合天理、人情、国法去理解。其中对天理的遵循要求司法官员廉洁公正，并有恻隐哀矜之心，做到是非分明。所谓"廉者，士之美节；污者，士之丑行"。"哀矜恻怛为心，而以残忍、掊克为戒"。国法观念的当然之义是要求司法官员出于公心而运用法律。所谓"公事在官，是非有理，轻重有法，不可以己私而拂公理，亦不可骫公法以循人情"①。人情观念意味着司法活动中须注意诉讼当事人之间的关系，重视对亲邻、孤幼利益的保护。通过一定的司法审判艺术将德性原则融于天理、国法、人情，一是要求客观公正地审理案件，二是要求恰如其分地查明事实真相，三是要求实事求是地权衡判断涉及的法律关系。

从翁浩堂所判《受人隐寄财产自辄出卖》②、吴恕斋所判《孤女赎父田》③等案，可见宋代士大夫判词中所谓的"人情"往往要结合具体案件去理解，他们十分强调在调查研究基础上厘清案件的法律关系，结合有效证据明辨是非，依法自主判决。宋代士大夫群体担当社会责任的意识也很鲜明，不少人从关心百姓疾苦出发而批判现实弊政，并在司法实践中秉持捍卫道义的务实态度认真审理涉及百姓利益的户婚、田土、财产纠纷，他们愿意为获得真实证据、材料而实地勘验，积累了较为丰富的证据识别等司法经验。由于普遍具备文学和法理兼精的职业素养，宋代士大夫通常借助感性、优美的文辞将

① 《名公书判清明集》卷一，《谕州县官僚》。
② 《名公书判清明集》卷五，《受人隐寄财产自辄出卖》。
③ 《名公书判清明集》卷九，《孤女赎父田》。

司法实践的理性生动表达出来，他们的判词往往蕴含德性原则，展示出较为高明的审判艺术。通过审判技艺用德性原则贯通天理、国法、人情，正是宋代士大夫司法审判的特色和魅力所在，其间承载的中国法律文化现象值得进一步挖掘。

三、宋代士大夫的人文主义批判精神

生于强敌环伺的忧患之际，宋代士大夫延续了志道弘毅的传统，同时具有强烈的社会责任意识和批判精神。这种"言必中当世之过"的人文主义批判精神也对宋代司法产生了深刻影响。① 宋代士大夫群体具有重人伦、尚德性的品格，他们的批判精神表现在：第一，在宋代士大夫的群体意识中，指陈法律政令的得失是他们的当然义务。宋初旨在强干弱枝、强化中央集权的政令行不百年即弊病丛生，法令严密、变化无信、赏罚不公、仁恕无度等问题突出。北宋欧阳修，南宋陈亮、叶适、黄震等人，均曾对此予以批判，有的还提出变革法制的主张，认为法律应该简明并行之久远才能累积威信，过于烦琐只会给奸吏留下钻营空间。② 第二，反对滥赦与纵囚。赦宥源于仁爱，这是中国古代法律的一项重要内容和特色，但在宋代运用失于泛滥。欧阳修谓："刑为辅德之具，断狱者一以辅治为先，则刑行而治道立矣。若赦之，则无益于治道也。"本此立场，欧阳修等人反对纵囚。此外，宋代士大夫敢于"疑圣非经"，指陈时弊，于他人不疑处见疑。宋代这种士风有助于培育司法中的批判精神。③

---

① 参见陈景良：《试论宋代士大夫司法活动中的人文主义批判之精神》，《法商研究》1997 年第 5 期。

② 谓如："法在简，简则明，行在久，久则信。至其繁渎，则其精明之士不能遍习，而吏得上下为奸，此刑书之弊也。"（《群书考索后集》卷六五）"法愈详，而弊愈极。"（《龙川集》卷一一）"本朝惩创五季，细者愈细，密者愈密，摇手举足，辄有法禁。"（《黄氏日抄》卷六八）

③ 苏轼评价王安石说："少学孔孟，晚师瞿聃，网罗六艺之遗文，断以己意；糠秕百家之陈，迹作新斯人。"

宋代士大夫的人文主义批判精神在司法方面突出体现在对刑狱暗昧的抨击上。《名公书判清明集》收录了真德秀的六篇书判，其中不乏批判刑狱黑暗等弊政、关心百姓疾苦的内容。真德秀在《咨目呈两通判及职曹官》中将南宋刑狱的黑暗概括为"十害"，即"断狱不公；听讼不审；淹延囚系；惨酷用刑；泛滥追呼；招引告奸；重叠催税；科罚取财；纵吏下乡；低价买物"。真德秀所言，虽不是专门司法官员作出的诉讼判决书，但他体恤民情，关心黑暗司法对民众利益的影响，恰是当时士大夫人文情怀的表现。而他所揭示的这些弊病也是南宋后期司法实践的真实情况。以司法胥吏的贪婪为例，南宋中后期有"公人世界"之称谓。蔡九轩云："黄权簿以本州人摄本州官，狠愎暴戾，霸一县之权，知县为之束手，积奸稔恶，百姓恨之切骨，甚至检验受赇，恣为奸利。"① 叶适称："官无封建而吏有封建。"②《清明集》记载了吏胥的各种奸状，如某州都吏郑俊、州吏黄德、路提刑使司的副吏王晋等。官、吏、豪横在司法中的贪暴丑态警醒后人，没有有效约束的权力一旦滥用害民之甚。

四、宋代士大夫的司法观念

马克斯·韦伯曾提出一个著名论断，他认为"法律名流"在一国法律文化传承中的活动和有意识的创造有助于形成不同类型的法律传统模式。③ 这启示我们，考察具体的法律文化结构和模式时，应当对某类具有共同价值准则和文化素养的群体多加关注，如宋代士大夫，可谓当时的法律名流。生活

---

① 《名公书判清明集》卷二，《贪酷》。

② 《水心先生文集》卷三，《吏胥》。

③ 韦伯既是德国当代著名的社会学家，历史学家，也是现代文化比较研究的先驱人物。他一生致力考察"世界诸宗教的经济伦理观"，亦即试图从比较的角度，去探讨世界主要民族的精神文化气质与该民族的社会经济发展之间的内在关系。韦伯研究问题的方法，如他所创立的关于"理解"（Vemehen）和"理想型"（Ideal—type）的方法论，曾深深地影响着一代学者。参见余英时：《士与中国文化》，上海人民出版社 1987 年版，第 441 页。

于中国 10—13 世纪的这一群体，饱读诗书、精通法律、工于吏事，"兼文章、经术、吏事于一身，融行政、司法、教化于一炉"。①

赵宋王朝处于中国"人心政俗之变"的转折点，这一时期的士大夫群体具有自觉"以天下为己任"的显著时代风貌。范仲淹"先天下之忧而忧，后天下之乐而乐"一语实为当时写照。随着科举取士的进一步改革完善，宋代士大夫较前代享有更为广泛的参政议政机会，在忧患意识的引导下务实参与国家和社会治理的各个方面，练就了通经术、明史事、晓法律、重现实的一身本领。这些精神风貌投射到司法实践中，产生了两种突出现象：一是部分士大夫热衷于汇编前代明断狱、平反冤狱的事例，如和凝父子的《疑狱集》，郑克的《折狱龟鉴》，桂万荣的《棠阴比事》等。二是一些士大夫将自己的判词汇入文集流传，如范应铃的《对越集》、刘克庄的《后村先生大全集》等。这些士大夫要么是官僚绅士，要么是学术绅士，其中很多人通过科举考试进入各级国家机关从事政务司法活动，欧阳修、范仲淹、王安石、苏轼、陈亮、叶适、刘克庄、胡颖等，是这一庞大群体的一部分代表。宋代士大夫法律观念的鲜明特色是强调法律和吏事兼通，文章与政务皆能，并且注重通过诉讼等法律形式解决纠纷。

宋代私有制的发展和商品经济的繁荣促使统治阶级更加重视法律在治理国家中的作用。太宗曾下诏："夫刑法者，理国之准绳，御史之衔勒。应朝臣、京官及幕职、州县官等，今后并须习读法书。"②司法官员选任必经法律考试遂成宋代鲜明特色。一则，宋代士大夫以通法晓律、争言法令为时尚。彭汝励云："异时士人未尝知法律也，及陛下以法令进之而无不言法令。"③二则，宋代士大夫普遍具有忧国忧民的情怀，重视刑狱和民间疾苦，并将其与人心向背和国祚命运相关联。相比前代而言，宋代更加重视与百姓生活密切相关的婚姻、田土、财产之讼的理断，不再把这些以民间细故等闲

---

① 陈景良：《试论宋代士大夫的法律观念》，《法学研究》1998 年第 4 期。

② 《宋会要辑稿·选举》（十三之十一）。

③ 《历代名臣奏议》卷一〇六，《风俗》卷二，上海古籍出版社影印本 1989 年版，第 1540 页。

视之。①

宋代士大夫为学重自得与创新,在司法实践中也富于批判精神。洪迈在《容斋随笔》中反思前人对张释之、于定国的评价,认为二人算不上司法公平无冤滥的典范,言语间于别人不疑处而有疑。②郑克在《折狱龟鉴》中检讨了包拯司法的失误③。凡此等等,彰显了宋代士大夫的务实批判精神。具体而言,一是注重政务能力的培养;二是重视从经典中寻求治国依据;三是司法实践中重视调查研究,辨别证据真伪,查明事实真相;四是重视总结前人办案经验,如宋慈《洗冤集录》中有关药理、人体解剖、外科、骨科、检验的记载,李元弼《作邑自箴》的问世,朱熹《约束榜》、黄震《词诉约束》胡太初《昼帘绪论》等对告状格式及审判经验的总结等;五是务实变法的士风。这些都是宋代法律文化在司法或立法层面的反映。

宋代士大夫的司法观念还突出体现在他们重视在司法中保护民众的合法权益。虽然学术界通常认为中国传统文化中权利意识淡薄,没有崇尚权利、自由及运用法律解决纠纷的习惯。梁漱溟先生就认为:"外国人上法庭如同家常便饭,不以好讼为嫌。中国人则极不愿打官司……在欧美律师为上等职业,在中国则讼师乃为众所深贱而痛恶。"④这种观点应在特定意义上去理解:一是中国人把法视为来自社会人伦并反过来规范社会交往的外在性规范,并非抽象价值的超验存在,其主要作用在于调处社会利益纠纷,安定国家秩序;二是中国文化强调个体道德自觉,提倡担当义务,鼓励让渡权利,而不像西方那样寄希望于法律对个体成员权利的保护。⑤但就某一历史时期

---

① 《名公书判清明集》卷一二,《豪民越经台部控扼监司》。南宋法官吴雨岩谓:"此其有关于朝廷上下之纪纲,未可以细故视之。"
② 洪迈:《容斋随笔》,上海古籍出版社1987年版,第232页。
③ 郑克:《折狱龟鉴》卷五,《察奸·李至远识奸》条,这段史料是郑克为该条所写的按语。
④ 《梁漱溟全集》卷三,山东人民出版社1990年版,第199页。
⑤ 美国比较法学者埃尔曼说:"按照儒家思想,普遍的和谐与稳定的理想状态并不通过法律或权利与义务之间的平衡而获得。'礼'的基本概念构想着一个以义务为中心并仅仅以义务加以调整的社会。"参见埃尔曼:《比较法律文化》,贺卫方、高鸿钧译,三联书店1990年版,第92页。

而言，并不能一概而论，宋代就很注重对私人财产权的保护，重视保护下层农户、商贾和妇女、孤幼的私有财产权利。具体而言：第一，宋代士大夫的忧患意识使得他们十分重视下层农户的利益。随着商品经济的发展和土地私有制的深化，宋代农民对地主的人身依附关系大为减弱。宋代士大夫认识到"客户乃主户之本"①，下层农户是整个社会的"衣食之源"②。于是，士大夫们强调国家治理应以关心民事为首要。吕大钧云："为国之计，莫急于保民；保民之要，在于存恤，主户又招诱客户"③。南宋士大夫也强调"治道以民事为急"④。第二，宋代士大夫在财产继承案件的理断中十分重视妇女合法权益的保护。宋代以前的继承法重视以延续香火、养儿防老为目的的宗祧继承，单纯的财产继承不大受重视。宋代私有制发展基础上的经济繁荣背景下，财产继承成为权利保护的主要方面。以宋仁宗天圣四年（1026）的《户绝条贯》为例，法律允许"在室女"享有一定的财产继承权。宋初在室女在家产析分中只能分得相当于"未娶妻"兄弟一半的聘财。"诸应分田宅及物业者，兄弟均分"。⑤"未取妻者，别与聘财。姑姊妹在室者，减男聘财之半"⑥。南宋时期这一份额的比例有所提升。刘克庄在一份判词中写道："在法，父母已往，儿女分产，女合得男之半"⑦，"依诸子均分之法，县丞二女合与珍郎共承之分，十分之中珍郎得五分，以五分均给二女"⑧。虽然在财产析分上仍然存在男女不平等，但宋代士大夫在司法中注重对女性财产权益的保护是值得肯定的。第三，宋代士大夫在司法中也很重视对孤幼和下层劳动者权益的保

① 欧阳修、范仲淹、苏轼、王安石等人的成长道路是对此问题的极好说明，参见《宋史》诸传。

② 石介：《徂徕集》卷八，《录微者言》。

③ 《宋朝事实类苑》卷一五，《顾问奏对司马温公》。

④ 《宋文鉴》（下）一○六《民议》，齐治平点校，中华书局1992年版，第1477页。

⑤ 《建炎以来系年要录》（卷一六○、卷一七一）。

⑥ 《宋会要辑稿·刑法》二之一五三。

⑦ 《宋刑统》（卷一二），《户婚律》。

⑧ 参见郭东旭：《宋代法制研究》，河北大学出版社1987年版，第451页。

护。一是宋代士大夫从矜老恤幼的伦理原则出发，创设了旨在保护孤幼合法权益的"检校"制度。这是一种针对父母双亡的孤幼子女而实施的财产代管。

《宋刑统》卷一二载："诸身丧户绝者，所有……店宅、资财，并令近亲转易货卖，无亲戚者，官为检校。"宋代司法实践中，适用检校的对象限定为父母双亡的"孤幼"[①]，孤幼成丁后由官府如数发还被检校财物[②]，不应检校而检校者官府须承担相应法律责任。[③] 二是诉讼中允许尊卑、长幼之间互告以伸张诉权。宋代以前，我国法律原则上禁止卑幼告发尊长，《宋刑统》最初也沿袭唐律限制卑幼告尊长的精神。随着社会经济的发展，私有财产观念不断冲击着儒家伦理道德，法律因应社会生活也不断调整。《名公书判清明集》中大量记载了卑幼和尊长之间基于田宅等财产纠纷而互相告诉的事例。诸如"嫂讼其叔用意立继夺业""叔父谋吞并幼侄财产""诸侄论索遗嘱钱"[④]"已出嫁母卖其子物业""叔伪立契盗卖族侄田业"[⑤]"母子互诉立继家财""子与继母争业""兄弟之讼""兄侵凌其弟"[⑥] 等。宋代士大夫审理这些案件时本着"母子兄弟之讼当平心处断"的原则[⑦]，并不偏向尊长。这是宋代私权观念发展在司法实践中的典型表现。三是扩大越诉的适用范围，以更好保护底层民众和商贾的合法权益。北宋末期开始在民事诉讼方面开启越诉之门，南宋时期允许越诉的范围愈发宽泛，主要涉及百姓财产利益受到损害、官吏侵渔百姓、豪强牟取下户田土、官吏违法收纳租税等情形。总之，宋代士大夫的司法观念和司法活动展示了务实向上和注重保护社会成员合法权益的时代风貌，法律相对于社会发展的滞后性和不适应性也渐渐凸显。正如宫崎市定所言，"到宋代，近代的个人主义开始兴起，在形式上表现为中

① 如刘克庄在审判中说。

② 《名公书判清明集》卷十《不当检校而求检校》。

③ 《名公书判清明集》卷七《不当检校而求检校》。

④ 《庆元条法事类》卷三六："不应检校辄检校，具职位姓名，取旨责罚。"

⑤ 《梁漱溟全集》第3卷，山东人民出版社1990年版，第93页。

⑥ 《名公书判清明集》卷八。

⑦ 《名公书判清明集》卷一〇。

世纪法律的古代之礼，无论如何也不能适应这种新的时代了。"①

第二节　宋代司法传统的转型

一、宋代司法传统转型的历史内容

首先，探讨一下讼学、讼师、士大夫与宋代司法传统的转型问题。

"司法传统，是指一个民族世代相传、具有特色的裁判纠纷的活动和因素，如司法的理念、运作机制、诉讼制度。"② 以人物为线索考察宋代的司法传统，除了可以从士大夫群体入手外，还可以考察司法活动中的其他参与者，如讼师。这是一个有着马克斯·韦伯所说的"法律名流"味道的特殊群体，也是理解宋代司法传统的另一个重要切入点。伴随唐宋之际的社会变迁，私有制和商品经济深入发展，宋代民间"好讼"之风兴起，讼学和讼师职业快速发展。宋代虽然在诉讼观念和司法认知模式上不能根本摆脱礼法思想的羁绊，但在很大程度上冲击了汉唐以来以人伦道德为原则的司法传统。宋代开始有限度地承认讼师职业的正当性与合法性，如对代笔人和抄状书铺户的认可和行为约束；并且逐渐扩大越诉的适用范围以有效保护民众合法权益，要求法官于民事判决中给当事人出具断由。这些空前绝后的做法曾使中国法律长期领先于世界。③ 当然，在场外为诉讼当事人提供专业法律服务的讼师与从事司法审判的士

---

① 《名公书判清明集》卷一一，《治牙侩父子欺瞒之罪》。

② 陈景良：《讼师与律师：中西司法传统的差异及其意义——立足中英两国 12—13 世纪的考察》，《中国法学》2001 年第 3 期。

③ 参见陈景良：《讼学、讼师与士大夫——宋代司法传统的转型及其意义》，《河南政法管理干部学院学报》2002 年第 1 期。

大夫之间事实上形成一定的紧张关系。一方面，民事纠纷的化解需要讼师的法律服务；另一方面，讼师教唆词讼会增加司法成本，影响社会秩序的安定，因此常被视为士大夫的对立面。这也是宋代司法传统的重要特征。

北宋中叶起，私有制和商品经济的发展造成社会利益的进一步分化，民间争讼之风始兴。时至南宋，江南各路百姓争讼已非一州一县的孤立现象，几乎遍及全部有效管辖区域。史籍中关于"兴讼""嚣讼""健讼"的记载俯拾皆是。① 约当 12 世纪中叶，私有制发展和商品经济繁荣的一个结果是财产利益纠纷的剧增，已然冲击到传统儒家伦理道德。兴讼之风促进讼学和讼师职业的快速发展。讼学的产生应不迟于北宋仁宗（1023—1063）年间，据传当时江西好讼之地出现了一本名为《邓思贤》的书，内容都是教人怎么打官司的，"皆讼牒法也"。② 宋室南渡后，江南各路讼学发展更是如日中天。周密《癸辛杂识·续集》上称："江西人好讼，是以有簪笔之讥，往往有开讼学以教人者。"③ 讼学的兴起为讼师的产生提供了肥沃的土壤，其形成中的各种称谓大部与其职业习性有关。宋人好讼在社会生活多方面均有展现，形式多种多样，手法变化多端，实在超出寻常想象。江西、福建等地，民间争讼甚至食毒草以诬人；《折狱龟鉴》载有"伪作冤状，以耸视听"的事例④；有收集阴私，以佐讼证的⑤；有妄起讼端，诬赖他人，或从中谋利，或昏赖田业的⑥；林林总总，不一而足。伴随民间"好讼"之风的兴起，专门教人

---

① 胡颖称："故兴讼者胜亦负，负亦负；故教唆者胜固然，负亦胜。"《名公书判清明集》卷一二，《责决配状》。"嚣讼""健讼"因下文需详述，不再列出。

② 《梦溪笔谈全译》卷二五，《杂志》2，李文泽、吴文泽译，巴蜀书社 1996 年版，第 339 页。

③ 周密（1232—1298），字公谨，号草窗，又号四水潜夫，牟阳老人。祖籍洛南，曾祖周东随宋室南渡，定居吴兴，始为湖州人。《癸辛杂识》为一部丰富的史料笔记，现有吴企明点校本，中华书局 1988 年版，第 159—160 页。

④ 《宋会要辑稿·刑法》三之一六。

⑤ 《欧阳修全集·居士外集》卷一一，中国书店 1986 年版，第 439 页。

⑥ 《名公书判清明集》卷一三《以死事诬赖》。

打官司的学问"讼学"与职业"讼师"也应运而生①。当讼学成为时尚之际，民间出现了专门教人词讼的机构和专门编撰的教人打官司的书籍②。传授对象既有成人也有孩童。"讼师"的形成则是经济、法律和文化三方面条件作用的结果：一是私有制基础上利益分化而多元，客观需要法律调整；二是复杂的财产纠纷单靠道德说教无济于事，需要诉诸法律方式；三是市民文化和民间好讼之风的形成。史料对讼师的称呼多种多样，如"珥笔之民""佣笔之人""茶食人""健讼之民""讼师官鬼""哗魁讼师"等。他们熟谙官场，口齿伶俐，通晓法律。

讼师和士大夫在宋代司法秩序中分别从属于民间和官府，身份地位和法律观念有很大差异，在司法伦理不可能纳入儒学框架的情况下，两大群体之间的矛盾和冲突在所难免。其主要表现：一是两者对司法秩序的期待不同。讼师以助讼营收维持生活，士大夫以减少诉讼敦睦风俗为使命。由于深受传统观念的影响，当时文人士大夫的判词中仍以"息讼"为主流价值取向，总体思路仍是规劝、教化和封堵，而不是遵循司法规律地疏决。③ 这与后世崔述反对一味强调息讼的思想还有不小距离。④ 元祐、绍兴年间均有立法禁止教学词讼。⑤ 二

---

① 学界对"讼学"与"讼师"的研讨，已有所论及，宋史学界代表性的成果有：(1) 陈智超：《宋代的书铺与讼师》，载《刘子健博士颂寿纪念宋史研究论集选编》，日同朋舍 1989 年出版；(2) 戴建国：《宋代法制初探》，黑龙江人民出版社 2000 年版。其中《宋代的公证机构——书铺》一文与讼师有密切联系；(3) 郭东旭：《宋代之讼学》，载《宋史研究论丛》，河北大学出版社 1990 年版。对明清时期讼师及诉讼制度、诉讼思想的研究较为深入的成果可参见 (1) 日夫马进：《明清时代的讼师与诉讼制度》，载滋贺秀三等：《明清时期的民事审判与民间契约》，王亚新、梁治平编，王亚新、陈少峰、范愉译，法律出版社 1998 年版；(2) 梁治平：《法意与人情》，海天出版社 1992 年版。另可参见拙著《崔述反息讼思想略论》，《法商研究》2000 年第 5 期。

② 宋司马光：《涑水记闻》，邓广铭、张希清点校，中华书局 1989 年版。

③ 《名公书判清明集》卷一〇《乡邻之争劝以和睦》。《二刻拍案惊奇》卷十记载宋人范莘的诗说："些小言词莫如休，不须经县与经州，衙头府底赔杯酒，赢得猫儿卖了牛"。

④ 参见陈景良：《崔述反"息讼"思想论略》，《法商研究》2000 年第 5 期。

⑤ 分别参见李焘：《续资治通鉴长编》卷，哲宗之元祐元年十月癸巳条，三册，上海古籍出版社 1986 年版，第 3509 页；《宋会要辑稿》刑法二之一五〇。

是两者身份地位不同决定各自行为方式的差异。讼师多出身卑微且有一定的反社会性，士大夫多是科举出身的庶族地主或孤寒饱学之士；讼师的诉讼主体资格一般不为官方认可，士大夫则是诉讼权力结构中的合法主体，是主导审判的官方力量；士大夫端坐大堂俨然司法秩序的守护者，讼师狗苟蝇营不外助讼渔利的淆乱司法分子。讼师与官衙沟通的媒介往往是官府中地位低下的胥吏差役，两者勾结会对司法秩序造成重大破坏，因此朝廷经常为他们的行为设限立禁。三是讼师轻义重利而兴讼，士大夫重义轻利而厌讼。两大群体因社会利益分化纠纷而于司法活动中不免交融，但讼师与士大夫身份难以相互转化，始终不可能朝一元化方向发展，这是注重道德伦理的人文精神所形成的文化强制力作用的结果。①

　　然而讼师与士大夫之间并不是判然两分，绝不交往的。两者的对立是在中国司法诉讼的礼法结构模式意义上的，而在私权观念和商品经济高度发展的两宋社会，讼师和士大夫在矛盾语境下的交融恰恰是宋代司法传统转型的重要体现。两大群体在保护百姓民事财产权益这一点上产生了交集。虽然讼师助讼的动机主要是追逐利益，士大夫更多是从社会责任意识出发，两者都是对社会现实的尊重，客观上都有利于民众财产利益的保护。而就宋代司法传统转型的表现而言，一是士大夫群体中越来越多的人不再耻于言利，尤其是其中重视事功的务实之士，就财产权益保护来说在一定程度上与讼师背后的兴讼之风互为表里。二是代表官方意志的士大夫司法中并不是死守规条，而是结合具体情况变通认识兴讼之风，尽量将讼师助讼行为纳入有效控制范围内。三是官方也会不定期反思司法诉讼与民间诉讼风气的实际状况，适时调整原有法律，而不是一味简单粗暴地禁止和批评。司法传统的这些转向基本上是对经济社会发展状况和百姓生活现实的尊重，其中既有士大夫务实转

---

① 讼师、讼学与官府的对立，宋史学界已多有论述，代表性的成果有：陈智超：《宋代的书铺与讼师》，载《刘子健博士颂寿纪念宋史研究论集选编》，日同朋舍 1989 年版；裴汝诚：《宋代"代写状人"和"写状钞书铺"——读〈名公书判清明集〉札记》，载《半粟集》，河北大学出版社 2000 年版。

变司法观念的功劳，也是讼师助讼引起的部分社会效应。这些都要透过史籍记载的士大夫"息讼"话语等表象，结合百姓过日子的生活逻辑去思考，才能有比较真切和深刻的认识与理解。要之，宋代司法传统的转型不是预先设计的结果，而是于社会变迁中遵循生活逻辑不断调适的结果。诚如苏轼所言："风俗之变，法制随之。"① 宋代司法理念、司法制度和司法运行机制的变化，根本原因是私有观念和商品经济发展的结果，是遵循生活逻辑而在人伦理性基础上向知识理性、实践理性的转变。

综括讼师和讼学在宋代司法实践中的地位和作用，可以形成以下基本认识：一是助讼行为的兴旺激活了民众的财产权利意识，对儒家伦理道德说教形成一定的冲击。二是促进了中国司法传统从汉唐以来以人伦道德诉求为主向宋代以后以生活利益诉求为主的转向。三是加快了司法制度的变革，宋代鞫谳分司、翻异别勘等独具特色的司法制度的形成与此不无关系。四是形成了个别具有近代特色的法律制度，比如宋代在中国历史上曾经第一次颁布了禁止翻版刻书的法令，在很大程度上具有版权保护的意义。② 五是讼师的助讼行为客观上也促使司法机关更加重视现场勘验和法医检验，促进了相关技术的发展。名垂青史的《洗冤集录》及其作者宋慈所代表的中国古代法医检验技术的发展高度，是同时代睥睨世界的辉煌成就。③ 总之，12—13 世纪的讼师与讼学，折射出中国司法传统的理性光芒，冲击了汉唐以来人伦道德的防线，张扬了私权观念，并在一定意义上为中国司法向近代转型提供了契机。然而中国曾经拥有的这种相比同时代西方还要进步的先机，为何稍纵即逝并在宋亡以后戛然而止，实在是中国法律史的一大待解难题。或许可以从这一时期中国讼师和英国律师之比较稍见端倪。一是文化背景和价值观念的差异。如何看待秩序和法律在司法

---

① 《苏轼文集》卷二五，2 册，孔繁礼点校，中华书局 1996 年版，第 723 页。

② 朱穆：《方舆胜览》，增补重订本，上海古籍书店 1986 年版。

③ 陈景良：《讼师与律师：中西司法传统的差异及其意义——立足中英两国 12—13 世纪的考察》，《中国法学》2001 年第 3 期。

中的作用，是讼师与律师的重要区别点。中国以"仁、义、礼、智、信"等人伦道德为秩序建构的基础，法律相对于人伦道德始终是第二性的，即便私有观念和商品经济发达仍然不改其性质。12世纪中叶以后，伴随中央司法权的统一和王权与教权的斗争，英国世俗社会以法律为基础的观念已经深入人心。二是所置身的诉讼权力结构不同。中国12世纪的讼师作为司法活动的参与者表现十分活跃，但官方并未认可他们的合法地位，他们只是场外参与者，没有成为司法官的上升通道。同一时期的英国律师则不然，他们的诉讼主体资格很快得到了法律认可，从精英律师中遴选法官也已成为定制。三是诉讼机制的不同。在中国依法官职权主义展开的"纠问式"审判模式下，讼师只是场外参与者，为诉讼当事人提供必要的场外指导和法律服务。在英国"抗辩式"审判模式下，律师是法庭的主角，法官在听取控辩双方意见基础上凭内心确信而居中裁判。四是历史命运的不同。中国讼师在宋代以后始终未能摆脱地位不彰的尴尬局面，不为官方认可；英国律师则在与法官一元化道路上继续发展，成为不可或缺的诉讼主体。一方面，社会多元利益纠纷的解决需要讼师提供专业的法律服务；另一方面，讼师嗜利乱法的负面形象又被官方夸大而成为士大夫的对立面。讼师与士大夫难以向律师和法官那样走向一元化，中国古典司法原本具有的发展契机在传统文化的强制力面前没能走向近代化，这是非常值得反思的。

其次，从南宋民事审判看宋代司法传统的叙事和意义。

在宋人日常生活话语中，"司法"的基本含义有两种：一是泛指司法机构与司法官员，二是专指检法议刑的司法参军。第一种含义与现代共通，第二种含义已成为历史。现代民主宪政意义上与立法和行政并立意义上的司法，非宋代"司法"所能包容。宋代司法理念、司法运行机制、审判原则、司法行为方式等都是司法传统的重要内容。学者们对宋代刑狱的探讨已经比较充分，对民讼的探讨还有待深入。立足南宋民事审判探讨宋代司法传统的叙事，对于总结中国古代司法文明具有重要意义，但应在历史材料所彰显的客观真实性基础上来进行。①

在民事司法理念上，宋代相比前代更重视对民事财产权利的保护。如前文所述，司法理念是司法主体对司法活动的认知，包括对司法本身及司法对象所持的态度、情感、认同方式等。宋代民事审判中的司法理念主要体现为士大夫在这方面的认知。尽管在严格意义上宋代并无民刑之分，但毋庸置疑的是，随着土地私有制的进一步深化和财富流转的加快，有关婚姻、田宅、财产继承等方面的纠纷愈发繁剧。宋代统治者对此高度重视，在财产利益纠纷中允许卑幼告发尊长，给民事诉讼当事人颁发"断由"，扩大越诉范围以更有效保护私人财产权益等。宋代统治者还提出了以民事为急务的统治理念，即"为政者务以民事为急"。②他们认为民讼之事是关系到朝廷纲纪的大事，不能再用寻常眼光视其为细故。③法律史学界通常认为中国传统上重视"命盗重案"，对涉及婚姻、田宅、财产继承的案件视为"民间细故"，这其实是未深入断代研究而轻率形成的偏见。李元弼的《作邑自箴》、陈襄的《州县提纲》、胡太初的《昼帘绪论》等书中都有较为丰富的涉及民事案件受理、审判以及民事诉状格式等方面的内容。宋高宗绍兴十九年（1149年）诏称"治道以民事为急"，④其中"民事"虽非确指民事诉讼或民事审判，但从《宋会要辑稿》刑法三《诉讼·田讼》所载的大臣奏议及皇帝的诏令看，其中确乎含有民事诉讼的内容。⑤宋室南渡后，人多地少的矛盾异常突出，以私有制为基础的租佃制成为土地所有制的主导形态。田宅流转过程中，因典当、抵当、倚当或买卖而引起的诉讼纠纷格外突出。宋代州县司法因应社会变迁而呈现新的特征，重视下层民众和卑幼财产权益的保护，告状给"断由"，扩大越诉范围等都是前所未有的。

---

① 参见陈景良：《宋代司法传统的叙事及其意义——立足于南宋民事审判的考察》，《南京大学学报》（哲学、人文科学、社会科学）2008年第4期。

② 《宋会要辑稿·刑法》三之四一。

③ 《名公书判清明集》卷一二。"（民讼事）有关于朝廷上下之纪纲，未可以细故视之。"

④ 李心传：《建炎以来系年要录》卷一五九，第2581页。

⑤ 《宋会要辑稿·刑法》三之四一《诉讼·田讼》。

在司法运作机制上，宋代首创了民事诉讼中的"断由"制度，并且扩大了民事诉讼允许"越诉"的范围。先说断由，南宋高宗时期，民事诉讼当事人可以要求官府发给"断由"，以便主张权利或提出申诉。① 据称，当时的吴越之地有很多老百姓的民事纠纷在州县得不到及时处理，于是他们纷纷越级直诉到朝廷，给既有的诉讼管辖制度和司法秩序带来很大冲击。实际上，越诉现象并不只是出现在京畿之地的吴越地区，而是长江以南各路府州县的普遍现象。百姓之间的婚姻和田宅争讼反映了当时土地私有制的深化和财富流转的加快，民间通过诉讼维护法定权益的观念也很普遍。健讼、兴讼遍载于史籍。②"断由"是什么？为什么给断由？其功用又如何？学者们以往有的说是判决书，有的说是官府不予受理案件的说明，认识并不一致。南宋时期随着田宅交易的日趋频繁和婚姻、财产继承纠纷等案件的增多，而严格意义上讲宋代法律又未规定终审制度，为了避免当事人缠讼给司法机关带来讼累，也为了尽快案结事了，宋代规定民事案件初审完成需由司法机关在三日内或结案当日发给断由，作为当事人向上申诉的依凭。"断由"具有确认交易事实和提高司法效力的功效。对此应进一步专题探讨。再说民事诉讼中的越诉，就其保护田宅交易的本意而言，宋代为保护农业生产时间多次颁布"务限法"，即将每年的特定时间段划定为禁止诉讼的时间，以保证农民在农忙时节不耽误耕作。如绍兴务限条法。③ 当现实中往往有官豪势要之家利用务开前后的时间差，在不能诉讼期间禁止出典人回赎典卖田产，已达到强占的目的。此种情况下如再坚持务限法，显然不利于保护下层百姓的财产利益。对此，宋代法律规定"应婚田之讼，有下户为豪强侵夺者，不得以务限为拘，如违，许人户越诉。"④

---

① 李心传：《建炎以来系年要录》卷一六三，中华书局版，第 2658 页。
② 参见拙作《讼学、讼师与士大夫》，载《河南省政法管理干部学院学报》2002 年第 1 期，中国人民大学复印报刊资料中心《法理·法史学》2002 年第 6 期转载，《中国社会科学文摘》2002 年第 5 期也予以转载。
③ 参见《宋会要辑稿》刑法三之四十六。
④ 《宋会要辑稿》刑法三之四十八《诉讼·田讼》。

此外，宋代在长期司法实践中也形成了一些颇具特色的民事审判原则。比如，田宅争讼中注重干照等书证的证据力，同类案情同样对待，依律判决等。受西方法学话语影响深刻的研究者通常认为中国古代判决充满随意性和不确定性，并且认为这与中国古代没有部门法划分的观念和事实有关。其实这是没有深入研究中国断代法律史而人云亦云般给出的武断结论。宋仁宗时颁布的《户绝条贯》不啻为民事继承方面的单行法，《庆元条法事类》残卷和《名公书判清明集》中具有不少专门的民事法律规范。可以确认宋代的民事诉讼及其审判也是奉行同类案情适用同类规则的。从《清明集》户婚门涉及的争业（田宅交易引起的诉讼）、立继、检校、户绝、女承分（财产继承）、取赎、雇赁等七类案件都是适用各自同类规则的。仅以田宅交易中的"取赎"类而言，审理此类案件适用的同一法规有：亲邻之法、典主故作迁延之法等。而就依律判决来说，宋代"争财尚利"的风尚已然对儒家伦理道德说教形成了巨大冲击，至多也是以伦理说教为幌子通过诉讼行为主张财产权益。在《清明集》所载 226 件民事案件中，依法判决的占 75.22%；表面息讼，实为判决的有 10 件，占 4.4%；息讼教化的占 17.2%。这意味着司法理念因社会变迁而发生重大变化。其次，从法官审理的个案来看，虽也考虑情理，但依法给断仍是不可动摇的判案基础。例如吴恕斋审理的"孤女赎父田"案。①

宋代司法传统的转型是相对于此前的唐代来说的。唐宋统绪一贯然风气各异。日本学者以唐为中国"中世"之结束，宋为中国"近世"之开端。②

① 《名公书判清明集》卷九。

② 1922 年内藤湖南发表《唐宋时代的研究——概括的唐宋时代观》一文，首次提出其对唐宋某些重大转变的认定；其弟子宫崎市定进一步强调宋所具有的"近世"特征，从而形成较为系统的"唐宋变革论"。"唐宋变革论"的主要观点有：中国历史分为上古、中古和近世；中世起自五胡十六国，至唐中叶为止；唐末五代是中国由中世向近世的过渡时期；唐和宋在文化形态上有显著差异，唐代是中世的结束，宋代是近世的开始。20 世纪以来，"唐宋变革论"在日本、美国和中国学术界都产生了广泛的影响。相关研究综述参见牟发松：《"唐宋变革"说三题——值此说创立一百周年而作》，《华东师范大学学报》（哲学社会科学版）2010 年第 1 期；李华瑞：《20 世纪中日"唐宋变革"观研究述评》，《史学理论研究》2003 年第 4 期。

宋代司法的近世化特征既反映在对司法秩序的重新建构上，又反映在特色司法制度的创造上。唐末五代的司法暗昧，源于武人专擅地方司法权。宋代立国之初很快就从改革地方司法机构入手变革司法制度，虽然这只是意在重建中央集权的全国一盘棋上的一个节点，但对于宋代司法体制影响深远。其主要特征是州级审理权和判决权的分工协作和相互制约，由此孕育了鞫谳分司、翻异别勘、现场勘验、证据技术、法医技术等宋代司法文明的硕果。另一重大变革是文人士大夫司法，宋代士人文学和法理兼精的时代特色也是空前绝后的。他们一方面深受传统文化和人文精神的影响，司法的同时不忘宣扬教化；另一方面，由于出身基层和普遍的忧患意识而关心民间疾苦，更加注重维护当事人的合法权益，充满务实的知识理性。此外，宋代司法中逐渐扩大越诉范围，审断婚田之诉发给断由，重视证据的运用，以"千文架阁法"管理司法文书等方面，均不同程度地显示了宋代司法的职业化倾向，也体现了宋代司法传统的新趋向，即由人伦理性向知识理性的转向。这些转变的意义是值得深思和借鉴的。

二、宋代司法传统的现代解读及其借鉴意义

宋代司法传统是两宋三百多年间世代传承且独具时代特色的司法理念、诉讼制度、司法运行机制等要素的统称。日本学者内藤湖南、宫崎市定等认为宋代是中国"近世"的开端。在唐宋之际社会变革的大背景下，宋代司法传统呈现出一些空前绝后的时代特色。以言诉讼理念，宋代审理刑事案件时注重司法职权的相互制衡，审理民事案件时注重保护百姓利益。就司法运行机制来说，宋代"狱司推鞫，法司检断，各有司存，所以防奸"，学界称之"鞫谳分司"，即审理和判决分离以实现司法职权配置上的权力制约与平衡。[1] 宋

---

① 《历代名臣奏议》卷二一八原载："鞫之与谳者，各司其局，初不相关，是非可否，有无相济，无偏听独任之失，此臣所谓特致详于听断也。"

代从勘狱（侦查）、鞫狱（审判）到检法拟判，再到州县长官签署判决，乃至执行，整个司法流程中的各个环节都有相应的权力分工和制约机制，这是宋代司法引以为豪的重要亮点。

宋代司法传统的个性在于宋人的司法理念、宋代司法运作的机制和宋代士大夫作为司法主体所具有的鲜明时代风貌。[①] 宋代司法理念主要围绕如何看待狱讼，怎样选拔法官，如何实现公正司法等问题而展开。具体而言：一是"庶政之中，狱讼为切"的理念。宋代皇帝和士大夫都很重视司法审判在治理国家与社会中的重要作用。宋代开国君臣对五代司法弊政有深切感受，他们从维护自身统治的立场出发特别关注狱讼。徐道邻称"宋代多明法之君"。宋太宗"恨不能亲决四方冤狱"之类的话表达了对狱讼的钦恤和关切之意。[②] 他要求州县长吏亲决囚徒，规定狱讼的审理期限，并于各路设提点刑狱司监督地方司法。宋代士大夫广泛参与司法审判，总结审判经验汇编案例，重视民众财产权的保护，以强烈的忧患意识和社会责任感关心狱讼。就连理学家和乡野缙绅也热心关注狱讼事宜，表达对公正司法的见解。二是"法官之任，人命所悬"的理念。重视法官的职业素养是古今中外司法传统的共性，宋代在这方面的表现尤为突出，甚至将法官素养对公正司法的影响上升到关系国祚命运的高度去认识。桂万荣谓："凡典狱之官，实生民司命，人心向背，国祚修短系焉。"[③] 深入推进法官选任中的法律考试是落实这一理念的重要举措。宋代士大夫不管以何种途径参与司法，通常都需要具备良好法律素养，且大多需要经过专门的法律考试，既试律义又试断案，朝官、京官和幕职州县官都不例外。原非司法官员而迁转司法官员者须"试刑法"。甚至司法机关的各种胥吏也要考试法律。应考范围之广，考试组织之严密，表明对法官选任极

---

① 参见陈景良：《宋代司法传统的现代解读》，《中国法学》2006年第3期。

② 徐道邻：《中国法制史论略》，正中书局1970年版，第67页。

③ 桂万荣：《棠阴比事》序，群众出版社1984年版。

为重视。三是"鞫谳分司，各司其局"的理念。南宋大理寺官员汪应辰在《论刑部理寺谳决当分职》中称："国家累圣相授，民之犯于有司者，常恐不得其情。……鞫之与谳者各司其局，初不相关，是非可否，有以相济，无偏听独任之失，此臣所谓特致详于听断之初也。"① 与前代相比较，宋代司法更加重视司法职权的分工协作和相互制约，尤其是将审理权和判决权相分离，并明确了各环节的司法责任，有助于减少和杜绝冤假错案的发生。如宋人所谓"各有职业，互不相侵"②，"虽同僚而异事，犹不失祖宗分职之意"③，等等。

宋代司法的运行机制可以说是分权制衡式的，即"狱司推鞫，法司检断，各有司存，所以防奸"。④ 这种分权制衡区别于西方宪政理论中基于三权分立的制衡，中国皇权时代的国家权力是一元化的，司法权是这种整体性权力当中的一部分。宋代私有制和商品经济的发展促进了士大夫与皇帝共商国是，宋代皇帝也宣称与士大夫共治天下。如文彦博称："为与士大夫治天下，非与百姓治天下也。"⑤ 不唯皇权需要受到制约，司法权因关系百姓生命、财产安全更不能滥用。宋代中央到地方司法职权的配置都有权力分工与制约的机制。以地方州县司法为例，学界论述较详，集中体现制衡理念的是"鞫谳分司"制。⑥ 宋代地方实行巡捕、推鞫、检断、判决四者各负其责，独立运

---

① 《历代名臣奏议》卷二一七，《慎刑》，上海古籍出版社1989年版。

② 《朱文公文集》卷一四，转引自余英时：《朱熹的历史世界》（上册），三联书店2004年版，第233页。

③ 《历代名臣奏议》卷二一七，《慎刑》。

④ 《历代名臣奏议》卷二一七，《慎刑》载司法官员周林《推司不得与法司议事》札子。

⑤ 语出李焘的《续资治通鉴长编》卷221，"熙宁四年三月戊子"条。文载："彦博又言'祖宗法制具在，不须更张以失人心'。上曰：'更张法制，于士大夫诚多不悦，然于百姓何所不便？'彦博曰'为与士大大治天下，非与百姓治天下也'"。另可参见余英时：《朱熹的历史世界》上册，第三章"同治天下"，三联书店2004年版。

⑥ 参见（1）戴建国：《宋代法制初探》，黑龙江人民出版社2000年版；（2）《宋史·刑法志注释》序言，上海社会科学院法学所编，群众出版社1986年版；（3）郭东旭：《宋代法制研究》，河北人民出版社2000年版；（4）王云海主编：《宋代司法制度》，河南大学出版社1992年版；（5）徐道邻：《中国法制史论集》，志文出版社1976年8月版。

作的机制。① 有宋一代司法实践中，常见州级司法官员间互相制衡而使冤狱得免或因共同舞弊而受处罚的事例，如钱若水为同州推官时制衡录事参军等案，表明这种权力制约机制切实有效地发挥了作用。难怪徐道邻先生说："整个说来，宋朝——尤其是北宋的司法制度，可以说是已经达到了十分成熟的阶段。"②

宋代士大夫关注生命、以人为本的时代风貌也是宋代司法传统的一张名片。他们既是宋代司法活动的主体和司法传统的传承者，也以强烈的忧患意识和社会责任感为宋代司法传统注入了灵魂。不同于汉唐儒生和现代社会职业法学家的是，宋代士大夫既老于文章、娴熟法律，又精于史事，具有务实司法的实践理性。他们的法律素养和人文精神在司法中表现得淋漓尽致。一是对生命意义和生存价值的重视使得宋代士大夫勇于批判、锐意进取，注重从现实生活中实践以人为本的人文精神。所以宋代士大夫审判案件时往往重视对百姓财货之利的保护。二是宋代士大夫作为当时司法模式中的权力主体，于主导审判的过程中不忘实施教化，这是对传统人伦道德的弘扬。三是宋代"鞫谳分司""翻异别勘""驳推"等具体司法制度的创造，根本上体现了对下层民众生命和财产权益的尊重与保护。因此，尊重、阐释、激活司法传统中的优良因子并进行创造性转化，比简单批判更负责任，也更有意义。

当代法治建设重视对传统和域外经验的总结与反思，对待传统的基本立场应该是尊重和创造性传承，对待国外经验也要分清良莠、择善而鉴。当代司法改革同样离不开对中国司法传统的总结、反思与继承。宋代司法传统中的重视司法职权的分工协助和相互制约以及注重保护民众财产权益等方面，在我国当前司法改革和民法典编纂过程中仍有值得进一步挖掘的历史文化资

---

① 日本著名学者，京都学派的宫崎市定对中国古代的司法研究多有建树，他的名作《宋元时代的法制和审判机构》，对宋代的司法进行了深刻的研究。参见刘俊文主编《日本学者研究中国史论著选译》第八卷，中华书局 1993 年出版。台湾法史学家徐道邻也对宋代的"鞫谳分司制""翻异别勘制"进行了较为详密的考订。徐先生的研究，对重新认识宋代司法的成就有开创之功，应特别予以关注。参见上注。

② 徐道邻：《中国法制史论集》，台湾志文出版社 1976 年版，第 105 页。

源。蜚声世界的霍姆斯大法官说："理性地研究法律，很大程度上就是研究历史。"学界既往多有贵重西方法律史，轻视中国法律史者，对中国司法传统缺乏理性认识。以言宋代，除了注重司法权力的分工制约和重视保护下层百姓财产权益外，还在司法审判中最早发布了保护著作权（版权）的法令。清人叶德辉谓："翻版有例禁自宋始"，凡此等等。[①] 应当更扎实地涵泳于史料，总结、阐释、解读并赋予传统司法现实意义，这也是民族文化振兴和传承的应有之义。

---

① 　参见陈景良：《宋代司法传统及其现代意义》，《河南省政法管理干部学院学报》2005 年第3 期。

第三章　宋代法律及司法对私有财产权的保护

第一节　宋代私有权的历史事实与分类

从法理上言之，私有制是私有权的基础。中国古典社会，自战国以来，土地私有制便占主导地位。秦汉以降，土地私有制的发展虽遇周折，但至宋时，其深化程度已有"千年田换八百主"之说。土地的市场要素与产品要素日显突出与扩大。如果说，土地是中国社会人们最大的财富与财产的话，那么房屋作为"业"也是私有财产制的重要内容。宋代文献中，"田宅"是法官审理民事案件最为常用的词汇，因此，田宅私有是社会生活中常见的现象。

就价值追求的基础以及由之而生的公私观念而言，传统中国与西方有着不小的差异。传统中国社会中，不可能出现绝对私有的财产制度，在现实中国中，这一制度也难以实现。在儒家价值观的影响下，虽然个人"权利"及个人私产会受到官府与社会的压制，但仍然存在一种独特的土地私有制度。① 传统中国社会确实产生了商品经济，发展出土地的商品属性和交易

---

① 著名经济史学者杨国桢先生说："中国封建社会的土地所有权，不是完全的、自由的土地所有权，它的内部结构是国家、乡族的两重共同体所有权与私人所有权的结合。中国封建土地所有权的运动，表现为这几种互相结合又处于互相排斥状态的所有权之间在同一结构内地位的更替与消长。在中国传统社会，土地私人所有权的发展，始终未能摆脱国家与乡族土地所有权的附着和制约。"参见杨氏著《明清土地契约文书研究》，中国人民大学出版社 2009 年版。

属性，普通百姓也在日常生活中不可避免地产生个体性质的生存、生活需求及相关的利益诉求，因而基于传统中国的历史事实，宋代作为商品经济和世俗文化尤其发达的时代，其时的土地私有制是社会经济的主要形态。

宋代的土地所有制分国有与私有两大类。国有土地包括营田、屯田、弓箭手田、马监牧地、官田①、学田等，国有土地简称"公田"。"公田"常与"民田"相对，史料对宋代赋税种类的记载便有"公田之赋"与"民田之赋"的差别。②

据著名宋史专家漆侠先生之研究。宋代的土地私有制占有绝对的优势地位。他说："在宋代土地所有制史，土地私有制占绝对的支配地位。"他进一步论证道："北宋垦田在宋神宗熙宁元丰之际最高达七百万顷，可能在七百五十万顷左右。由此可见私有土地居于绝对的优势地位。"③

对于宋代土地私有制的深入发展及史料中诸种反映土地私有的社会现象，曾让读史者眼花缭乱，学界于此的探讨从法史的角度而言并不深入。我以为可以遵循下列线索而加以分析：其一，土地私有的本质特征是自由买卖。宋代，土地作为私有财产，在社会经济生活中，其流通的方式有多种。一曰典，二曰先典后卖，三曰绝卖。宋人周紫芝说："时人尽说吴中好，劝我苏常买薄田。"④与唐相比，宋代土地私有制深化的程度在土地权能的细化

---

① 宋代的"官田"主要有以下几种形式：(1) 户绝田；(2) 抛荒田；(3)"涂田"或称"泛长江涂田"；(4) 国家籍没田。参见漆侠：《宋代经济史》上册，中华书局 2009 年版，第 298 页。

② 《宋史》卷一七四《食货志》一二七："宋制岁赋，其类有五：曰公田之赋，凡田之在官，赋民耕，而收其租者是也。曰民田之赋，百姓各得专之者是也。曰城廓之赋，宅税、地税之类是也。曰丁口之赋，百姓岁输身丁钱米是也。曰杂变之赋，牛革、蚕盐之类，随其所出，变而输之是也。"中华书局点校本横排版 2815 页。另外，"民田"之称亦可参见《宋会要辑稿》10 册，上海古籍出版社 2014 年版，第 5941 页。

③ 参见漆侠《宋代经济史》上册，中华书局 2009 年版，第 343 页。在我看来，宋代的土地数量如同人口一样，史籍并无精确记载，只能估其大概。这是因为宋代的基本史料《宋史》《文献通考》《宋会要辑稿》三大史书中，"食货""田赋"中并无历年土地开垦之详细数字。战乱时，土地之数字更无法精确，但漆先生倾毕生之心治宋代经济史，其所依据的史料达上千种之多，阅读范围之广，非一般学者所可企及，故所得之结论仍可为据。

④ 周紫芝：《太仓稊米集》卷三四，《吴中舟行口号七首》。

上，尤为突出。唐初，国家实行"均田制"，即国家授受制。唐把土地分为"口分田"与"永业田"两大类。原则上，"永业田"可以附条件地买卖。"口分田"一般不准买卖，特殊情况下可以买卖。① 即是说"永业田"在家贫儿女无法安葬父母时，可以卖；"口分田"则在四种情况下可以买卖，一是用来建造住房，二是用来建造碾硙，三是用来经营邸店，② 四是自愿从人口多、土地少的区域迁往地广人稀的地方。可见，唐对土地买卖的限制既多又严。宋时，这种限制全然不存。土地既可绝卖，亦可先典后卖，还可只典不卖，甚至以田宅作指押，以折抵因主债务而产生的利息，宋代称之为"倚当"③。由田宅流通与处分所引起的诉讼纠纷，官府称之为无日无之。

其二，就宋代的田土与户等关系而言。宋代的户等，既有主客之分，也有"五等"划分之别。就"主客之分"而论，宋代把有土地的田户称为"主户"，无土地的人户称为"客户"。主户占人口的大多数；就"户等"而言，宋把有土地的人户分为五等，一二三等户为地主阶级，四五等户为有土地的农民，这类户口在宋代占据了极高的比例。漆侠先生指出，在宋代户口中，拥有土地的农民属于其主体，而五等户中，四五等户又占"43.3%—58.5%"左右。④

其三，富户的田产可作为女儿出嫁之奁产。宋代笔记中就有反映南宋婚帖

---

① 《唐律疏议》卷一二《卖口分田》："诸卖口分田者，一亩笞十，二十亩加一等，罪止杖一百；地还本主，财没不追。即应合卖者，不用此律。"疏议曰："口分田，谓计口授之，非永业及居住园宅。辄卖者〈礼云〉'田里不鬻'，谓受之于公，不得私自鬻卖，违者一亩笞十，二十亩加一等，罪止杖一百；地还本主，财没不追。即应合卖者，谓永业田家贫卖供葬，及口分田卖充宅及碾硙，邸店之类，狭乡乐迁就宽者，准令并许卖之。"中国政法大学出版社 2013 年版，第 165 页。

② 唐代以后供客商堆货、交易、寓居的行栈之旧称，亦可称"塌坊"或"邸肆"。

③ 参见《名公书判清明集》卷六《抵当》《倚当》。这部判词汇编所反映的宋代社会生活中的田宅买卖，典与当等，是极其生动的。对它的研究，可参见宋代官箴研读会编《宋代社会与法律——〈名公书判清明集〉讨论》一书，台湾东大图书股份有限公司 2001 年 4 月版。另可参见郭建《典权制度源流考》，社会科学文献出版社 2009 年出版。

④ 漆侠先生说："占有一块土地的农民，在宋代户口中占得比重极大。"参见漆侠《宋代经济史》上册，中华书局 2009 年版，第 332—333 页。

具体内容的史料，其中就分列了"房奁"的构成内容。①《名公书判清明集》卷八《女合承分》记载：南宋人郑应辰有两个女儿，无亲生儿子，后过继了一个儿子。即养子。郑应辰在世时，"家有田三千，库一十座。应辰存日，二女各遗嘱田一百三十亩，库一座与之。"郑去世后，养子欲独吞家产，受到了法官的斥责，审理者依遗嘱给两女儿每人 130 亩田产。这在《清明集》中并非孤例。

其四，宋代的"女户"也是私有土地者。所谓"女户"，是指家无男丁由妇女担任户主的民户。马端临说："凡有夫有子，不得为女户。无夫、子，则生为女户，死为绝户。"②女户作为独立的户籍，意味着它必须向国家缴纳赋税，缴纳赋税则以具有田产为基础，因此"女户"必具有私人田产。③

私有制上升为权利，须由法律加以规定。以现代法学言之，法律依其规范的性质与调整之对象不同，可分为公法与私法两大类；又依其成文与否，可分为成文法与习惯两大类。宋代，尚无现代法学之理念，故法律编纂的体例与体系中，虽无单独的私法系统——民法典，但却在成文律典令典及单行法律规范中都有现代民事性质的规范。

以宋朝一代大法——《宋刑统》而论，不仅其中的"户婚""杂"篇中具有民事规范，这被称为"刑法典中的民事有效"部分，而且它还在《唐律疏议》的基础上，增添了（1）"务限法"——专门受理民事案件的条款。（2）"典卖指当论竞物业"，有关田宅典卖，抵押的法律。（3）死商钱物——外籍商人在中国经商死后财产如何处理的条款。（4）户绝资产——指无子嗣之家财产如何分配的法律。④这四个条款既涉及民事程序，也涉及田宅交易、外商财产处置、遗嘱继承诸民事领域，是纯粹性的民事条款。这是律典，再就令典

① 宋人吴自牧在《梦粱录》卷二〇记载南宋的婚帖"具列房奁：首饰、金银、珠翠、宝器、动用、帐幔等物，及随嫁田土，屋业，山园等"。
② （宋）马端临：《文献通考》卷一三，《职役考二》，中华书局点校本 2011 年版，第 1 册，第 378 页。
③ 在马端临《文献通考·职役考》中，"女户"常与单丁、寺观等并列，说明"女户"家中无男丁，理应免役。但免役不意味着免田产之赋。
④ 参见《宋刑统》卷一二至卷一三，中华书局点校本 1984 年版，第 196—207 页。

而言。中华法系常以"律令体系"而著称。说中华法系是律令体系，并不是说否定礼在古典中国法律体系中的支配作用。而只是说，律典与令典都是成文法典。对律典，学界已耳熟能详，因为自《唐律疏议》之后，我国古代律典皆已完整地保留下来，譬如《宋刑统》《大明律》《大清律例》等。而令典早已散佚，人们难以睹其真容，只是通过文献的记载知其大概而已。1999年，宋史专家戴建国于"天一阁"发现"明钞本天圣令"，其后，中国社会科学院历史研究所唐宋史专家以此版本为研究对象，组成了课题组，经几年整理与研究，出版了《天一阁藏明钞本天圣令校正——附唐令复原研究》上下两册。①

《天圣令》虽为残卷，但其发现既为我们认识唐宋令典的面貌提供了实态，同时也使我们看到，古代的法典编纂体例与体系，不单纯是以刑为主的律典，还有不以刑罚惩治为手段的令典。《天圣令》中的"田令、赋役令、关市令、丧葬令、杂令"都是民事法规，或者是相当于现在的特别民事法规。②

除律典、令典外，宋代还有以敕令形式颁布的单行民事法规或商事法规。著名者如宋仁宗天圣四年七月颁布的《户绝条贯》③及其进行海外贸易的《市舶条法》④等。

此外，宋代的敕令、砧基薄、省薄、鱼鳞图册⑤与田宅契约文书在田宅的归属与流转中，发挥着现代民法的物权、债权功能。除敕令外，也在司法

---

① 该书由中华书局2006年10月出版。北京中国社科院与台湾大学历史系遂即举办"天圣令读书班"，已发表不少有分量的研究成果。除上书外，大陆学界代表性成果有戴建国《〈天圣令〉研究两题》，载《上海师范大学学报》2010年2期。黄正建：《天圣令与唐宋制度研究》，中国社会科学出版社2011年版。台湾学者研究成果，主要参见高明士：《律令法与天下法》，上海古籍出版社2013年版。高明士主编《天圣令译注》，台北元照出版有限公司2017年版。

② 具体内容，详见下面论述。

③ 参见《宋会要辑稿·食货》六一之五八。点校本第12册，第7465页。

④ 宋代的"市舶条法"多以编敕的形式进行，《苏轼文集》收录最详。参见《苏轼文集》卷三一，第3册，中华书局1986年版，第888—890页。亦可参见拙作《两宋海外贸易立法演变论略》，《南京社会科学》1992年第5期。

⑤ 参见尚平：《南宋砧基薄与鱼鳞图册的关系》，《史学月刊》2007年第6期。另可参见戴建国：《宋代的民田典卖与"一田两主制"》，《历史研究》2011年第6期；《宋代籍帐制度探析——以户口统计为中心》，《历史研究》2007年第3期。

审判中发挥着证据的作用。

由于史料的繁杂，加上宋代尚无现代的民法编纂体系。因此，以法学的视野对其私有权能分类，是有一定困难的。但又不得不做尝试性努力，因为若不以现代的眼光看待历史，以现代法学分梳宋代私有权的历史事实，我们的研究与认识将无法深入，与现代的读者也无法对话。

欲将宋代私有权进行分类，首先是确定分类的标准，其次是对有关史料的选择与归纳。先言分类标准，若以财产的物质形态可否移动为据，私有财产权大体可分为两大类：不动产私有权，也就是田宅所有权与动产所有权，如牛马驴骡驼、车船及生活用品。若以现代民法理论为据，把具有财产权诸项事实要素与功能要素加以提炼，而不是仅限于单纯的概念所指的话，那么宋代的私有财产权仍可大体上分为物权、准物权、债权、继承权、抚养权、养老权等。实际上，无论古今中西，想要对财产权进行精确的定义与分类都是十分困难的。因为历史与现实的社会生活是极其复杂的，而理论与概念又无法穷尽社会生活诸现象。更加上，用现代的西方物权理论解释中国古代，包括宋代的土地所有权，其本身的确当性都是容易引起质疑的。只是我们在使用这些理论分析宋代事实时，需要有着足够的警醒，防止生搬硬套，更不能远离宋代历史场景，臆解历史，这是必须加以说明的。

第二节　宋代法律对私有权的规制与保护

现代法治国家，对私有财产权的规制与保护，主要是在宪政的框架下，分别以部门法的形式而进行的。① 一般而言，首先，往往会通过宪法或其原则宣告私有财产的不可侵犯，其次，民法典及其民事关系法规，会在民事权利主体

---

① 这当然指的是成文法传统国家，英美法系是个例外。

平等，意思自治的原则上，把民事主体对物支配、占有的财产关系，人与人之间的身份关系纳入到权利、义务的框架中，通过授权性规范与任意性规范，规制各类私有权能，如物权、债权、知识产权等。也会把人与人之间形成的身份关系、财产继承关系、抚养关系，通过权利义务关系的理论而创制成为婚姻家庭制度，使亲属、继承独立成篇而编纂于法典之中。民法典编纂及其关系法规的制定，是现代法律体系支撑私有财产权保护的强大支柱。最后以刑事制裁的严厉手段，通过对犯罪人的惩处而保护所有人的私有财产权利。

宋代的法律不同于现代，但其所具有的功能及其对私有权维护与规制的历史事实，仍不妨以此眼光，进行有层次的分梳。不过需要加以说明的是，宋代没有私法体系与民法典编纂，对私有权的维护与规制自然有着自身的特点。

第一，通过敕令与经义的升格，使民众获得恒产——田宅所有权。古代中国，儒家经典在治国理政中具有现代宪法的功能与地位，礼治原则就是国家的宪纲①。《孟子》作为儒家经典，在宋代由"子部"升格为"经部"，从此入"十三经"，其重要的原因有二：一是五代十国以来，斯文扫地，武人当政，宋朝统治者为了重建政权合法性的理论基础，孟子作为孔子伦理思想的最大继承者，其仁政仁爱思想自然会受到青睐。二是《孟子》一书，"有恒产"才有"恒心"的思想，完全适应了宋代田宅私有化的浪潮，经大儒朱熹系统整理，直接影响到宋代社会经济生活，两宋之时，拥有一块土地的农民占人口总数的绝大多数。

宋建国之初，从宋太祖到太宗的三十八年间，朝廷颁布无数道敕令，鼓励农民种桑植树，开垦荒田，振兴农业生产，并郑重承认农民的土地私有权。现举数例如下，以资说明。

1. 太祖建隆三年正月，赐诸州诏曰："生民在勤，所资惟谷，先王之明训也。永念农桑之业，是为衣食之源。"

① 参见张千帆：《传统与现代：论"礼"的宪法学定性》，第三届亚洲法哲学大会（南京师范大学主办），2000年10月。杜钢建：《梁启超论古代宪法与儒家宪政》，参见 http//:www.dtsx.org。

乾德四年也曾有诏书专门对广泛垦殖的农户进行奖励。①

"通检"是普遍查索，调查之意。在这里意在强调：国家承认农民对新垦荒地拥有私有权。通过开垦荒地而取得所有权是宋代土地私有权确立的一种重要形式，宋初对开垦荒地实行开放、自由、鼓励的政策，很多无地的客户通过这种形式获得土地，而上升为主户。我们再看下面一道诏令。②

2. 太平兴国年间，宋太宗为了劝课农桑，曾专门下达诏书，在民间选拔"农师"，给予一定的奖励措施，使之在民间农业生产中起到引导、督促农业生产恢复与扩大的作用。③

宋初三十余年间，因受唐中期以来战乱之影响，尤其是五代十国时期，兵火连年，民不聊生，大片农田因人口流离而抛荒。人稀地广，旷田片片。此种形势下，为了恢复生产，发展经济，朝廷不得不采取多种措施，通过诏令的形式或鼓励开荒，或约束流民归业④，或招募民众通过佃耕而取得土地

---

① 乾德四年（966）闰八月，诏："所在长吏告谕百姓，有能广植桑枣，开垦荒田者，并只纳旧租，永不通检。"

② 《宋大诏令集》卷一八二《政事三十五》"农田"一目中所载之宋初诏令有十七种之多，皆是鼓励农垦，惩罚游手好闲，奖励辛勤，承认土地私有的法令。由此可见宋初朝廷对此一问题之重视。

③ 太平兴国七年（983）闰年十二月庚戌诏："民为邦本，食乃民天。常念稼穑之艰难，每虑田园之荒废。广兴山泽之利，大开衣食之源。既富庶之未臻，盖劝课之尤缺。宜令诸道州府，应部民有乏种及耕具人丁，许众共推择一人，练土地之宜，明种树之法，补为农师。令相视田亩沃瘠，及五种所宜，指言某处土地，宜植某物。某家有种，某户缺丁男，某人有耕牛。即令三老里胥与农师共劝民，分于旷土种莳。俟岁熟共取其利。为农师者，常税外，免其它役。民家有嗜酒蒲博，怠于农务者，俾农师谨察之，闻于州县，实其罪，以警游惰焉。所垦新田，即为永业。官不取其租，诏到宜亟行之，无或稽缓。"见《宋大诏令集》卷一八二，中华书局1962年整理版，第659页。

④ 诏令说："应开封府管内百姓等，一昨霖霪作沴，水潦存臻，多稼即被于天灾，尽室不安于地著，遂致转徙，其将畴依。先是今年三月辛亥诏，应流民限半年复业，限满不见，即许乡里承佃，便为永业。又念民之常性，安土重迁。离去丘园，盖非获已。自今年十一月以前，因水潦逃移人户，任其归业，不得以辛亥诏书从事。"这是对前一道诏令的修订。准许因灾荒逃离家园的民户，在超过半年后，仍可回归家园，重新获得土地所有权。但由此带来的冲突，即在辛亥诏令下，通过招佃耕种抛荒田地，而获得朝廷认可的民户，其权益如何平衡，这恐怕是个问题。宋廷怎么处理的，现在尚无看到史料之记载。诏令为宋太宗淳化四年（993）一月发布，载《宋大诏令集》卷一八二，第659页，版本同上。

私有权。

3.宋太宗为了推动恢复农业生产、鼓励百姓开垦荒田，曾经专门下达诏书对新开垦的荒田予以确认，并规定这些新垦田地能够成为开垦者的"永业"。①

"业"在中国古代是个专有名词，大多数情况下指田宅，有时亦指生活用品。当用作"管业"与"永业"时，多指田宅，即今天我们所说的不动产。"为永业"即是这块土地为开垦者或耕种者永远所有，意义如同现在所说的所有权，又有所不同。②

经义与敕令的价值位阶，如同现在的宪法与政策，是中国历史文化条件下，土地私有的重要保证，也是中国的特有制度。

第二，通过律典规制田宅所有权转移的方式，对违法者，律典或敕令给予制裁，以保护私人所有权与田宅交易的秩序。

这里必须说明两点：首先，与唐相比，宋代的土地买卖、出典、倚当已是遵循经济规律，依照社会生活需要，根据当事人意愿而自由进行③，不需要向官府请牒立账。土地上的负担因赋税之需，自然不能免除，但买卖上的限制却越来越少，基本上是自由典卖、卖、倚当。所以契约任由私人签订，官方并不强加干预，这是要首先申明的。

但是，田宅毕竟不是一般生活用品，由于土地、房屋作为特殊物品，既是生产资料，也是生活资料。它们不但能给人们衣食之源与物质生活的

---

① 宋太宗至道元年（995）六月诏令说："近年以来，天灾相继，民多转徙，田卒污莱。虽招诱之甚勤，而捕逃之未复，宜申劝课之令，更示蠲复之思。应诸道州府军监，管内旷土，并许民请佃，便为永业，仍与免三年租税，三年外输税十之三。应州县官吏、劝课居民垦田多少，并书于印纸，以俟旌赏。"见《宋大诏令集》卷一八二，页659—660。此道诏令又可见于李焘《续资治通鉴长编》卷三八，中华书局点校本1992年版，第二册，第817—818页。

② 这个不同点，详见下面详论。

③ 宋人袁采说："贫富无定势，田宅无定主。有钱则买，无钱则卖。"《袁氏世范》卷下《富家置产当存仁心》。

基本保障，而且对它们的利用还牵涉到国家的赋税与邻里、亲戚的相关利益。故它们的交易不可能像小件物品那样，一手交钱，一手交货，随即完成，异常方便。这在今天也是如此。宋代，在承认土地私有，买卖自由的大原则下，国家对田宅的交易，即物权的转移、利用、过割还规定了一套完备的程序。另外，田宅交易或需要遵循一定的原则，违反者就要受到刑事制裁，以保障私有权益与交易的安全，这在法典与法令中有着详尽的规定，现分述之：

其一，买卖双方当事人据意愿，确定交易形式，或典或卖，或倚当，在中间人见证下进行。这在后周广顺二年（952）间即已确立①，宋代自然沿袭。《袁氏世范》中就专门记载了这一阶段的交易习惯与程序，提到了寻找中间人、表达交易意向以及确认交易对象的内容。②

其二，"典卖田宅，先问房亲，次问四邻，房亲不要，他人并得交易。"③之所以有此类规定，一是受伦理道德的制约，田宅交易不出族。二是，农业社会，守望相助。田宅周围之乡亲四邻，若是本宗亲属，便于扶危济困。当然如此规定也会带来问题，如房亲四邻借此压价，或拖延时间，均影响田宅交易的经济生活本能及交易效率。对此，宋代也在不断地进行调整，以平衡交易效率与交易安全两者的关系。

《文献通考》记载了宋哲宗时期的一项动议，要求沿用旧法，限定行使亲邻权利的行为必须同时满足亲、邻两个要件，④即明确限定有服亲决定是否参与

---

① 参见（宋）王溥《五代会要》卷二六，上海古籍出版社 2006 年版，第 416 页。

② 《袁氏世范》卷下说："人户交易，当先凭牙家索取阄书砧基，指出丘段围号，就问见佃人，有无界至交加，典卖重叠。"

③ 《宋刑统》卷一三，中华书局点校本，第 207 页载："应典卖、倚当物业，先问房亲，房亲不要，次问四邻，四邻不要，他人并得交易。房亲着价不尽，亦任就得价高处交易。"

④ 马端临《文献通考·田赋考五》称："绍圣元年（1094），臣僚言：〈元祐敕〉，典卖田宅，遍问四邻，乃于贪而急售者有害。乞用熙宁元丰法，不问邻以便之。应问邻者，止问本宗有服亲及墓田相去百户内与所断田宅接者，仍限日以节其迟。"见马端临：《文献通考》卷五，《田赋考五》，中华书局点校本 2011 年版，第一册，第 113 页。

交易的期限，以防拖延、影响交易。到了南宋时，问亲邻之法，限制在既有亲也有邻的范围内，有亲无邻，有邻无亲，皆不在亲邻法调整之内，这是因为，交易中引起的诉讼纠纷常常使司法机关十分烦恼。法官胡颖的文书中就专门记录和描述了因亲邻问题而产生的交易诉讼实况，并专门在文书引述了"庆元重修田令"与"嘉定十年刑部颁降条册"，指出亲、邻两者属性兼具，是实行亲邻法调整的前提，而这些规定，皆是宋宁宗赵扩在位时期（1195—1224）颁布的。①

其三，双方当事人、中间人评议价格是契约签订之基础。三面评价（要价、出价、估价），是宋代田宅典卖土地的常用语。比如南宋时期的契约文书中，就有"三面评值"的说法。②

其四，写立合同契约，双方当事人、见证人签字画押。田宅交易在宋代，本由当事人自愿，故所立契约，原无统一格式，这当然反映了田宅作为私有财产，其买卖是自由的。但同时带来的问题是，私立契约，往往对所交易之田宅的范围四至，不做清楚交代邻里也不知悉，遂致弊窦丛生，争讼日繁。为此，太宗采纳了开封司录参军赵孚的建议，确立了"割移""典卖"

---

① 胡颖说："照得所在百姓多不晓亲邻之法，往往以为亲自亲，邻自邻。执亲之说者，则凡是同关典卖之业，不问有邻无邻，皆欲收赎；执邻之说者，则凡是南北东西之邻，不问有亲无亲，亦欲取赎。殊不知在法所谓问问所亲邻者，止是问本宗有服纪亲之有邻至者。如有亲而无邻，与有邻而无亲，皆不在问限。见于庆元重修田令与嘉定十三年刑部颁降条册，昭然可考也。"见《名公书判清明集》卷九《亲邻之法》。

② 南宋淳祐十二年（1252）徽州李从致卖山田契载："归仁都李从致、从卿、侄思贤等，今自情愿将地名钱塘坞，系罪字号下山玖等拾玖号山肆亩，又民字拾壹号夏（下）田壹角贰拾步。其山东至胡文质地西至垄，南至屋口自众田，北至降。今来无钱支用，众议将前项四至内山并田出卖于同里人胡南仕名下。叁面评值，价钱拾捌界壹佰陆拾贯文省。其钱当立契日以（一）并交领足讫，不零少欠文分。其山地内即无新坟旧冢。今从出卖之后，已任买主闻官纳完，迁做风水收苗，永远为业。如有肆至不名（明），如有内外人占栏（拦），并是出产人祗（支）当，不涉受财之事。今恐人心无据。立此卖田山文字为照淳祐拾贰年柒月十五李从致（押）李从卿（押）李思贤（押）今于胡南仕名下领前项四至田山肆亩、田壹角贰拾步契内价钱拾捌界官会壹佰陆拾贯，前去足讫，并无少欠。别不立碎领，只此契后壹领为照。同前月日。从致（押）。从卿（押）思贤（押）见交钱人李贵合（押）"。参见张传玺主编《中国历代契约会编考释》（上）第二卷，北京大学出版社1995年版，第534—536页。

这两式契约文书的范例。①

这只是说，官府颁立一个合同样本，当事人定约时，可模仿此格式进行，并非是官府印制的统一的标准契约样本。在宋真宗时期（乾兴元年，即1022年），朝廷依从地方官员的建议，正式确立了合同契法，专门规定了田宅出典活动中，契约文书必须一式四份，分别交由交易双方、商税院及地方官府保存，以此作为交易的凭证，目的就在于消弭因契约不明而导致的纠纷问题。②

由于宋代土地、田宅的典与卖已是社会生活中的常见现象，兴讼纠纷自不可免。官府出于税收及维护交易秩序的角度，对契约试图统一格式与标准，其主观愿望不能说不好，但在客观效果上，并不一定能达到上述目的。因为统一的格式不便于民间的田宅交易。宋哲宗时，已开始松动，到了南宋高宗绍兴三十年，受到户部员外郎马骐的严厉批评。③ 后朝廷认可：田宅交

---

① 《续资治通鉴长编》卷二四载："孚（赵孚）又言：'庄宅多有争讼，皆由衷私妄写文契，说界至则全无丈尺，昧邻里则不使闻知，欺罔肆行，狱讼增益。请下两京及诸道州府商税院，集庄宅行人众定割移典卖文契各一本，立为榜样，违者论如法。'诏从之。"见李焘《续资治通鉴长编》卷24，中华书局点校本1992年版，第1册，第542页。

② "乾兴元年正月，开封府言：'人户典卖庄宅，立契二本，（一本）付钱主，一本纳商税院。年深整会，亲邻争占，多为钱主隐没契书。及问商税院，又检寻不见。今请晓示人户，应典卖倚当庄宅田土，并立合同契四本：一付钱主，一付业主，一纳商税院，一留本县。'从之。"见《宋会要辑稿》点校本，上海古籍出版社2014年版，第12册，第7464页。

③ 宋高宗绍兴三十年六月二十二日，户部员外郎马骐言："窃谓典卖田宅，条令所载契要格式备矣，或不如式，在法，未尝不许执用。所有执用者准条明言违法，如私辄典卖之类，是诚不可以执用也。然则契要不如格式，非违法明矣，乌可不使之执用乎绍兴十年申明，将上件不依格式并无牙保写契人书字，并作违法断罪，不许执用；绍兴十九年宋觊申明：典卖田宅，不责砧基簿对行批凿，并不理为交易。夫违法者，私辄典卖是也。今契内一项不如式及未批砧基簿，与私辄典卖情犯绝远，而一概以违法处之，则伦类不通，非所以为法也。"

户部看详（批示）："乞下敕令所检照旧法及申明、续降参照看详，颁降遵守施行。"本所看详："'旧来臣僚申请，乞今后人户典卖田产，若契内不开顷亩、间架、四邻所至、税租役钱，立契业主、邻人、牙保、写契人书字，并依法典卖田宅断罪。难以革绝，交易不明，致生词讼之弊；不对批凿砧基簿，难以杜绝减落税钱及产去税存之弊。缘村民多是不晓法式，欲今后除契要不如式不系违法外，若无牙保写契人亲书押字，而不曾经官司投印者，并作违法，不许执用。已经投印者，止科不应为之罪。所有对行批凿砧基簿事，合依原降指挥施行。'从之。"《宋会要辑稿》点校本，上海古籍出版社2014年版，第12册，第7473页。

易，契约签立，除了必须有牙保、写契约人亲书押字、标明四至、到官府投税印契外，其他格式一律松动，由民间自由掌握。由于年代久远及战火的原因，宋代大批的契约文书今已失传。除了《宋会要辑稿》等文献以文字的形式记载契约文书的格式、内容、官府的规制外，现存的实物契约文书，除敦煌契约文书外，只余七件，分别藏于北京图书馆、北京大学图书馆、中国历史博物馆、安徽省博物馆，弥为珍贵。①

其五，投税印契，官给凭由，对行批凿砧基簿，办理过割手续后，交易才算完成。田宅作为大宗商品，不论是典与倚当，或者是卖，都牵涉到该私有财产上的使用权益与所有权益，即现在所说的用益物权与物权，还牵涉到户等的升降与国家税赋的征收。故这种交易虽是在田宅可自由交易的大原则下进行的，法律法令的主旨自然是规制田宅的所有权与使用权，维护当事人的私有财产权，这是自不待言的。但田宅各种形式的交易，无不关涉到户等升降与国家税收的落实。因此，宋代政府严令双方当事人必须在一定的时限内，或两个月，或三五日，到官府一般是县衙门，办理交税凭证。且要携带田宅底册——砧基簿，当厅批对，即将田宅的数目从买方底册中除去，转移到卖方底册上。宋代文献中，前者叫"投印交税，官给凭由"（常说的盖有官方印章的契约文书——红契）；后者叫"双方批对砧基簿"。

正常情况下，经历上述五道手续，或者说五个步骤，田宅交易才算完成。可见，田宅作为不动产，无论中西古今，其使用权与所有权的规制都是要经过一套完备而又严格的程序的。②

① 见张传玺：《中国历代契约考释》（上），第二卷，北京大学出版社1996年版，第532—542页。

② 即便如此，宋代社会生活中，因田宅交易引起讼端的记载还是不绝于各类文献之中，这既是因为人心复杂，交易中伪造、欺诈手段花样翻新，更是因为田宅交易有关户等升降，而户等又与赋役制度密切相关，故实际生活中，有的人往往虚立契约，转移田产，降低户等，而达到逃役避税之目的，宋代称"诡名挟户"。由此引起的纠纷，两宋数百年间难以杜绝。以上参见《宋会要辑稿》六一《民产杂录》，点校本，上海古籍出版社2014年版，12册，第7462—第7474页。"诡名挟户"之案例，可参见《名公书判清明集》卷五，《受人隐寄财产自辄出卖》。

其次，田宅的各类交易既然是儒家伦理之语境下进行的，那么于父死母在的情况下，儿子即便成年为家长，当他进行典卖田宅时，母亲对家产仍有监护权。因此，必须获得母亲的同意，才能交易。否则就是违法，要受法律惩罚。"子之鬻产，必问其母"，既是宋代的法律原则，亦是宋代社会意识形态主流价值的共识，更是法官的判案依据。① 宋人程迥说："母在子孙不得有私财。"② 对于怂恿子弟分产或故意使子弟负债以谋其家产的人，刑罚是流配。对此，台湾著名宋史专家柳立言先生曾有精彩的论述。③

第三，其中之一，通过令典规制牛马等动产所有权的转移形式；对于一般财物、麦粟的出举（月息不得过六分），"任依私契，官不为理（不加干涉）"；对于拾遗物、宿藏物、漂流物则注重国家、原物主及拾得人三方权利的平衡。

其二，对拾遗物、漂流物、宿藏物的规制，原则上既保护原物主的私权，又根据拾遗人或者漂流物拾得者是否付出代价而给予不同份额的报酬，这种平衡理念，体现了法律的公平精神。

《宋令》就有相关的规定，对漂流物、宿藏物拾得行为进行了区分情形的确认。对于拾得漂流物的行为，要求首先在发生地对物品的拾得进行公开并报告官府，有物主认领的情形下，拾得者能够获得拾得物品的部分利益，在没有物主认领的情形下，物品则归拾得人所有。对于拾得宿藏物的行为，在公共地域发现的物品，归拾得人所有；在他人私有地域发现的物品，则由拾得人与地域所有者平均分享。④

---

① 《名公书判清明集》卷五，《继母将养老田遗嘱与亲生女》。
② 《宋史》卷四三七，第12950页。也可参见《宋刑统》卷一三《典卖指当论竞物业》条。
③ 参见柳立言：《宋代的家庭和法律》，上海古籍出版社2008年版，第332—333页。
④ 《宋令》第14条规定："诸竹木为暴水漂失有能接得者，并积于岸上，明立标榜，于随近官司申牒。有主识认者，江河五分赏二，余水五分赏一。非官物，限三十日外，无主认者，入所得人。官失者，不在赏限。"
　　《宋令》第26条："诸以官地内得宿藏物者，皆入得人；于他人私得者，与地主中分之。若得古器形制宜者，悉送官酬值。"
　　参照《明钞本天圣令校证》下册，中华书局2006年版，第429—430页。

"漂流物"，是指江河发水时冲击下来的竹木、牛马或其他有经济价值的物品。这些物品或原有主人或没有主人。河流有大有小，大者为江，小者为河。因深浅水流大小不同，危险程度也不同。河流中捡拾漂流物与路上拾遗不同。后者不须付出代价，前者须投入相当大的气力，甚者冒生命危险。故法律根据不同情况，有不同份额的报酬。若是有主人且在设置期限内认领的，大份额归原主，小份额归拾得者。无人认领，归拾得者所有。

"宿藏物"，即埋在地下有价值的物品或"形制异者"之古器（我们现在所说的文物）。若是发现地点在官地内，皆归发现人所有。这些发现人绝大多数是佃耕官田的人户，官府并不与他们争利。若于私地发现，须与原田主平均分配。若是具有文物价值的器皿，则物归国家，由官府发给报酬。宋代法律承唐之精神，把拾遗物中的宝、印、符、节与马、牛、羊等皆称为"阑遗物"。[①]"阑遗物"与"漂流物"之规制，既有律典也有令典，不同的是，前者有罚则，后者则无。法律的这种规制，用现代的民法理论分析，颇似现代的"无因管理"，但古人法典、令典所体现的保护私权，维护公平正义的理念则是与现代民法颇为契合的。

其三，对于一般生活用品之债权，《令典》之规制原则上尊重私人之意愿，自订签约，约定利息，官府并不加干涉。但利息（月息）最高不得过六分，积利不得过一倍。若债务人逃跑，则由保人代偿。[②]

对于特定的债务形态，《令典》也有相关规定，如以粮食出借形式产生的债务，允许以粮食形式归还。[③]令文中的"官不为理"，就是遵从当事人意愿，官方不加干涉之意。当然，若债主契外强制胁迫别人财产，追夺利息，则是不允许的，官府则加以干预。

---

① 参见薛梅卿点校：《宋刑统》，法律出版社 1999 年版，第 505 页。
② 《宋令》24—25 条规定："诸以财物出举者，任依私契，官不为理。每月取利不得过六分。积日虽多，不得过一倍，亦不得回利为本。若违者积利，契外擎夺，及非出息之债者，官为理断。收质者若计利过本不赎，所从私纳。如负债者逃，保人代偿。"
③ "诸以粟麦出举，还为粟麦者，任依私契，官不为理。仍以一年为断，不得因旧本生利，又不得回利为本。"

其四，关于财产继承，宋令也确认了遗产继承的位序高于法定的顺位继承。这一点，宋令是与唐宋律典精神相一致的。在"户绝"的情形下，被继承者在世时已经订有遗嘱的，其内容在原则上可以排除法定的顺位继承。①

对照《宋刑统》卷十二《户绝资产》《丧葬令》条，这条《天圣令》条文与唐《丧葬令》几乎相同，说明宋《天圣令》来源于《丧葬令》。依宋令，女子依婚姻与否，分为在室女与出嫁女。前者为未婚，后者为已婚。对于家庭财产，法律规定的原则是：诸子均分。②若身丧户绝，又无嗣子，则除去丧葬费用外，财产由在室女继承，无女者，依次归近亲，无亲戚者，官为检校（归政府）。如果，被继承者生前立有遗嘱，经查核属实者，则依遗嘱。这说明，宋令规定了有条件的遗嘱继承。这个限制条件是，只是户绝资产才实行遗嘱继承。

第三节　宋代司法对私有权的保护

如果说，敕令、律典、令典只是从立法的角度对宋代社会生活中的私有财产权，如田宅所有权，牛马牲畜及生活用品私有权，户绝资产中遗嘱继承权等，进行了规制的话。那么私有财产权一旦进入到流转程序，在社会生活中就难免会发生各种形态的诉讼纠纷。对此，宋代的法官又是怎样来保护私

---

① 《宋令》27 条称："诸身丧户绝者，所有部曲、客女、奴婢、宅店、资财，令近亲（亲依本服，不以出降）转易货卖，将营葬事及量营功德之外，余财并于女。（户虽同，资财先别者，亦依此。）无女均入依次近亲。无亲戚者，官为检校。若亡人在日，自有遗嘱处分，证验分明者，不用此令。即别敕有别者，从别敕。"见《天一阁藏明钞本天圣令校证》下册，中华书局 2006 年版，第 425 页。

② 《宋刑统》卷一二《卑幼私用财》条《准户令》："诸应分田宅者，及财物，兄弟均分，兄弟亡者，子承父分。兄弟俱亡，则诸子均分。其未娶妻者，别与聘财。故姊妹在室者，减男聘财之半。"中华书局 1984 年版，第 197 页。

有财产的呢？

现以《名公书判清明集》为据，结合其他历史文献，从社会生活中的某些特殊群体，即具有某种特殊身份的人出发，来考察宋代司法对私有权保护的法律实践，以深化我们对此问题的认识。譬如私奴婢中的"女使"，社会生活中的"赘婿"等，便是切入点。

宋代，随着私有制的深入发展及社会关系的变化，唐律中的良贱之分，及奴婢、部曲对主人身份依赖关系，已有较大的松动。尽管官奴婢终宋之世，也没有废弃。但由于宋代经常大赦旧的官奴婢，新的官奴婢因犯"三逆"者人数不多而减少，故学界并未把宋之官奴婢视为重大问题，而宋人反把唐视之为贱民的官奴婢——"官户"上升为官宦之家，可知变化之巨。①

私奴婢的身份有两种，一是女使，二是人力。与唐相比，宋代的私人奴婢已由贱民上升为良民。柳立言先生说："尽管宋人和我们继续使用'奴婢'来指称私家仆婢，但已非法律名词，而仅是泛称，'贱'字也一样，大都作为形容词。在法律上，男仆称'人力'，女婢称'女使'。"② 若是良民因生活所需，为别人打工或干家务，五年后可视为同居卑幼，受同居法律的保护。法律为了保护他们的权利，防止他们无奴隶之名而有奴隶之实，规定雇主与他们签订协议——契约，最长不得超过十五年，期满可自由离开；他们可以由旧主转雇给新主，但不能卖给新主。报酬无着落，他们虽不能直接告主人，但可以由家人代诉；他们不顺从，雇主不得行私刑，尤其是刺字，而是要报官；主人犯罪，他们不受株连。当然，私奴婢与主人自然不可能在法律上完全平等，如主人与女使发生性行为，通常不被视为有罪等，反过来，男奴婢——人力若强奸或和奸主人的家人，虽然双方都是良民，但人力刑罚重于凡人。③

---

① 参见柳立言主编：《性别、宗教、种族、阶级与中国传统司法》"序论"，台湾"中央研究院"历史语言研究所，2013年版，以下同。

② 柳立言主编：《性别、宗教、种族、阶级与中国传统司法》"序论"。

③ 参见柳立言主编：《性别、宗教、种族、阶级与中国传统司法》"序论"。

司法上，私奴婢中的"女使"所具有的私人财产权利是否受到了法律的保护，我们看宋人判词《名公书判清明集》中的一个案例。南宋年间，有个叫罗柄的男主人雇了一个女使，名字叫"来安"又名"阿邹"。在罗柄年老时，为罗柄生下一子，使罗柄得以免绝嗣之忧。然而，罗柄妻甚妒之，来安母子只好暂栖于外，依靠罗柄所拨田产生活。不料，孩子夭折，来安被遣送归已家与自己父母同住，田产交回罗家。不久，罗柄又把另外典到的一块田产赠送予来安，且以来安的名义立户。及至罗柄去世，罗夫人即刻派出幹人出庭告状，不但欲夺回罗柄所赠产业，更企图把来安自置的田产一并夺去。

对此，法官范应铃在判词中不仅严厉批驳了罗柄妻赵氏的歹毒，还判决来安胜诉，罗柄所赠田产及其利用这块田产购置的产业，统统归来安所有，且在来安再嫁人之时，为其自随田产。①

据台湾学者王平宇的研究，《清明集》中涉及女使的诉讼大体上有五类，即涉及家庭财产的诉讼、涉及遗腹子的诉讼、涉及奸淫的诉讼、涉及诬告的诉讼、涉及拐卖人口的诉讼。② 财产类诉讼首当其冲。就《清明集》中所涉此类案件的审理来看，在仅有的五件案例中，有四例是法官依据书证与物证在查证案情，弄清是非的基础上，依法判决女使胜诉的，这说明"女使"虽身份与社会地位较低，且涉及家庭财产纠纷的关系复杂，但其合法权益还是得到了保证。③

那么，宋代法官是怎样审断此类案件的呢？再以上述案件为例，略加分析。首先，法官是依据书证与物证来查清事实的。故重视书证与物证是南宋法官审理田宅之类案件的突出特征，这在《清明集》中不是个别现象，而是普遍的规律，占案件的90%以上。就"来安"一案而言，罗柄赠予女使来

---

① 参见《名公书判清明集》卷四，《罗柄女侍来安诉土母夺去所拨田产》。

② 参见宋代官箴研究会编：《宋代法律与社会》——《名公书判清明集讨论》，东大图书股份有限公司2011年版，第214—236页。

③ 参见柳立言《宋代的宗教、身份与司法》下编《身分：以妾为例》，中华书局2012年版，第139页以下。以下所引此书，均为此版本，不再注明。

安的田产均有"省簿"（物证，即宋代官府保存的田产底册）与印契（纳税的法律文书）①。其次，是明辨是非。法官虽然在本案中维护了来安的合法权益，却没有支持她可以独立户籍。在宋代的法律中，女子只有在户绝或成为寡妇的情况下才能立户，时称"女户"。来安归家时，有生父邹明在，依据"同居必须共籍"之原则，来安不能自立门户，故法官判决罗柄赠于来安的田户只能归于其父名下，这是必须明确的。

最后，法官是依法判决的，并非都是基于同情的立场。②譬如，取消来安的非法户籍，不就是依据法律规定的"父母在，子女不得别籍异财"吗；维护来安的私有财产权益，不就是依据印契与"省簿"上来安的名字吗？案情中所说的罗柄赠给来安田产的"批帖"，实际上就是我们所说的"遗嘱"。宋代的律典与令典均承认民间所定契约只要是依法纳税，均具有合法性，官府所指定的契约样式只具有指导性而没有强迫性，但纳税办理过割手续则是具有强制力的，遗嘱亦是具有合法性的。法官由此而做的判决不是依法判决，还能是什么。妄加指责，是人为的偏见，不是合理的怀疑。好在《清明集》判词俱在，读者不妨细读之。

再看法官对宋代社会生活中另一种具有特殊社会身份的人——赘婿，是怎么看待的，是否承认他们应得的财产权益？

"赘婿"在中国历史文化中是个多少有点贬义的词汇，俗称"倒插门"。"赘"字本身是多余的意思，"累赘"一词在社会生活中就是指麻烦。赘婿，谓之"倒插门"，一是指不合儒家传统的传宗接代理念，二是会在生活中招致很多麻烦与纠纷。社会生活中，由于种种原因，致使倒插门的现象在宋代并非个别，而是形成了一个群体。法律中赘婿并非完全没有法律地位，而是权利受到伦理与习俗的各种限制。《续资治通鉴长编》卷三三二，元丰六年

---

① 宋代往往把田产交易的一应契约文书与纳税凭证，统称为"干照"。参见拙作《释干照》，《河南财经政法大学学报》2012年第6期。

② 学者中，有人认为法官是基于同情，才判决来安胜诉的。对比，柳立言给予了驳斥。参见柳立言：《宋代的宗教、身份与司法》，第208页正文与注释。

正月癸卯条称:"提举河北保甲司言:'乞义子孙,舍居婿,随母子孙,接脚夫等,见为保甲者,候分居日,比有分亲属给半'。诏著为令。"① 唐代法律关于赘婿如何分配家中财产尚无明确的规定,也没有与义务相连。② 宋代,赘婿已非个别现象,入赘的现象已越来越多,故赘婿又有多种划分。现在由于文献的散佚,宋代赘婿的种类已无从考察③。大体上是说:"舍居婿比有分亲属给半";而在入赘后,又有立继的情况下,赘婿以妻家财物营运,增产财产,至户绝日,给赘婿三分。

在《名公书判清明集》的两个有关"赘婿"的案例中,即卷七的《探阄立嗣》与《立继有据不为户绝》,法官都承认赘婿依法拥有私有财产权,司法应予以保护。但在实际判决中,又可根据案情适当平衡,给予不同的份额。《探阄立嗣》一案中,虽主人家于户绝时由官府为之立继,但由于赘婿已"赘居年深,稽之条令,皆合均分",故给赘婿一半。后一案例《立继有据不为户绝》,法官认为,赘婿虽依法应合得资产三分。但因赘婿早已在嗣子成年分家时,已从妻份中获得配额,且于尽孝礼节有亏,故不再给予救济。

其实,我们在考察宋代法律对私有财产的规制与保护时,已无必要从一般的历史事实与众所周知的共识上,论证宋人私有财产的正当性与合法性,而是要深入到宋代社会生活的深层结构中,譬如不同身份、不同社会地位的群体,尤其是较为弱势的群体,如寡妇、婢女、接脚夫、赘婿等等,看宋代的法官是怎样在司法实践中,运用证据厘清事实;依据经义解释法律,最后再依法保护其私有权的。因为若是这些弱势之群体的私有财产权都已受到关注,则一般民众的私有权受到保护,则不证自明。就赘婿而言,他们与"接

---

① 李焘《续资治通鉴长编》卷三三二,中华书局点校本,第 13 册,第 8009 页。

② 详尽的分析,参见邢铁:《唐宋时期妇女的分家权益》,载张国刚主编:《家庭史研究的新视野》,生活·读书·新知三联书店 2004 年版,第 116 页。

③ 元人徐元端《史学指南——婚姻》把赘婿分四种:(1) 养老婿或入舍婿,即终身在女家,并改从女方姓氏,子女姓氏也随女方;(2) 不改姓,待女方父母亡后携妻儿回原籍,留下一个儿子继承女方门户,称归家婿或舍居婿;(3) 规定在女家的年限,年限一到,即另觅居处,称年限婿;(4) 夫妻分住各自家中,称出舍婿。

脚夫"相似，都是在特殊情况下到妻家的。前者是到已婚却不出嫁的女方家成家立业，乃至传宗接代；后者是到女子出嫁后丈夫亡故的男方家重组残破的家庭。赘婿面对的是女方家的家族势力，后者面对的则是男方的家族势力，家族势力往往在处理家庭财产的诉讼纠纷中影响到法官的判决。家庭财产的分割在此情况下是极其复杂的，往往会面临着家族势力背后的干预，宗法伦理的制约，世俗的成见，案件的复杂及其自身的情况，如赘婿是否改姓，是否归宗，接脚夫自己在以前是否已经结婚生子等。法律与伦理、习俗、势力诸因素是相互纠缠而难以厘清的。总体上说，宋代的立法与司法原则都是承认及保护这些弱势群体之私有财产权的。对此，我们应该有着清晰的认识。至于宋代的司法实践，从《名公书判清明集》留下来的474个案例，504件判词来看，在涉及财产诉讼的"户婚"（卷四至卷十）类中，财产争讼是主题。在这些案件的审理中，法官不仅遵循着保护私有财产的大原则，而且还因发生诉讼的当事人身份地位之不同，在依法判决的基础上，情理兼顾，注重用天理（多数是儒家经典所体现的义理精神及原则）补充法律，注重对卑幼及弱者的利益维护，这或许是与大多数法官有朱熹理学思想相关，或许是与他们饱读儒家经典，有着高度的人文情怀及儒家仁爱思想的素质相关。至于司法实践中的诸种外力干涉及其司法遇到阻碍，则是另外一个问题，需要再用力气加以讨论，本文不再赘述。

第四节　西方法学理论的意义及其解释宋代私有权的限制

基于特定的传统中国伦理与价值观念，现代西方法律体系中的绝对私有制难以在传统中国与当下中国的土壤中扎根。一般来说，中国的历史中，没有公法与私法相互区分的理论，古典中国没有出现过现代意义的民法典，中国人没有私之神圣性的概念。但这并不等于说，中国历史中没有土地私有制，立法与司法皆不保护与承认私有财产权。就宋代而言，虽然儒家主流价值观念仍然在支配着国家的法律及老百姓的社会生活，但随着商品经济的发达、土地私有制的深化，海外贸易的开展，都市文化与市民文化兴起，私的欲望与观念在社会各阶层的生活与行为交往中都在冲击着传统伦理道德的堤防，士大夫与一般民众并非都不言利，士人的婚姻与世俗生活都把"直取其财"作为时尚，宋人郑樵在《通志·氏族略》序中曾把宋代社会的新风尚用精确的语言概括为"取士不问家世，婚姻不问阀阅"。①

尽管，私有欲望带来的负面影响还会受到官府的压制及法律的惩处，但两宋社会又确实存在着国家、宗族、家庭等元素互相抱合又互相分离的特定土地私有制。在此情形下，宋代私有权及宋代私有现象，共有三个层面的意义值得讨论，学界以往很少运用现代法学的理论对它进行厘清，或者进行适当的分梳，更没有指出其意义及其限制。

第一层，与国家相分离，"家庭财产私有权"的主体是"家"，即"家庭之私"。就此而言，两宋田产有"官田"（或称"公田"）与"民田"之分。"官田"为公有土地，有各种形态，"民田"即私有土地，文献或法律中常把田宅的主人称为"田主"或"地主"。"民田"在两宋社会生活中呈现出主导的特定地位。仔细推究，此时"私有"性质的民田，不同于西方基于个人本位而生的所有权之私，而是基于传统价值追求与生活原理而生的"家产"之私。这种"家产"之私，或曰"家庭私有财产权"，是以家、户为单位，以个人名义而进行交易的家庭私有，其主导的观念与制度都基于"父权""家长"。这种权利是可以继承的，也是可以进行交易的，如田宅的典、卖、倚当、租佃等。这层意义上的私有权，既在物质形态上称"民田"或"私田"从而与"官田"相对应；同时，又在权利功能或价值形态上承担着国家的赋税与伦理观念的制约，如家族对田地交易的优先权，共同构成家庭私有财产权上的负担，承载着缴纳赋税、稳定家族和睦、敦化风俗的多重社会功能，是中国社会也是

---

① 参见郑樵：《通志二十略》上册，中华书局点校本 1995 年版，《氏族略》第 1 页。

宋代社会生活中独具时代与民族特色的私有权。

申言之，这层财产意义上的私田与公田相对，大量存在于宋代百姓的日常生活中，我们常可于宋代历史文献中发现大量以个人名义处置、使用、占有土地的大量案例与事实，如《名公书判清明集》《宋会要辑稿》等文献所载：田宅典卖，蔚然成风。这自然是私，也是个人行使田宅私有权的表现形式，是与公田不同的个人之私。此种个人之私，不同于现代西方语境下的个人之私，乃因为两者对于"个人"内容的不同理解。在现代西方法学理论看来，"个人"仅指个体，并不附有任何与他人之间共享利益的内容；而在传统中国伦理下的"个人"，不单单包含了现代独立"个人利益"的意义，在"个人利益"的内容之中，更附着个体必然的价值追求——家庭伦理，或者说，中国传统的"个人利益"，其内容中就有指向家庭成员的"他人利益"。在家庭伦理（主要是"养父母、蓄妻子"）的作用下，即便身为独立个体，其内在的利益诉求就包含了保证家庭成员生存、生活有所依靠。在这一附着家庭伦理的个体之私的观念支配下，个人交易实际上也就包含了家庭成员利益的内容，因而两宋个体之私，在其产生与行进的过程中，往往隐含着家庭生活的理念与"同居共财"的制度。共财并非是"共同所有"，因为它没有西方民法理论的权利主体观念，家庭成员之间并非独立的个人主体，而是以父权占主导的家庭共有。田宅所有权的主体是"家"或"户"。对此，俞江教授有过精彩的分析与论述。[1]

第二，是外商财产的个人之私。唐宋时期，宋代更加突出，随着海上丝绸之路的开辟，大量外国商人来到中国经商，随后在中国安家，结婚生子，置办产业，他们在中国生活下来，史称"住唐"。直到现在，中国商人在国外集中居住或经商，还仍然称之为"唐人街"，可见唐宋时期的影响。外商死后的财产如何处理，唐与宋皆制定了专门的法令，这就是《宋刑统·户婚

---

[1]　俞江：《家产制视野下的遗嘱》，《法学》2010 年第 7 期；另，参见俞氏著：《论分家习惯与家的整体性》，《政法论坛》2006 年第 1 期。

门》中的"死商钱物"条款。从这些条款来看，死商之人在中国的财产，若有家人亲属相随，给付家人亲属，如无人相随，官府代管。其父子兄弟来中国相认，经查证属实者，也令官府给付。由于外商家庭情况的复杂，法令总的原则是相随亲属都有继承权，有血缘关系的中国亲属也同样具有继承权利。死商的寡妻无子女者，在室姊妹、出嫁亲女也同样有三分之一财产权利。这种私有权，既原则上遵循中国的文化精神，又适当给予变通，也是一种特有私权之类型。①

第三，伦理个体之私。在重视家庭纽带、强调孝悌的儒家伦理背景下，抽离个体地位、整合家庭主体性的理念在中国传统文化中处于主流地位。就这样的主流情境而言，个人之私往往被家庭伦理所抑制，"家庭成员个体之私"的产生与成长似乎难以实现。然而考察传统价值观中的两项内容，却能够解释为何在这样一个看似压抑的条件下，个体之私得以出现并获得承认。其一，传统儒家在强调与他者相联结的社会伦理的同时，也十分注重个人独立品格的个体伦理。比如孟子归纳了个人面对"威武""富贵"及"贫贱"的三种情形，并提出了相应的独立人格追求。其二，经济形态的演进与日常生活的实在需求，使得功利主义不可避免地产生，在这样的功利风潮的作用下，理想性质的人伦道德必然受到挑战。在这一社会发展的条件下，统治者很难完全无视现实、不在一定程度上对"家庭成员个体之私"进行承认。宋代的"家庭成员个体之私"，在社会中的表现有五种：A."厚奁之风"下的妇女奁产制——妻子的嫁妆；B.生分（分家）时，诸产所得之财；C.父母的养老田；D.继子或赘婿的财产继承权；E.宋仁宗景祐四年（公元1037年），政府允许儿子因白手兴家或仕宦所得的财富作为个人的私财。

这种内生性的个体之私，完全基于传统的孝义价值观，实际上是伴随社会发展而产生的对孝义价值观的进一步发展，是在实践理性基础上对人伦存续规律的认识深化，异于西方个人权利的"觉醒"。具体说来，所谓伦理个

---

① 参见《宋刑统》卷一二。

体之私，有五种含义：第一，我们必须承认在古典中国以儒家文化重家庭尚孝道的主流意识形态下，仍存在个人之私生长的空间，尽管它随时受到社会舆论、伦理道德、政府法令的三重挤压，但依然在宋代社会空前活跃，否则，宋代文献中出现的"己财""己业""私财"等词汇便是不可理解的。金石文献中，"张寡妇田""季寡妇田"等语也成了无所指的梦呓。第二，这种私不同于西方近现代社会出现的个人本位之私或个人权利之私。为何如此说，这是因为田宅的私有买卖尽管以个人名义进行，但是它在交易时，往往有乡规俗例进行约束，有所谓"田不出族"之说，这便是我们所说的第三点，即，亲邻优先权一直是中国古代社会田宅交易中的一项原则与传统。第四，尽管妇女的奁产可不入家产的范围，这在宋代《名公书判清明集》判例中多存实例，且获得司法的支持，但当夫死改嫁时，这份财产仍受"妇同夫为主"之法令及伦理因素的限制，有时会不受支持。第五，这种私在宋代社会生活及司法实践中虽得到司法保护，但在没有民法典规制及现代民主宪政的条件下，仍然处在"权利"与"事实"之间，法律与司法对此仍没有清晰的界限。

从历史实证的角度看，宋代法律传统在立法、司法及对乡俗惯例的默认三个方面对上述三种"私有财产权"进行着保护，以求达成适应社会发展、引导社会进步的目标。其具体表现如下。

1.在立国之初，创立者就下达诏令，明确承认和肯定了唐代中叶以来自然形成的土地私有制现象，给出"不立田制，土地得自由买卖"的政策，并在本朝政治中延续了这一政策。

2.在基本法典层面，《宋刑统》中有诸多条文的目的在于保护业已存在的"私有财产"。如新增加"田宅典卖指当论竞物业""死商钱物""户绝资产""婚田入务"等民事条款，规范新出现的社会私有财产关系。南宋的《庆元条法事类》继续沿此历史轨迹行进。

3.在司法层面，统治者和法官都注重田宅细故的审理，在审理过程中，也都务求保护百姓的私有财产，甚至于对低下阶层的"杂人""女使"的财产都予以承认和保护。这一事实，在中国历史上分外耀眼。

4.再从判例上看，法官们对于乡规俗约背景下产生的私有财产保护机制，也是予以默认的。

需要进一步指出的是，在认识中国古代土地私有及其界定与内容时，不能步入这样一个误区：国家制定法是土地私有制及其保护的唯一根据。对于宋代以后的明清社会，土地私有制在法律体系、规则体系中的潜在内容与隐含意义必须纳入视野：

（1）刑律往往通过明确责任划分、限制加害行为的方式，达到保护合法私有权益的目的；在法律条文的表达上，通常都是注重对加害行为的规制。其背后隐含的基础，自然就是对个人私产的当然确认与保护。这样的法律体裁，以责任划分、制止损害为中心，并不直接从正面细致罗列私产的权益内容，自然不可能产生正面规定物权内容的"物权法"。

（2）契约文书在中国法律传统中，起到证明物权债权存在、细化物权债权内容的载体作用。受现代西方法律体系及其文本的影响，契约往往只是单纯地被视为证据。但在中国历史的事实中，契约在证据属性以外，同时兼具更深远的规则载体属性。由于中国文字系统较早的成熟、纸张获取的便利，渗透于官方、民间的规则意识能够便利地以物质形态出现（契约文书），这与西方的历史事实有着明显的不同。契约文书的内容，虽然在文本论述上以物权、债权内容为中心，使得其首先成为证明物权、债权存在及明确其内容的证据，但在其诉求表达的背后，无不表露出物权、债权得以成立的规则基础。契约文书在财产流转过程中产生，其所依赖的流转规则乃至民事活动、社会互动的"常理"，就是支配其行文、表达的原则。从这一层面看，契约文书不单单是证据，同时也是规则的物化表现，亦即规则本身。在中国传统社会中，民间尤为注意对契约文书的保存，直至今天，中国契约文书存世数量的巨大在世界范围内绝无仅有，因为这些契约文书不单单是证明曾经存在的财产归属、交易关系的证据，更在于这些物质化的文本，就是中国传统社会既有常理与规则的化身与轨迹。

（3）乡规、民间交易习惯对于民间财产交易活动（其核心内容主要就是田宅土地）及相关诉讼、审判，也有着不可忽视的调整作用。反映两宋田宅交易的原始材料中，如《会要》体文献中的相关内容及《名公书判清明集》中的田宅书判之中，已经对"乡源惯例"的存在作出确认和肯定。而在明清两代，民间契约中也有大量相关内容牵涉这项内容。此外，明朝官府颁发的土地归属证明（"签书"），也起到了物权方面的规则补充的作用。

（4）将传统中国特殊形态的私有制度转化为私有财产权利，需要通过法律进行有针对性的界定。按照现代法律体系，民法与刑法构成了对私有财产正面与反面的确认与保护，但在传统中国，这样明确的正反确权机制是并不存在的。如果简单地将源自西方土壤的法律体系移植到中国，而无视中国原生的观念、制度土壤，往往就会导致新秩序无法完全建立、旧秩序丧失活力、社会最终失序的局面；为了避免和修正这一局面，就不能不注意到中国法律传统中的内在精神，即中国人过日子的规则与逻辑。因此，在借鉴现代西方法典体例、法学理论的同时，不能遗忘根植于传统中国土壤的法律逻辑与生活原理，不能忽略古今传统的对接。

结论是：

1.对于中国传统社会及其成熟代表的宋代社会而言，田、宅、日常生活资财的私有制度，受儒家价值观尤其是其伦理指导，受以责任划分为基础的法律体系保护，在具体形式上体现为家产制，其内容方面划分为多个层次。这与现代西方法学理论中的"绝对私有制"有着明显的差异。这个"私"非西方文化个体权利之"私"，而是中国文化中伦理个体之"私"。"私"与"私"的逻辑起点不同，理论预设不同，故法律规范体系不同，价值亦不相同，法秩序的形态也有较大差异。这个逻辑起点的差异全在于对人之本质属性的不同看法。

2.在这样一个东西交汇、文明交流日益紧密的时代，无论在任何领域的研究，都必须以现实的眼光对古今现象进行审视。因而，在研究法律史时，研究者不能抛开西方法学理论与西方法学素养。在没有西方法律体系及法学理论为参照物的条件下，研究者很难真正认识到中国法律传统的独特性质及其价值，也很难真正提出对当下现实有所补益的见解或建议。

3.值得指出的是，当我们身处现代，通过观察中国古代法律现象、法律传统的方法，希望从中求得对现实有益的认识之时，应当避免以下两个误区：一是研究者忽视情境变化，想当然地以当下通行的眼光看待中国历史中的事物，若不抱着一种理智与亲切的态度去体会传统中国的特定情境，仅仅采用肤浅的偏见态度对传统中国进行研究，只能得出狭隘而无价值的结论；二是在西方法学理论的定位问题上，如果盲目地将西方现代法学理论视为查验事物合理性的唯一圭臬，只能导致事实上的教条主义，忽略了传统中国丰富的历史事实及纷繁的法律实践活动。简而言之，必须"以现实的眼光研究法史，于法史研究中体悟现实"。

第四章 价值关怀的向善：寻求老百姓过日子的规则与逻辑

第一节 宋代法律对民事生活的规制

中国社会内部的历史进程中有无现代性因素，以人伦道德自觉为逻辑起点的中华法制文明，如何在没有现代民事权利主体观念的语境下，规制百姓的社会生活且不能不发挥现代民法中的诸多功能，这本身就需要在文献的基础上加以阐释。阐释的方法离不开西方的视野，而坚持的立场则必须是对自身民族文化的认同。

为了厘清此问题，有几个前提必须申明：其一，现代民法是在公法、私法划分之基础上产生的，其主旨是规范社会生活中涉及私益的行为，故民法又称私法，借以与公法相区分。其二，民法之制定与编纂均源于社会生活，又反过来规范生活、指引生活。民事法律规范的制定必须满足中国老百姓过日子的规则与逻辑。其三，老百姓过日子的规则与逻辑是什么，是生活中所有的民事行为皆以"权利本位"为逻辑起点与归宿，以"工于计算"、讲求效率的"理性人"为预设，还是应在婚姻家庭生活维度内，适当注重美德、仁和、友爱等价值理念的平衡，而不应将人变为冰冷的理性动物？答案也自应是后者。其四，中国古代无所谓部门法的划分，也没有民事主体、权利主体地位平等以及意思自治之概念，但中国古代的历史中有无现在意义上的民事行为，生活中有无私有财产的观念，法律与司法有无对私有财产的规制及保护？我个人认为：中国古代既有着私有财产权利观念，也有着私有财产权利保护的法律与事实。只不过它与西方民法的表达不同而已。"我把中国历史中存在着的，可与盗贼人命重案相区分的，古人称之为'民间细故的'，老百姓以私有观念为基础而进行的田宅买卖、生活商品交易、婚丧嫁娶、财产分配、拾得品之处理等行为，目之为'民事行为'，或曰'民事生活'。"那么，中国古代法律是怎样规制民事生活的呢？

第一，在古代中国，无论是国家的治理，还是对老百姓社会生活的规制，都与西方或者说现代社会有着极大的差异。就国家之治理而言，中国古人不会把国家权力中的政权、教权截然两分，更不会把现在国家权力治理体系中所代表的政统、道统、学统一分为三，而是三者合一，即治理国家的手段是"礼乐政刑"综合为治。就社会生活的规制而言，中国古人更没有从法律所调整社会关系的不同，而着眼于法律中"公法"与"私法"之划分，而只是从"罪之有无"与"理之曲直"的角度，把相当于现代社会中的刑法与民法所调整的社会关系，粗略地归类于"命盗重案"与"民间细故"的两分之中。故此，以律典为首的成文法编纂体例，往往把现代社会所细分的民事法律关系、刑事法律关系乃至其他社会关系，一同编进一部法典之内，从秦至清末，一以贯之，概莫能外。不唯如此，这些律典内所调整的社会关系与法律行为，不管是民事还是刑事，都统统处以刑罚之处分。这种处分，只有轻重程度不同，没有性质的差别。现在的问题是，这样的律典何以有私法生长的空间，又何以在如此的法典编纂体系下，能够有我们现在所理解的民事行为与民事生活呢？

第二，中国古代没有个体本位的私，也没有现代意义的民事主体，意思自治、权力平等的理念，不会把民事行为所涉及的法律关系都归结为一种授权规范或任意性规范，而是把民事行为所带来的后果，依礼义精神为准则，分为正当与否而归责于合礼或违法。正当的民事行为为礼所容纳，不予制裁；不正当之行为则纳入律典而予以刑罚处之。古人法律中的归责原则，不像如今民事、刑事、行政责任泾渭分明，而是民刑行政合为一体。故中国古代之律典把涉及现代民事领域中的物权、债权、亲属、继承的诸项内容，统统放到"户婚""杂律"等或体现"户婚""杂律"精神的"礼、户、吏、工"诸篇中，如《大明律》《大清律例》。涉及此类内容之行为所引起的法律责任也统统以惩罚为原则，归类于刑事处分。

在这样的设计下，体现和保护私有财产权利的法条往往不是授权或任意性规范，而是禁止性规范，禁止性规范的特征之一，就是运用刑事处罚之手段，通过打击加害人从而保护受害人的民事权益。唐宋法律对私有田地权利的保护，往往是通过打击盗卖、盗耕公私田地的行为而实现的。如《宋代石刻文献全编》二册《江苏通志·金石十五·给复学田公牒二》记载了宋理宗绍定三年（1230）平江府检法司检出的法条："律：诸盗种公私田者，一亩以下笞三十，五亩加一等，过，杖一百，十亩加一等，罪止徒一年半。"这一类禁止性条款涉及现代民法中物权、债权、继承诸内容的绝大部分，特色十分突出。当然，禁止性条款因其突出的惩罚性特征而使私法生长的空间有限，往往备受现代学者的诟病。但不得不指出的是，这些涉及现代民事生活领域的惩罚性条款，在一定的历史条件下并非不能转化为现代民法规范。回顾20世纪初至20年代中后期，北京民国政府（1912—1928年）大理院的民事判例，就会知道，正是那些具有现代法律理念的推事们（法官），在民法典未备的社会转型时期，在千年变局的"守成"与"创新"的矛盾交融下，运用其卓越的智慧，把《大清现行刑律》的民事有效部分，即与百姓生活密切相关的刑律中的"五服、五服图、户婚、钱债、田土、继承、立嗣"，《户部则例》诸法条，通过法律解释而转化为民事案件审判依据的。只不过这种转换，必须遵循两条原则：一是制裁部分一律无效，二是凡与国体相抵触者无效。法官们于司法实践中的创造性智慧，不但激活了旧刑律中的现代元素，解决了审判民事案件中所遇到的无法可依的难题，也使我们重新认识到古代律典中确实孕育着现代私法生长的空间。

　　第三，从规范之性质而言，中国古代律典中并非全部是禁止性条款，其中也有授权性条款乃至任意性条款。而此条款所蕴含的理念，不仅与现代私有财产权相一致，而且还极具民族特色。这就是唐宋法律中的"夜无故入人家"条与《杂律》中的"得阑遗物"条及《丧葬令》中的遗嘱处分条款。现在，试分述如下：

　　《唐律疏议》卷十八《贼盗·夜无故入人家》条中说："诸夜无故入人家者，笞四十。主人登时杀者，勿论。"《疏议》进一步解释说："律设听杀之文，本犯侵犯之辈。"这条律文，如果我们从规范的角度加以分析，就不难看出，它的后半句是一个授权性规范。国家把部分司法权在一定的前提条件下，授给了有可能遭受不法侵害的家主。即是说，凡在夜里，无正当理由又不通知的情况下，擅自进入别人私宅，是违法的。此种情况下，主人即使把擅自闯入者杀死，也会免责，即主人不负刑事责任。

　　进一步分析，不难发现，唐时的立法者预设了一个前提，凡是深更半夜，无正当理由而擅自进入他人私宅者（当然这个人是一个头脑清晰的成年人），肯定不怀好意，非偷即抢，或者见色起意，另有歹心。否则，未经主人允许，无正当理由深夜进入他人私宅，意欲何为？故法律背后的逻辑是：家是社会成员接受教育、繁殖后代、过日子的私密场所。家的物质载体是房子，这个房子是私宅，私宅不能随意进入。擅闯私宅，有可能构成对他人身体、生命、财产或性的侵犯，即便是此种危害行为没有发生，擅闯私宅本身也是一种违法与犯罪，故除国家给予"笞四十"之惩处外，还把"防卫权"及行使"防卫权"所带来的惩治权（即时杀死而免责）也授给了私人。

　　这种授权型规范，当然既蕴含着"私宅不受侵犯"的中国古老观念，也是中国古代法律保护私人财产及生命健康、安全的证明。

　　再看唐宋法律对拾遗物、宿藏物、漂流物的规制。拾遗物，无论是公还是私，原本皆有主人。故拾得者原则上应归还给主人；宿藏物，即埋在地下有价值的土地主人原不知道之物品或器皿。如租佃他人之土地，在耕种过程中发现了埋藏物，怎么办？法律规定，发现者应与田主均分。这种对私有权的承认与保护，远比我们现在民法规定的所具有文物价值的物品，一经发现皆须上交的机械原则更具合理性。对于拾遗物与宿藏物，唐宋法律称之为"阑遗物"。漂流物，是指江河发水时冲击下来的竹木、牛马、生活用品，这些物品或原有主人或没有主人。河流有大有小，危险程度大小不一，于江河中捡拾漂流物与一般路上拾遗是不同的，后者不付代价，前者须投入气力，甚至冒着生命危险。故法律据不同情况，有不同的规定。若是有主人且在设置时限内认领的，交还主人。无认领者，归拾得者所有。但无论何种情况都需要给予捡拾者报酬，以体现法律的公平精神。唐宋令典①、律典②类似条文还有很多。

说到私有观念及私有财产权利的保护，首先必须澄清的历史事实是：中国自战国以来，实行的就是土地私有制。在老百姓的日常生活中，既有生活资料的私有，也有生产资料的私有。前者如一般生活用品，后者如田宅、牛马等。私有权的立法及司法保护，更是自秦汉至明清，源远流长，代有新意。

只不过是，古代中国的私有权观念与法律保护，不同于西方罢了。一般来说，中国古代的私有权观念，不是个体本位、个体之私，而是伦理本位、伦理个体之私。对这种私的保护，没有像西方罗马法传统基础之上的近代民法典那样，以权利、义务为内容，以主体平等、意思自治为原则，把涉及社会生活的财产及人身关系，统统纳入到一个以"理性人"为逻辑起点的法律框架内，分为总则、债权、物权、亲属、继承五编的"潘德克顿"式的法典内。中国古代对于私的保护，是依据中华民族特有的智慧，将个人视为天生具有伦理道德、讲亲情、向往仁义、立身为诚的道德人，而非单个原子式的自由人、理性人、工于计算的冷面人。这样的人，当然终生的幸福在于追求超越物质利益的美德与成人，故中国的法律不立足于截然分明的"权利"界限之上，而是强调法律内容中的责任与义务，崇尚的是"相给相与"。

---

① 天一阁博物馆，中国社会科学院历史研究所天圣令整理课题组校证：《天一阁藏明钞本天圣令校证》，中华书局2006年版，第429页。

② 薛梅卿点校：《中华传世法典：宋刑统》，法律出版社1999年版，第505页。

当然，人由于不能生活在真空中，日常生活中的物质保障及其对财产的享受，对生活中物质利益的追求与界限的厘清，仍然是中国人生活的一般准则，也是立法与司法的主要内容。以唐宋律令为例：大约相当于罗马法核心和主体的物权法的三个主要内容——物权、债权、继承权，就规定在唐令与宋《天圣令》中。就物权而言，唐宋《田令》皆规定，土地所有权通过买卖方式转移，必须双方呈牒（申请官府核实之文书），官府核实后，从一方户籍上除去之后，才能在另一方户籍上注入。只不过，唐代的土地私有制不充分，对田宅之交易常有负担。及宋，田宅私有制深化，交易的深度非唐可及，有关的国家负担进一步削去。私田可典可卖，房屋亦是如此。除了须向国家纳税外，田宅之交易基本上是遵循生活规律及个人意愿的。拥有土地与房屋的人，在唐宋的法律文献及司法判词中，常被称为"地主""田主"或"业主"，拥有田宅之多寡是决定人生富贵与否的标志。

而就继承权而言，唐令与宋令中有清楚的法定继承与遗嘱继承之分类，而且还较查士丁尼为早地确定了"遗嘱继承优于法定继承"的原则。例如，唐宋《丧葬令》中有明确的规定，死者所有资财"若亡人在日，自有遗嘱处分的，证验分明者，不用此令"。就是说《丧葬令》规定了死者财产的继承顺位及原则。但若是被继承人在生前立有遗嘱，无论是口头遗嘱或是书面遗嘱，只要是能证明或者是经官府审核证明，此遗嘱为真实的，是死者自由所立，其效力就是高于法定继承的。这当然在一定程度上体现了当事人的意志自由及心愿。因此，不能笼统地说，中国古代法律就没有个人之私及自由意志的表达，只是这种私及意愿的表达，还须遵循中国古人行为的一般准则，即儒家伦理中财产之处分不能剥夺死者子嗣的继承权。也即是说，中国古代遗嘱处分的适用范围仅限定在"户绝"的范围内，这就是中国古人的智慧与法律的特色。

第四，私有制上升为权利，须由法律加以规定。法律可分为成文法、习惯法乃至广义上之习俗。就中国而言，成文法的编纂体例与法律体系，既包括律典，也包括令典。律典中的民事部分常有刑罚制裁，而令典之规范涉及民事的内容，并无罚则。这一点是学界尤其是民法学者所忽略的。尽管，国家制定法层面为私法及私权生长所提供的空间，没有西方民法典那样广阔，但私法及私权所体现的"物权""债权"与"继承权"诸内容，尤其是物权的归属，债权的流转，继承权的处分等，也绝非没有在生活与法律中出现过，而是自有特色与逻辑的，这就是我所强调的第五点。

第五，中国古代的契约文书十分发达，现在能够保留下来的明清契约，其数目与内容都是惊人的。中国的契约文书并非单纯是西方民法中的"合同"与契约之债，而是在国家制定法层面之外，承担西方民法功能的物质载体。它在社会生活中，与礼俗相配合，发挥着现代民法典的诸项功能，甚至还在司法审判中发挥着"证信示义"的证据作用。

第二节　典卖与倚当：宋代法律的逻辑与生活原理

"典"作为质的一种表现形式，其对象一开始并非是田宅，而主要是衣、物与人，汉至三国两晋南北朝，尤其如此。[1] 唐中期以前，由于土地国有，"均田制"盛行，土地买卖受到严格限制，以田宅作典的现象很少在社会生活中发生。唐德宗后，均田制崩溃，土地买卖的禁令松弛，田宅典卖开始盛行。五代时，与典联系密切的"倚当"也开始出现。至宋，土地私有制深化，土地利用及土地权益之间的关系更加复杂多元。宋代法律及司法实践，针对新出现的田宅交易及诉讼活动中的"典卖"及"倚当"纠纷，十分关注，在以法典与敕令的形式进行规制的同时，[2] 还在司法实践中创造了体现"程序

---

[1]　吴向红：《典之风俗与典之法律——本土视域中的典制渊源》，《福建大学学报》（哲学社会科学版）2007 年第 2 期；另参见李力《清代民法语境中"业"的表达及其意义》，《历史研究》2005 年第 4 期。

[2]　参见《宋刑统》卷一三，《典卖指当论竞物业》。

正义"的规则，以保护当事人在土地流转与田宅诉讼中的各种权益。

《会要》作为一种史书体裁，始于唐中期的苏冕，经五代王溥总其成，而最后鼎盛于赵宋之时。《会要》详细记载了唐中期至五代，再到宋时，田宅交易及诉讼中的"典卖"及"倚当"活动，留下了异常丰富而又宝贵的史料。

对于宋代的土地买卖、典及倚当诸项法律关系，学界已有不少探讨。① 但以《会要》史书体裁为视角，聚焦于宋代田宅交易及诉讼活动中的程序正义，在回归历史语境，走向历史现场的基础上，揭示"典买"与"倚当"背后的中国固有法律逻辑，尤其是从儒家经典《论语》《孟子》与《孝经》的角度论及二者之间的内在联系，从而去寻求中国人过日子的规则与原理，则是以往学界未曾注意到的，本文试论之。②

一、从《会要》体史书的出现看田宅"典卖"与"倚当"的历史进程

《会要》是中国史书中的一种重要体裁。中国的正史，如二十二史，是以人物为中心的"记、传"体史书。《会要》体史书，就性质而言，与正史中的"书"或"志"相近，是分门别类记载一代典章制度沿革变迁的政书、专书。

---

① 代表性作品是：戴建国：《宋代的民田典卖与"一田二主"制》，《历史研究》2011 年第 6 期；郑定、柴荣《两宋土地交易中的若干法律问题》，《江海学刊》2002 年 2 期；（台）李如钧：《从名公书判清明集看宋代田宅典卖中的二典》，载台湾宋代官箴研读会编《宋代社会与法律·名公书判清明集》讨论，东大图书公司 2001 年 4 月版。民法学界对中国古代典制的研讨，多见于中国民法、物权法草案等讨论稿且以说明与解释为多，很少能以历史文献为据，结合现代法学原理，在回归历史现场的基础上，揭示中国古代典制背后的法律逻辑与生活原理。参见梁慧星：《中国民法·物权篇草案》，法律出版社 2004 年版。另专门研究中国古代典制及典权制度的专著有（1）郭建：《典权制度源流考》，社会科学文献出版社 2009 年版；（2）吴向红：《典之风俗与典之法律》，法律出版社 2009 年版。

② 必须说明的是，《会要》体史书，内容丰富，体例庞大。本文仅以《五代会要》中的"市"、《宋会要辑稿》食货六一《田产杂录》《宋会要辑稿》刑法三《诉讼·田讼》为中心，结合其他历史文献展开讨论。因《辑稿》文字几达千万，钩沉稽微，任重路艰，本文只是进行了初步的研讨。

《会要》体史书，就历史沿革而言，始于唐中期的苏冕。苏冕是唐大历以来的著名学者，尤擅长于当时的典章制度，其学术声誉颇受时人好评。①。唐德宗时，苏冕辑高祖李渊至德宗"九朝典章沿革损益之制，成会要四十卷"②。至唐宣宗时，又有杨绍复等成《续会要》四十卷，于大中七年奏上。③

五代诸朝，命祚虽短，但皆以奉唐之典章为尚，施政修律一袭唐旧，《会要》成了官员们的重要参考书。并州祁县（今山西祁县）人王溥，是五代、宋初时期著名的学者。他于五代后汉乾祐年间（948—950）举进士第一，历仕后汉、后周，官至中书舍人，翰林学士，右仆射。入宋后，进司空，同平章事、监修国史。他不仅在苏冕《会要》及杨绍复等《续会要》的基础上，修撰完成了《唐会要》一百卷，又据五代史籍及自己的见闻，编撰了《五代会要》三十卷。

入宋后，太祖、太宗尚文抑武，尤重史学。修史机构超过盛唐，《会要》体史书也因卷帙浩繁，史料丰富，修撰历久不衰而独具时代特色。

宋朝所修《会要》史书，共十二种，分别是1.《庆历国朝会要》一百五十卷；2.《元丰增修国朝会要》三百卷；3.《政和重修国朝会要》；4.《乾道国朝会要》三百卷；5.《国朝中兴会要》二百卷；6.《孝宗会要》三百六十八卷；7.《嘉泰重修孝宗会要》二百卷；8.《光宗会要》一百卷；9.《宁宗会要》三百二十五卷；10.《宁宗会要》一百卷（上项《宁宗会要》起绍熙五年宁宗即位，止嘉定十三年，此宁宗会要编至嘉定十七年，故只有百余卷——引者）；11.《总类国朝会要》若干卷，张从祖编成于宁宗开禧中，五百八十卷，嘉定三年进呈，李心传续编，又称《续总类国朝会要》；12.《理宗会要》。

---

① 《国史补》卷下称："大历以后，专学者，地理则贾仆射，兵赋则杜太保，故事则苏冕、蒋义，历算则董和，天文则徐泽，氏族则林宝。"王溥《唐会要》前言，注三。中华书局1991年版，前言，第15页。大历为唐代宗李豫年号，766—779年。以下所引《唐会要》均为此版本。

② 《唐会要》"前言"，注二。

③ 《唐会要》"前言"，注三。

需要略加说明的是，宋朝之会要，总共是十四朝十二种，卷数庞大，内容丰富。可惜的是，这些《会要》并没有保存下来。我们目前所能看到的是清人徐松 ① 假编撰《全唐文》之名，而从《永乐大典》中辑佚出来的，故称《宋会要辑稿》，近千万字。据学界考证，宋朝所编各朝《会要》，至明人所修《永乐大典》时，可能已经佚失，明人所依据的，极可能是南宋史家李心传在张从祖《总类国朝会要》五百八十卷的基础上，所增修的《续总类国朝会要》。

以上历史事实告诉我们，有宋一朝并没有一部概称《宋会要》的史书，我们所说的《宋会要》，是对两宋十四朝所修的，总计十二部会要的泛称，我们现在所见到的《宋会要辑稿》是清人徐松借书吏之手从《永乐大典》之中辑出来的，由于几经辗转反复，现在的《宋会要辑稿》之门类，已失去了原来的面貌，其错讹、颠倒、混乱，已在所难免。尽管如此，它仍以庞大的规模，保留了宋代大量原始史料，尤其是，当宋代司法档案、司法文书今已难寻踪迹的情况下，幸赖《辑稿》，还能使我们看到保有大量宋代司法档案元素的文献材料。更值得一提的是，经过民国学者汤中、宋史专家王云海（已故）、陈智超诸人的努力，四川大学古籍所刘琳、刁忠民、舒大刚、尹波诸学者在前人校勘、研究《宋会要辑稿》的基础上，经多年之努力，终于完成了对这部大书的整理、校勘工作，由上海古籍出版社于 2014 年 6 月推出了十六册点校本的《宋会要辑稿》，为我们研究宋代各项制度提供了极大的方便。

《会要》体史书既明，再以《五代会要》卷二六《市》、《宋会要辑稿》中的"食货"六一《民产杂录》、"刑法三"《田讼》为中心，看田宅"典卖"与"倚当"的历史进程。

学者通常认为：中国历史中的典，出现得较早，以物为质而借钱，在

---

① 自徐松整理之后，缪荃孙、屠寄、刘富曾均曾着手整理过《宋会要辑稿》。但由于这些整理，方向不明，方法失当，故整理的效果往往是"治丝愈纷"，更加混乱。正确的方向是：应先研究，再整理。汤中、王云海、陈智超、刘琳、刁培忠等人对这部巨著的整理，贡献巨大。

汉至三国两晋南北朝、隋唐，是社会生活中常见的现象①。不过文献中多以"帖""赍"等名词出现②。不过此时，典的对象多是生活之物，而不是田宅。唐代的历史文献中，以田宅为典卖对象的事例虽有，但并不多见。唐中期以后，土地买卖与典帖开始活跃，及至五代，始成规模，引起了政府的重视，后周朝廷以核准之形式，批准了开封府的奏请，田宅的"典质"与"倚当"开始出现在法令之中。

通过解读《五代会要》中的一则重要材料③，可以说明：其一，"典质、倚当"四字并用出现在五代周广顺年间——公元 591—593 年。其二，伴随着经济的发展，房屋与土地，如同其他物品一样，也具有了商品的性质，可以用来交易或以其收益作抵押、清偿债务，这就是"倚当"。其三，"田宅"二字，虽然还没有出现在这个奏请中，但依文意，或者文中所要求的程序而言，其中的"物业"④与"产宅"，当指土地、房屋无疑。当然，"田宅"二字明确出现，还要待入宋之后，因为那时的土地私有制将进一步深化，田宅"典卖"与"倚当"，如同吃饭穿衣一样，进入寻常百姓家中，由此而引起的诉讼纠纷也将充斥于《宋会要辑稿》中。其四，土地、房屋虽是物，且具有商品属性，但这是一种特殊的物。尤其是土地，拥有者与使用者不仅可以利用它来经营获利、发家致富，而且它还与拥有者、占有使用者的亲邻之利益相关联。不仅如此，政府的税收、徭役也与土地相关。其"典卖""倚当"决不仅仅是当事人之间的事，还牵涉到亲邻与国家的税收，故以法令之

---

① 杜甫诗："朝回日日典春衣，每日江头尽醉归。酒债寻处行常在，人生七十古来稀。"

② 参见吴向红：《典之风俗与典之法律》，法律出版社 2009 年出版。

③ 详见王溥：《五代会要》卷三六，《市》。

④ 学界通常认为，传统中国没有"动产"与"不动产"之观念，与之相近的词汇是"物"与"业"。虽学者李力曾撰文力辩"业"并非仅指"田宅"，也包括了当事人对田宅的管领状态及相关的收益等，但这并不能否定"业"在古代中国主要指涉田宅及其相关管领状态的基本内涵。"业"一词虽不仅仅指田宅，但它若干意旨，皆与田宅的管领及收益相关，故以"业"指涉不动产，仍是我们辨析中西法律概念之异的主要工具。有关论述，参见李力：《清代民法语境中的"业"的表达及其意义》，《历史研究》2005 年 4 期。

形式，规定一套严格程序以区别于其他生活之用品的交易与流通，也就必然成为当政者之所急。其五，在当时的社会生活中，由于土地、房屋不仅可以交易变现，而且还可以"出典"借钱，以解燃眉之急，甚至还可以利用其收益清偿债务。土地、房屋在交易或利用中的多项便利及好处，不仅有利于守信诚实的人，而且也给那些心怀不端的牙人、保人及业主带来了"投机取巧"的机会。这就是文献中不断提到的"重叠"典卖、倚当的不法行为。"重叠"就是指一物数卖、数典，即重复典卖与倚当，以诈欺之手段，获取非法之利。对此，法律严加禁止，并规定了惩治手段。

从上述文献中，我们大概可以看到：（1）田宅"典卖"与"倚当"已经在后周广顺年间并行出现；（2）房亲、邻人与田宅典卖、倚当关系密切，有优先权；（3）田宅交易必须合法，卑幼不经家长同意，不得私自交易；（4）交易时，须业主、邻人、牙人（保人）共署结保，不得重复交易，以示诚信，否则共同赔偿；（5）签立契约，到官府纳税。

就此法令而言，后周政府对田宅典卖与倚当行为的规制，可以说，已初具规模。然而，田宅进入流通领域涉及的关系极为复杂，就国家而言，土地即便属于私人所有，其所担负的赋税徭役功能也不会因此而减少。因此，土地流转中，如何办理过割手续，赋税与徭役该由谁负担，以怎样的方式进行等，都有待于其后的赵宋王朝来完成。尤其是土地的典，它使土地的管领及受益从原有主人的手中脱离出来，是土地所有权能与使用权能分化的特殊形态，其牵涉的关系与利益极其复杂，既有双方当事人，也有土地上的亲邻，还有负担担保的牙人及中人，合约如何签订，各种关系人享有怎样的权利，负有怎样的责任，土地典卖后，受典人能否转典，出典人如何回赎等，这一系列的关系与程序，也都需要进一步厘清。

入宋之后，由于《会要》体史书编撰的主要史料，一是来自《实录》与《日历》，二是来自中央六部所属以及地方诸路监司所属之档案，故现存的《宋会要辑稿》"食货"与"刑法"两类目，尤其是其中的"民产杂录""刑法·诉讼"之"田讼"等，是研究宋代田宅典卖、倚当之活动的宝贵史料。下面，我们就以此文献为中心，结合其他史料及学界研究成果，汇表考察宋代田宅典卖与倚当背后的法律逻辑与生活原理。

表一　五代与宋田宅典卖程序对照表

时代	田宅转移形式	法律程序	史料出处
五代周广顺二年（952）	典卖与倚当	1.先问亲邻，亲邻不要，得与他人交易； 2.写立契约，牙人、业主、四邻同署签押，共负责任； 3.申请纳税，官府审核盖印	《五代会要》卷二六，416页
两　宋	典卖与倚当 （倚当于北宋仁宗后逐渐消失）	说明：两宋时，土地私有，唐初规定的土地买卖须向官府请牒，立账的程序被废除。私有土地的田宅可以当事人之志愿自由典卖，官府并不禁止。田宅交易，一任其自便。（参见漆侠：《宋代经济史》上册，中华书局2009年版，第235页） 1.当事人据生活之需，以己之意向，确定土地转移形式，在中间人的帮助下，寻求买主。 2.典卖田宅，先问房亲，次问四邻，房亲不要，他人并得交易。 说明：房亲四邻若有多家，以何为先，法令如若不明，易生事端，致有兴讼。开宝年间，司录参军孙屿所言，正是如此。朝廷令大理寺据孙所奏，详加议定，颁行天下州县，以便所行。 饶有趣味的是，南宋年间，法官在审理田宅争讼时，对亲邻的理解，依《庆元重修田令》及《嘉定十三年刑部颁降条册》，已作了严格限制：“即有亲而无邻，有邻而无亲者，皆不在问限。”参见《名公书判清明集》下册，第308—309页 3.房亲四邻如若不要，须在有关法律文书上画押声明，以示放弃，宋代谓之“批退”。 说明：宋代田宅典卖时，房亲四邻须在何种法律文件上批退，时限如何，宋代尚不明确。至元朝时，法律进一步明确（详见表二）。但据《宋会要辑稿》食货六一之六四，第7471页，宋高宗绍兴二年（1132）闰四月十日诏：“典卖田宅，不经亲邻及墓田邻至批退，并限一年内陈诉。” 八月二十九日，臣僚言：“典卖田宅，批文邻至，莫不有法。” 4.双方当事人商议，确定价格意向，由官私牙人从中说合，据地租、时价和乡原体例。由买卖双方、中间人三面评议价钱，为订立契约必备之步骤。	宋人袁采说：“贫富无定势，田宅无定主。有钱则买，无钱则卖。”《袁氏世范》卷下《富家置产当存仁心》 参见：(1)《袁氏世范》卷下：“人户交易，当先凭牙家索取阁书砧基，指出丘段围号，questiona问见佃人，有无界至交加，典卖重叠。” (2)《名公书判清明集》卷九，第322页 (1)《宋会要辑稿》食货六一之六二、食货七〇之149—150载：“欲诸以田宅契投税者，即时当官注籍，给凭由付钱主。限三日勘会业主、邻人、牙保写契人书字圆备无交加，以所典卖顷亩、田邑、间架勘验无业税租、免役钱，纽定应割税租分数今均平推收，收状入案，当日于部内对注开收。” (2)《宋会要辑稿》食货七〇之一四九至一五〇：“乾道七年（1171）十一月六日，臣僚言：比年以来，富家大室典卖田宅，多不以时税契，有司欲为过割，无由稽察。其弊有四焉：得产者不输常赋，无产者虚籍反存，此则催科不便，其弊一也。富者进产而物力不加多，贫者去产而物力不加少，此则差役不均，其弊二也。税契之直，率为乾没，则隐匿官钱，其弊三也。已卖之产，或复求售，则重叠交易，其弊四也。乞诏有司，应民间交易，先次令过割而后税契。凡进产之家，限十日内缴连小契自陈，令本县取索两家，砧基赤契，并以三色官簿，系是夏税簿、秋苗簿、物力簿。却径自本县，就令本县主簿对行批凿。

时代	田宅转移形式	法律程序	史料出处
两 宋	典卖与倚当 （倚当于北宋仁宗后逐渐消失）	说明：三面评价，是宋人田宅典卖中的常用语。"南宋淳祐十二年（1252年）徽州李从致卖山田契"中就有三面评值"之语。参见张传玺主编《中国历代契约会编考释》（上），第二卷534—535页，北京大学出版社1995年出版 5.写立合同契约、典卖双方、见证人、家长签字画押。说明：田宅交易在宋代，本由当事人自愿，故所立契约，原无统一格式，这当然反映了契约自由之原则，但同时带来的问题是，私自订立之契约，对所交易之田宅的范围四至，不做清楚交代，邻里也不知悉，致使弊窦丛生，争讼日繁。为此，太宗下诏：从开封司录参军事赵孚所奏；确立"割移、典卖文契各一本，立为榜样"（事见《长编》卷二四，太平兴国八年（983）三月乙酉条）。这只是说，官府颁布一个合同样本，当事人定约时，可模仿此格式进行，并非是官府印制的格式统一的标准契约样本。宋真宗乾兴元年（1022），始立合同契法，专用于田宅出典（见《宋会要辑稿》食货六一之五七）。宋神宗元丰七年（1084）七月二十日，修立"应典卖田宅私立契书并不系籍于人衷私引领交易法、更不施行"，规定典卖田宅契书，统一格式，统一印制（参见《长编》卷三七四哲宗元祐元年（1086）四月辛卯诏）。 统一格式，不利于契约的签订，带来诸多不便。南宋时曾受到户部员外郎马骐的批评，后朝廷建议，契约签立，除了必须有牙保、写契约人亲书押字、标明四至、到官府投税印契外，其他格式可以松动。（见《宋会要辑稿》食货六一之六六） 6.过割纳税，官给凭由（纳用契牙税凭证）与朱批官契（官印田宅契书），即政府用来行使管理职能，监督买卖双方合理缴纳税租，公平履行赋税义务的法律文件。	如不先经过割，即不许人户投税。仍以牙契一司专录主簿厅，庶几事权归一，稽察易见。若主簿过割不时及批凿不尽，或已为批凿而一委于胥吏，不复点对稽察者，则不问之罚，以例受制书而违者之罪罪之。 （1）《宋会要辑稿》食货六一之五七："乾兴元年（1022）正月，开封府言：'人户典卖宅，立契二本，一本付钱主，一纳商税院。年深整会，亲邻争占，多为钱主隐没及问商税院，又检寻不见。今请晓示人户，应典卖倚当庄宅田土，并立合同契四本：一付钱主，一付业主，一纳商税院，一留本县'从之。" （2）参见《徽州千年契约》第一卷《宋元明编》，宋代淳祐二年原写契中国社会科学院历史研究所收藏整理，花山文艺出版社1991年版。契藏中国社会科学院历史研究所。 （3）《宋会要辑稿》食货六一之六七：乾道九年（1173）九月十九日诏："逐路常平司下所属州县，自今交易产业，既已印给官契，仰二家即时各赍干照，砧基簿赴官，以其应割之税，一受一推，书之版簿。仍又朱批官契，该载过割之详。朱批已圆，方得理为交易。如或违戾，异时论诉到官，富豪得产之家虽有契书，即不凭据受理。"

表二　宋元田宅典卖程序对照表

（1）

宋《宋刑统》卷十三"典卖指当论竞物业"条	元
《准杂令》：诸家长在（在谓三百里内非隔阂者），而子孙弟侄等不得辄以奴婢、六畜、田宅及余财务私自贡举，及卖田宅。无质而举者亦准此。其有质举卖者，皆得本司文牒，然后听之。若不相本问，违而辄与及买者，物即还主，钱没不追。……臣等参详，自唐元和六年后来条理，典卖物业，敕文不一，今酌详旧条逐件书一如后： 一、应田土、屋舍有连接交加者，当时不曾论理，伺候家长及见证亡殁，子孙幼弱之际，便将难明契书挠乱别县，空烦刑狱证验终难者，请准唐长庆二年八月十五日敕，经二十年以上不论，既不在论理之限。有故留滞在外者，即与出处在外之年。违者并请以不应得为从重科罪。 二、应典卖、倚当物业，先问房亲，房亲不要，次问四邻，四邻不要，他人并得交易。房亲着价不尽，亦任就得价高处交易，若业主牙人等欺罔邻亲，契帖内虚招抬价钱，及邻亲妄有遮吝者，并据所欺钱数，与情状轻重，酌量科断。 《宋会要辑稿·食货》六一之六二至六三载："（政和）六年四月十一日敕节文：诏两浙转运司……合依准南例，收纳人户典卖田宅赴官收买定帖钱，准南体例，人户典卖田宅，议定价值，限三日先次清买定帖，出外书填，本县上簿拘催，限三日买正契"。	《元史·刑法志》，（户婚）卷一〇三中华书局点校本第 2641 页。 诸典卖田宅，从有司给据立契，买主卖主随时赴有司推收税粮，若买主权豪，官吏阿徇不既过割，止令卖主纳税。或伪立诡名，但分文之赃，笞五十七，仍于买主名下，验原价追征，以半没官，半给告者。首领官及所掌吏，断罪罢役。 诸典卖田宅，须从尊长署押，给据立帐，历问有服房亲，及邻人典主，不愿交易者，限十日批退，笞一十七，属者限十五日议价，立契成交，违限不酬价者笞二十七，任便交易。亲邻典主故相邀阻，需求书字钱物者，笞三十七，仍听亲邻典主百日收赎，限外不得争讼。业主欺昧，故不交业者，笞四十七。亲邻典主在他所者，百里之外，不再由问之限。若违限事觉，有司不依理听断者，监察御史廉访司纠之。 《通制条格》卷一十六，《典卖田产事例》 大德七年（1303）五月中书省户部呈："诸私相贸易田宅，即与货卖无异，拟合结据，令房亲邻人画字估价，立契成交，都省准呈"。 大德十年（1306）五月规定："今后质典交易，除依例给据外，须要写立合同文契贰纸，各各画字，赴务投税，典主收执正，业主收执合同。虽年深凭契收赎，庶革侥幸争讼之弊。"

(2)

《宋会要辑稿·食货》六一之五七至六一	《元典章》卷一九，《户部》五《典卖》，《典卖田宅须问亲邻》
"乾兴元年正月，开封府言：人户卖庄宅立契二本，付钱主一本，纳商税院年深（此句恐有脱误）……。 今请晓示人户，应典卖依当庄宅田土，并立合同契四本，一付钱主，一付业主，一纳商税院，一留本县，从之。" "政和元年四月九日……诸以田宅契投税者，即时当官注籍，给凭由付钱主，限三日勘会业主、邻人、牙保、写契人、书字园备无交加，所以典卖顷亩、田色、间架勘元（愿）业税租、免役钱，纽定应割税租分数，分均平推，收状入案。"	至元六年（1269），"……旧例，诸典卖田宅及以典就卖，先须立账，取问有服房亲先亲后疏。次及邻人亲徒等及诸邻，处分典卖者听。 次及见典主，若不愿者，限三日批退，愿者限五日批价。" 《元典章新集》《户部》五《典卖》《典卖税问程限》 延祐二年（1315）规定："今后军户诸色人户，凡典卖田宅，皆从尊长画字，给据立账，取问有服房亲，次及邻人典主，不愿者限十一日批退，如违限不行批退者决一十七下；愿者限一十五日批价，依例之契成交，若违限不行酬价者，决二十七下。" 《卖买田宅告官推收》："元贞元年（1295）江西行省中书省咨：'……若委因贫困，必合典卖田宅，依上经官给据出卖，买主卖主一月随即具状赴将合该税石推收，与见卖地主依上送纳'"。

二、不以权利为名，却有权利之实：田宅典卖与倚当背后的法律逻辑

学界通常认为，由于中国文化的本质与西方迥异，故中国古代社会没有"权利"的意识，法律及其社会秩序也不是以权利为基点而建立。[①] 这样的说法，若仅仅是为了揭示中西文化之异，它确实是合乎事实的。问题在于：以西方法学的眼光，透视中国社会生活与历史，不仅仅在于揭示其异。因为只说其异，无非是说中国文化与西方相比，是一个他者而已。必须进一步追问的是，这个异因何而产生，它背后的逻辑是什么，特点为何，而且还要以文献为据，回归历史场境，站在同情的立场上，揭示中国固有的法律逻辑与

[①] 《梁漱溟全集》第3卷，山东人民出版社1990年版，第23页；费正清：《美国与中国》，商务印书馆1987年版，第86页。

生活原理，展示中国人的智慧与理性。①

不可否认的是，在宋代的社会生活中，确实未曾有见过现代意义上的民法典与民事权利观念，田宅的典卖与倚当，也并非依据今天的物权与所有权观念，去确定田宅所有权的边界与归属，立法及司法对田宅所有权与使用权的区分及保护，法官对诉讼纠纷的处理，对土地利用关系中各类当事人正当利益的保护，都在遵循着固有的法律逻辑与原理，而不是也不可能是依据现代物权体系去规制宋代的田宅诉讼活动。②

我们的问题是：宋代的法律实践是怎样确定田宅之归属的呢？当田宅进入交易中，在没有区分物权与债权的宋代社会实践中，法律又是如何厘清田宅典卖及倚当中各类利害人的利益边界，规制他们的行为，处理他们之间的诉讼纠纷的呢？

首先，我们需要知道的是，在宋代社会生活中，土地私有是一普遍现象，与国有土地相对应的私有土地叫"民田"或"民产"，《宋会要辑稿》食货六〇中便有"民产杂录"一目，据宋史专家漆侠先生研究，宋时，土地的私有占有绝对优势。③ 在土地私有深入发展的时代大潮中，土地的利用关系越来越重要，也愈加复杂。以今日的眼光看，土地权能走向细化，在宋代的百姓生活中，是为必然。这种细化或分化的表现有二：一是土地使用权脱离

---

① 中国近一个半世纪以来，无数个思想家及学者，都在思索着中西文化之异，中西文化之别，从马克斯·韦伯到余英时，从部门法尤其是民法学者到法理、法史专家，纷纷发表文章，出版著作。著名的有大陆学者梁治平、张中秋，台湾学者柳立言、林瑞等。近几年来，张中秋一直致力于中西法律文化原理异同之研讨，其观点对人颇有启发。参见氏著《原理及其意义——探索中国法律文化之道》，中国政法大学出版社 2010 年版。

② 以现实的眼光关注法史，是一个不可避免的视角。故用西方法学理论及概念去分析已有的历史现象，也在所难免。最为值得注意的是，当我们这样做时，一是要注意回归历史场境，不要使基本的历史事实虚化为概念，二是不要唯西方法学概念是瞻，去简单地切割历史，更不能武断地认为：不合西方法学概念的固有中国法律逻辑与原理，皆是不类不伦的历史沉渣，而无现实意义。事实恰恰相反，现实中国法治的建设，在学习西方先进法文化的同时，于中国法律文明中汲取丰富有益的影响，更显得宝贵。

③ 参见漆侠：《宋代经济史》上册，中华书局 2009 年版，第 343 页。

田主而成为单独的权利形态，这就是典，时人也成为典卖；二是利用土地的受益权能，以契约的方式转移土地与房屋的使用权，以清偿债务，时人称为"倚当"。

对于宋代土地的典卖与倚当，学界论述颇详。[1] 就"倚当"而言，法史学者郭建先生就其性质、倚当与典卖的同异之处、消失之时间与原因，均作了详细的考证与论述；[2] 而对于田宅买卖的研讨以及"一田二主"制现象的出现，以戴建国的论述最为深刻。

综合学者成果，揆诸历史文献，两宋田宅典卖总体情况是：其一，田宅交易活动十分频繁，田宅之讼无日无之。[3]

其二，凸显程序正义，规范典卖与倚当程序（见上文表一、二）。

"程序正义"是西方法律中的名词。就其内涵而言，有两方面的内容：一是输送正义的方式要明确，让人看得见；二是输送正义要及时，迟到的正义是不正义。传统中国的法律中无程序正义之概念。但程序不明，当事人与国家利益必然受害的道理，宋代的人认识还是极其清楚的，如田宅典卖后，若不及时办理"过割"——交业手续，当事人，尤其是典卖方将会"业去税存"，利益受损，国家之税收也会漏失。[4]

正因为如此，宋代于立国之初，即于《宋刑统》中增置"典卖指当论竞物业"之专条，在五代后周广顺二年法令的基础上，以法典编纂者奏请的方式（《宋刑统》中的"臣等参详"）向朝廷提出立法建议，经皇帝批准后，编入法典，颁行全国，对田宅"典卖"与"倚当"之程序进行规制。必须说明的是，此条款中关于田宅典卖必须"请牒立帐"的要求，只是对《唐律》的

---

[1] 笔者早在 20 世纪 80 年代中期，即在硕士学位论文中就已初步探讨过宋元的土地典卖法令，但由于当时的学识及掌握的文献有限，此一问题未再深入。参见拙著《元朝民事诉讼与民事法规略》，载韩延龙主编：《法律史论集》第 2 卷，法律出版社 1999 年版。

[2] 参见郭建：《典权制度源流考》之"倚当制度及其废除"，社会科学文献出版社 2009 年版。

[3] 见《袁氏世范》卷下，四库全书本；另见《上孙漕书》，载《全宋文》第 269 册，上海辞书出版社、安徽教育出版社 2006 年版，第 60 页。

[4] 见《宋会要辑稿·食货》七〇，第 149—150 页。

承袭，因均田制早已废除，土地典卖，尤其是私田之交易，原则上不受任何之限制，故"请牒立帐"已不行用。

由于《宋刑统》是有宋一代的基本法典，历代帝王并不轻易修订，当《宋刑统》之条文不能满足日益增长的田宅交易之需求时，两宋王朝多是以主管臣僚上奏，朝廷批准，然后以颁行敕令的方式，厘清田宅"典卖"与"倚当"的步骤，规制契约的内容、格式、立定条款、投税的程序，规范契约签署的行为，平衡典卖双方、亲邻牙保及国家税收、应役等诸方的利益，以实现司法的公平与社会的和谐。

其三，宋代没有民事权利主体、物权、所有权、债权诸现代民法理念，也没有制定出规制田宅所有权如何归属、田宅权能如何流通的物权法与债权法。而是以一种固有的法律逻辑与颇具时代特色的方式，履行着上述权能，为当时的社会生活，输送着宋代司法的正义与智慧。

其四，就其历史特色而言，《宋刑统》以法典的方式，通过惩治行为人的犯罪加害行为，而保护田宅典卖诸方、亲邻牙保及国家的正当权益，而不是以民法或民事诉讼法之概念方式，去厘清实体权利与程序权利的界限，从而达到保护当事人私有财产权利的目的。

其五，宋代田宅之典卖，虽无物权、所有权、债权之名，却有田宅权能细化、演变及颇具时代特色之实。在宋代社会生活中，田宅可卖、可典、甚或转典，也可用来清偿债务，其相当于田宅所有权的术语叫"田骨"与"屋骨"；相当于田宅所有权主人的名词为"田主""业主""典卖人"等，与之对应的则是"典主"与"钱主"之类的概念。①

在实际生活中，宋代的田宅，可卖、可典、可赎，甚至可经数次转手，多次转典。卖而不赎者，为"断卖"或"断骨卖"，卖而可赎者为典，先典

---

① 《宋会要辑稿》刑法一之二七："典卖田宅交易文契，要约，钱主改为典买人，业主改为典卖人"，第8240页。买断田宅之所有权，或"以典就卖"，宋人称之为"断骨""断屋骨"或"并根"及"并根为证"。参见《名公书判清明集》，卷六《争业以奸事盖其妻》，卷九《典主迁延入务》、卷九《典主如不愿断骨合还业主收赎》。

后卖者为"并根"或"并根为正"。①

现在，我们要问的是，面对着田宅所有权及使用权的分离，乃至以此收益为质而去清偿债务的，以至今日不便分类的权利及其生活现象等，宋代法律是怎样规制的，而其背后的逻辑又是什么呢？

我们先说前者。依据现代民法理论，财产权于静止状态下的归属问题，是物权法的内容，财产权进入流通状态，则由债权法调整。宋代田宅所有权的归属及流通，主要由以下法律或法令进行规定：

1. 基本法典——《宋刑统》与南宋时期之《庆元条法事类》以法典之形式，承认田宅私有权，并通过打击有关犯罪行为来保护私有财产权利。②

2. 更多的是，朝廷以臣僚奏议为基础，以敕令颁行的方式，规制田宅的流通，著名者如《续资治通鉴长编》卷三七四所载，元丰七年（1084）七月二十日颁布的《修立应典卖田宅私写契书并不系籍定牙人衷私引领交易法》等，对田宅流通的程序、契约签立格式、过割纳税收续、官方所给用来证明田宅过割的产权法律文书等，均有详细的明确的规定。这种在不同时期，针对社会生活中因田宅流通所出现之弊端而颁行的法令（敕令），或批准的奏章，是规制两宋田宅交易、处理诉讼纠纷的主要法律依据。

3. 田宅典卖与卖的程序、手续虽基本相同，但因典及"以典就买"关涉到当事人的多种权益，涉及的关系极为复杂，故宋代法律对典及以典就卖，规定得更加详细，签立的契约有不同的名称，官府所给的产权过割文书，也有固定的名称。

在这种情况下，出典人或典卖人手中保留的契约称"合同契"，典买人收留的契约叫"本契"。缴纳田契牙税后，请求官府给印的契约叫"请契"，官府发给当事人的纳税凭证叫"投税凭由"。过割交业后，政府给当事人的，

---

① 《名公书判清明集》卷六，《争业以奸事盖其妻》。

② 参见《宋刑统》"典卖指当论竞物业"条、"婚田入务"条。《庆元条法事类》卷47"受纳租税赋役式""人户纳畸零税租凭由"等。另有《清明集》卷九法官引用《庆元重修田令》《嘉定十三年刑部颁降条册》等。

用以作田宅产业归属的法律文件，叫"官印田宅契书"。记载人户产业的物力流转及升降的法律文书，有五等丁产簿或五等户版簿，还有依《绍兴经界法》之规定，由人户自造的，画有自家田形四至丘段、田产来源的田产底账，宋称之为"砧基簿"①。

上述一应契约文书及纳税凭证，宋称之为"干照"。官印契书、砧基簿、五等丁产簿、干照等便是宋代田宅物权归属的证明。

4.宋代的契约文书、法律凭证、砧基簿、五等丁产簿不仅起到物权证明之作用，当田宅进入流通，即因土地典卖、倚当而发生诉讼纠纷时，它同时也是宋代法官用以证信、判决的依据。当然对于一个清明公正的法官而言，他在审理田宅争讼时，不仅要"先问干照，次问管业，再问开荒"，②及至不明，还必须实地勘验，取证邻保，辨析契约真伪。其审判的依据，主要是法条，其次有习惯。而在依法判决的基础上参酌案情，从而达到"天理""国法""人情"三者的综合平衡，以取得审判的满意效果，则是一个极高的要求，也是司法的最高目标。

上述这些不是依据现代民法理论之建立，而又独具时代特色的宋代法律与司法实践，其背后的逻辑又是什么呢？③

1.法律逻辑的起点不是个体权利的明确界限，而是伦理个体的责任与利益之综合。

2.法律逻辑的展开，不是物权与债权的明确划分，而是通过敕令的方式，实行田宅流通领域中"一田两主"制（权能分离）与户口管理中的"一元制"（产去税去，产来税生）。契约文书（合同契、契本）、官印田宅契书、纳税凭由（统称为"干照"）、管业状况、牙保邻人结信等成为官府确定田宅

---

① 以上参加戴建国的两篇学术专论，见 P380 注②。
② 参见拙著《释干照——从"唐宋变革"视野下的田宅诉讼说起》，《河南财经政法大学学报》2012 年第 6 期。
③ 在这里笔者只是初步提出这个问题，而由此所做的研讨，也许还不能解决这一问题，那就有待于学界的共同努力吧。

归属、权益是否正当的特有证据，而极具宋代历史特色。

3.法律逻辑的归属不是确立明确的法律权能体系(抽象的物权、所有权、用益物权、担保物权等始终阙如)，而是以经验与实践理性为依归。

4.法典以惩治犯罪的形式，通过打击加害人侵害行为而去保护受害人的合法权益；法令则以大臣的奏议为基础适时而变，及时调整社会生活中新出现的矛盾纠纷，划分田宅交易中的各种利益关系；司法则以法官的审判艺术——"先问干照，次问管业，再问邻保"，以"书证"及其他客观事实取信于民，从而达到当事人各种利益的平衡。

三、诚信善良与责任区分：支撑宋代法律逻辑的生活原理

如果不以西方民法理论的严格定义为限，把出自中国历史，来源于社会生活的民事规范，也视作是民法的话，我们似乎可以这样认为：宋代规制田宅"典卖"与"倚当"的法典法令、习惯就是中国的民事法律，而且这个独具时代特色的法律逻辑体系，又有着宋代社会生活原理的支撑。①

所谓生活原理，就是老百姓过日子的规则与逻辑。在世界各个人类文明的历史中，满足基本的物质需求，吃饭穿衣，行居有依，是普通民众生活之第一所需，这既是不言而喻的基本道理，也是生活原理的第一要义。仅以此为据，并不能反映出世界上各个历史阶段中的民族文化特色，更不能揭示出宋代社会生活原理的特质。

问题在于人的生活原理，不光仅仅是物质需求，它还更应该包括一个社会的文化意义，而不同的文化意义又植根于不同的社会结构中。人对衣食住行之需求，虽然是基于本能，但如何满足物质需求，怎样分配利益，以什么样的规则从事生产、规制流通、满足分配，处理由此而引起的纠纷与诉讼，

---

① 南宋袁采说："官中条令，惟交易一事最为详备，盖欲以杜争端也。"见《袁氏世范》卷下，《田产宜早印契割产》，《知不足斋丛书》本乾隆五十三年刊本，第14集，第22页。

则必须从一个社会的规范与文化结构中去理解。在一定的意义上说，人的生活原理是与一个民族的文化意义密切相关的。人之所以区别于动物，一个民族之所以区别于另一个民族，从而引起生活方式与风俗习惯，乃至法律的不同类型，其根本原因在于对人之本质、人之生活意义的不同理解，当然也与一个社会的历史及其结构相关。就此而言，人的生活原理与一个民族的文化气质，是无法分开的。

就两宋而言，一方面，在儒家语境的主导下，重道德、尚人伦的文化精神，仍然是官方的文化意识形态，是人之交往的基本准则。以儒家仁义礼智信为主流价值的向善精神，既是社会生活中，人之所以为人的基本准则，也是田宅典卖活动中，规制人们行为的依据；另一方面，由于土地私有制的深化，及土地、房屋各种权能的分化，利益之争，既反映到凡人之间，也出现在亲邻之中，乃至父母子女、叔侄兄弟都会因田宅之争而诉诸公堂。即是说，儒家倡导的善良、国家法律、法令所规定的交易准则与程序，往往在社会生活中多次受到冲击，严重影响着社会生活的秩序与和谐。这样诚信不仅是社会生活中士大夫官员的主题诉求，同时，也是平民百姓契约履行、从事田宅交易所必须遵循的道德基础，更进一步说，乃是宋代社会老百姓过日子的生活原理，更是宋代田宅典卖法令得以运行与建立的文化基础。

尤为值得注意的是，两宋时期经学领域出现的一个重大变化，能够向今人揭示出当时田宅典卖法令的理论基础与伦理基础，这对理解当时的法律逻辑与生活原理有着深刻意义。这一重大变化就是《孟子》入经部的"升格"运动。在唐代以前，《孟子》只具备儒家子部典籍的地位，自唐代有提升《孟子》地位的动议，宋太宗翻刻蜀石经中有《孟子》一经，至南宋朱熹创立"四书"学，正式将《孟子》在道统上升格为经部典籍。① 如果孤立地看待《孟子》升格这一事件，仅将其视为"故纸堆"中的一则记录，自然不足以发现蕴含

---

① 见蒋伯潜：《十三经概论》，上海世纪出版集团 2010 年版，第 400 页；另见周予同著，朱维铮点校：《中国经学史讲义》第 59 页，上海人民出版社 2012 年版。

其中的重大意义；如果深入探寻《孟子》升格事件以及两宋特定的时代背景，即探寻两宋时期特定的经济生活形态、伦理取向与法律精神，则能够发现《孟子》升格并不单纯是文本上的变动，更在于这一变动契合了当时的社会生活，并进一步塑造着当时人们的生活逻辑与法律观念——从更广阔的视野看，《孟子》升格运动恰恰是人们出于当时的生活原理对经典理论作出的主动选择。

具体而言，《孟子》论政内容中的"恒产—恒心"说，正与两宋田宅典卖、倚当法令体系的理论基石与逻辑起点完全契合，是理解当时业已形成的生活原理与法律逻辑的关键。

所谓"恒产—恒心"说，就是指，民众占有足资生存的稳定资产（主要就是"田""宅"），是维持社会普遍范围内人伦道德与秩序的前提条件。[①] 朱熹在《四书章句集注》中解释道："恒产，可常生之业也。恒心，人所常有之善心也。"[②] 而在"恒产"的内容层面，即具体实现这一设计的措施论述中，孟子更是切实地指出了"宅"与"田"的首要地位，并详细描绘了田、宅对于百姓生存、生活境况的重大意义。[③] 这一论述在《孟子·梁惠王上》中重复出现了两次，达到了不厌其烦的程度。在这段话中，孟子完全从现实生活出发，指出"田"与"宅"直接决定了百姓的生存境况[④]，是人心赖以保持的先决条件。

关于"恒产"与"恒心"的逻辑联结，孟子进行了明确的表述。[⑤]孟子指出，民众占有足够保障生存的资产时，能够免于不幸，只有在这种情况下，国家

①　《孟子·梁惠王上》中有语："无恒产而有恒心者，惟士为能。若民，则无恒产，因无恒心。苟无恒心，放辟邪侈，无不为已。"

②　朱熹撰：《四书章句集注》，中华书局1983年版，第211页。

③　见《孟子·梁惠王上》："五亩之宅，树之以桑，五十者可以衣帛矣。鸡豚狗彘之畜，无失其时，七十者可以食肉矣；百亩之田，勿夺其时，数口之家可以无饥矣；谨庠序之教，申之以孝悌之义，颁白者不负戴于道路矣。"

④　"衣帛""食肉"只是一种个例的类推，其意义也不仅限于所言个例，朱熹称之为"衣帛食肉但言七十，举重以见轻也"，见《四书章句集注》204页。

⑤　见《孟子·梁惠王上》："明君制民之产，必使仰足以事父母，俯足以畜妻子，乐岁终身饱，凶年免于死亡；然后驱而之善，故民之从之也轻。"

对民众的向善引导乃至对秩序的维护才能够得到高效保证。需要指出的是，孟子在论述百姓生存需求的过程中，始终穿插着人伦的纽带，这样的论述方式揭示了，在儒家语境下，生存不单单是个人问题，更包含着"事父母""畜妻子"的人伦价值观，亦即，在儒家生存伦理中，"事父母""畜妻子"不是外在的要求，而是人发自内心的需求与天性。儒家语境下的这一生存天性，恰恰是人伦的内在保证，赋予满足生存天性的"恒产"，自然是"恒心"得以广泛存续的必然要求。

传统经学学者通常是从国家、君主层面对孟子的"恒产—恒心"说及其相关设计进行解读，将之视为儒家"仁政""王道"的政治理念与制度设计，但若反观现存反映两宋生活、观念实态的材料，我们也不难发现，当时纷繁的田宅典卖、倚当活动以及官方的相应法令，恰恰是在"恒产—恒心"逻辑关联的基石上运作的：社会活动已经在事实上证明了"恒产—恒心"说的正确，并且，在纷繁变化的实际生活中，"恒产—恒心"关系成为驱动百姓田宅交易与官府规制田宅交易活动的逻辑起点与价值支撑。

此外，《孝经》在两宋重新回归经部典籍，也是值得注意的内容。历经五代时期的混乱无序，《孝经》逐渐丧失了唐代官方正式确立的经部典籍地位，一度被剔除出"十一经"。[1] 直至宋初在收拾乱象、重建伦理秩序的过程中，《孝经》地位逐渐回升，朱熹也专门做《孝经刊误》，基于"四书"中的精神，对《孝经》作了某些的肯定，以至于"宋以后，把孝与忠完全联系起来，作为社会道德的标志"。[2] 虽然在宋代，《孝经》的理论地位已经远不如汉唐时，但基于《论语》中"孝悌为仁之本"[3] 等论断的精神，"孝"仍然是核心的价值取向与伦理要素。就本文具体而言，《孝经》中多处出现的"以事父母"的主张，当然也与两宋田宅交易的伦理基础与生活逻辑密切相关，"孝"与田宅交易的逻辑联结，亦正与论、孟中的相关内容一致。

---

① 见《十三经概论》，第 400 页。
② 《中国经学史讲义》，第 64 页。
③ 《论语·学而》："孝悌也者，其为仁之本欤。"

需要说明的是，上文所指出的儒家经义并不能直接与两宋田宅典卖倚当活动的法律逻辑与生活原理进行机械的对应。但基于宋儒重义理阐发而轻章句的时代特征，并依据反映当时生活实态的相关记载，不难推出，《论语》《孟子》《孝经》等儒家经典中的儒家经义对两宋田宅倚卖、典当活动的法律逻辑与当时百姓的日常生活原理，足以产生根本性的影响，甚或可以认为，在两宋田宅交易活动中，其时的法律逻辑与生活原理也足以自然地与儒家经典中的人伦精神产生共鸣或应和。

申言之，宋代的生活原理植根于老百姓过日子的规则与逻辑之中，而这些规则与逻辑又反过来支撑着宋代田宅典卖交易活动中法律、法令的建立与运行。那么，这些规则与逻辑的表现形式，又是什么呢？

第一，重视家庭伦理的规则。过日子就要有家庭，家庭必有夫妻、父母与子女。男女不能随意结合，必有规则，因此中国人的第一规则便是家庭伦理规则，其中包括父母子女关系的规则，夫妻之间的规则，这是中国人之所以为中国人的第一准则。

第二，珍视家产的规则。田、宅这类基本生产、生活资料，是古代中国平民百姓维系其生存与生活的首要硬件。既然关乎最基本的生存需求，在观念上，这类财产自然也不会允许轻易转让。中国古代当然存在土地私有制，否则宋代以下田土买卖不会习以为常，所谓"千年田换八百主，今日一年换一家"。不过，这种不轻易转让家产的观念，并不建立在"个人权利"本位的基础上，而建立在儒家思想指导下的个人伦理本位。

第三，重契约履行的规则。

这三种规则塑造了宋代人的生活原理与文化意义。

首先，在财产目的与生活伦理层面，异财同籍是基于生存、生活目标的相给相予，并不是区分个体的权利义务。日常生活原理要求的是"以养父母"的伦理价值追求，即便在家庭内部实行"分家"，虽然在技术上讲求"均分"，其标准也不在于权利义务的分明，而是出于"养家"观念的分配。

其次，在历史与传统层面，无论是最为根本的"田宅"，还是附着其上的其他动产，在很多情况下都是私有制，不过这样的私有制实际上还是有所限定的。宗族、乡党乃至国家，对于这一私有制的内容都会施加限定条件①，这一事实，使得完全的私有制在中国传统中并不存在。即使是今天的民法，由于特定的土地所有制基础，完整的物权也是难以成立。对私有财产权的保护，如果离开了党的政策及其特别民事法规，仅靠制定民法典、单行的物权法、侵权责任法都是不可能真正实现的。

最后，中国文化以善为本位，以诚信为导向，国家制定法以惩治罪恶为依归，司法中的民事判决倡导示信于证，各种契约的履行以诚信为本。

综上所述，可得出如下结论：

《会要》体史书资料丰赡，记事详尽，尤其是《宋会要》，即现在能看到的、经过学人点校出版的《宋会要辑稿》（十六册），其包含的宋代法律文书与司法档案的历史元素，在宋代文献大量失传的情况下，尤显珍贵，应深入挖掘；

宋代有关田宅典卖的法律，其逻辑起点、展开与归属，皆与西方物权法体系迥异。其宗旨不是厘清权利边界，而是在责任划分的基础上，保护当事人的合法权益；

诚信、善良与责任划分是宋代人的生活原理，也是支撑法律建立与运行的文化基础。

第三节　宋代法官审理田宅诉讼的原理与艺术

一、田宅诉讼类型

田宅，即土地与房屋，是社会生活中的生产资料与生活资料，是百姓生

---

① 如国家赋税、田不出族、房不离宗等。

活中最重要的物质财富，① 古人的贫富以其拥有土地房产数量来衡量，当作为不动产的田宅进入到社会生活的财产流转关系便产生价值增减，当田宅被充分利用之时则带来田宅所有权能与使用权能的细化。在宋代，社会结构发生了深层次变革，② 典卖等关系的法典化③ 以及司法中对土地权能细化④ 的承认、保护与救济，都不同程度地体现宋代私有制的深化。⑤

宋代土地频繁换手，有道是"千年田换八百主"；田宅的典、卖、租、赎等形态，折射出宋代社会生活中，庶民百姓及社会各阶层充分利用"田宅"的各种权能与利益的生动面相。以争讼参加者的身份为标准，宋代田宅诉讼

---

① 现代民法理论视为不动产物权，古代法律称为"业"。田、宅并提，由来已久，《管子》《商君书》《荀子》《韩非子》等文献中，均见"田宅"二字，且论其享有、赋役、仁政等意味，与唐宋田宅并无出入。只是在田制方面有历史差异，官府的角色也发生变化。如叶适所言，"自汉至唐，犹如授田之制……至于今授田之制亡矣，民自以私相贸易，而官反为之司契券而取其直，而民又有于法不得占有者，谓之户绝而没官。其出以与民者，谓之官自卖田，其价与私买等，或反贵之。"（《叶适集·水心别集》卷二，《民事上》）"田宅非细故"。社会成员方面，从恒产恒心的角度，田宅是为古人安身立命之资、衣食之源；田宅可以流转，则作为典型的产业即财产（不动产），也能彰显资源与实力。从齐家系族的角度，家产（祖产）是为田宅取得的重要途径，（所有权初始来源）同居共财或诸子均分中兼具利益与亲情，也是中国古代家族作为社会基本组成要素的写照。早在《孟子》中，便有"五亩之宅""百亩之田"的设计，视其为民人侍奉父及母、养活妻与子，进而向善的物质保障，亦是行"仁政"的条件。

② 地主阶级财富流转迅速，田宅有钱可买，无钱可卖，庶族地主代替豪强世家登上历史舞台。农民与地主的关系变化体现在，租佃制成为土地制度的支配形态，土地利用形式普遍契约化，农民享受更多自由，对地主的依附程度减弱，"人力"与"女使"不再是"律比畜产"，"编户齐民"取代"部曲"。

③ 五代十国到宋初"刑统"，田宅权能深化及细化，其买卖、出典、质押及相关诉讼均纳入法典中，如《宋刑统》增设"典卖指当论竞物业"条。宋初国家政策放任土地私有化，除交易程序法定外，立法不再限定田宅交易的范畴与性质，田宅典、卖、租、抵不再受法律限制。

④ 指土地所有权与使用权的分离与组合，如土地的买卖、出典、租赁、抵当、倚当、赎回等。

⑤ 中国自战国以来，实行的就是土地私有制。在老百姓的日常生活中，既有生活资料的私有，也有生产资料的私有。前者如一般生活用品，后者如田宅、牛马等。私有权的立法及司法保护，更是自秦汉至明清，源远流长，代有新意。

有如下类型：①

第一，凡人之间的田宅诉讼。所谓凡人，可理解为平民百姓，即国家的编户齐民，不同于官人、形势户及女使、人力等。宋代社会及法典中的"凡人"，专指身份独立、排除任何亲属、主仆或主佃关系的诉讼双方。"利之所在，虽微必争"，宋代百姓生活中，田宅争讼频繁发生，随时随地可见。《名公书判清明集》一书有关"争业"的诉讼，大部分发生在"凡人"之间，这表明宋代田宅典卖、租赁的契约化、法律化乃是社会生活常态，构成宋代百姓过日子不可或缺的规则与逻辑。

第二，亲属之间的田宅诉讼。所谓亲属，是泛指一切由血缘关系或婚姻关系结合而成的家庭与群体，广义上而言，也包括通过收养或再婚而进入该群体或家庭的个人。同居之亲属相互容隐，有犯而不告发，本为儒家伦理和汉唐法律所提倡，② 但宋代因田宅交易而引起的纷争日盛，既有尊长告卑幼之案，也有卑幼告尊长及"兄弟争财"等卑幼与尊长之间互告的。

第三，凡人与官户、③ 形势户、④ 豪强 ⑤ 及这些人的代理人之间的诉讼。宋代的法官处理此类涉及权、钱及特殊身份者与黑恶势力的案件，常常感到棘手，但即便是在法官难以公平审理的这类诉讼中，索取"干照"契据以辨明是非黑白，还是法官所必须坚持的底线。⑥

---

① 依据不同的标准，可作不同的划分，如以田土的用途及形态不同为据，可分为"墓田之讼""水田之讼""山地陂田之讼"或"山地林木之讼"。又如以争讼标的所涉及的法律关系不同为据，可划分为"田宅买卖之讼""田宅出典之讼""田宅抵当与倚当之讼""田宅租赁之讼""业主赎田之讼""亲邻赎田之讼"等多种类型。

② 当然，直接危害封建政权的"三谋"重罪除外，故法律不允许卑幼告尊长。

③ 所谓官户，泛指一切文武品官之家。

④ 与官户身份部分重叠。据《庆元条法事类》卷四七，"赋役门·连欠租税"条，形势户即负担乡村差役的中上之家"谓见（现）充州、县及按察官司吏人、书手、保正其耆户长之类，并品官之家非弱者"。

⑤ 与官户、形势户身份部分重叠。主要指乡村大地主与黑势力。

⑥ 这在《名公书判清明集》附录所载的黄干处理谢知府强占庶民百姓田宅案中即可略见端倪，也可于不畏豪强的著名法官胡颖、宋慈、范应铃、吴恕斋、刘后村等一批法官的判案中得到证实。

二、宋代法官审理田宅诉讼的理念

"法官"一词，在宋代史料中指主管司法审判活动的专门官员，在通晓法律、主管审判等意味方面，已与现代"法官"相通。[①] 宋代士大夫为司法主体，科举考试的完善使得庶民阶层出身的士大夫增多，他们熟读儒家经典，随着国家官僚机器的成熟、土地私有制的发展及商品经济的繁荣，更关心政治、政事和史事，成为"文学法理，咸精其能"的复合型人才。[②]

宋代士大夫群体的主流价值观念是"以天下为己任"的社会担当意识，宋代的司法理念是民本与仁政思想。中国文化的特色是以人性善为基础，强调民为邦本。民本思想又称仁爱思想，在戏剧、小说等文学作品中被称为民心向背——得民心者得天下。把老百姓看作是国家治国的根本，这是制约君主专制的一个理念，又包含着中国传统文化对于人的尊重。中国古代是成文法国家，秦汉之后历朝历代都有法典。法典是皇帝制定的，按照西方的理论即为实在法。实在法是调整世俗生活的，因此人的生命尊严、价值尊严要体现在财产关系上，体现在司法活动中。无论是命盗大案还是财产纠纷，法官都必须重视。首先，中国古代把刑狱看作治理国家、管理社会的头等大事，刑狱多指命盗大案。[③] 宋立国之后，力除五代十国之弊，[④] 由此催生出州县长官亲审囚徒、科决刑狱与法医学的发达，以及有志之士高度关注刑狱这两种社会现象，并形成传承近 800 年的历史传统。其次，到了南宋，士人阶层

---

① 陈景良：《宋代"法官""司法"和"法理"考略——兼论宋代司法传统及其历史转型》，《法商研究》2006 年第 1 期。

② 具体而言，第一即读儒家经典，晓孔孟之道，以治国立身。第二方面是对于政务工作的实际知识。第三就是法律知识。

③ 贼盗并不仅指偷盗东西，古代刑律中"杀人无忌"谓之"贼"，指的是一种残忍，没有忌讳。杀老人、儿童，残害良民，主要是指危害人的生命的一种犯罪。古代没有抢劫罪，但有强盗、窃盗罪，"强盗"是指明火执仗以器械抢财产，"窃盗"是指秘密窃取他人财物。

④ 军阀混战，兴王易姓，司法掌握在牙校、军卒之手，杀人手段很残酷，挖眼、挑筋、活埋经常发生且不讲究司法程序，司法黑暗，军人控制司法，这是当时的总体情况。

作为法官主体，更是把百姓的"婚田之讼"纳入到了司法的视野中，凡是与民生密切相关的事情都被称为民事，为政者以民事为急。①

宋代从皇帝到士大夫都认识到，"法官之任，人命所悬"，法官的职责关系到人民的生命，法官地位与素质关乎司法公正。宋太宗时就经常发布诏令，要求各地"司理参军""司法参军"必须慎重挑选，并给其较高的俸禄。

三、法官审理田宅诉讼的实践

在田宅诉讼上，南宋的王炎在临湘（湖南岳阳）县令任上，留下一篇完整的审理田宅诉讼的心得体会的文书，这是我们了解宋代基层法官审断田宅诉讼的最原始、最珍贵、最完整的文献资料。王炎指出，在其做县令人口几千的小县城中，告状的十有八九是因田宅纠纷引起的，因为土地和房子是民间最大的财富，故审理时务必要格外重视。王炎在审判实践中总结原理，展现技艺，即审理财物之诉，先看干照，再看管业，下表列其《上孙漕书》

---

① "民事"二字非现代意义上的民事诉讼与民事审判，因为当时的宋代并无部门法观念，但"民事"一词无疑包含有民事诉讼的内容。这从《宋会要辑稿·刑法》载，宋宁宗嘉定六年（1213）十月二十六日，权户部侍郎李珏言："窃惟今日中外之弊，莫甚于按牍积滞，实习因循，视民政为不切之务。近因置籍稽考，活路监司并州郡承受本部妥送民讼，彼至九月终未结绝，共一千三百三十四件，其间虽有经数年尚未结绝。近而两浙转运司未结绝者亦二百四十余件，是致人户不住经部经台催趣。"户部是宋代民事诉讼的上诉机构。依《宋史》卷一六三《职官三》记载，元丰改制前，户部只是一闲置机构，神宗改制后，户部的事权与机构扩充，设户部左右曹，左曹负有审理户婚、田债等民事上诉的职能。南宋时，户部左曹分设三案，即户口案、农田案、检法案。户口案专门受理民间因立户、分财、典卖屋业、陈告户绝、索取妻男之讼，农田案则专门掌管因"务限法"而引起的关于田宅典卖方面的务限之讼，检法案则负责检出户部受理民事上诉时所适用的法条。由于户部受理民事上诉案后，并不直接审理，而是检出法条后，指导监察原审地方州县、监司的审判活动，故户部经常把这些上诉案件转送原审机构，并负责稽考、催办。应结案而不结案，当然会引起民事诉讼当事人的不满，他们便不断地向户部与御史台催促，这才引发李珏向朝廷建议，凡各路及时理讼并审理公平者，应提名嘉奖，反之就予以惩罚，"庶使为政者皆以民事为急"，这里的以民事为急，便是指及时处理民事诉讼案件为各级地方官员的首要任务。

全文：①

背　景	原　理	防　弊
炎出一介孤生，辛苦半生之久方得一官，蹉跎一纪之余方脱选调，法当试县，无所规避。	因念民户争讼，诣县赴诉者，所以求决其曲直之情，为县令者于剖决之际自宜审之重之，不可苟也。若平心定气，用一己之见，犹未必每事皆中。	若不由己见，用胥吏之说，则必至于十事九错无疑矣。
临湘为县地止一乡，民止数千户，视江浙间繁难之县，其词讼不及百分之一也。然以炎之迟钝不才处之，则不可以民讼为少，而不尽心。况一县之人所谓词讼，半是讼诉田畴官司。	理断争田之讼，先凭干照；既有干照，须问管业，则条令自有明文，如契约不明，限以二十年是也；或问开荒，则指挥自有明文，如已耕熟田，不许执旧划夺是也。然据两辞所供，则管业、开荒难以见其虚实，其势又须问及邻保，则事之曲直，人之情伪方别自而不可逃。	而临湘人户争竞田土以与他处不同，或有契据不明，界至交互之人，或有虽纳税赋并无契据之人，或有不纳一文一粒赋税，亦无一字契据之人。
	炎为田事之宜，斟酌人情，依傍法意，平心理断，不敢徇一己之私意，有所偏曲，亦不容吏辈执复，有所眩惑，此邑人之所通知也。若其两辞纷拿，即呼之使至案前，反复论辩，未尝敢临之以鞭朴，亦未尝敢拘之于囹圄。区区之意欲与百里之人情意相通，因是以理断曲直，庶几可以无失。	
		然人之情伪固难尽知，而一己所见岂能尽当。
	即又准条令为给断由，其断由之中必详具两争人所供状词，然后及于理断曲直情理。恐人户以为所断未公，即当执出断由，上诣台府陈诉。庶几上司见得元断是非。若元断之是，则虚妄者无以肆其欺；若元断之非，则抑塞者可以伸其枉。	而小民之诡诈者又或不然，自度县出断由则必尽见其无理之情状，遂有不肯收领前去者，却埋藏元断事项，改变情节，装饰虚词，或赴上司陈述，而其所以为词者则其说有二：以为知县偏曲者其一也；以为吏人执复者其二也。

---

① 王炎：《双溪集》卷一，《全宋文》卷六〇九七，第89—90页。

续　表

背　景	原　理	防　弊
万一上可未知元断因由，炎恐缘此陷于罪戾而无以自解，是以不避罪责，以情控告。	欲乞日下或有临湘人户赴使台陈诉户婚公事，原赐台旨索出炎元来所给断由，酌事情之是非，如无断由，愿赐指挥行下，令炎详具元断因依供申，或索元案委清强官吏看详，如炎所断或所见未到，微有失错，乞原恕其过。如容心其间，不合人情，不遂法意，至于偏曲不公，则亦无所逃罪。干冒威严，下情不胜皇惧之至。	炎窃谓知县亲民之官也，在己偏曲而断民讼，即是徇私情而背公，罪也；若信吏胥执复而断民讼，则是庸缪而不明，亦罪也。

因地广人稀，荒田极多，临湘县田宅之讼的特征是有契据不明情况，或有刁钻之人，不肯领取"断由"，以便兴讼缠讼，从中谋利。作一个极其谨慎，严守法令，精心依法断决的官员是儒家士人的理想，但面对复杂多样的地方情况，法官要清廉、勤奋、忠于职守、爱护百姓并实现司法公平，极其不易。王炎办案严谨认真，不轻易拘禁民间诉讼当事人，更不动辄刑讯拷打，其判案原则是重视证据，尤其是"干照"契约文书的证信作用，理断诉讼必依法令之规定，给当事人以"断由"，依法断决，参酌人情。

"先问干照，次问管业，再问邻保"，以"书证"及其他客观事实取信于民，依法判决并平衡"法意"与人情，是审判实践中的法官艺术。

根据书证，查明是非，公平处断，是宋代法官审理田宅诉讼的首要原则。吴恕斋认为，"官司理断典卖田地之诉，法当以契书为主，而所执契书又当明辨其真伪，则无遁情。"（《名公书判清明集》卷九）书证在宋代中已超越"口供"而居于证据制度之首位，[①] 因其所具有的客观性、真实性是反映民事法律关系真实情况的最有效证据，宋代法官审理田宅诉讼，依据"干照"辨是非，示证信，明公断，这既是法令与法律理性的必然要求，也是司

---

① 包括：（1）干照，即田宅交易中的一应契约及向官府过割、投印交税的法律凭证等；（2）有文字记载的遗嘱；（3）田宅交易中邻人与证人的陈述笔录；（4）官府的砧基簿；（5）书铺对书证之真伪所作的检验报告等。

法所应遵循的首要原则，展现法律知识形态的新时尚。① 就当事人而言，宋代土地私有制深化，田宅权能的归属、行使，如典、租、卖、质押、抵当、倚当等交易的进行，都要以契约文书为据，不仅田宅交易须凭"干照"，双方发生纠纷到官府诉讼，为使权利得到救济，也须提供"干照"。"干照"不仅是契约的同义语，更是宋代司法结构网络中一个"取信于民"的价值符号，体现出宋代的法官审理田宅诉讼依法确定争讼双方财产利益的边界，依"干照"明辨是非，司法由"人伦理性"转向"知识理性"，法律作为知识与客观准则在民事纠纷的审理中发挥作用。

契约文书作为宋代田宅财产流转关系的物质载体，与田产簿籍等官方文书一同是物权归属关系的凭证，是田宅诉讼中法官辨别案情真伪的最重要证据。以现代的民法理念目之，物权靠它，债权靠它，证信断案也靠它，宋代百姓生活所发生的一切交易行为几乎都由契约文书加以记录与证明。契约是接近真实的，有了契约，事件的客观真实程度就可以证明了。然而，现实生活中，田宅交易当事人出于私欲，往往在契书上涂改作伪，以制造假象，蒙骗法官，获取不当利益。法官常常通过书铺验明真伪后，揭露留有蛛丝马迹的作伪行径。吴恕斋在审理"孤女赎父田"（《名公书判清明集》卷九）一案中，不仅重视契约书证，而且还对有作伪嫌疑的契约文书进行查验，依法作出公正判决。此案的案情是：

1. 法官：吴恕斋

2. 时间：南宋嘉熙年间（1237—1240）

3. 地点：临安或江西某县（判词并不明确）

4. 原告：俞百六娘与丈夫陈应龙

5. 被告：戴士壬

6. 标的：俞百八娘父亲留下的田产

---

① 胡颖有言："大凡官厅财物勾加之诉，考察虚实，则凭文书；剖判曲直，则依条法。舍此而臆决焉，则难乎片言折狱矣。"（《名公书判清明集》卷九）范应铃则认为"民讼各据道理，交易各凭干照"。（《名公书判清明集》卷四）

7.争论焦点：俞百六娘一方诉求赎回本应属于自己（继承其父）的田产，田产系俞百六娘父典给戴士壬的；戴士壬则说田产是从俞百六娘之父俞梁处买来的，且有契约为证，并管业（正在占有、使用）；是典还是卖为争讼焦点。

8.本案原本不复杂，关键在于查明是典还是卖，典可赎，卖不可赎。但难点在于：土地交易发生在开禧二年（1206），而争讼则在嘉熙二年三月（1238），事过30余年；且俞百六娘之父，即交易人已死（1229），时过境迁，人已死，证据难明；俞百六娘为女子，其丈夫陈应龙为倒插门（赘婿），且游手好闲为浪荡子，夫妻有无资格（主体地位）赎田？

9.查证结果：

经查：戴士壬所执契约为两契，一为典（开禧年间），二为卖（绍定年间），但典契为真，卖契为假：原因有二，一是此契上有作伪痕迹，且经书铺检验，前后两契约上的手押不同，故认定是戴作伪；二是俞百六娘诉至官府后，戴士壬心虚，曾暗地里引诱陈应龙重签卖地契，卖其所争土地中的田亩，这不符合情理，故判为假。

10.适用法条：

在室女继绝法令（户绝财产，尽给在室女）；诸妇人随嫁资及承户绝资产，并同夫为主（故俞百六娘与夫陈应龙共有赎回权）。

11.参考情理：

戴士壬于土地有"培壅之功"，原告理应体恤；赎回后，不准陈应龙变卖。

此案涉及陈年旧账，伪造契约，改典为卖，俞百六娘招赘等情节，涉及法条极多，好在吴恕斋是个判案能手，他在此案中既重书证，又通过书铺辨别了陈应龙手上黄书的真伪，查证后，知是典，不是卖，故判决支持俞百六娘夫妇赎回田产，这既还原案情，又显示了书证在审理田宅诉讼中的关键作用。

再来看"管业"作为判决依据与结论。①"大抵交易当论契书，亦当论管业"，叶岩峰在处理"舅甥争"一案时权衡两造证据与主张，称"此管业分明，岂不过于有契乎！两词曲直，于此可占矣。虽然，舅甥义重，忍伤和气，今不必论契书之有无，亦不必论管业之久远，当照张诚道所供，及其初意可也"。（《名公书判清明集》卷六）《名公书判清明集》卷九载，法官在办理"妄执亲邻"一案时，针对陈子万等"以卖为典"之计，辨析"陈子万赎田经隔一年，交钱未足"而"（陈）定僧既未得钱，（陈）子万亦未当管业"之理，既无管业之理，便不可妄执亲邻，因此钱还杨世荣，田还陈定僧，最终确认由与陈定僧交易的刘氏管业。判词内容如下表：

田	契	管业	亲邻
据此田直官会三百贯，今自宝庆二年三月取赎，至宝庆三年正月，止有官会一百二十贯交付，尚有官会一百八十贯止立虚批，即无一钱可还。	陈子万家业破荡已久，忽用计脱赎去三十年已卖与陈定僧父田契。	（陈）定僧既未得钱，（陈）子万亦未当管业。	
在法：交易钱止有一百二十日限。陈子万赎田经隔一年，交钱未足，不合便将别人田卖与杨世荣，不合妄执亲邻；杨世荣不合谋业，用钱资给（陈）子万赎田，又资给（陈）子万执邻，两名各勘杖一百，备到钱、会本合没官，又恐杨世荣当来偶不知情，钱还（杨）世荣，田还（陈）定僧，各令责领入案。	今（陈子万）已凭此契立户头矣，又将此田卖与杨世荣矣，又遥此契执亲邻赎（陈）定僧别田矣。	且（陈）子万既能赎田，既能起立户头，则所赎之田合自保守，今乃朝赎而暮卖，朝起户而暮出业，此何为者邪？	盖此田既卖与杨世荣，则是杨世荣之业矣，（陈）子万既已无业，乌有所谓邻哉？

① 明清时人把正在对某一田地或房屋进行现实管理、占有、使用、收益的人称为"管业者"，宋代"管业"伴随着土地私有制深化及田宅诉讼的兴起而出现，指涉多项事实，如同一块土地上有不同权益的多个业主等。

田	契	管业	亲邻
	所有（陈）定僧父判官契内田，必有陈偓断卖骨契，（陈）定僧年幼不能知管，致为（陈）子万等鹘突，以卖为典。然典业须有合同契，若陈偓、子万将来要赎，仰执出合同，以凭照对。各给断由。	刘氏所买田，乃是问（陈）定僧交易，在（陈）子万既无业，不知以何为亲，以何为邻，合还刘氏管业，契并给还。	

　　"管业"代表对田宅的实际管领状态与权益归属观念，是法官审理田宅诉讼纠纷时必须查明的事实。"凭契管业"是常态，但在时过境迁、契据不明、书证所载内容及其形式存在争议时，① 管业这一相对为期较长、人所共见的事实状态，成为法官审理过程中的关注焦点及论证权利归属的有力证据。如下表所示，法官经常着重调查管业情况，并依法维持合法管业，或纠正违法情形（下表案例1—4），抑或单方面在调查取证及法律论证中强调由谁、如何及为何管业（下表第2栏案例5及以下），抑或通过判决确认或调整管业状态（下表第3栏案例5及以下）。

序号	审理中查明事实	判决内依法处分
1	但范僧不争于曾宅安厝之时，而争于曾宅陈论之后，今勘会即无范僧有墓在山之说，曾宅掌业安厝既已年深，合还曾宅照契管业，所有山内见在墓穴，亦不许曾宅开掘。（《名公书判清明集》卷五经二十年而诉典买不平不得受理）	今范僧所分支书见留在使府司户厅，若是两项山园俱不曾批，则曾子晦之说为是，此山合还曾宅管业；如是黄栀园曾批，则范僧之说为正，而曾子晦之契尤有可议。此本文字既难得参详，使、府严限，不敢有违，案具所拟事理申，取自使、府别委官点对结绝，庶得公当。契书合给还取领。（《名公书判清明集》卷五"争山各执是非当参旁证"）

---

① 例如，莆阳对"典卖园屋既无契据难以取赎"一案的分析，"先来县司不知凭何干照，与之交钱寄库，与之出据管业。虽有转运司台判，寄钱给据，然据胡应卯偏词，自合备前后词情具申，听候行下。以此推之，案吏情弊显然"。（《名公书判清明集》卷五）

序号	审理中查明事实	判决内依法处分
2	陈税院执出吴亚休契，并缴上手赤契，出卖乃嘉泰二年八月，于当年投印管业，割税，入户三十余年矣。（叶岩峰，《名公书判清明集》卷六"伪批诬赖"）	仰陈税院照契管业，从便易佃。（叶岩峰，《名公书判清明集》卷六"伪批诬赖"）
3	然官凭文书，且涉年久，亦只当还李行可管业。（《名公书判清明集》卷六"争田业"）	李行可照契管业。发付伪约，毁抹附案。（《名公书判清明集》卷六"争田业"）
4	卢兴嗣亲履亩为之打量，倩佃客为之佥认，先定租管业，而后立契交钱，卢兴嗣可谓防之周，审之熟矣。（韩似斋，《名公书判清明集》卷六"出业后买主以价高而反悔"）	欲唤上李震卿同倪氏，当官责批还卢兴嗣，明言仰卢兴嗣凭契管业，如向后过房弟或有争执，仰震卿别抽己分田，照先来交管田段租额，抵还过房弟，不涉卢兴嗣之事，庶可以释其疑。欲并乞照示卢兴嗣，日下税契管业……（韩似斋，《名公书判清明集》卷六"出业后买主以价高而反悔"）
5	立契交关领钱，管业经来年岁，岂得无故谓之抵当？（黄干，《勉斋先生黄文肃公文集》"危教授论熊祥停盗"）	合照不应受理之条，抹契附案，据送学管业。（方秋崖，《名公书判清明集》卷四"契约不明钱主或业主亡者不应受理"）
6	今既不曾受税，不曾管业，所以不曾收谷，其为抵当，而非正典明矣！（吴恕斋，《名公书判清明集》卷六"抵当不交业"）	欲并帖委官，照分书将上件竹地标钉界至，作两分管业，庶几予夺各得其当。如盛荣再敢健讼，照已判断治施行。（吴恕斋，《名公书判清明集》卷六"叔侄争"）
7	李与权入还钱、会之后。经今一十五年，已不管业，不收租矣。抵当之说，偿还之约，委为可信。向使李与权与叶渭叟尚皆无恙，必然了绝无争，何至留为子孙之灾。奈何先后一年而殂，两家主者各皆亡没。叶渭叟之寡妻当事，幼孙何知，必有主持门户者，往往检出此契，直欲认李正大之业。殊不思抵当之产，昨已还钱，十五年间既无词诉，今方欲管业责租，不亦妄乎！（叶岩峰，《名公书判清明集》卷六"倚当"）	今沈邦政既无合同典契，又隔涉五六十年，本县所断已为允当。欲令孙宅照契管业，如邦政尚敢妄词，解府从条施行。（吴恕斋，《名公书判清明集》卷九"过二十年业主死者不得受理"）

序号	审理中查明事实	判决内依法处分
8	想父母存日，居易霸占管业，逐远诸弟，未必不以父母之财私置产业。然其智足以饰奸。（蔡久轩，《名公书判清明集》卷十"兄弟之争"）	不若各照砧基支书管业，追毁文约公据，庶几一家得以安迹。（《名公书判清明集》卷八"嫂讼其叔用意立继夺业"）
9	逸家人丁叔显等于嘉泰末、开禧初年，两次计钱一百八十二贯足，缴上手转典与丁伯威管业，整整二十年，积收课利不为不厚，岂不知其为范鄜父之业。（《名公书判清明集》卷九"典主自如不愿断骨合还业主收赎"）	今合索黎友宁买契，审验投印年月，如李细五入词在印契三年之内，合勒黎友宁交钱退业；如入词在三年印契之外，合听黎友宁仍旧管业，起造垦种，并从其便，即不得于禁步内再安坟墓及取掘填垒。（胡石壁：《名公书判清明集》卷九"禁步内如非己业只不得再安坟墓起造垦种听从其便"）
10	今照吴子达所供，系本人承关分到一坵，已卖与沈亿六秀，又转与徐宗五秀，见管业讫，其一坵系吴友遑于绍定六年断根卖与吴氏，系夫金百二秀管佃。以此考之，则一十八坵之数各有着落。（翁浩堂，《名公书判清明集》卷九"伪将已死人生前契包占"）	如阿曹果能守节，而春哥又果是抚养之子，即将见存产置籍印押，责付阿曹管业，不许典卖，以俟其子之长。但于其间会计所费，给之资，速将其夫季六安葬，仍略支拨钱物，责付梁万三自葬其妻。所有梁万三已据占典卖田业，仍合理还，庶几天理人情，各得其当。（吴恕斋，《名公书判清明集》卷七"宗族欺孤占产"）
11	拨田干约在嘉定十六年，夏氏之死在嘉定十七年，天常管业盖二十三年矣。（翁浩堂，《名公书判清明集》卷五"侄与出继叔争业"）	迁延占据，揩改文书二罪论之，吴师渊合照条勘断，但勘下杖一百，押下县，交领寄库钱、会退赎。如能悔过，却与免决，合同文约给与叶云甫管业。（《名公书判清明集》卷九"揩改契书占据不肯还赎"）
12	翁泰出幼后所鬻者，则系交易正当，合听照契管业，此又一等也。（叶息庵，《名公书判清明集》卷五"争田合作三等定夺"）	今日之美意，未必不复为他日之厉阶，固不若据已摽拨，各自管业，以息纷争之为愈也。此非有司之所能决，母子、兄弟自择利而图之。（胡石壁，《名公书判清明集》卷十"兄弟之讼"）
13	且自淳熙十二年至今，已经七十年，并皆孙大椿管业。间丘璇自十八岁晓事，至死之日，凡三十七年，其时何不取索，必待（间丘）璇死又二十四年，辅之父子方欲争夺，可不可也？（《名公书判清明集》卷六"争田业"）	所有大广北山头分水而南，牛路为界，除卓县尉元克为吴家安葬一地外，尽合还卓宅承分子孙管业。（赵知县判，《名公书判清明集》卷九"主佃争墓地"）

续 表

序号	审理中查明事实	判决内依法处分
14	况各人管业年深，前此即无词诉，是则游伯熙用意包占龚敷地段分明。合押两争人到地头，集邻保从公照古来堑界摽迁，付两家管业。（人境，《名公书判清明集》卷五“揩改文字”）	其山仍系郑宗立照契管业，徐克明除墓禁外，不得争占。干照给还各人。（翁浩堂，《名公书判清明集》卷九“争山及坟禁”）
15	其莫如江于嘉定七年将白竹垌田立契，卖与王巡检户下行之，印契管业，已经两载。（人境，《名公书判清明集》卷五“物业垂尽卖人故作交加”）	设令孝先之予，未至伤惠，二女之取，未至伤廉，断然行之，一见可决。郑孝先勘杖一百，钉锢，照元遗嘱各拨田一百三十亩，日下管业。（范西堂，《名公书判清明集》卷八“女合承分”）
16	性甫之田典与文虎者，宝庆之乙酉也，彼时文虎尚幼，勉仲犹存，不印契，不割税，不收租，不管业，果何所利而交易，又何所见而不管业？佥厅所谓文虎先将钱典叔性甫田，毋乃失之偏听耶？今据赍到典契，乃绍定六年四月初三日印押分晓，然宝庆之元至是且九年矣，能印性甫之契，而不能收租、割税、管业，其意安在，岂富而能逊耶？（建佥，《名公书判清明集》卷五“侄假立叔契昏赖田业”）	若元吉之犯绞刑，盖亦屡矣。恶贯已盈，岂容幸免，欲将王元吉决脊杖二十，配广南远恶州军。所是日前卖盐废约，并不行用。仍帖县，给屋业还赵十一管业，词人放。（《名公书判清明集》卷十二“结托州县蓄养罢吏配军夺人之产罪恶贯盈”）
17	况彼三分，或居外州，其田并已倍并入陈某之家，见收租管业。（建阳丞，《名公书判清明集》卷三“申发干照”）	榜县学前，仰周起宗前来本司，供合立嗣人名，以凭给据。帖县日下拨田还本人，责领管业。阿张系出嫁妾，不合妄以主家田献入官，勘杖六十，照赦免断。余照拟行。（李文溪，《名公书判清明集》卷八“诸户绝而立继者官司不应没入其业入学”）
18	虽曰续曾陪还价钱，然自嘉定二年至宝庆三年，相去又十九年，胡为不再管业，直至去春，方来入词？（《名公书判清明集》卷四“漕司送许德裕等争田事”）	欲连契案帖县，令牛大同凭遗嘱管业，庶几是非别白，予夺分明，乡村小人，各安其分，不致嚣讼，重伤亲谊。（吴恕斋，《名公书判清明集》卷六“争山”）

续　表

序号	审理中查明事实	判决内依法处分
19	又供虽蒙谯运使给据，令清仲管业，后陈铁经部番论，符使府结绝，使府不曾申索运司公据毁抹，又于嘉定十七年五月内隐匿户部送断一节，复经运司请断由，致运司上依原判，再出给断由，缘此占耕傅氏给与黄成所耕田事用归。实缘所耕田委的经节次官司定断分明，其业合归傅氏儿掌管。今状却称今赍运司断由两本，并公据通呈，是经断废据等眩惑本司。此其诬罔六也。（《名公书判清明集》卷十三"以累经结断明白六事诬罔脱判昏赖田业"）	仰陈国瑞照二契管业居住，庶几从此风雨不动，安然如山矣。（叶岩峰，《名公书判清明集》卷六"谋诈屋业"）
20		其余黄土坑山、童公沟田、梅家园桑地，并听陈潜等照契管业，庶几法意人情，两不相碍。陈自牧、陈潜既为士人，亦须谙晓道理，若能舍此些小屋地，非特义举，亦免争诉追呼之扰，所失少而所得多矣。（吴恕斋，《名公书判清明集》卷六"执同分赎屋地"）
21		徐应辰勘杖一百，关书附案，坟山还方伯达，照已赎回管业。（翁浩堂，《名公书判清明集》卷五"揩擦关书包占山地"）
22		但傅三七所买刘八四山，与俞行父山全无干涉，先给还傅三七管业安葬。（刘后村，《名公书判清明集》卷五"争山妄指界至"）
23		干照给还郑应瑞管业，并给据与之照应。（翁浩堂，《名公书判清明集》卷四"已卖之田不应舍入县学"）
24		吴承节执据管业，妙缘砧基批凿给付，如敢顽讼，则讼在赦后，幸不可再矣！门示。（方秋崖，《名公书判清明集》卷四"寺僧争田之妄"）
25		当自今始各自管业，如更生事，定行惩断。（《名公书判清明集》卷四"漕司送邓起江淮英互争田产"）
26		李洪、陈五各勘杖一百，其田各照元立契管业。（《名公书判清明集》卷四"陈五诉邓楫白夺南原田不还钱"）

序号	审理中查明事实	判决内依法处分
27		案将黄俊德赉出契后批领，当厅毁抹附案，并将砧基簿批凿讫，还黄俊德管业，余人放。（《名公书判清明集》卷九"叔伪立契盗卖族侄田业"）
28		欲帖县，只令何太应照绍定二年买到赤契管业，取陈嗣佑知委申，违坐以虚妄之罪。（吴恕斋，《名公书判清明集》卷六"以卖为抵当而取赎"）
29		龚孝恭杖八十，刘良臣照契管业。（胡石壁，《名公书判清明集》卷四"妄诉田业"）
30		拖照金厅所拟，谓既是祖业分明，官司难以拘执，使府照行，给付管业，可谓用意之厚，施行之当。（《名公书判清明集》卷四"使州送宜黄县张椿与赵永互争田产"）
31		契二纸拘毁入案。桂节夫照砧基管业，放，仍榜贵溪县市。（刘后村，《名公书判清明集》卷四"干照不明合行拘毁"）

审案中兼顾契约与管业，乃是文本与实际的双重考察，这有助于干照的辨伪、司法的防弊。而在判决中指明管业主体，也体现法官审理田宅诉讼的现实效力，是以司法手段维护当事人合法权益、确认民事权利正当归属的表现。

第二条原则是南宋高宗绍兴二十二年（1152），[①]因婚田诉讼在当地得不到及时处理，三吴之地[②]百姓不遵循诉讼管辖之规定，径直上诉到中央，引起朝廷关注，首创发给民事诉讼当事人"断由"的制度：

右谏议大夫林大鼐言："比来遐方多有健讼之人，欺绐良民，舞玩文法。州县官竟未结绝，则申冤于部、于台、于省，官司眩于售词，必与之移送重定，外方往往观望，为之变易曲直。欲今后所

---

① 印证于《宋会要辑稿·刑法》三之二八《诉讼·田讼》，知是五月七日。

② "三吴之地"，大概指现代的江苏与浙江一带。这只是一个笼统的说法，实际上，南宋江南各路都有这些现象，这从宋代各类史料记载的时人"健讼""兴讼""缠讼"的世风中可以得到印证。

送，如婚田、差役之类，曾经结绝，官司须具情与法叙述定夺因依，谓之断由。人给一本，厥有翻异，仰缴所结断由于状首，不然不受理，使官司得以参照批判，不失轻重，而小人之处状不可掩矣。将来事符前断，即痛与惩治。可使户婚讼简，台省事稀，亦无讼之一策也。"上曰："自来应人户陈诉，自县结绝，不当，然后经州、经监司，以至于经台，然后到省。今三吴人，多是径至省，如此则朝廷事多，可从所奏。"

所谓"断由"就是官方制作的记录民事判决的理由的法律文书，是宋代司法的专有名词。"断由"的发放，除初审的县级官府外，此后各级上诉审的州、路监司机构均应发给当事人。发放时间上，据《宋会要辑稿·刑法三》，宁宗庆元三年的规定是"限三日内出给断由，如过限不给，许人户陈诉"；依《清明集》卷四法官范应铃判决"吕文定诉吕宾占据田产"一案的实例，"断由"也可于结案日当厅发给。南宋之所以在民事诉讼结案时，要求官府发给当事人"断由"，其原因是婚田纠纷日益增加，有拖延不决者，有越级上控者，为维护司法秩序，保证判决质量，保障交易安全，[1]因此在审结案件后给当事人说明理由与案情的法律文书，促使从州至路，再到中央的复核审理有案可据、有理可依，提高司法效率，并使田宅交易者获得稳定的司法预期，从程序上保障司法安全。"断由"制度的意义有三：作为法律文书，"断由"记载案情、法条与法官的案情分析、法律推理与判决理由；如果当事人不服，可以"断由"为据向上级司法机关申诉，"断由"因此成为上级机关或别的机关另行审理的基本依据；凭"断由"可查明案件是非，判断引用法律是否适当，当事人"断由"有利于保护庶民的财产利益，表明宋代政府对民事案件的高度重视与官方自我反省。[2]

---

① 宋代民事诉讼没有严格的终审制度，须先经县受理，县审理后不服可申诉到州，州断决不服可向路的监司机构申诉，再不服可向中央御史台直至户部申诉。

② 儒家语境中缺乏诉讼当事人为诉讼主体的概念，有的只是仁政爱民的文化意识；司法权力结构的配置以官方为主体。给"断由"制度却悄然改变着当事人的权利地位，庶民百姓不再简单地是诉讼中的客体，而是获得由"断由"制度及新司法理念所提供的权益保障。

　　最后也是最重要的原则，是依法判决、同一类案情适用同一类法律。有的学者误认为中国古代司法是充满不确定性、不可预期的"卡迪司法"，究其原因，是其未能正确理解中国古代的民事规则，以及"法意"与"人情"互相融合现象。

　　一方面，宋代司法参军是州级专门的检法机构，负责保管皇帝新颁的法令，并为长官判决检出适用的法条。中国古代没有民事权利主体的概念，中国古代没有民法典，但是是否说没有民事权利，没有民事法律生活呢？中国古代既有私有财产权利观念，也有私有财产权利保护的法律与事实，只不过它与西方的民法典表达不同而已。没有民法典绝不意味着没有民事法律关系——若说中国古代社会没有婚姻、没有田宅之交易，这是不可想象的——过日子离不开婚姻、家庭与财产，而婚姻的缔结、家庭的组合、财产的传递都必须遵循一定的逻辑与规则，只不过与西方相比，中国人的观念与逻辑及其规则有所不同罢了。这个不同，体现为观念、规范与规范的性质。[1] 而《名公书判清明集》一书保留了不少法官引用的民事诉讼法令，户婚门涉及的七大类案件，即争业、立继、检校、户绝、女承分、取赎、雇赁，都是适用同一规则。例如，田宅交易中常见的"取赎"类，法规有亲邻之法、[2] 典主故作迁延之法 [3] 等，"争业"类在诉讼时效方面，有契约不明"经二十年而诉

---

[1] 就观念而言，西方重个人，中国重家庭；就财产制而论，中国是家产制，西方是个人财产制；就规范而言，大陆法系的西方多以法典规范人之生活，而中国则是法典与习俗兼备；就规范的性质而言，西方以私法为主导，而中国则是公私并重，不仅有以刑为主的法典，且有反映民事关系的乡规俗例为补充。乡规俗例在中国文化里既是显规则又是潜规则。

[2] 依据宋代法令，田宅交易中，不论是卖，还是典，都要先问房亲，房亲不要，次问四邻，即田宅出卖人的房亲与四邻有优先购买权。如田宅出典，业主已死，又无子女，亲邻可优先赎回。之所以如此规定，是为了维持家族之间的和睦、邻里之间的融洽，当然也是出于保护交易的安全。南宋时，亲邻之法的法意有所变化，依《清明集》卷九中胡石壁（胡颖）之解释，"在法：所谓应问所亲邻者，止是问本宗有服纪亲之有邻至者。如有亲而无邻，与有邻而无亲，皆不在问限。见于庆元重修田令与嘉定十三年刑部颁降条册，昭然可考也。"

[3] 在田宅的出典中，典主（典权人）经常假"务限法"之规定，当业主备钱收赎时，迁延拖沓，至务开时，不予还业。故此，朝廷颁布法令专门惩治此类行为。胡颖在审理"典主迁延入务"一案中说："在法：诸典卖田产，年限已满，业主于务限前收赎，而典主故作迁延占据者，杖一百。赵端合照本条勘断。"

者不得受理"① 等。又如，为维护田宅交易安全，法官在民事审判中总结了五种不予受理案件的类型，② 也是遵循同一案情同一处理之准则。

另一方面，法意与人情的协调，并未颠覆依法判决原则。在"争则尚利"的背景下，儒家的道德防线节节溃退，法官们不得不正视发生在兄弟、父母子女及家族内的财产纠纷，以说教为幌子，维护当事人合法利益，表达时代的新内容。南宋法官认为法意与人情并不矛盾，所谓"殊不知法意、人情，实同一体，循人情而违法意，不可也；守法意而拂人情，亦不可也"。（胡颖：《名公书判清明集》卷九）从法官判决来看，考虑情理的前提是依法条之规定。仍以吴恕斋审理的"孤女赎父田"一案为例，俞百六娘夫妇于法可赎，③判词中又提到"当参酌人情"：一是戴士壬对所典之田有"培壅之功"，二是陈应龙本非勤苦持家之人，兴许受人指使，故在判决其有权赎回田产的同时，还特意要求其向官府写状担保，不许卖与他人。这并未从根本上破坏"依法给断"的原则。

两宋之际，以土地私有制为核心的田宅财产流转速度加快，传统的儒家意识形态所构筑的处理社会纠纷的道德防线不能适应商品经济繁荣下利益的多元化与世俗生活中物质欲望空前膨胀的新情况，司法机制由"伦理型"向"知识型"转化。宋代"法官"在处理田宅纠纷时，一方面在儒家的语境内

---

① 《名公书判清明集》卷四契约不明钱主或业主亡者不应受理、漕司送许德裕等争田事、吴肃吴镕吴桧互争田产、王九诉伯王四占去田产；卷五"经二十年而诉典买不平不得受理""争山各执是非当参旁证"；卷九"过二十年业主死者不得受理、揩改契书占据不肯还赎、禁步内如非己业只不得再安坟墓起造垦种听从其便"；卷十三"以累经结断明白六事诬罔脱判昏赖田业"。

② 这五条法令是：（1）"交易典卖田宅满三年，而诉以准折债负，官司不受理"；（2）"诸典卖田宅满三年，而诉以应问邻而不闻者，不得受理"；（3）"诸理诉田宅，而契要不明，过二十年，钱主或业主死者，不受理"；（4）"典产契头亡没，经三十年者，不许受理"；（5）"已分财产满三年而诉不平，及满五年而诉无分违法者，又遗嘱满十年而诉者，各不得受理"。

③ 依据的法条有二：一是在室女继绝法令；二是"诸妇人随嫁资及承户绝财产，并同夫为主"，因此，俞百六娘与丈夫陈应龙共有赎回权，只不过当以丈夫之名起诉。

参酌"人情"，另一方面，即便是发生在亲属范围内的诉讼纠纷，也力图明辨是非，以"法"的功能确定人的财产利益边界，以法律为依据成为审判的首要原则。宋代"法官"重视物证并依法判决，兼顾情理，力争收到好的社会效果，追求"天理、国法、人情"的平衡，这是值得借鉴的司法艺术。

第五章 宋代的家产诉讼与司法

宋代处于巨变时期，史学界惯常以"唐宋变革"来描述这一巨变，诸论之中，日本学者内藤湖南的观点广为人知："唐代是中世纪的结束，而宋代则是近代的开始。"[1] 以经济为例，较之汉唐，宋代商品经济发达，私有制观念强烈。宋代商品经济的发达程度连宋人也颇为吃惊，东京"每一交易，动即千万，骇人闻见"[2]。在土地制度方面，废止魏晋隋唐以来的均田制，采取"田制不立""不抑兼并"[3] 的土地政策，致使商品土地交易频繁，由此引发大量诉讼。据《宋会要辑稿》记载，南宋"人户交易田地，投买契书，交争讼界至，无日无之"，[4] 可见当时诉讼田地诉讼的繁多。

在变动的社会情势之下，两宋家庭、家族成员之间财产权利意识兴起，亲属之间血缘亲情意识淡薄，家产争讼繁多而复杂。[5]《名公书判清明集·户

---

① 内藤湖南：《概括的唐宋时代观》，刘俊文主编：《日本学者研究中国史论著选译第一卷（通论）》，第 10 页。

② 孟元老：《东京梦华录》卷二《东角楼街巷》，上海古典文学出版社 1956 年版，第 14 页。

③ 漆侠先生认为："在宋代，所谓'田制不立'，指的是封建国家土地所有制建立不起来，而所谓'不抑兼并'，又是在承认土地私有前提下对土地兼并不加干预。"参见漆侠：《中国经济通史：宋代经济卷》上册，经济日报出版社 1999 年版，第 264 页。

④ 《宋会要辑稿·食货》卷三之一八。

⑤ 研究宋代家产争论的代表性成果有台湾学者柳立言《宋代的家庭和法律》，上海古籍出版社 2008 年版。大陆学者则有张本顺：《宋代家产争讼及解纷》，商务印书馆 2013 年版。另可参见陈景良：《释干照——从"唐宋变革"视野下的田宅诉讼说起》，河南财经政法大学学报》2012 年第 6 期。

婚门》收录州县自理的户婚田土债负等民事讼案共计 185 件，而涉及亲属间家产争讼的案件则有 109 起，亲属间家产争讼案件占所有户婚、田土、债负案件的 59%，① 如此之高的比例令人吃惊。下文将探讨宋代家产争讼类型及士大夫对案件的处理。

第一节　宋代家产中的共财与私财之讼

"共财"争讼可分四种：卑幼私辄用未析共财之讼、子女争夺父母养老田之讼、义门之家的共财纠纷和族人的义庄与墓祭田之讼。前两种诉讼的司法处理较为明确，卑幼私辄用未析共财之讼多是维护同居共财，在子女争夺父母养老田之讼中，司法官多坚持"诸子均分"的财产分配原则。下文将重点论述义门之家的共财纠纷和族人的义庄与墓祭田之讼。

一、义门的共产纠纷

义门是累世同居大家庭的别称。虽然《宋史》中受到旌表的义门仅 57 家，但据王善军先生统计，宋代义门高达 142 家。然而，两宋时期义门在宋代户口中所占的比例非常之少，南宋家铉翁感慨"义居者，古宗法之遗意，绝无而仅见"② 可为一例证。义门之少在于维系艰难，"生者众则情伪日多，衣食不给则聚者不可以日久也"，③ 寻常人家如此，以学问名世之家亦然，南宋江西抚州陆九渊家"公堂之田仅足供一岁之食，家人计口打饭，自办蔬肉，不合食。私房婢仆各自供给，许以米附炊。每清晓，附炊之米交至掌厨灶者，

---

① 《名公书判清明集》卷四《户婚门》；卷九《户婚门》。
② （宋）家铉翁：《则堂集》卷二，《李氏敬聚堂记》，影印文渊阁四库全书本。
③ 《建炎以来系年要录》卷九，绍兴五年十二月甲寅。

置历交收。饭熟按历给散"①。宋代私有观念逐趋强烈，义门这种家庭结构必然受到冲击，家规家训严禁家庭成员私有财产，但难以实现这一美好愿望，家庭内部的财产纠纷反倒不乏其例。

除了义门的家庭结构，异姓妇女也是重要的影响因素。北宋黄庭坚指斥女性的破坏力："迨其子孙蕃息，妯娌众多，内言多忌，人我意殊，礼义消衰，诗书罕闻，人面狼心，星分瓜剖"，"而其后妇言是听，人心不坚，无胜已之交，信小人之党，骨肉不顾，酒孜是从，乃至苟营自私，偷取目前之安逸，资纵口体，而忘远大之计。"②司法实践中妇女导致义门分产析居的案例并不罕见，譬如《名公书判清明集》中的阿张案，"阿张为人子妇，不能奉尊长，首尾不及一年，厥舅两以不孝讼之。据其所供，丑不可道，事涉暧昧。"阿张的丈夫"蒋九因阿张之故，遂至弃父养，出外别居"③。晚年趋向江西诗派而有断案经验被列为名公的刘克庄，和江西诗派鼻祖黄庭坚的见解也相似："每见人妯娌间易生猜忌。"④宋代义门家法族规对妇女颇为严苛，但在商品经济发达、私有观念强烈、功利主义盛行的时代浪潮冲击下，义门的财产纠纷不断，显然不是妇女挑起的祸端。

总体而言，排除异姓妇女、赋税差役等因素，义门的家庭结构模式与商品经济是矛盾的，同居共财和私有制观念是冲突的，而且这一矛盾和冲突难以调和，义门之家的家产纠纷便是必然之事。

二、由义庄、墓祭田等族产引发的共财争讼

宋代的士大夫深具情怀，致力于宗族建设，兴置族产，编修谱牒，兴办

---

① （宋）罗大经：《鹤林玉露》丙编卷五《陆氏义门》，王瑞来点校，中华书局1983年版，第323页。

② （宋）刘清之：《戒子通录》卷六《黄太史》，影印文渊阁四库全书本。

③ 《名公书判清明集》卷一〇《妇以恶名加其舅以图免罪》。

④ （宋）刘克庄：《后村先生大全集》卷一六一，《夫人宗室》，四部丛刊初编本。

族塾义学，制定家法族规，然而"敬宗收族"的效果未必就得以实现。北宋张方平批评其时宗族观念的淡薄而需严惩："虽父母亡而乡里有宗族坟墓，辄于别所立产而居者，无问尊卑，并削其官爵。"[①]考诸史实，宋代以义庄和墓祭田产为核心的纠纷常有，士大夫的努力并未如其所愿。

1. 由义庄而生的纠纷

宋代义庄具有慈善性质，本不应在族人争产之列，然而义庄、义学田、义学等族产被侵犯之例并不鲜见。范氏义庄为宋代典范，同为北宋人且致力于义庄建设的钱公辅在《范文正公义田记》中予以高度评价。[②]钱公辅对范氏义庄的推崇可以反证其时义庄的难得与令人担忧的世道人心。尽管范氏义庄有《义庄规矩》，"义庄事惟听掌管人依规处理，其族人虽是尊长，不得侵扰干预，违者许掌管人申官理断"，"掌管人有欺弊者"，则"听诸位具实状同申文正位"，[③]然而，在范仲淹之子范纯仁手中义庄运营便遇到了难题，不得不向英宗寻求解决之策。"诸房子弟有不遵规矩之人"，"州县既无敕条，本家难为伸立"，义庄"五七年间，渐至废坏，遂使饥寒无依"。治平元年（1064）四月，范纯仁上奏英宗，请求"特降指挥下苏州，应系诸房子弟有违规矩之人，许令官司受理"。虽然英宗"札付苏州准此"，[④]但于此可见义庄在人心政俗巨变中的处境。北宋楼钥在《义宅记》中对此事语多感慨，没过几年，范纯仁"已虑其废坏，故治平奏请圣旨，违犯义庄规矩之人，许令官司受理"，"一门同姓，为此义事，其难如此。况天下之大，思所以为亿万世之计者，又可忽乎！"[⑤]范氏义庄遭遇财产侵犯，虽有范文正公定下的《义庄规矩》而不行，被迫向皇帝求助，楼钥的感慨恰恰可窥探义庄的财产纠纷之一斑。

---

① （宋）张方平：《乐全集》卷一二《不孝之刑》，影印文渊阁四库全书本。

② （宋）钱公辅：《范文正公义田记》，载范成大：《吴郡志》卷一四《园亭》，中华书局1990年版，第798页。

③ （宋）范仲淹：《范文正公文集》，附录于《义庄规矩》，四部丛刊初编本。

④ （宋）范仲淹：《范文正公文集》，附录于《义庄规矩》，四部丛刊初编本。

⑤ （宋）楼钥：《义宅记》，载范成大：《吴郡志》卷一四《园亭》，中华书局1990年版，第799页。

义庄的兴办并不是百利而无一弊，宋人袁采认为："置义庄以济贫族，族久必众，不惟所得渐微，不肖子弟得之，不以济饥寒，或为一醉之适，或为一掷之娱，致有以其合得券历，预质于人，而所得不其半者，此为何益？"解决的方案是"不若以其田置义学及依寺院置度僧出，能为儒者择师训之，既为之食，且有以周其乏"①。袁采所说的义学在宋人当中不乏应和者，但来自义庄收入而兴办的义学未必就能实现倡导忠孝仁义，平息财产争夺，教化人心，化解族人的觊觎。据洪迈的《夷坚三志己》记载，李侍郎颇有淑世情怀，创办义学，"招延师儒"，讲授儒家经典，希望重建族内风气，但恶劣的世风反而使他受辱，他死后，义学被族人瓜分，屋舍拆除，不复存在。②洪迈笔下固然有嘲讽之意，但可做当时族人争夺义学田产的旁证。

2. 由墓祭田而生的争讼

宋代由墓祭田引发的争讼种类较多，就目的而论，或维护宗族亲情，或者争夺利益；就血缘关系而论，有兄弟、叔侄、叔嫂、近亲族人间的争讼；就标的而论，则分为墓田和墓木，案件类型有侵占坟墓、斫伐墓木、包揽烝尝田、发掘冢墓、迁移祖坟和因墓田邻而发的收赎等。种种争讼之中，兄弟争夺墓祭田案和因墓田邻而生的纠纷较多。

据宋末元初人方回的《桐江集》，光宗绍熙（1190—1194）初年方琢家祖墓被族人盗葬，"三府君讼州县，屡扼于吏，先君年甫冠，两诣饶州，讼于江东提刑司得直"，③历尽艰难方得公正处理。宋人郑刚中《北山集》则记载衢州常山县江氏小山祖墓被近族人侵夺案。④在争夺墓地案中，近族借居而视为己产，甚至盗卖。民户土地与墓田相邻，年岁日久，便不断侵吞，从而引发纠纷。

非但族人，兄弟争夺墓祭田产也常见。譬如南宋黄榦所审的"张运属兄

---

① （宋）袁采：《袁氏世范》卷一《睦亲·置义庄不若置义学》，丛书集成初编本。
② （宋）洪迈：《夷坚志·夷坚三志己》（第三册）卷一○《界田义学》，何卓点校，中华书局 1981 年版，第 1382—1383 页。
③ （宋）方回：《桐江集》卷四《先君事状》，续修四库全书本。
④ （宋）郑刚中、郑良嗣：《北山集》卷一九《碑记·江氏小山祖墓记》，影印文渊阁四库全书。

弟互诉墓田"案件。该案中，张解元、张运干兄弟二人争夺墓田。黄榦认为兄弟血肉相连，皆为士大夫，为墓田而讼有辱门风，对子孙的影响也恶劣，故而劝谕有加。① 再如南宋刘克庄所审的"持服张辐状诉张载张辂妄诉赡茔产业事"案。嫡长子张提干在母死后企图独占家产，引发兄弟诉讼。名公刘克庄认为，赡茔田土为祖先创置，系共财，兄弟皆有份，故而判决为："将赡茔田业开具田段、坐落、亩步、产钱，专置一簿，开载契簿，长位拘收，别立赡茔关约，并经印押，每位各收一本，自淳祐五年为始，租课长房先收，以后轮流掌管，周而复始，庶熄（息）争讼。"② 刘克庄的判决表明墓祭田为共有财产，诸兄弟共享收益，任何人不能独占。

除了墓地，原本神圣的墓木也沦落为争讼的对象。然而，世易时移，族人视墓木为利益而争夺。据南宋应俊的《保坟墓》，"今之人乃有望其木思以为材，视其榛棘思以为薪，登其邱墓思发其所藏者"③，视墓木为具体的利益，引起应俊的无限慨叹。北宋魏泰的《东轩笔录》记载士人薛少卿"盗斫坟茔之松槚"案。熙宁（1068—1077）初，"有薛少卿占籍是邑，一旦为盗斫坟茔之松槚，薛君投牒，诉其事"，处理该案的司法官判曰："周文王之苑囿，犹得刍荛；薛少卿之坟茔，乃禁樵采。"④ 该案中，未名的朝士没有适用《宋刑统》盗伐墓木的律条，而援引儒家"周文王之苑囿"，固然失之迂腐，但此案中墓地的松槚被盗伐当是史实。

族人盗伐墓木较为普遍，南宋陆游的《放翁家训》亦有记载，"不幸（子）孙遂有剪伐贸易之弊。坐视则不可，禁止则争讼纷然，为门户之辱，其害更甚于厚葬。"值得玩味的是，陆游谆谆告诫子孙："吾死后墓木毋过数十，或

---

① （宋）黄榦：《勉斋集》卷三三《张运属兄弟互诉墓田》，载《名公书判清明集》附录二。

② （宋）刘克庄：《后村先生大全集》卷一九二《持服张辐状诉张载张辂妄诉赡茔产业事》，载《名公书判清明集》附录三。

③ （宋）郑玉道、（宋）彭仲刚、（宋）应俊、（元）左祥：《琴堂谕俗编》卷上《保坟墓》，载向燕南、张岳编注：《劝孝——仁者的回报；俗约——教化的基础》，中央民族大学出版社1996年版，第190页。

④ （宋）魏泰著，李裕民点校：《东轩笔录》卷八，中华书局1983年版，第88页。

不可陷后人于不孝之地，戒之戒之。"①陆游的记述与告诫反映出当时族人争夺墓木纠纷之多。

三、因亲邻权而引发的私有田宅争讼

宋代的亲邻田宅争讼案件主要有制造伪契、白契和因田宅交易价格而引发的争讼等。

1. 因伪契、白契而引发的亲邻私有田宅之讼

伪造契书在田宅交易中较为常见。太平兴国八年（983），开封府司录参军赵孚奏称："庄宅多有争讼，皆由衷私妄写文契，说界至则全无丈尺，昧邻里则不使闻知，欺罔肆行，狱讼增益。"赵孚认为，解决之策为："请下两京及诸道州府商税院，集庄宅行人众定割移，典卖文契各一本，立为榜样，违者论如律。"② 天圣五年（1027）八月，太子中舍牛昭俭言："准敕，应典卖田宅，若从初交易之时，不曾问邻书契，与限百日陈首免罪，只收抽贯税钱。"③ 由此可见宋代的田宅交易自有定法，经过法定程序，订立书契，方才有效。而司法实践中伪造契书而引发的诉讼为数不少。牛昭俭论及伪造契约的状况：

臣自天圣四年十月到任务开，后来推勘争田契十余事，各自克复已来造伪文契。内有因日前放纳牙税，直将印契，以此为由，虚构词讼。其上件契，并行毁抹。所争物业，各有结断，朝廷虽有敕条厘革，其如远方愚民，罕有遵禀，执来契券，虚伪甚多。盖为邻里骨肉，不相和协，遂与他人衷私交易，虚抬价钱，故作远年文契收藏。俟朝廷有敕，许将出限契书赴税务陈首，遂使顽民得便，竞将伪契投印。及至争论，执出为凭，官吏疑惑，便将为据，临时断割，枉直不分。④

① （宋）陆游：《放翁家训》，丛书集成初编本。
② 《续资治通鉴长编》卷二四，太平兴国八年三月乙酉。
③ 《宋会要辑稿·食货》六一之五八。
④ 《宋会要辑稿·食货》六一之五九。

如何革除弊端，牛昭俭认为：

欲乞自今后典卖庄宅契，除元限两月外，更展限四十日，依元敕于本县投契，委令佐验认，如无诈伪，关送所属税场，依例纳税钱。限外典卖，不经官司陈首，即许典卖主陈者，不限多少，先依例抽纳正税钱入务外，分二分，一分纳官，一分支赏业主。如诸色人陈告，即立为十分，七分纳官，三分给告事人。所有文契，并令毁抹，更不行用。国家如此条约，则民政不至堕坠，课利亦自登办，百端欺诈，渐自泯绝。①

依据宋代法律，田宅交易双方须有契书，这是交易当事人产权变更的证据，为防止发生纠纷，双方须谨慎保存。大中祥符九年（1016）二月秦州曹玮言："州民多讼田者，究寻契书，皆云失坠，至召邻保证验，重为烦扰。"② 州民在田讼中竟称书契遗失，需要邻保作证。乾兴元年（1022）正月，开封府言："人户典卖庄宅，立契二本，（一本）付钱主，一本纳商税院。""年深整会，亲邻争占，多为钱主隐没契书。及问商税院，又检寻不见。""今请晓示人户，应典卖当庄宅田土，并立合同契四本：一付钱主、一付业主、一纳商税院、一留本县。从之。"③ 依据这一规定，除了钱主和商税院之外，业主和县衙均须存契书。然而，有的业主订立契书时故意作伪，从而兴讼："或浓淡其墨迹，或异同其笔画，或隐匿其产数，或变易其土名，或漏落差舛其步亩四至。凡此等类，未易殚述。其得业之人或亦相信大过，失于点检，及至兴讼。"④

原业主及其子孙在收赎出典的田宅时，须凭借经官方盖印的红契。红契是钱主取得所有权的合法凭证，表明田宅买卖经过亲邻批退、官方的赋税过割和对批砧基薄。未经官方盖印的草契或私契称为白契。白契的产生与税重及官府腐败有关："大率民间市田百千，则输于官者十千七百有奇，

---

① 《宋会要辑稿·食货》六一之五九。
② 《宋会要辑稿·食货》六一之五七。
③ 《宋会要辑稿·食货》六一之五七。
④ 《名公书判清明集》卷五，《物业垂尽卖人故作交加》。

而请买契纸、贿赂官吏之费不与。"① 司法实践中，"交易有争，官司定夺，止凭契约"②，所谓"契约"指红契，而不是白契。南宋吴恕斋言："官司理断交易，具当以赤契为主"，③ 没有经官印押的白契是没有法律效力的。南宋高宗绍兴五年（1135）三月规定："自今民间竞产而执出白契者，毋得行用"④。绍兴十三年(1143)十月规定："民间典卖田宅，赍执白契因事到官，不问出限，并不收使，据数投纳入官。"⑤ 在司法实践中，据《名公书判清明集》："只作空头契书，却以白纸写单帐于前，非惟税苗出入可以隐寄，产业多寡皆可更易，显是诈欺。"⑥ 持白契者得不到司法保护，司法官引导民众到官府办理红契。南宋韩似斋言："执白契出官，是自违契限，自先返悔，罪罚讵可轻责乎？"⑦ 虽然官府劝谕、引导百姓经法定程序办理红契，合法交易，但白契依然大量存在而引起诉讼。

2. 业主与亲邻因田格引发的田宅之讼

据《宋刑统·户婚律》条规定："应典、卖、倚当物业，先问房亲，房亲不要，次问四邻，四邻不要，他人并得交易。房亲著价不尽，亦任就得价高处交易。如业主、牙人等欺罔邻亲，契帖内虚抬价钱，及邻亲妄有遮者，并据所欺钱数与情状轻重，酌量科断"，⑧ 是为亲邻之法。"房亲著价不尽"，业主可以高价与他人交易。如果业主与田宅交易的牙人虚抬田价，则依据所欺的钱数和具体情况而酌量科以处罚。

田宅交易的亲邻权常被恶意滥用，南宋袁采劝谕民众："凡邻近利害欲

① （宋）李心传撰，徐规点校：《建炎以来朝野杂记》（上）甲集卷十五，《田契钱》，中华书局 2000 年版，第 320 页。
② 《名公书判清明集》卷五，《物业垂尽卖人故作交加》。
③ 《名公书判清明集》卷六，《以卖为抵当而取赎》。
④ 《宋史》卷一七四《食货上二》。
⑤ 《宋会要辑稿·食货》七〇之一四一。
⑥ 《名公书判清明集》卷四，《高七一状诉陈庆占田》。
⑦ 《名公书判清明集》卷六，《出卖后买主以价高而反悔》。
⑧ 《宋刑统》卷一三，《户婚律·典卖指当论竞物业》，第 207 页。

得之产，宜稍增其价，不可恃其有亲有邻，及以典至卖，及无人敢买，而扼损其价，万一他人买之，则悔且无及，而争讼由之以兴也。"①抬价典卖引起诉讼，亲邻法而引发的财产争讼究其实不过是财产的争夺。

四、因妇女奁产而引发的诉讼

女儿出嫁，父母陪送随嫁资产，是为奁产。奁产主要包括出嫁陪送的不动产、随嫁田和奁具等，可分为动产与不动产两种。南宋吴自牧的《梦粱录·嫁娶》详细列举奁产的种类："女家回定帖，亦如前开写，及议亲第几位娘子，年甲月日吉时生，具列房奁、首饰、金银、珠翠、宝器、动用、帐幔等物，及随嫁田土、屋业、山园等。"②宋代崇尚厚嫁，奁产争讼随之频繁。南宋张栻便持这种观点："婚姻之际，亦复潜度，以财相绚，以气相高，帷帐酒食，过为华侈，以致男女失时，淫僻之讼多往往由此。"③从士大夫到普通老百姓，奁产争讼涉及各个社会阶层。

1. 宋代士大夫的奁产之讼

"君子谋道不谋食"④"正其谊不谋其利，明其道不计其功"⑤等主流价值观在宋代受到冲击。有的士大夫品行不端，"戕贼于私欲之途，良心熏染于贪浊之习，滔滔流荡，无所底止，其间能自拔于颓波之中者，盖不可以多数矣"⑥。真宗咸平三年（1000）的争娶富孀案较为典型。左领军卫将军薛惟吉死后，遗孀柴氏"尽蓄其祖父金帛，计直三万缗，并书籍纶告，以谋

---

① （宋）袁采：《袁氏世范》卷三《邻近田产宜增价买》，丛书集成初编本。

② （宋）孟元老等：《东京梦华录·梦粱录》卷二〇《嫁娶》，上海古典文学出版社1956年版，第304页。

③ （宋）张栻、朱熹：《南轩集》卷十五《谕俗文》，影印文渊阁四库全书本。

④ 《论语·卫灵公》。

⑤ 《汉书》卷五六，《董仲舒传》。

⑥ （宋）王柏：卷一七《鲁斋集》，影印文渊阁四库全书本。

改适"①。右仆射张齐贤、兵部侍郎、平章事向敏中三人为争娶柴氏而势同水火，经皇帝干预才平息事端。对此，朱熹认为："本朝向敏中号有度量，至作相，却与张齐贤争取一妻，为其有十万囊橐故也"，② 可谓中的之论。

有的士大夫为获得奁产而入赘，屈身为赘婿。士大夫因入赘而引起的财产纠纷案，详见下表：

	时 间	案 情	出 处
刘宗古案	神宗元丰元年（1078）	屯田郎中刘宗古因"规媚妇李财产，与同居"，被"放归田里"。	《续资治通鉴长编》卷二百九十一，元丰元年八月丙寅
王蘧案	哲宗元祐七年（1092）三月	"常州江阴县有媚妇，家富于财，不止巨万"，王蘧"利高赀，屈身为赘婿"。	《续资治通鉴长编》卷四百七十一，元祐七年三月丁酉
盖渐案	哲宗绍圣元年（1094）八月二十六日	"许州阳翟县豪民盖渐家赀累巨万计，女兄弟三人，有朝士之无耻者利其财，纳其仲为子妇，以渐非盖氏子，关通州县，讼而逐之，三分其财而有之。盖渐无所生养父母，法合承分，诣朝省理诉，终为势力者所扼。欲乞送不干碍官司推究情弊，以伸沉冤。"	《宋会要辑稿·刑法》三之四五
叶嗣立案	南宋宁宗嘉定十五年（1222）七月	福建提举茶司干官叶嗣立"更娶海盐蔡家寡妇常氏，席卷其家财，陵轹其妻子。"	《宋会要辑稿·职官》七五之三一至三二

面对宋代一些士人的名节在财富面前不堪一击的现状，北宋欧阳修上奏曰："窃以累年以来，风教废坏，士无廉耻之节，官多冒滥之称。当其积习因循，则不以为怪，如欲澄清治化，则宜革此风。"元祐年间，丁骘认为："娶妻论财，全乖礼义。衣冠之家，随所厚薄，则遣媒妁往返，甚于乞丐，小不如意，弃而之它。市井驵侩，出捐千金，贸贸而来，安以就之。""名挂仕版，

---

① 《续资治通鉴长编》卷五三，咸平五年十月癸未。
② （宋）程颢、程颐著，王孝鱼点校：《二程集·河南程氏外集》卷一〇《大全集拾遗》，中华书局 1981 年版，第 407 页。

身被命服，不顾廉耻，自为得计，玷辱恩命，亏损名节，莫甚于此。"对于士大夫的寡廉鲜耻，丁骘认为朝廷应严责"御史台严行觉察，如有似此之人，以典法从事。"①欧阳修和丁骘的义愤填膺，反证当时士大夫攫取奁产的普遍。

2.《名公书判清明集》中的奁产争讼

《名公书判清明集》中妇女奁产争讼的案件较多。譬如，南宋阿张案，阿张在丈夫吴子顺、儿子吴昇死亡之后，留有随嫁奁田，回娘家居住。阿张夫家的族人吴辰趁阿张暮年，欲以亲孙镇老强为吴昇之后，吞并阿张的奁产。李文溪判曰：拨卖阿张部分随嫁田，当作安葬张氏、吴昇的费用，"葬毕，于族中从众选立一人承祀，却拨余田与之"②，而对族人吴君文即镇老之父、吴辰之子施以杖刑八十。再如，南宋翁浩堂审理的"璩天佑论张崇仁娶侄女息娘不当及兜占田产"案，璩天佑入词而妄称侄女息娘身死不明，意在于侵吞侄女一分"随嫁奁田"。③

另有母亲侵夺亲生女奁产者，譬如，婢女郑三娘为李介翁生下一女良子，李介翁死后，郑三娘"反分取良子之嫁资田业，而自为嫁资，不待其主葬，以身出嫁宗子希珂"④。

第二节　宋代家庭成员的家产继承之讼

一、法定家产继承之争讼

法定家产继承之争主要在寡妇、兄弟间、叔（伯）侄间以及别宅子、遗

---

① （宋）吕祖谦：《宋文鉴》卷六一，《请禁绝登科论财娶妻》，影印文渊阁四库全书本。
② 《名公书判清明集》卷八，《利其田产自为尊长欲以亲孙为人后》。
③ 《名公书判清明集》卷一三，《叔诬告侄女身死不明》。
④ 《名公书判清明集》卷七，《官为区处》。

腹子之间展开。宋代寡妇获得财产继承权是后世难以比拟的，而兄弟之间的遗产分割，法官多秉承诸子均分的原则。叔侄之间的财产纠纷和同居共财的家庭结构有莫大关系，析产之际常常没有亲情伦理可言。苏洵云："自斯人之逐其兄之遗孤子而不恤也，而骨肉之恩薄。自斯人之多取其先人之赀田而欺其诸孤子也，而孝弟之行缺。自斯人之为其诸孤子之所讼也，而礼义之节废。"①所谓骨肉、孝悌、礼义均经不起财产分割的考验。法定家产继承之诉的案例详见下表：

法定家产继承争讼案例表

家庭成员争讼财产	案名与案情	判决结果	确认的财产关系	审理法官	史料来源
寡妇	"从兄盗卖已死弟田业"案：丘庄即丘六四者，丘萱之从兄也。丘萱身死无子，阿刘单弱孀居，丘庄包藏祸心，垂涎于从弟之方死，染指于丘新之立继。觊觎不获，奸巧横生，竟将丘萱三瞿里已分田五十种，自立两契，为牙卖与朱府	照条对丘庄"勘杖一百，枷监丘庄""其田合还阿刘，仍旧照契典，却不许非理典卖"	无男未嫁的孀妇可以完全继承亡夫的财产	南宋建阳佐官	《名公书判清明集》卷五
兄弟	"兄弟之争"家产案：黄居易奸狡，二弟愚钝，黄居易家业丰厚而二弟贫薄。黄母死后，黄居易霸占管业，逐远二弟，以父母之财产私置产业。"然其智足以饰奸，既于分关内明言私房续置之产，与众各无干预，又于和对状中，声说别无未尽积蓄"	"黄居易当思同气连枝之义，绝彼疆此界之心，周恤其二弟，使兄弟和气复合，……示三名取无争状。"将三人押下州，请"径直自条断遣"	诸子均分	南宋蔡杭	《名公书判清明集》卷十

---

① （宋）苏洵：《嘉祐集》卷一四，《苏氏族谱亭记》，影印文渊阁四库全书本。

家庭成员争讼财产	案名与案情	判决结果	确认的财产关系	审理法官	史料来源
叔侄	南宋通判案：一通判"平生清苦自立，乡曲所共知之"、"赀产素微"，死后留下"一妇一孙，茕茕鳌幼，孤影凄然"，通判的侄子觊觎其叔"归橐之物，盼盼然惟恐谋夺之不亟"	"点对元检校数目，严与封桩。将来准备襄事支遣之外，以其余金悉为买田，活其孤幼，如见留日用婢仆之类，亦合量为支给，其它蚕食于旁，一切屏去之"	检校，保护孤幼财产权利	南宋一通判	《名公书判清明集》卷八
别宅子	吴兴富翁案："吴兴富翁莫氏者，暮年忽有婢怀娠。翁惧其妪妒。且以年迈，惭其子妇若孙，亟遣嫁之，已而得男。翁岁时给以钱米缯絮不绝。"别宅子十许岁时，"莫翁告殂。"里巷无赖劝诱莫翁之婢，"汝之子莫氏也。其家田园屋业，汝子皆有分，盍归取之，不听则讼之可也"，妄图在胜诉之后，分得别宅子应得的财产。别宅子受怂恿到莫翁灵前恸哭而拜，然后离开。莫氏长子为免于兴讼，劝说家人认下别宅子。无赖之辈起诉莫家之计没有得逞，投牒持券诉讼别宅子"负贷钱"	查清案件事实，将"群小置狱，杖脊编置"		太守唐少尉彖	《宋稗类钞》卷三
遗腹子	"女婿不应中分妻家财产"：周丙死后，女婿李应龙"不顾条法，不恤幼孤，辄将妻父膏腴田产，与其族人妄作妻父、妻母摽拨"。刘克庄认为，女婿不能中分妻家财产。"遗腹之男，亦男也，周丙身后财产合作三分，遗腹子得二分，细乙娘（李应龙之妻）得一分"	索取周丙户下所有的田园干照和浮财账目，"将碇腴好恶匹配作三分，唤上合分人，当庭拈阄"	依照"儿女分产，女得男之半"法，保护遗腹子的财产继承权	南宋刘克庄	《名公书判清明集》卷八

二、户绝立嗣继产之讼

宋代的立嗣纠纷，究其实，是财产争夺的纠纷，这可以视为宋人宗法观念淡薄、重利轻义的表现。在南宋黄榦审理的"陈如椿论房弟妇不应立异姓为嗣"一案中，宁乡知县陈邵于其生前在潭州抱养同官遗弃之子，后易名为陈志学。陈邵死后，族兄陈如椿欲攫取财产，联合时任辰州知县陈敏学，诬告陈志学是陈邵之妻刘氏于陈邵死后所立的异姓子，吞占财产。黄榦斥责身为士大夫的陈敏学"廉耻道丧，莫此大甚"，期待他"少知改悔，以全士大夫之名节"。①

作为父母官的士大夫经不起财富的诱惑，平民百姓亦然。据《名公书判清明集》收录的"熊邦兄弟与阿甘互争财产"一案，熊赈元有三个儿子，熊资身死，其妻阿甘改嫁他人，剩下在室女一人，"户有田三百五十把，当元以其价钱不满三百贯，从条尽付女承分。""未及毕姻"，在室女身故。二兄争以其子为熊资立嗣，而阿甘"有谓内田百把系自置买，一欲求分"。对此，作为司法官的范西堂直击问题要害："立嗣之说，名虽为弟，志在得田。"②

南宋吴恕斋审理的"不可以一人而为两家之后别行选立"一案同样是假兄弟立嗣之名，行争夺财产之实。吴恕斋认为："吴烈以祖母遗嘱影射，不肯为季八立嗣，盖欲奄有其全业，固不知有死者矣。登云已过房为季五子，今又欲为季八后，亦不过贪图其产业，岂真为死者计哉！"吴恕斋谴责"烈乃妄词违法，诬其祖母绝其伯父之嗣，尤为可罪"，认为法令与习俗均无兼祧之说，反对"见利忘义"者登云的兼祧请求："至于登云以一身而跨有两位之产，又出何法令？"③

户绝之家立嗣本不图继承家产，然而被立嗣人往往图谋财产，引发纠纷。南宋一提举司称："所有立嗣一项，王平既无田可耕，无屋可居，谁肯

① （宋）黄榦：《勉斋集·陈如椿论房弟妇不应立异姓为嗣》，载《名公书判清明集》附录二。
② 《名公书判清明集》卷四，《熊邦兄弟与阿甘互争财产》。
③ 《名公书判清明集》卷七，《不可以一人而为两家之后别行选立》。

愿为立嗣？况族人又无可争立嗣者，王方可自区出，有人则立，无人则已，何必动扰官府？"①宋人不讳言财产，立嗣者旨在谋财，大量立嗣纠纷由争夺财产而引起的史实，显示出宋代经济、观念因素对立嗣制度的冲击。

三、宋代遗嘱继承之讼

宋代，以遗嘱处理家事与财产较为通行，为各个阶层所用。在由遗嘱继承引发的财产诉讼案件中，法官注重对遗嘱真伪的辨析，从而确认其有效性和证明力。宋代财产纠纷案件中的遗嘱往往需要经过官府和宗族的认可。在南宋翁浩堂审理的"僧归俗承分"一案中，"何烈既已身亡，所有规求一节，且免尽法根究。其何氏见在物业，并合用子承父法，作两份均擘。缪氏子母不晓事理，尚执遗嘱及关书一本，以为已分析之证。此皆何烈在日，作此妆点，不曾经官印押，岂可用私家之故纸，而乱公朝之明法乎？"②由此案可知，不经官方"印押"的遗嘱，翁浩堂认为是"私家故纸"，不能作为定案依据。再如，南宋刘克庄审理的"继绝子孙止得财产四分之一"一案，"（通仕）今恤孤之谊无闻，谋产之念太切，首以己子世德为世光之后，而宝藏世光遗嘱二纸，以为执手。世俗以弟为子，固已有之，必须宗族无间言而后可。今争讼累年，若不早知悔悟，则此遗嘱二纸，止合付之一抹。何者？国家无此等条法，使世光见存，经官以世德为子，官司亦不餍族众，不经官司之遗嘱过令别求昭穆相当之人。"③在此案中，刘克庄认为，遗嘱没有族人的见证与官司的印押，真实性可疑。再如，在"父子俱亡立孙为后"一案中，建仓认为："今却据族长评议，已立渊海继王怡后，更欲立王广汉为圣与之后。究其所以，乃谓余氏在日，有此遗嘱，殆与前此通判所申王齐翼父子并余氏不欲立广汉之说背驰。设果有遗嘱，便合经官印押，执出为照，不应直

---

① 《名公书判清明集》卷一三，《假为弟命继为辞欲诬赖其堂弟财务》。
② 《名公书判清明集》卷五，《僧归俗承分》。
③ 《名公书判清明集》卷八，《继绝子孙止得财产四分之一》。

待王怡命继后，方赍出遗嘱挽立，为族长者又附会，而为双立之说，此不过又生一秦，相与破荡王怡物业，于理委是难行。"①"独王广汉者，一时不忍以其祖业分与远房，遂经官陈词，执出遗嘱，以为王怡之母曾立其为嗣，欲与渊海双立，乃为叔孙。官司以其遗嘱未甚正当，方此尼而不行。"②在此案中，司法官认为，未经官印押的遗嘱，难以验证其真假虚实，难以采信。

相比之下，经官印押、真实合法的书面遗嘱，往往被法官采信。譬如，南宋"先立已定不当以孽子易之"一案，"阳梦龙继八二秀，祖命也，阳攀鳞继八五秀，父之命与祖母之命也，亦既历年多矣，亲书遗嘱，经官给据，班班可考，质之房长，并无异词。"司法官通过经官印押的遗嘱，确认立继事实，做出判决："八二秀产业合付之梦龙，八五秀产业合付之攀鳞。"③再如，南宋翁浩堂审理的"鼓诱寡妇盗卖夫家业"案。徐二先娶阿蔡为妻，亲生一女六五娘。徐二的后妻阿冯及其带来的前夫子陈百四专其家，阻止徐二立嗣。徐二恐死后家业落入异姓之手，于"淳祐两年（1242）手写遗嘱，将屋宇、园池给付亲妹与女，且约将来供应阿冯及了办后事"，"遗嘱可谓曲尽"。徐二身死未寒，里人陈元七"欺阿冯孀处而贪谋之，坐使陈小三为牙，啜诱阿冯立契，盗卖徐二家业"。翁浩堂认为："徐二之业已遗嘱与妹百二娘及女六五娘，曾经官投印，可谓合法。"翁浩堂援引"诸财产无承分人，原遗嘱与内外缌麻以上亲者，听自陈，官给凭由"和"诸寡妇无子孙，擅典卖田宅者杖一百，业还主，钱主、牙保知情与同罪"等法条，依法判决："家业追还徐百二娘、六五娘同共管典"，"仍仰百二娘照遗嘱供奉阿冯终身，不得背弃。"该案确认书面遗嘱的效力，对"陈元七、陈小三、阿冯三名，各勘杖一百，内阿冯年老免断，监钱"④。

此外，宋代法官常通过核对笔迹，辨析、鉴定遗嘱真伪。譬如，南宋

---

① 《名公书判清明集》卷八，《父子俱亡立孙为后》。

② 《名公书判清明集》卷八，《所出又亡再立亲房之子》。

③ 《名公书判清明集》卷七，《先立已定不当以孽子易之》。

④ 《名公书判清明集》卷九，《鼓诱寡妇盗卖夫家业》。

韩竹坡所断的"伪冒交易条"一案："莫君实之子梦回，同其所生母周八娘，诉论林榕假盗卖其烝尝田"。莫君实死后，林榕"虚立死人契字，盗卖莫通判产税与赵知县"。莫君实之妻周八娘利用莫君实生前留下的遗嘱，辨验林榕所持契约上"君实押字"为伪。韩竹坡认同周八娘比照笔迹的验证方法："周八娘又执出君实临死遗嘱之文，乞与辨验君实押字笔迹，寻与点对，则契上君实押字，与遗嘱笔迹不同，可疑一也。"综合其他证据，做出判决：对制造假遗嘱的林榕"勘杖一百"①，将田还莫君实之子莫梦回管佃。

---

① 《名公书判清明集》卷六，《伪冒交易条》。

第六章　理性思维的求真：士大夫在司法中如何运用证据

第一节　宋代证据体系与立法概况

中国古代不存在系统的证据立法，宋朝也不例外。但是，宋代实体法与敕令中均有较为丰富的证据规则和证据制度。宋代证据立法的内容十分全面，形式多种多样；不仅包括物证、书证，还包括司法检验和言辞证据等，基本形成了较为完整的证据体系。① 当然，关于证据的分类是参考了现代法学用语。这些证据规则和制度的运用，对于促进公正司法具有重要意义。

一、物证

物证是指单靠物品本身的存在就能证明一定的待证事实的一种证据类型。《宋刑统》有关物证的立法主要集中于《名例律》《厩库律》《贼盗律》《斗讼律》《诈伪律》《杂律》及《断狱律》等篇。《庆元条法事类》之《服饰器物》

---

① 大陆学界，研究宋代证据制度的最具代表成果的是魏文超博士。参见氏著《宋代证据制度研究》，中国政法大学出版社 2013 年版。

《榷禁门》《杂门》等篇也有比较丰富的物证立法。

宋代的物证包括能够证明案情事实的物品、痕迹、人体或尸身等。如贼盗犯罪中的赃物和犯罪工具，殴斗中身体受到伤害的印痕，人被畜牲以抵、踏、咬等方式攻击留下的伤痕，等等。北宋时期，临淄麻氏家族涉嫌谋反，据以定案的物证有兵器、玉宝等。① 因为这些具有特殊政治含义的物品是不允许平民拥有的。民事诉讼中，物证也常常作为定案依据。以《女家已回定贴而翻悔》一案为例，② 谢家曾接受男方的一匹缣作为聘礼，法官最终以此作为谢家悔婚的证据。

薛绍（1139—1212）任浙西提刑时审理过一起"窃婢逃亡"案。有富人家的婢女被人诱拐走，婢女的家人状告主人，声称富人杀害其女。州县定案后上报浙西提刑司，薛绍认为案件可疑，哪有杀人而没有任何征兆的？果然，没过几天婢女自己回来了。③ 该案表明，在缺乏足够物证的情况下，不能遽尔定案。北宋名士石介死后，夏竦诬陷其诈死。宋仁宗认为生要见人，死要见尸体，于是亲自前去查看。这一事例虽非司法案件，却也反映了宋代重视物证和现场勘验的世风。④ 宋代社会生活和司法实践中对证据的重视由此可见一斑。

刑案现场通常会留下可以证明案情的痕迹、物件等，通过对现场证据的勘验和分析，经验丰富的勘狱官往往会从蛛丝马迹中找寻到宝贵的破案线索。薛奎任隰州军事推官时，凭借对现场物证形成方式的分析，成功为命案发生时正聚集在案发现场附近赌博的百姓洗刷了冤屈。唐肃为秦州司理参军时，有商人因为旅馆同宿者杀人后逃亡，案发现场血溅其衣而被州吏抓获，商人由于不能自证清白而被迫承认杀人。唐肃在知州促令结案之际固执己

---

① （宋）司马光：《临淄麻氏》，《涑水记闻》卷六，中华书局1989年版，第112页。

② 《名公书判清明集》卷九《女家已回定贴而翻悔》。

③ （宋）叶适：《中奉大夫太常少卿直秘阁致仕薛公墓志铭》，《叶适集·水心文集》卷一九，中华书局1961年版，第366页。

④ （宋）魏泰：《东轩笔录》卷九，中华书局1983年版，第104—105页。

见，终为商人洗去不白之冤。① 这两个例子都是通过分析血衣的形成原因，结合生活常识和一定的物理知识判断证据的效力，反映出宋代司法中对运用证据进行分析推理的重视。

宋代现场勘验和法医学技术的发达是司法进步的必然结果。在宋代较为发达的证据体系下，大量的法医学著述和司法案例汇编问世，其中主要有《折狱龟鉴》《洗冤集录》《棠阴比事》等。以郑克为代表的宋代法学家，在司法实践的基础上，吸收前人的研究成果，大量收集典型案例并对其进行分析和理论升华，宋代证据制度也随之由实践升华至理论层面，并由理论自觉地指导实践。郑克的《折狱龟鉴》是中国历史上最著名的一部狱讼案例选编和理论大全，它的出现标志着中国古代物证理论的形成。

综合起来分析，宋代物证理论主要包括以下几方面的内容：一是证据制度事关民命，所以"察狱"要"至诚至矜"，"皆尽心焉"；二是"鞫情之术，有正，有谲"，忌讳刑讯；三是强调据证与察情相结合，"以物证之，则不可讳也"。

二、书证

书证是指通过书面材料记载的文字内容能够证明一定的法律事实的一种证据类型。两宋时期，田宅等财产私有观念深入人心，商品经济发展繁荣，财产交易和流转速度加快，催生出大量有关婚姻、田宅、继承法律关系的契约、干照等书面文件，这些文件后来都是宋代民事诉讼中的重要证据。宋代商品经济高度发展的一个典型表现是契约制度的发达。宋代百姓生活中经常接触的契约主要涉及田宅和动产买卖，租赁与借贷，典当与雇佣等方面，相应契约也有所不同。

宋代有关契约的立法散见于各种历史文献。《宋刑统》明确了"财物"

---

① （宋）郑克编撰、刘俊文译注点校：《折狱龟鉴译注》卷一《辛祥察色》之按语，上海古籍出版社 1988 年版，第 10—11 页。

和"粜""卖"纠纷以契约为准，这是官方对民间契约法律效力的确认。① 基于合法契约关系在当事人之间形成的权利义务纠纷，由违约方承担相应法律责任。比如，对于违反借贷协议而逾期不履行债务者，依法按照标的数额及迟延日期分别处刑，并责令赔偿。②《宋刑统》还规定了买卖奴婢和大牲畜等民事行为必须签订契约，买卖双方已经谈好价格并过割交付但没有签订契约的，应在三日内签订，否则将面临鞭笞之刑；负有市场监管责任的部门没有及时为当事人办理过券手续的，最高可能面临"杖一百"的刑罚。③ 由此可见宋代对重要的大宗商品交易订立契约的重视，其间固然有保护和控制国家税源的考虑，也便于双方当事人保护自身合法权益。因为田宅交易等契约在诉讼中往往是据以定案的关键性证据。尤其是经过"市司"加盖官印的红契，既是纳税凭证，也是当事人主张权利的最重要依据。宋代《州县提纲》中就说"田产典卖，须凭印券交业。若券不印及未交业，虽有输纳钞，不足据凭。盖白券可伪造，赋税可暗输"。④ 除了符合法定条件的私契外，官方文牒的法律效力也是有保障的，通常在田宅买卖中起到书证作用。

就宋代书证的体系而言，举凡田宅交易、买卖、借贷、雇佣等民事法律关系的确立，都需要订立契约，几乎是交易就认契约和干照。⑤ 行政法律关系方面，布告、告身、公验、户籍、税籍等政务文件都可以看作书证。刑事法律关系方面，书证的范围也十分广泛，包括涉案的各种文书材料、卷宗材料等。在宋代民事司法中，书证内容丰富，形式多样，凡是能够以书面材料的内容来证明案情的，都可作为民事证据。常见于宋代史籍的书证即有以下种类：丁籍、户帖、户抄、税籍、契书、契约、契券、遗嘱文书、地图、砧基簿、上手契、干照、婚书、定亲帖子、订婚私约、告身、关书、分书、阄

---

① 《宋刑统》卷二六《公私债负》，法律出版社 1999 年版，第 468—469 页。

② 《宋刑统》卷二六《公私债负》，法律出版社 1999 年版，第 467 页。

③ 《宋刑统》卷二六《校斗秤不平》，法律出版社 1999 年版，第 485 页。

④ （宋）不著撰人：《交易不凭钞》，《州县提纲》卷二，《四库全书》本。

⑤ 《名公书判清明集》卷五，《争山各执是非当参旁证》。

书、赡茔关约、墓域图、家书、墓志铭、族谱、断由、书信等等。这些书证无论是民间还是官方制作的，都受到法律保护。

就宋代书证的作用而言，一是可以引起法律关系变更的事实，如权利义务的设定或解除，占有关系的移转等；二是可以证明待证事实。宋代司法实践中，书证的运用十分普遍。尤其是在民事诉讼中，书证作为判断案情的最重要依据，几乎就是"证据之王"。《勉斋集》中《曾滩赵师渊互论置曾挺田产》一案，是南宋名臣黄幹审理的案件，案中所采纳的证据不仅有契约，书信亦起到了关键的证明作用。① 有关书证在民事诉讼中的作用，《名公书判清明集》中多有记载。谓如"交易有争，官府定夺，止凭契约"②，"官司理断交易，且当以赤契为主"③ 等。

宋代各级官府档案文书也是重要的书证。宋代十分重视政务档案、司法档案的保存，创造发展了千层架阁法，并设置了专门管理档案的职官。司法案卷和材料更是要求完整保存。宋代对官府文籍典册的收藏程序、收藏地点、主管官员职守，都有明确的规定，这样做的目的是便于需要时查找。这类官府文书的法律效力往往高于私契。绍兴十二年，两浙转运副使仲永制订经界法，规定："田不入簿者，虽有契据可执，并拘入官。"④ 尤其是当出现契约不明或丢失的情况时，政府档案的书证功能就显得格外重要。史料记载，苏颂在江宁县令任上处理纷繁芜杂的田宅纠纷时就曾披拣查阅了当地官府几十年的"簿书"。⑤ 陆珪在审理汤氏兄弟财产纷纠纷案时也调阅了全部的"架阁远岁案牍"⑥。曾谔审理嫡庶争产案时，"索本邑户版，验其丁齿"，最终查到了一个关键事实，即"富民尝以幼子注籍"，由此确定了幼子的继

① （宋）黄幹：《曾滩赵师渊互论置曾挺田产》，《勉斋集》卷三二，《四库全书》本。

② 《名公书判清明集》卷五《物业垂尽卖人故作交加》。

③ 《名公书判清明集》卷六《以卖为抵当而取赎》。

④ （宋）李心传：《建炎以来朝野杂记》甲集卷五《经界法》，中华书局2000年版，第123页。

⑤ （宋）苏颂：《江宁县令题名记》，《苏魏公文集》卷六四，中华书局1988年版，第976页。

⑥ （宋）苏颂：《国子博士陆君墓志铭》，《苏魏公文集》卷五九，中华书局1988年版，第908—909页。

承人身份。① 此类事例遍载史籍，重视书证由此可见。此外，宋代书证种类繁多，除了官府档案与契约外，还有信札、遗嘱、官府文告、族谱和"断由"等。其中"断由"更是上司查证案情、预防司法舞弊的重要渠道。

三、司法检验

宋代司法检验技术十分发达，《洗冤集录》《折狱龟鉴》《棠阴比事》等传世名作中均记载有当时的司法检验法规和事例。司法检验结论作为官方制作的证据，具有很强的证据力。宋代检验立法严格规定了检验的时限，确立了公开公正检验的原则，并有关于检验和复检的一整套规范而严格的程序，同时明确了检验人员的职责和法律责任。尸不经验或贻误检验时机，均会受到法律严惩。

宋代法制具有程序正义的特点，这在检验制度中有充分体现。《庆元条法事类》之《验尸》规定，请官复验尸者，必须请异县官员进行复验，以利于各县官员之间相互监督；同时牒请他县官员进行复检的"状牒内各不得具致死之因"②，以免复检官员先入为主，影响独立判断。司法检验还需遵循亲嫌回避原则，利害关系人不得参与检验。"诸检复之类应差官者，差无亲嫌干碍之人。"③ 对于特定项目的检验，宋代有专门的检验格目，即制式文书。如《庆元条法事类》所载《验尸》格目。④ 宋代验尸格目由官府预先印制，记载有关检验的各主要事项，是一种具有通用格式的检验文书。验尸由检验

---

① （宋）郑克编撰，刘俊文译注点校：《折狱龟鉴译注》卷六《王曾判田》之按语，上海古籍出版社 1988 年版，第 374 页。

② 戴建国点校：《庆元条法事类》卷七五《验尸》，杨一凡等主编：《中国珍稀法律典籍续编》第一册，黑龙江人民出版社 2002 年版，第 799 页。

③ （宋）宋慈著，高随捷等译注：《洗冤集录译注》卷一《条令》，上海古籍出版社 2008 年版，第 3 页。

④ 戴建国点校：《庆元条法事类》卷 75《验尸》，杨一凡等主编：《中国珍稀法律典籍续编》第一册，黑龙江人民出版社 2002 年版，第 800 页。

官员主检，胥吏、仵作等配合，一般公开进行，要求"耆甲，保正、副，已死人亲，行凶人"①等"干连人"都要在场见证。宋代还以立法的方式加强检验人员的职业操守约束。如《洗冤集录》卷一所录"条令"，就有二十九条。验尸官违反条令的禁止性规定，就会受到严厉处罚。

宋代科技和法医学技术的发展为司法检验的发达提供了技术支撑。例如，指南针的出现为现场勘验提供了有力的技术支持；印刷技术的发展，为统一格式的检验法律文书的制作提供了条件。这些技术条件与宋代文人士大夫的法律素养和务实理性的司法风格相结合，将宋代司法检验的成就推向了中国古代法医检验的最高峰。这是文艺复兴前正处于宗教黑暗统治的欧洲不能比拟的。②宋代法律教育和法律考试的兴盛，为包括司法检验在内的整个宋代司法活动提供了源源不断的高素质人力资源，正是由于这些司法主体的创造性劳动，宋代司法得以在唐宋社会转型之际独具时代风貌，并对后世司法产生了深远的影响。

宋代司法检验过程中，除了法定应当参加检验的人员外，往往会根据具体情况选择具有专业知识的人参与检验。检验程序设计合理而绵密，力求保证检验结果的客观、真实与准确。宋代司法检验一般分为报检、差官、检验、复检四个步骤。以检验文书为例，宋代既有记载检验结果的"验状"和"正背人形图"等实体性文书，也有"验尸格目"等程序性文书。宋孝宗时，浙西提刑郑兴裔创设的检验格目被推广到全国，成为官方统一的检验文书样式。宋代对尸检及其复检的全方位要求集中体现了宋代司法检验的专业性，其详备程度令人难以想象，具有明显的职业化倾向。

四、言辞证据

言辞证据在现代证据法中通常指口供、当事人陈述、证人证言等。

---

① （宋）谢深甫纂修：《庆元条法事类》卷七五《验尸》，《续修四库全书》本。
② 贾静涛：《中国古代法医学史》，群众出版社1984年版，第64页。

在宋代证据体系中，言辞证据仍是主要的证据形态，只不过其在司法实践中的地位和作用已经大不如前。由于物证和书证在宋代司法实践中被认为更能客观、真实地证明待证事实，加上以口供为主的言辞证据常常与刑讯逼供相联系，其证据力在宋代司法文明转型之际有所弱化是自然的。

宋代有关刑讯逼供的立法内容丰富而全面，对违法进行刑讯的防范也最为严密，这大大限制了刑讯的泛滥与酷烈程度。宋律规定了刑讯的前提条件，即只有嫌犯没有供认，经过反复审查后仍难以获知案件实情者，才可拷讯，如果案情事实明白无疑者，即"据状断之"，不必拷讯。① 宋代还规定了不适用刑讯的几类对象，一是享有政治优待的"议、请、减"群体，二是七十岁以上的老人，三是不满十五岁的未成年人，四是残疾人。对于不适合刑讯的这些群体，要靠众证定罪。② 维护等级礼制，哀矜老幼和废疾者的立法宗旨十分鲜明。对于刑讯所用的工具，宋代也有严格的制式规定，只是后来在司法实践中被突破。《宋刑统》对拷讯的程序、施刑部位和数量，以及执行人都有细致规定。针对同一囚犯，刑讯最多不超过三次，且每两次之间的间隔不少于二十天，全部拷讯的数量总和不超过二百次。如果不按法律规定进行刑讯，决定者会受到法律严惩。"诸决罚不如法者，笞三十；以故致死者，徒一年。即杖粗细长短不依法者，罪亦如之。"③ 受人请托故意借拷讯杀人者还将面临故意杀人的指控，"有挟情托法，枉打杀人者，宜科故杀罪"。④ 由于口供在宋代司法中的地位有所弱化，当事人陈述和证人证言等其他言辞证据的地位相对提高。宋代还规定，与当事人有亲属容隐关系者，或者年龄在 80 以上或 10 岁以下者，可免于作证。此外，与当代不同的是，为便于保全证据，宋代对于涉案当事人包括干连证佐，往往一体羁押。

---

① 《宋刑统》卷二九《囚攀引人》，法律出版社 1999 年版，第 538 页。
② 《宋刑统》卷二九《不合拷讯者取众证为定》，法律出版社 1999 年版，第 536 页。
③ 《宋刑统》卷二九《决罚不如法》，法律出版社 1999 年版，第 545 页。
④ 《宋刑统》卷二九《拷囚》，法律出版社 1999 年版，第 541 页。

然而事实上这种做法既消耗了国家司法资源，也干扰了相关人员的正常生活。宋仁宗时，翰林学士聂冠卿建议不要无限羁押"干连人"，案结事了时应当先行释放他们。① 这些都是宋代司法文明的表现。

宋代司法中对于口供、原被告双方陈述和证人证言，往往通过与其他证据的相互验证来定案。以《名公书判清明集》《折狱龟鉴》等记载的案例来看，很少有单独以口供定罪的。《宋史》记载，唐璘任吴县县尉时，有盗贼杀人越货并抢走被害人的船逃走，官府紧急缉捕。后来有个屠夫声称是其子杀人，屠夫之子也予以承认。唐璘觉得案情有疑，问了几个紧要问题发现自诬者回答不上来，于是更加坚定另有隐情。后来果然另有真凶，人赃俱获后将其绳之以法。② 这个案子中唐璘并不因为屠夫告子和其子口供而轻率认定事实，而是结合常识和推理判断案情，最终破获命案。这固然是对案情事实和客观规律的尊重，同时也体现了宋代慎重刑狱的司法观念。

第二节　宋代司法中对证据的运用

就证据的取得方式来说，宋代司法官通常采用谲术、刑讯、检验和调查走访等方式。所谓谲术其实是对犯罪心理的掌握和利用，要求司法人员具有良好的法律素养和思辨能力，运用得当往往会取得意想不到的效果。中国自西周以来就很注重在司法审判中察言观色，通过犯罪嫌疑人在言辞、神色、气息、眼神、听觉等方面的表现，所谓"五听"，判断其犯罪的可能性。这种司法经验到了宋代已发展到相当完善的程度。《宋刑统》："诸应讯囚者，必先以情，审察辞理，反覆参验。"③ 两宋司法官审讯技术中，在心理战术运

① 《宋会要辑稿》刑法三之六二，中华书局 1957 年版，第 6608 页。
② 《宋史》卷四〇九《唐璘传》，中华书局 1985 年版，第 12331 页。
③ 《宋刑统》卷二九《不合拷讯者取众证为定》，法律出版社 1999 年版，第 538 页。

用方面最值得称道的当属对谲术的娴熟运用。郑克谓："据证者，核奸用之；察情者，摘奸用之。盖证或难凭，而情亦难见，于是用谲以摘其伏，然后得之。"①《宋史》记载了何执中审理亳州邪教案，法官正是巧妙运用了谲术，通过心理攻防瓦解了嫌犯的抗争意志。② 传说中的"包公审石"也是这样的著名案例。宋代史料中这样的例子还很多，这种取证破案的方式共性是利用了嫌犯的犯罪心理，其中兼有诈术和诱导，也蕴含了古人的司法经验和智慧。当然，这与当今刑事诉讼中的非法证据排除规则可能存在一定的冲突。不过历史上对于侦破案件起到过重要作用。

在宋代司法实践中，刑讯也是一种被广泛使用的取证手段。司法中运用刑讯主要是为了获取犯罪嫌疑人的口供。但在宋代特定的历史条件下，由于统治者对刑狱问题的重视，士大夫官员依法、据证定谳的不懈追求，加上司法体制的完善，诸种因素对刑讯现象形成了一定的制约，很大限度上消解了刑讯的不良作用。

检验是指司法人员对被害人尸体、当事人身体及案发场地等进行实地检查勘验以收集证据的行为，这是获取破案证据的重要手段。中国古代具有悠久的检验历史，宋朝的检验技术达到了中国古代的极盛期，运用检验技术发现与收集物证已成为宋代司法中的惯常现象。宋代在司法实践中形成了尸体检验、现场勘验、调查访问的全方位的现场勘验模式。检验工作包括多方面内容，如现场勘验，活体检查，尸体检查等，其中尸体检验是整个检验工作的中心环节，现场勘察是检验工作的重要环节，现场走访调查是取证工作的重要补充。司法检验技术在刑事司法中运用广泛，现场勘验技术运用于民事司法也极大提高了取证的有效性和准确性。在民事司法中也得到较多运用。以验尸为例，检验中要求查清尸体的体貌特征并确定死者的身份，而确定被害人身份是破案的重中之重。由于尸检对查明案情的真相非常重要，因此在

---

① （宋）郑克编撰、刘俊文译注点校：《折狱龟鉴译注》卷六《黄霸抱儿》之按语，上海古籍出版社 1988 年版，第 347 页。

② 《宋史》卷三五一《何执中传》，中华书局 1985 年版，第 11101 页。

凶杀案中，尸体是很重要的物证，法官总是千方百计寻找尸体。以"蔡高宿海"案为例，长溪县有位老妇人的两个儿子在出海打鱼时死亡，妇人指控是仇家"某氏"所为，告到县衙要求将凶手捉拿归案。由于见不到二子尸体，县里没法定案。蔡高作为本案司法官连续在海上住了七天，终于发现随潮水浮来的尸体，经过检验认定是他杀，并最终将老妇人的仇家绳之以法。① 对活人或尸体伤痕的检验是查明犯罪事实和情节并据以定罪的重要前提。

由于自然和物理原因，案件发生后，事发现场一般都会留下痕迹，这往往成为侦破案件的突破点。现场勘验正是对案发现场的实地勘察，以发现现场留下的物品或痕迹，为破案提供证据或线索。杨绘在知兴元府任上通过对案发现场痕迹的观察和推理，成功破获了一起耍猴人利用猴子翻墙盗窃库缣案。② 破获此案的关键证据即为案发现场的印迹，是杨绘对案发现场所进行的现场勘验而得来的。

此外，调查走访也是宋代法官常用的取证方式。向敏中时任判西京留守，有僧人借宿民户家，主人只许其宿于院内车厢。当天夜里有盗贼翻墙进入这户人家，掳掠了一个女人和若干财物而逃。僧人在车厢内洞悉一切，害怕被误解，等强盗逃后不久也跑了。不想落入一口枯井，恰好是强盗杀人抛尸处。僧人百口莫辩，屈打成招，自诬杀人。可是僧人编造的作案工具和赃物却找不到。向敏中认为此案大有可疑，派人秘密访察，最终识别了真相，找到赃款和真凶。③

就证据的审查和运用而言，司法实践中往往需要对书证的真伪进行仔细辨别。宋代书证的物质载体主要是纸张、笔墨、笔迹和印章等，因此伪造或变造书契者往往会在上述几个方面动手脚。以《清明集》相关记载为例，宋代伪造或变造书证的行为通常有以下几种：一是涂改书证的关键内容，比如

---

① （宋）郑克编撰，刘俊文译注点校：《折狱龟鉴译注》卷二《蔡高宿海》，上海古籍出版社1988年版，第98—99页。

② 《宋史》卷三二二《杨绘传》，中华书局1985年版，第10448页。

③ （宋）司马光：《辨僧冤狱》，《涑水记闻》卷七，中华书局1989年版，第139—140页。

通过涂改笔画变造当事人姓名和契约订立时间等；二是伪造官府印信，三是伪造纳税凭证，如赤契（红契）等。识破这些伪造和编造行为的关键是司法官员要有丰富的生活常识和工作经验，以便根据纸契表象去判断真伪，或者通过鉴定印章判断真伪，或是通过识别笔迹来判断真伪，再或者运用常识理性并比照其他证据判断真伪。比如，通过辨别字和印章的位置关系来识别伪造的契约。①

物证在宋代司法中的地位和作用相比前代有明显提高。物证对于审查其他证据，如口供、证人证言的真伪，对于查清案情和减少冤假错案的发生具有十分很重要的意义。钱若水在审理婢女失踪一案时，始终坚持查找物证，在婢女生死未卜时并不贸然认定其已经被害，也不急于结案。他认为不找到有力物证就难以查明案情和事实，生要见人，死要见尸，否则不但没法向被害人家属交代，还会草菅疑犯性命。所以他顶住上司催促结案的压力，继续查找物证。② 宋代法官严谨的态度在本案中得到充分的展现。正是由于有了众多像钱若水这样具有民本思想、勇于担当责任的司法官员，才使得宋代证据制度在证据的收集、辨别过程中得到不断的发展。宋代法官识别物证真伪的方法多种多样，都是从长期的司法实践中积累的经验。例如，通过比对凶器与所造成的伤口是否相应，通过与旁证的对照比较，通过生活常识的推理，等等。

对言辞证据的辨别，除了要运用传统上的察言观色等心理推定方法外，还需依照情理和参酌其他证据来确定。《名公书判清明集》"争田业"一案中，洪七娘诉李行可，法官因洪七娘"前后词语反复"，认为其欺诈行为"便自可见"，案件的调查结果也最终印证了法官的猜想。③ 张举任句章县令

---

① 《名公书判清明集》卷九，《出继子卖本生位业》。另外，宋代的书铺，除了具有刻书的功能外，亦负有检验、辨别书契真伪的职能。参见戴建国《宋代法制初探》一书中《宋代的公证机构——书铺》之文，黑龙江人民出版社 2000 年版。

② （宋）司马光：《钱若水正冤狱》，《涑水记闻》卷二，中华书局 1989 年版，第 26—27 页。

③ 《名公书判清明集》卷六《争田业》。

时，有个女子杀害了自己的丈夫，为掩盖犯罪事实真相，她一把火烧了自家房屋，谎称丈夫是被火烧死的。张举于是当众做了场实验，他命人牵来两头猪，杀掉其中一头，然后架起柴火分别烧死猪和活猪。结论是：活着被烧的，因为呼吸挣扎，口鼻中会有烟灰，死了再烧则没有。检验尸体口腔，发现果然没有灰。于是认定死者是被杀死后再纵火焚烧的。女子马上对犯罪事实供认不讳。① 本案中，张举正是利用现场实验这种司法检验方式推翻了行凶女子的言辞证据。

运用证人证言获取事实真相的案例在宋代也不稀见。韩亿在洋州知州任上审理过的一起案子就很有代表性。大概案情是，当地有个叫李甲的土豪，在哥哥死后强迫嫂子嫁给他，并且为了霸占其兄财产而诬称自己的侄子是外姓。其嫂多次告状，皆因李甲结交贿赂地方官吏而未果。案子积压了十几年。韩亿到任后翻阅旧案牍而发现这一冤状，于是找到当初为里甲嫂子接生的"乳医"，乳医当堂陈述了事实真相，众人信服而无话可说，"冤遂辨"，本案女子蒙受多年的不白之冤至此得雪。②

由于社会生活和犯罪现象的复杂性，宋代司法实践中常常综合运用物证、书证、口供、证人证言、司法检验报告等多种证据，以形成完整的证据链条，证明待证事实。《棠阴比事补篇》"提举辨明"一案中，保长冤情得以洗雪，正是录事参军杨提举综合运用验状、口供和物证的结果。③ 宋代司法中对证据规则和证据制度的运用，再次表明宋代士大夫群体的精详法律的职业素养，体现了他们关心百姓疾苦，重视以司法维护百姓生命和财产安全的责任意识。

---

① （宋）郑克编撰，刘俊文译注点校：《折狱龟鉴译注》卷六《张举烧猪》，上海古籍出版社1988年版，第363页。

② （宋）郑克编撰，刘俊文译注点校：《折狱龟鉴译注》卷六《韩亿示医》，上海古籍出版社1988年版，第376—377页。

③ （宋）桂万荣编撰，（明）吴讷删补，陈顺烈注译：《棠阴比事选》，群众出版社1980年版，第126页。

第三节 儒家道德话语与据证定谳

经孔孟创立的儒家学派，在汉代董仲舒的改造下，成为封建社会的正统思想。但在春秋战国时期，除儒家学派之外，还存在着诸子百家的学说，这些学说即使是在汉代以后，虽流于民间学说，但仍对社会产生潜在的影响。伴随唐宋之际的社会变迁，土地私有制深入发展，商品经济日益繁荣，百姓财产利益的纠纷也愈发繁剧。受到儒家人伦道德思想熏陶的宋代文人士大夫，面对社会生活的日益复杂和社会利益的多元分化，开始以一种强烈的忧患意识和人文主义批判精神扬弃传统伦理因素。他们将"以人为本"的仁爱、仁政思想落实为司法实践中对百姓合法权益的保护。虽然在根本上并未脱离儒家思想，但对纯而又纯的道德说教已不那么热衷，而是更多着眼于务实变革和公正司法，据证定谳是其突出特色，具有务实理性的时代风格。

在"礼"和"法"的关系上，宋代对伦理纲常的态度显然不如唐代坚决。以往除了"三谋"重罪，原则上不允许卑幼告发尊长，宋代私有财产观念增强的背景下并不禁止卑幼告发尊长，民事诉讼中尊长相比卑幼并不具有明显特权。甚至在"十恶"重罪案件的审理中，宋代百姓受到纲常礼教的束缚也在很大程度上得到了减轻。以上均表明宋代司法的伦理色彩已经淡化，理性、务实已然成为新的时代风尚。

宋人认为，司法判决的决定性力量是"理"而不是"力"。其中"理"代表着客观性、真实性和确定性，这在司法中显著体现为对证据规则和证据制度的运用，体现为依照证据决定案件，即据证定谳。以民事司法为例，在"唯利是趋"的社会大背景下，通过法律途径解决纠纷的根本要求是明辨是非，这点无论是对法官还是对于当事人都不例外。是非存在于客观事实中，客观事实需要依赖证据去还原和证实、确认。所以辨别各种证据的真伪就成了宋代法官的必备技能。这种职业技能要靠学习法律，更要从具体的政务实践和司法实践中去累积经验，甚至要习惯于从生活常识中明辨是非。审理不同类别的案件要立足于对不同证据的辨别和综合运用，如在田宅诉讼中，断由、干照、赤契、砧基簿等各备其用。吴恕斋谓："理诉田产，公私惟凭干照。"① 刘后村称："置买产业，皆须凭上手干照。"② 各种证据的证明力均为宋代司法所重视，很多时候具有决定性意义，所谓"鞫狱之情，昔人赖于证也"。③ 总之，宋代法官对证据的辨别和运用是文人士大夫理性思维求真的最直观反映，一定意义上也是宋代司法职业化趋向的重要表现。④

---

① 《名公书判清明集》卷九，《过二十年业主死者不得受理》。
② 《名公书判清明集》卷四，《干照不明合行拘毁》。
③ （宋）郑克编撰，刘俊文译注点校：《折狱龟鉴译注》卷六《王璹揭简》，上海古籍出版社1988年版，第372页。
④ 参见陈景良：《唐宋州县治理的本土经验：从宋代司法职业化的趋向说起》，载《法制与社会发展》2014年第1期。